炎黄文化与长江经济带发展

马敏　李子林　张执均　主编

第七届中部六省炎黄文化论坛论文集

WUHAN UNIVERSITY PRESS
武汉大学出版社

图书在版编目(CIP)数据

炎黄文化与长江经济带发展:第七届中部六省炎黄文化论坛论文集/马敏,李子林,张执均主编.—武汉:武汉大学出版社,2021.1
ISBN 978-7-307-21811-6

Ⅰ.炎…　Ⅱ.①马…　②李…　③张…　Ⅲ.中华文化—作用—长江经济带—区域经济发展—研究　Ⅳ.①K203　②F127.5

中国版本图书馆 CIP 数据核字(2020)第 184634 号

责任编辑:宋丽娜　　责任校对:汪欣怡　　版式设计:马　佳

出版发行:**武汉大学出版社**　(430072　武昌　珞珈山)
(电子邮箱:cbs22@ whu.edu.cn　网址:www.wdp. com.cn)
印刷:武汉中科兴业印务有限公司
开本:720×1000　1/16　印张:34.75　字数:498 千字　插页:1
版次:2021 年 1 月第 1 版　2021 年 1 月第 1 次印刷
ISBN 978-7-307-21811-6　定价:108.00 元

前　言

长江是中华民族的母亲河，是中华民族发展的重要支撑。长江经济带覆盖11个省市，面积超过200万平方公里，集聚的人口和创造的地区生产总值均占全国的40%以上，进出口总额约占全国进出口总额的40%，是我国经济重心所在，活力所在。长江也是一条文化巨流。长江流域人杰地灵，陶冶历代思想精英，涌现无数风流人物，是中华文明的发祥地和炎帝神农活动的主要区域，具有深厚博大的历史文化积淀。长江文化源远流长，辉煌灿烂，是中华文化的瑰宝。

党的十八大以来，以习近平同志为核心的党中央从实现"两个一百年"奋斗目标、实现中华民族伟大复兴中国梦的高度，总览全局，科学谋划，部署实施长江经济带发展战略。2016年1月，习近平总书记在长江上游的重庆主持召开推动长江经济带发展座谈会，作出"共抓大保护，不搞大开发"的历史决断。2018年4月，习近平总书记又在长江中游的武汉召开深入推动长江经济带发展座谈会，强调正确把握整体推进和重点突破、生态环境保护和经济发展、总体谋划和久久为功、破除旧动能和培育新动能、自身发展和协同发展等五大关系，以长江经济带发展推动中国经济高质量发展。这两次重要讲话一脉相承，论述了新时代推动长江经济带发展的重要作用，指明了长江经济带发展的战略方向、目标、任务、方针、举措，不仅是推进长江经济带高质量发展的重要遵循，也是取势中腹，盘活全局，打造中华民族新的经济支撑带，推动中国经济高质量发展的行动指南。

经济与文化紧密相连，文化是一个国家、一个民族的精神家园，体现着一个国家、一个民族的价值取向、道德规范、思想风貌及行为特征。“文化兴国运兴，文化强民族强。没有高度文化自信，没有文化的繁荣兴盛，就没有中华民族伟大复兴。”长江经济带发展需要长江文化的支撑。在推进长江经济带建设中，必须大力推进文化建设。以炎黄文化为代表的中华优秀传统文化是中华五千年文明的结晶，是中华民族的独特精神标识。当前，我国正处在民族复兴的关键时期，长江经济带发展也面临诸多亟待解决的困难和问题。以文化温润心灵、启迪心智、提升素质、凝聚人心显得十分重要。

第七届中部六省炎黄文化论坛，以炎黄文化与长江经济带发展为主题，来自中华炎黄文化研究会和湖南、河南、安徽、山西、江西等省以及湖北省社科院、华中师范大学、中南财经政法大学、湖北大学的50余名专家学者，深入学习习近平总书记在深入推动长江经济带发展座谈会上的重要讲话精神，围绕长江经济带发展和炎黄文化对长江经济带发展的影响、作用和意义进行了深入探讨，积极探索高质量发展之策，努力为长江经济带高质量发展提供精神动力和智力支持。

本书汇聚了中部六省炎黄文化研究专家学者的优秀研究成果，以期引起读者的关注和进一步探讨。

目　　录

第一部分

第二部分

第三部分

第一部分

在炎黄文化与长江经济带发展学术研讨会上的讲话

马　敏

尊敬的中华炎黄文化研究会领导、襄阳市领导、中部五省的各位嘉宾、各位专家学者：

秋风送爽，丹桂飘香。在中华人民共和国成立70周年的大喜日子里，在美好的金秋时节，炎黄文化与长江经济带发展学术研讨会暨第七届中部六省炎黄文化论坛在湖北省历史文化名城襄阳市召开了。首先，我代表主办单位湖北省炎黄文化研究会、湖北省炎帝神农故里建设基金会向出席会议的中华炎黄文化研究会领导，中部五省炎黄文化研究团体的各位嘉宾、代表，各位专家学者表示热烈欢迎！襄阳市委市政府及市委宣传部、市社科联领导对开好这次会议十分重视，给予了大力支持，提供了热情周到的帮助和服务，我们向襄阳市委市政府和市委宣传部、市社科联领导表示衷心感谢！

时间过得很快，从首届中部六省炎黄文化论坛在武汉市东湖宾馆主办到今天，已经7年了。中部六省炎黄文化论坛由我省倡议主办，得到兄弟省市的积极赞同和大力支持，每个省都主办了一次，已经主办第7届了。实践证明，这一合作形式有利于整合力量、扩大视野、增进友谊、加强交流，促进了炎黄文化研究工作的开展，开创了炎黄文化研究团体跨省横向联合开展学术研究与交流的新模式。研究炎黄文化与长江经济带发展是我们中部炎黄文化研究工作者共同的责任和义务，所以，我们把这次会议的名称统一为“炎黄文化与长江经济带发展学术研讨会”。

下面，我想就炎黄文化与长江经济带发展和我省开展炎黄文化研究的情况及今后的打算，谈点看法，向大家作一些介绍，供大家参考。

一、充分认识长江经济带发展及炎黄文化对其发展的作用和意义

长江经济带发展及炎黄文化对长江经济带发展的影响、作用和意义是很大的，也是多方面的。我们可以从以下三个方面来看。

一是，长江经济带是中华民族发展的重要支撑。江河是大地的血脉，人类文明因江河而生，受江河滋养。长江是中国第一、世界第三大河，是中华民族的母亲河，也是中华民族永续发展的重要支撑。一江襟带南北，一域支撑全局，长江经济带覆盖 11 个省市，面积超过 200 万平方公里，人口和生产总值均超过全国的 40%，进出口总额约占全国进出口总额的 40%，是我国经济重心所在、活力所在。加快长江经济带发展，不仅对突破生态环境瓶颈，以创新驱动促进产业升级、保持生态功能格局稳定，增进人民福祉具有十分重要的全局作用，而且对于实现国家富强、民族振兴、人民幸福的中国梦也有十分重要的作用和深远的意义。党的十八大以来，以习近平同志为核心的党中央从实现“两个一百年”奋斗目标、实现中华民族伟大复兴中国梦的高度，总览全局，科学谋划，部署实施长江经济带发展战略。2016 年 1 月，习近平总书记在重庆主持召开推动长江经济带发展座谈会，作出“共抓大保护，不搞大开发”的历史决断。2018 年 4 月，习近平总书记又在武汉主持召开深入推动长江经济带发展座谈会，强调正确把握“五大关系”，以长江经济带发展推动中国经济高质量发展。这两次重要讲话精神一脉相承，论述了新时代推动长江经济带发展的重要作用，指明了长江经济带发展的战略方向、目标、任务、方针、举措，不仅是推进长江经济带高质量

发展的重要遵循，也是取势中腹，盘活全局，打造中华民族新的经济支撑带，推动中国经济高质量发展的行动指南，体现了对生态文明建设规律的生动揭示和深刻把握，是对中国经济大棋局的科学运筹和深远经略，彰显了全面深化改革开放的宏阔视野和世界眼光，是以习近平同志为核心的党中央对中华民族永续发展的深邃思考和历史担当。

长江经济带高质量发展是一个重大的理论和实践命题，是一项宏大的系统工程，是长江流域 11 个省市义不容辞的责任、使命。为此，湖北省委提出建设生态长江、涵养文化长江、繁荣经济长江。文化建设是长江经济带发展的题中应有之义，是长江经济带发展的一个十分重要的方面。要加强文化建设，我们就要充分发挥自身优势，加强研究思考，积极探寻高质量发展之策，集中各方面的智慧，凝聚各方面的力量，为长江经济带高质量发展提供强大的精神动力和智力支持。

二是，长江流域是中华文明的发祥地和炎帝神农活动的主要区域。长江和黄河同为中华民族的母亲河，炎帝和黄帝同为中华民族的人文始祖。一系列考古发现表明，长江流域也是中华民族远古文明的演化中心，是中华民族远古文明的又一摇篮。根据目前的考古发现和研究成果，龙骨坡巫山人是中国境内迄今发现的最早的人类，然后依次为距今 200 万年的湖北建始猿人、蓝田猿人、元谋人、距今 80 万年的湖北郧县猿人、南京猿人和县猿人等。辽阔的长江流域，自然资源极为丰富，是中国重要的农业经济区，流域内有 3.7 亿亩肥沃的耕地，占全国耕地总面积的 1/4，粮食产量约占全国总产量的 40%，棉花产量占全国总产量的 1/3，淡水鱼产量占全国总产量的 2/3。据 140 多部典籍记载，炎帝神农诞生于湖北随州，长江流域是其活动区域。炎帝神农利用长江流域良好的地理、气候条件，始创刀耕火种，作耒耜，种植五谷，使人们的生活方式由狩猎采集过渡到以农耕种植为主，使中华民族从茹毛饮血的蛮荒时代进入初步发展的原始文明时期，始创当时世界上最先进的长江流域远古稻作文明。长江文明就是以稻作农业为基础产生和发展的，给世界文明带来深远影响。长江文明以炎帝神农开创的农耕文明为基础，在以后的历史发展中，形成了彭头山文化、城背溪文化、大溪文化、屈家岭文化、石家河文化、良渚文化等文化系统。长江作为中华文明的筋骨、中华文明的图腾，从世界屋脊的一泓清泉开始，浩浩荡荡，奔腾不息，穿巴山蜀水，越云贵高原，过荆楚大地，入江南水乡，以其丰富的自然资源滋养着中华文明，使其不断发展壮大，创造了巴蜀文化、三国文化、徽派文化、吴越文化、海派文化等文化形态，留下了无限繁荣盛景，培育了无数风流人物。楚国 800 年历史，不仅缔造了盛极一时的政权，还创造出绚烂多彩的文化。长江流域既是中华文明的摇篮，也是中华文化的宝库，值得我们认真去挖掘、研究和弘扬。

三是，炎黄文化是长江经济带发展的精神动力。文化是一个国家、一个民族的精神家园，体现着一个国家、一个民族的价值取向、道德规范、思想风貌及行为特征。以炎黄文化为代表的中华优秀传统文化是中华 5000 年文明的结晶，是中华民族的独特精神标识。炎黄文化是中华文化的根源，也是中华民族的“根”和“魂”。一个国家和民族如果丧失了根脉，丢掉了灵魂，就无法在世界立足，更谈不上成长壮大。纵观中国共产党成立以来的风雨历程，中华优秀传统文化一直是中华民族的力量之源、情感之源、动力之源和信心之源，它为马克思主义在中国生根发芽、茁壮成长提供了不可或缺的文化土壤，是实现中华民族伟大复兴的精神保障。在当代中国，中华优秀传统文化中蕴含着博大精深、丰富深刻的哲学思想、人文精神、道德观念，可以为我们在新时代认识和改造世界、搞好经济和社会主义精神文明建设贡献智慧。比如，人与自然和谐相处、人水和谐相处的思想以及注重生态平衡的理念，天人合一、道法自然、人法自然的观念以及人们在生产中对自然、天文历法、气象的认识和把握，其中，二十四节气的总结和运用，就是对自然节律变化的科学总结，对人们认识自然、适应自然，抓好长江大保护，保护好长江生态提供了重要的智力支持和帮助。以湖北为例，炎帝神农和荆楚先人筚路蓝缕、开拓进取的精神，屈原、王昭君的报国献身精神，三国文化中的忠诚、勇毅精神和孝文化中的孝德精神，晚清重臣张之洞的创新创业精神，辛亥首义敢为人先的革命精神以及近现代革命老区人民的牺牲奉献精神，顽强拼搏的抗洪精神，一直是推动湖北发展进步的强大精神力量，是湖北人民取之不尽、用之不竭的精神财富，也是推动长江经济带高质量发展的强大精神力量。

由于上述原因，我们把这次会议的主题确定为“炎黄文化与长江经济带发展”，以期通过研讨，充分认识其重要性，积极做好炎黄文化研究工作，为长江经济带发展献计献策，作出自己的贡献，推动长江经济带文化建设，唱响长江之歌，营造良好的宣传舆论氛围，帮助人们知我长江，爱我长江，兴我长江。中部六省，有 4 个省份位于长江经济带，山西、河南虽然不在长江经济带上，但同样是黄河文明、长江文明的重要发源地，是炎帝、黄帝活动的重要区域，与长江经济带关系也十分密切。

二、湖北省炎黄文化研究及长江经济带文化研究工作的简要情况

湖北全省总面积 18. 59 万平方公里，2018 年末常住人口为 5917 万人，生产总值为 3. 94 万亿元，居全国第七，财政总收入 5684 亿元，其中，地方一般公共预算收入 2463 亿元。湖北省是科教大省，全省有普通高校 128 所，科研机构 2158 家，普通高校在校大学生 150 多万人，两院院士 70 多位，国家工程技术研究中心 19 个。历史上的湖北，曾是中华文明的重要发源地；近代以来的湖北，是中国革命与建设的重要先行者；新时代的湖北，正在打造成中部地区发展的新高地。湖北地处长江中游，因湖得名，因水而兴，因江而盛，是长江干线流经里程唯一超过 1000 公里的省份，也是世界上少有的集水资源、水生态、水工程、水产业、水文化于一体的区域，在长江经济带发展中占有重要地位。湖北省坚决落实习近平总书记“共抓大保护、不搞大开发”重要指示，坚

决把修复生态环境摆在压倒性位置，坚守“长江生态环境只能优化，不能恶化”底线，持续做好生态修复、环境保护、绿色发展三篇“文章”，取得了显著的成绩。

湖北省炎黄文化研究会坚持“围绕中心，服务大局”的指导思想，坚持以研究为本，服务为要，创新为贵，人才为重，分会为基的方针，积极开展炎黄文化和长江文化的研究。

在基础研究方面，我们组织 50 余位专家学者历时 10 年撰写了“荆楚文化丛书”，分为胜迹、史传、学术、艺文 4 个系列，每个系列 10 卷，共 40 卷，约 1200 万字，2019 年已全部出版。该丛书对荆楚文化进行了全方位的研究，堪称湖北文化研究与普及的鸿篇巨制。从 2017 年开始，正在编辑出版的系列丛书《长江文明通史》，由著名历史文化学者冯天瑜、刘玉堂主编，共 18 卷，全书共计 600 万字，图片约 2000 幅。这是一项有意义也很浩大的工程，致力于以新视角、新架构、新资料、新观点研究长江文化。

目前，正在组织编写《炎帝神农丛书》，包括《炎帝神农及其功绩》《炎帝神农传说》《炎帝神农遗址遗迹》《炎帝神农祭祀简史》《世界华人寻根拜祖大典纪实》《炎帝神农研究文萃》等 6 本书，编委会已经召开了两次会议，第一次会议确定了丛书的指导思想，内容、写作责任人及时间安排和经费保证，第二次会议对写作提纲进行了认真讨论、修改、补充和完善。

在专题研究方面，近几年，我们重点进行了传统文化的创造性转化与创新性发展、长江文化、耕读文化、文化自信、传统文化与青少年成长、乡村旅游与中医药文化等研究。2016 年 11 月，我们在长江文明馆召开了炎帝神农与长江文化专题研讨会，收到论文 31 篇，有 19 人在会上发言，会后出版了论文集，推出了一批新的研究成果。在长江文化研究方面，还组织撰写出版了《千古风流：历代长江诗歌精选 600 首》，有助于人们切实而具体地了解长江流域诗词在中国诗词发展史上的地位和长江文化的魅力；组织资助长江大学的专家学者编写了《荆江水文化纵横》，对长江之腰荆江段的水文地质、河流湖泊分布、治水抗洪进行了深入系统的研究，填补了荆江研究的空白，即将出版发行。在耕读文化研究中，组织了专题社会调查，湖北省炎黄文化研究会耕读文化分会和华中师范大学耕读文化中心组织了近20个小组分赴各地调研，掌握了大量耕读文化现状的第一手资料，编写了《长江流域耕读文化调研报告》，已出版发行。旅游文化分会在神农架召开了乡村旅游高质量发展高峰论坛，编写出版了《炎黄文化与乡村旅游论文集》，炎黄文化研究会儒学分会联合武汉大学等单位召开了传统文化与马克思主义中国化研讨会，出版了论文集，还召开了李贽与近四百年湖北文化学术研讨会，拓展和深化了16世纪著名哲学家、思想家李贽研究和湖北地域文化研究。

在宣传普及方面。从2013年开始，主办了“炎帝神农文化”“耕读文化”“长江文化”“中医药文化与养生”“炎黄文化”等专家讲堂。专家讲堂先后举办20余次，由马敏、刘玉堂、郭齐勇、荣开明、罗福惠、刘崇顺等知名学者讲授，由名师名家讲课，内容丰富多彩，共有5000多人听讲，收到了良好的社会效果。华中师范大学王玉德教授等到武警部队等单位作了“荆楚文化”讲座。炎黄文化讲堂的开办，是湖北省炎黄文化研究会传承弘扬中华优秀传统文化的一项重要举措，也是宣传普及炎黄文化知识，让炎黄文化走向社会、走向大众的有益尝试与探索。

回顾近几年来的工作，我们有这样几点体会。

一是以研究为本。炎黄文化研究团体应以研究炎黄文化为中心任务和主要工作。只有紧紧抓住这个研究中心，炎黄文化研究会的工作才有活力和生命力。因此，我们坚持以研究为本，把研究狭义炎黄文化（炎帝、黄帝及其时代的文化）与广义炎黄文化（以炎黄为象征和代表的中华民族文化）有机结合，每年组织召开大型研讨会，编写出版一批书籍，推出一批研究成果，不断深入炎黄文化研究。

二是以服务为要。围绕中心，服务大局，紧密联系湖北省的实际，选择党委政府和干部群众关注的、现实需要解决的理论和实际问题开展研究，得到湖北省委省政府领导的重视和支持。湖北炎黄文化研究会召开的新时代文化自信等研讨会，认真贯彻了习近平总书记系列重要讲话精神，取得了比较好的效果，得到社会好评。同时，研究会以做好专家学者的服务为要，尽可能为专家学者的研究工作提供必要的支持。

三是以人才为重。开展炎黄文化研究，最重要的是要有一支热爱炎黄文化事业、具有较高研究水平的人才队伍。他们是研究会的脊梁，是研究会赖以生存和发展的基础。湖北炎黄文化研究会第六届理事会现有 300 多名会员和 100 名理事，我们十分注重发挥他们的作用和积极性。根据主管部门的要求，2016 年又重新规范设立了 6 个分会，新的分会成立后，认真制定工作计划，积极开展活动，工作有声有色，在各自的领域开展了新的研究，取得了一批新的研究成果。事实证明，专家学者的积极性发挥出来了，就会大大提高研究质量和水平。

四是形成合力。坚持依靠湖北省炎黄文化研究会专家学者与发挥分会和团体会员单位、有关大专院校积极性相结合，依靠省内专家学者与发挥省外研究力量相结合，把高等院校、地方部门和有关研究机构、社科团体和业务研究工作者积极性相结合，协同合作，形成合力。我们的研究工作正是依靠多方面的合作和发挥其积极性共同进行，并取得成效的。我们还积极参加了中华炎黄文化研究会和兄弟省市开展的有关活动，汲取了智慧和力量，促进了我们的工作开展。

五是加强自身建设。打铁还需自身硬，要做好研究会的工作，自身建设十分重要。我们坚持首先抓好驻会人员自身建设，为做好组织协调和服务工作练就本领。坚持把驻会人员思想理论建设和业务建设结合起来，认真组织学习习近平新时代中国特色社会主义思想，特别是习近平总书记关于传承弘扬中华优秀传统文化的系列重要讲话，增强文化自信和文化自觉，坚持正确的政治方向，认真学习业务，提高业务能力，坚持民主集中制，重要的工作集体讨论，集思广益，依靠集体的力量做好工作。

我们的工作取得了一定的成绩，但也有不少困难和问题，与兄弟省市比较起来还有不少差距，炎黄文化的研究工作还有待深入，高质量的研究成果还不多，工作的方式方法还有待改进，弘扬中华优秀传统文化的领域还有待拓展，需要我们在今后的工作中更加努力。

三、进一步把长江经济带文化研究引向深入

长江文化是中华文化的瑰宝，内容十分丰富，要研究的东西很多，我们计划从以下几个方面继续做一些工作。

一是保护、整理开发遗址遗迹、史迹史料。湖北省随枣走廊、屈家岭、石家河等地出土了大量文物，具有很高的考古研究价值，对于研究长江经济带的历史、政治、经济等都有重要作用和意义，值得认真挖掘、整理、研究、宣传。

二是开展专题研究。对长江经济带的经济、文化、生态、民俗民风、家庭家族、村落村镇、史志以及事件、人物、英雄模范、文学艺术、诗词歌赋、曲艺舞剧等开展专题研究，这方面的题材广泛、内容丰富，有很多事可以做。

三是比较研究。对黄河、长江、汉江、清江、中外大河和不同的湖泊、河流进行比较研究，从中找出特点和规律，帮助人们更好地认识长江，热爱长江。

四是综合研究。对长江的经济、社会、民俗等方面进行综合研究，为建立起具有长江风格、长江气派的长江学打基础。逐步建立起力量较强的长江经济带文化研究中心、人才培养中心、资料文物收藏中心、文化展示中心。

五是搭建一些大的平台。如举办长江三峡文化旅游节、文化节，集中宣传展示长江文化，使长江文化和炎黄文化更好、更多地走向社会，走向人民大众。

祝炎黄文化与长江经济带发展学术研讨会圆满成功！

祝全体与会同志身体健康，工作顺利，生活愉快！

（作者为中华炎黄文化研究会副会长，湖北省炎黄文化研究会会长，华中师范大学原党委书记、资深教授）

在炎黄文化与长江经济带发展学术研讨会上的讲话

任大援

尊敬的丁凤英老领导、襄阳市委市政府领导、中部六省炎黄研究会的领导、各位专家学者：

大家上午好！在举国上下迎接中华人民共和国70周年华诞的喜庆节日，我们在具有传奇色彩的位于北纬30度的历史文化名城襄阳，召开炎黄文化与长江经济带发展学术研讨会暨第七届中部六省炎黄文化论坛，正可谓“逢天时”“合地利”“中人和”，非同小可。

我代表中华炎黄文化研究会，向主办单位湖北省炎黄文化研究会、湖北省炎帝神农故里基金会，协办单位湖北省襄阳市社科联表示祝贺和感谢！对襄阳市委市政府和市委宣传部，表示感谢！对出席会议的中部六省炎黄研究会的领导和专家学者表示衷心的敬意！

此次会议的主题——推动长江经济带发展，是党中央做出的重大决策，是关系国家发展全局的重大战略，对实现“两个一百年”奋斗目标、实现中华民族伟大复兴的中国梦具有重要意义。我们将其与炎黄文化联系起来，是一个有创意的思路，会对推动党中央重大决策的落实起到重要作用。

昨天认真拜读了马敏会长的发言，他提出“充分认识长江经济带发展及炎黄文化对其发展的作用和意义”，一是长江经济带是中华民族发展的重要支撑；二是长江流域是中华文明的发祥地和炎帝神农活动的主要区域；三是炎黄文化是长江经济带发展的精神动力。这些都是十分精准的分析和概括，对我们有很大的启发性，值得深入思考和学习。

湖北省委提出建设生态长江、涵养文化长江、繁荣经济长江，是长江经济带发展的长远战略思路。通过发挥文化软实力，促进经济与社会的发展，是我们从事炎黄文化事业，也就是传统文化研究、宣传、推广事业的人员的职责所在和历史担当。

借这次会议的机会，我想就新时代炎黄文化事业的发展提出三点想法，也可以叫作新时代炎黄文化事业的三个着眼点。

中部六省的学术研讨会，到今年已经是第七次召开。回顾以往的每一次会议，都结合了当时当地的实际问题，取得了好的效果。因此，关注现实，接地气，是我们六省炎黄文化工作开展的一个共同特点，也是我们今后工作的一个重要着眼点。

在这方面，我想举湖北省炎黄文化研究会的例子，说明这个问题的重要性和可行性。

这几年，我所参加的湖北炎黄文化研究会的活动有耕读文化、中医中药、文化自信、传统文化与青少年成长等。他们还开展实实在在的基础性研究，用10年时间编辑了约1200万字的《荆楚文化丛书》，最近几年又在组织编写多卷本《长江文明通史》，除此之外，还做了不少关注现实接地气的工作。实实在在地说，湖北省炎黄文化研究工作走在全国前列。这一系列成绩都是由于他们坚定贯彻“围绕中心，服务大局”的主旨，结合现实，有的放矢。

为什么炎黄文化研究的工作首先要着眼于现实？这源于社会对文化的需要。

任何经济与社会问题，其内在都有文化因素的影响。任何社会中的人都需要文化的滋养。看到并准确把握历史发展中内在的文化因素，满足社会中的人对文化营养的需要，才能更好地解决经济与社会发展的问题。例如，在长江经济带发展上，习近平总书记提出“共抓大保护，不搞大开发”，表面看起来这是个政策问题，其实质是表现了一种文化观，即可持续发展的文化观。

另外，就炎黄文化而言，在广义上就等同于传统文化，由于各省所处的情况不同，这种传统文化优势就表现为地域文化和特色文化。在不同省份的炎黄文化研究会中，有的省份的研究重点是八闽文化、五邑文化、金源文化、仲子文化等，各省各地要依照自己的情况，结合现实开展研究。

由于情况的差别，结合现实开展研究，对我们的自身素质是有要求的。一方面，要在把握理论基础上的关注现实，在这一点上，可以发挥研究会的特点，发挥研究会中专家学者的长处；另一个方面，就是要重视调查研究，找到社会的需要点。湖北省炎黄文化研究会的专家有一个特点，就是注重实地调查研究。

调查研究是理论联系实际的中间环节。调查研究搞好了，才能更好地关注现实，接地气。

炎黄文化研究的第二个着眼点，我想表述为：提高眼界与境界，增加炎黄文化研究的理论深度。

自改革开放以来，根据中华炎黄文化研究会和各地炎黄文化研究会的实践，我们可以将炎黄文化研究的内容范围概括为上古炎黄时代的本体研究(狭义的炎黄文化)、中华传统文化研究和地域以及专题文化研究。不论从哪一方面来说，我们都面临提高眼界与境界、增加理论深度的任务。

有的同行可能会说，我们的社团研究机构有许多成员是退休人员，是学术的同盟军，而不是主力军。如果在30年前可以这样讲的话，在当今的"新时代"，情况已经有相当大的转变：第一，人文社会科学研究与自然科学研究不同，年龄不是重要的障碍；第二，退休人员有更多时间和行动上的自由；第三，也是更重要的，是当前的网络和数字化时代，图书和知识的获取已经基本不存在障碍。这些都为我们研究任何问题提供了相当广阔的空间。这是新时代的特色。

由于这种特色，我们有理由提倡提高眼界与境界，向炎黄文化研究的理论深度挑战。

那么，怎样才能做到这一点？如果举上古炎黄时代的本体研究为例，就要关注考古最新成果的研究，关注大历史的综合研究。下面，我将做一简单说明。

考古的最新成果，大家都知道 2016 年结项的“中华文明探源工程”。“中华文明探源工程”历经十多年，研究团队累计发表学术论文 900 余篇，其中外文或发表在国外学术期刊上的论文近 400 篇，出版专著 80 余部，培养博、硕士研究生及博士后 200 余人，逐步探索出了一条多学科联合研究古代社会的道路。这项工程研究认为，距今 5800 年前后，黄河、长江中下游以及西辽河等区域出现了文明起源迹象；距今 5300 年，中华大地各地区陆续进入文明阶段；距今 3800 年前后，中原地区形成了更为成熟的文明形态，并向四方辐射文化影响力，成为中华文明总进程的核心与引领者。

但是，有一点让我困惑，在 2018 年 5 月 29 日重大科研项目“探源工程”发布在《人民日报》和新华社报道中的成果，并没有出现“炎黄”二字。在我见到的相关文章中，考古学家很少谈到这一重大工程与炎、黄二帝的关系。

我们应该如何看待这一现象？这是一个值得思考的问题。

这件事使我想起，西方史学界在 20 世纪八九十年代至今所讨论的“大历史”的问题。所谓大历史，就是 20 世纪末一位西方历史学家大卫·克里斯蒂安，他将人类历史纳入最新阐述的宇宙自然史范围，关注那些植物食物采集民族、早期农民以及其他一些没有留下档案记录而被排除在 19 世纪基于文献的所谓“科学”历史之外的其他民族。中国的炎、黄帝时期，就是这样一个时代，历史上没有留下关于那个时代的文献或记录，因为还没有文字，但是那一时代的人已经有主观意志、有思想、有发明、有创造。基于文献的史学忽略这一时段，大历史要把从宇宙到人联系起来加以研究。

这些问题应该引起我们的关注。现在翻译出版的史学著作越来越多，我们应该提高眼界与境界，向炎黄文化研究的理论深度挑战。

当然，对于广义的炎黄文化，即中国传统文化，我们也应作如是观。

炎黄文化事业的第三个着眼点是炎黄事业队伍的自身建设问题。

中华炎黄文化研究会首席顾问徐光春同志曾经对会里的工作提出25字方针：以学习为首，以研究为本，以服务为要，以发展为重，以创新为贵。

这些方面都关乎炎黄事业队伍的自身建设问题。在研究手段和新知识层出不穷的情况下，如果不把学习放在首位，就有可能落伍。我这次读了本次会议相关的55篇大作，受益匪浅，我深信，经过交流和研讨，我们这次会议的成果是对中华人民共和国成立70周年的一个丰厚的献礼。

炎黄文化事业是一个长远的事业，古人讲“守正笃实，久久为功”。我们要发扬炎黄时代流传下来的锲而不舍的精神，勇于开拓进取，让中华优秀传统文化深入人心、代代相传。

最后，预祝大会取得圆满成功！

（作者为中华炎黄文化研究会常务副会长、中国艺术研究院教授）

在炎黄文化与长江经济带发展学术研讨会上的讲话

丁凤英

各位专家教授、各位嘉宾：

炎黄文化与长江经济带学术研讨会暨第七届中部六省炎黄文化论坛在历史文化名城襄阳市召开。湖北省炎黄文化研究会、炎帝神农故里基金会的同志多次邀请我来参加这次会议，来了以后我感到很高兴。湖北省来参加会议的大多数是老朋友、老熟人，中部六省的一些同志有的我也认识，中华炎黄文化研究会常务副会长任大援同志亲临会议指导，见到大家很高兴。特别是了解到由我任湖北省炎黄文化研究会会长时，发起主办的中部六省炎黄文化论坛已经坚持办了6届，每个省都主办了一次，今年是第7届了，而且效果不错，我感到很欣慰，同时，看到襄阳市的变化也很受鼓舞。我有好多年没来襄阳了，襄阳市经济发展很快，城市面貌变化很大，城区面积比过去大多了，生态环境也变好了，产业襄阳、绿色襄阳、文化襄阳、富强襄阳建设取得了很好的成效，正在向名副其实的省域副中心城市、现代化的大都市迈进。襄阳的发展变化的确令人鼓舞、令人高兴。

这次会议的主题是炎黄文化与长江经济带发展，这是一个很好的主题。长江是中华民族的母亲河，也是中华民族发展的重要支撑。习近平总书记两次主持召开推动长江经济带发展座谈会。最近，报刊上发表了他于2018年4月在武汉召开的座谈会上的讲话，他强调，要把修复长江生态环境摆在压倒性位置，“共抓大保护，不搞大开发”，努力把长江经济带建设成为生态更优美、交通更顺畅、经济更协调、市场更统一、机制更科学的黄金经济带，探索出一条生态优先、绿色发展新路子。这是从中华民族长远利益考虑作出的重大决策，是关系国家发展全局的重大战略。习近平总书记还强调：“文化兴国运兴，文化强民族强。没有高度文化自信，没有文化的繁荣兴盛，就没有中华民族伟大复兴。”炎黄文化是祖根文化，也是中华民族的根脉和灵魂，正确认识和处理炎黄文化与长江经济带发展的关系，充分发挥文化的引领和激励作用，值得我们深入研讨。

湖北省炎黄文化研究会成立以来，特别是近十几年来，一直坚持“围绕中心、服务大局”的指导思想，这次研讨会也很好地体现和坚持了这个指导思想。马敏同志担任研究会会长以来，湖北省炎黄文化研究会的工作在过去的基础上又添加了不少新的举措，做了许多开创性的工作，取得了许多新的成果。刚才，马敏同志做了很好的报告，介绍了湖北省炎黄文化研究会的工作情况。对于他们取得的成绩，我这个老会长感到由衷高兴。我对炎黄文化工作有很深的感情，十分热爱这项工作，希望大家把这次研讨会开好，在炎黄文化研究工作上取得更多成绩，为推动中华优秀传统文化创造性转化、创新性发展，继承革命文化，发展社会主义先进文化，建设社会主义文化强国作出新贡献。

祝研讨会圆满成功！

祝全体与会同志身体健康，工作顺利，生活愉快！

谢谢大家！

（作者为湖北省政协原常务副主席、湖北省炎黄文化研究会原会长）

在炎黄文化与长江经济带发展学术研讨会上的致辞

胡和平

各位领导、各位专家、各位来宾：

大家上午好！金色九月，秋高气爽。在即将迎来伟大祖国母亲70周年华诞之际，我们相聚在汉水之滨——美丽襄阳，共同探讨炎黄文化的精神与内涵，共同谋划炎黄文化与长江经济带发展，共同祝愿我们伟大的祖国更加繁荣、富强。在此，受湖北省委常委、襄阳市委书记李乐成同志委托，我代表中共襄阳市委、襄阳市人民政府和600万襄阳人民，向参加本次研讨会的各位领导、各位专家和新闻界的朋友们，表示热烈的欢迎！向长期关注襄阳建设和发展，尤其是对襄阳打造长江经济带重要绿色增长极给予关心、支持和帮助的各位领导、各位朋友，表示衷心的感谢！

汉江是长江最大的支流，干流全长1577公里，流域面积15.1万平方公里，约占长江流域面积的9.2%。三千里汉江纵横中华腹地，交融了黄河文明和长江文明，孕育了汉水文化，构成了炎黄文化的重要文脉。时至今日，汉江在中国版图上仍然扮演着十分重要的角色：汉江是南水北调中线工程水源地，以其甘冽的乳汁哺育着亿万人民；汉江流域农业基础优良，江汉平原、南襄盆地是重要的农业主产区；汉江流域工业基础雄厚，汽车、新能源、新材料等产业在全国有重要影响力。汉江在中部崛起以及长江经济带发展等国家战略中起着十分重要的作用。

襄阳扼守汉江中游，自古即为交通要塞，素有“南船北马、七省通衢”之称，历来为兵家必争之地。汉江流经襄阳市境 1.73 万平方公里，占湖北省汉江流域面积的 27.5%，汉江是襄阳的“母亲河”。千百年来，勤劳勇敢的襄阳儿女在这片充满希望的土地上默默耕耘，创造了丰富的物质文明和精神文明。襄阳是国家级历史文化名城，三国文化、荆楚文化、汉水文化、古城文化等在襄阳历史上得到了集中体现。襄阳也是三国文化的源头，司马徽荐诸葛、刘备三顾茅庐、诸葛亮作《隆中对》等都发生在襄阳，揭开了三国文化的序幕；荆楚文化直至发展到襄阳保康、南漳、宜城，才逐步强盛起来；历史上咏襄阳的诗歌达 2500 多首，李白、杜甫、王维、孟浩然等著名诗人都有吟诵襄阳的诗句；襄阳是汉水文化保护的典型区域，襄阳城是汉江流域唯一保存完整的古城池，樊城是著名的汉江商埠，是汉江流域经济史的活化石。

新时代，襄阳正蓄势勃发、展翅欲飞。近年来，在习近平新时代中国特色社会主义思想的指引下，襄阳紧紧围绕湖北省委、省政府“一芯两带三区”的战略布局，解放思想、更新观念、锐意改革、开拓进取，努力把襄阳建设成为长江经济带重要绿色增长极、湖北省省域副中心城市和汉江流域中心城市。2008 年以来，襄阳经济总量连续翻番，2018 年 GDP 达到 4309 亿元，居全省第二，在中部地区同类城市名列前茅，创造了令人瞩目的“襄阳速度”。2019 年底，汉十、郑万(郑州至襄阳段)两条干线高速铁路将在襄阳贯通，襄阳的全国性综合交通枢纽地位将被重新书写，届时各位来襄阳将更加便捷。

2018 年 11 月，国家出台的汉江生态经济带规划给襄阳发展带来了新的机遇。本次研讨会就是襄阳抢抓长江经济带和汉江生态经济带战略规划新机遇，实现经济社会高质量发展的一次重要会议。我相信，在各位与会专家的共同努力下，本次研讨会一定能结出丰硕的成果。各位专家的智慧将助推炎黄文化的研究与发展，为襄阳的发展提供强有力的智力支持。

文化是城市的灵魂。我们十分重视文化在经济社会发展中的重要作用，将历史文化融汇到城市形态之中，做“活”历史文化与山水资源、现代都市与千年古城、城市形态与人文元素结合的文章，努力培育独具特色的“襄阳文化”，彰显富于时代特点的“襄阳精神”，在推动高质量发展中书写“魅力襄阳”的文化气质。

“襄阳好风日，留醉与山翁”，这是唐代大诗人王维咏襄阳汉江的名句。真诚地希望各位专家继续关心襄阳、支持襄阳，欢迎大家今后常到襄阳做客。我相信，在习近平新时代中国特色社会主义思想的指导下，在襄阳全市人民的共同努力下，在各位专家的支持下，襄阳一定能够再现史上人文之美盛、都市之繁华，一定能够在新时代再展宏图，为中华民族伟大复兴作出新的更大贡献。

最后，预祝本次研讨会圆满成功，祝各位在襄期间身体健康、工作顺利。

谢谢大家！

（作者为中共湖北省襄阳市委常委、宣传部部长）

在炎黄文化与长江经济带发展学术研讨会上的总结

刘玉堂

尊敬的各位领导、各位专家：

大家下午好！

经过一天认真而热烈的学术讨论，本次大会即将落下帷幕。在今天的会议上，各位专家踊跃发言，各抒己见，可谓新意纷纷，高潮迭起，体现了本会一以贯之的务实求真的学风，相信大家和我有一样的体会：深受教益而倍感欣慰！

总体上看，今天13位专家发言的内容主要集中在4个方面，这就是关于炎黄文化与长江经济带建设、炎黄文化与当代文化建设、先秦时期长江文明的突出成就及其对中华文化的贡献、黄河文化与长江文化的比较以及二者的交流融会。我的总结也围绕着这4个方面展开。不当之处，敬请各位领导和专家批评指正。

一、炎黄文化与长江经济带建设

罗福惠（湖北省炎黄文化研究会副会长、华中师范大学教授）通过对无论在历史上还是现实中同样为文化发达地区的环渤海城市群、长江流域城市群和广东大湾区城市群的分析，认为这些地区的文化能够相对发达，根本原因有两个：一是具有一定的经济基础；二是能够实现多种文化的交流融会。因而，只有坚持开放融合的道路，同时认真保护好长江流域的生态环境，长江经济带的文化提升才有光明灿烂的前途。

王玉德(湖北省炎黄文化研究会副会长、华中师范大学教授)认为，凡是仍然存在的传统文化，都具有一定的现代意义，除非是完全死亡或不复存在的文化。因此，在文化传承、创造、开辟的过程中，在长江经济开发过程中，必须主动利用好炎黄文化资源。一是要充分发挥炎黄文化的凝聚力作用，二是炎黄文化可以在文化资源开发和文化产业发展中提供素材。故在长江经济带建设中，应当让炎黄文化成为实实在在的文化资源，成为中华文化力的重要组成部分，成为中华文化复兴的一股动力与一面旗帜。

黄莹(湖北省社会科学院助理研究员)就长江经济带文化的内涵提出了自己的看法。第一，“长江文化”内涵。“长江文化”已经存在、发展、积淀、流淌了至少几万年，根系深厚，血脉绵长，还具有鲜明的国际性。长江流域的文化成就构成了一个宏大的流域文化共同体，这是一个异常丰富的创新宝库。第二，中华人民共和国成立以后对长江文化和长江经济带的研究。一是黄河文明在很长时间内居于正统地位，二是长江经济带先后经历了三个阶段。万里长江的开发关系着中华民族子孙后代的福祉，必须正确处理好人文、生态与经济之间的关系。第三，巴蜀、荆楚、吴越三大文化区。长江经济带文化是一个以巴蜀文化、荆楚文化、吴越文化为主体，包含滇文化、黔文化、赣文化、淮南文化等亚文化层次的庞大文化体系，这些不同的文化共同体在相同的文化规则下聚合成一个共同的文化体——长江经济带文化。

薛清和(江西省鹰潭市炎黄文化研究会常务副会长)主要在新的形势下，对江西在融入长江经济带发展过程中面临的机遇、战略定位和主要任务进行了探讨。第一，江西作为长江之“腰”和中部区域发展的重要一级，将面临新的发展机遇：一是发展升级新机遇；二是小康提速新机遇；三是绿色崛起新机遇。第二，在长江经济带覆盖的 11 个省市中，江西应找准自己的战略定位：一是承东启西、连接南北的战略纽带；二是产业转型升级试验区；三是长江中游城市群的核心板块；四是长江生态安全重要保障区。第三，江西应抢抓机遇，认真谋划，加强与国家战略对接，主动融入长江经济带建设。一是强化顶层设计及政策推动；二是全面拓宽开放通道；三是构建产业承载平台；四是提升区域互动合作水平。

许康(湖南大学教授)认为，推动长江经济带发展是党中央作出的重大决策，是关系国家发展全局的重大战略，对实现“两个一百年”奋斗目标、实现中华民族伟大复兴中国梦具有重要意义。许康在湖南出土的众多简牍中，通过辨析洞庭湖水危机，分析长株潭城市群发展问题等，解读了长江中游环洞庭湖地区秦(楚)、汉(吴)、西晋几个朝代的社会经济面貌和文化积淀。

王进(湖北省襄阳市社会科学界联合会副主席)认为，作为中国历史文化名城，襄阳有着延绵的文化根脉、深厚的文化积淀，这些是襄阳的优势和特色，也是襄阳城市的核心竞争力。第一，襄阳文化的多维构成。一是“崇文重教、尊重人才”的智慧文化；二是“崇尚科学、敢为人先”的创新文化；三是“重商亲商、重利尚义”的营商文化；四是“注重天然、追求和谐”的生态文化。第二，襄阳融入长江经济带发展的文化效用。一是依托比较优势，发挥文化的引领作用；二是依托资源优势，发挥文化的纽带作用；三是依托创新优势，发挥文化的引擎作用。第三，以文化为引领，推动襄阳融入长江经济带高质量发展。一是全面提升市民的人文素质，打造“襄阳”气质；二是精心培育城市文化品牌，彰显“襄阳”气派；三是大力推进文化产业发展，塑造“襄阳”气象；四是积极推动文化传播交流，提升“襄阳”气场。在共同推动长江经济带“共抓大保护，不搞大开发”的历史背景下，文化资源是经济社会发展的“黄金资源”，利用好这些丰富、厚重的文化资源，是襄阳融入长江经济带高质量发展的必由之路和重要支撑。

二、炎黄文化与当代文化建设

吉成名(湘潭大学教授)认为，炎黄文化属于始祖文化，是中国传统文化的重要组成部分，同时，炎黄文化与爱国主义精神培养关系非常密切，尽管炎、黄二帝仅仅是始祖文化符号，但是炎黄文化对于培养民族感情、激发人们的爱国主义精神具有特殊作用。故研究炎黄文化是培养爱国主义精神的重要途径，在此过程中应正确对待民族始祖崇拜现象，深入发掘古代文献中的民俗资料；正确认识近现代人们对待炎黄文化的某些做法；深入发掘炎黄文化的合理价值；避免民族主义和地方主义；团结海外华人；还应努力提高学术水平，将炎黄文化研究推进到一个新的阶段。

刘纪兴(湖北省社会科学院原副巡视员)认为，中部地区是炎黄文化资源最为丰富和集中的核心区域，推动中部崛起，坚持绿色发展，加强生态文明建设离不开以炎黄文化为重要依托的文化软实力支撑。他提出，一是炎黄文化生态文明思想的意蕴内涵，主要体现在人与自然相互依存、顺应天地运化规律的创造精神，人与社会协同互动、推动生产和生活方式创新发展的进取姿态，人与资源取用有度、遵循健康永续的可持续理念。二是中部地区生态文明建设协同发展的重大意义。中部如同腹心，是国家社会稳定和长治久安的重心所在，要让中部大地成为全国生态文明建设的先锋模范，迈向社会主义生态文明新时代。三是中部地区生态文明建设要通过连接炎黄文化纽带、助力中部文化生态协同发展；要坚持绿色中部崛起，构建生态环保协同发展体系；要打造融合创新平台，推动战略产业协同发展；要完善基层治理结构，夯实生态文明建设协同发展基础；要加强内外协调联动，促进周边区域生态文明建设协同发展等，为建设绿色发展的美丽中部打好坚实基础。

李乔(河南省社会科学院研究员)从历史考察出发，分别剖析了轩辕黄帝是中华民族的人文始祖、河南新郑是黄帝部族的重要活动地、黄帝认同是中华民族形成的基础，探究了黄帝拜祖大典的现实意义，其不仅在增进民族团结、促进民族认同感和凝聚力上发挥着重要作用，而且通过拜祖大典，充分展现了中华民族精神家园的魅力与厚重，充分表明黄帝拜祖大典有力地促进了世界华人的民族认同、文化认同、祖国认同，成为展示和弘扬中华优秀文化的重要窗口，成为建设中华民族共有精神家园的重要载体。

三、先秦时期长江文明的突出成就及其对中华文化的贡献

陆勤毅(安徽省委宣传部原副部长)认为，安徽商周青铜文化在长江青铜文化乃至中国青铜文化发展史上具有十分重要的地位，他从三个方面进行了论证。第一，安徽出土的大量商周青铜器是中原文化与长江流域诸文化交流、交锋的物证。在安徽境内发现的大量商周青铜器，无论是器物类型、形制、纹饰，还是组合关系，无不是既具有浓郁的地域特征，又具有中原文化的印痕，还具有长江流域其他区域文化的色彩。这种现象又因时间和地点的不同而出现此消彼长的变化，这无疑是中原文化与长江流域诸文化交流、交锋的实物见证。第二，安徽出土的大量商周青铜器是中原文化向南和东南，楚文化向东和东南发展的枢纽。中原商周青铜文化向南和东南发展，必须先过黄河而南，再循淮河而东南；楚国青铜文化向东和东南发展，必须先顺淮河而东，继而沿长江而东南，因此，坐拥淮河、长江的安徽，势必成为中原文化南下和楚文化东进的枢纽，其商周青铜文化也因之具有斑斓的色彩。第三，安徽沿江地区是商周时期重要的青铜工业基地。在先秦典籍和青铜器铭文中，每每有“金道锡行”“江南金锡”“俘金有得”“大获南金”等语。其中，“江南金锡”是指以安徽铜陵大铜矿、湖北大冶古铜矿和江西瑞昌大铜矿为中心的江南地区，是盛产铜锡的所在；“金道锡行”是指从中原到江南地区存在着的运输铜锡的通道；“俘金有得”是指商周王朝南下掠夺有

所收获；“大获南金”是指商周王朝派军队到江南地区抢夺青铜满载而归。由此可见，无论是哪一种表述，都表明以安徽铜陵为中心的安徽沿江地区是商周时期重要的青铜工业基地。

黄尚明(华中师范大学教授)提出，考古学为我们认识长江文化提供了许多新的知识，就先秦时期而言，长江文化的诸多方面在中国乃至世界居于领先地位。他认为：第一，长江流域是人类起源地之一，巫山人是目前在中国境内发现的最早直立人化石，说明长江流域是世界上的人类起源地之一，动摇了人类起源非洲一元论的观点；第二，长江流域是世界上最早培育水稻的地区；第三，新石器时代形成了三大区系类型，在中国文明起源中占据重要地位；第四，长江流域是中国丝绸、瓷器、船舶、冶金的起源地或起源地之一；第五，先秦时期形成了巴蜀、荆楚、吴越三个重要的区域文化，为天下一统做了充分的准备工作。

四、黄河文化与长江文化的比较以及二者的交流融会

李龙(河南省社会科学院副研究员)认为，作为黄河、长江流域重心所在的中原地区和江汉地区，在早期中国文明的起源和形成过程中有着举足轻重的地位。在长期的历史发展长河中，中原地区逐渐占据主体地位，而长江中游通过自己的道路也迈进了早期文明的门槛。通过考察新石器时期中原文化和江汉文化的交流历程，分析了新石器时期中原文化与江汉文化文明化进程的共同点和主要差异，最后得出新石器时期中原文化主体地位形成的原因。

杜建明(山西省炎帝文化研究会副会长)从长江文明与黄河文明的比较出发，论及炎帝在上党地区创造性地推动了人类文明进程，他认为，炎帝神农氏起源于太行山，且足迹遍布上党，故炎帝文化是长治文化不可或缺的重要组成部分，必将为上党文化这一古老文化精髓注入不竭动力。

以上是大会交流的基本内容和主要观点。由于时间的关系，大多数

提交了论文的专家没有来得及发言，好在所有与会专家的学术成果都会得到充分展示并在学术界产生积极的影响。

我的总结发言到此结束，谢谢大家！

（作者为湖北省炎黄文化研究会副会长，湖北省社会科学院原副院长、博士生导师）

炎黄文化与长江经济带发展学术研讨会在襄阳举行

张执均　朱纪平

金秋九月，秋高气爽，文化古城，丹桂飘香。2019 年 9 月 17 日至 18 日，由湖北省炎黄文化研究会、湖北省炎帝神农故里基金会主办，襄阳市社会科学界联合会协办的“炎黄文化与长江经济带发展学术研讨会暨第七届中部六省炎黄文化论坛”在襄阳市举行。来自湖北省社会科学院，华中师范大学，中南财经政法大学，湖北大学和湖南、河南、安徽、山西、江西炎黄文化研究团体的 50 多位嘉宾、论文作者代表及相关专家学者齐集古城襄阳，围绕会议主题，进行学术交流。

湖北省委常委、襄阳市委书记李乐成会见与会代表，中华炎黄文化研究会常务副会长、中国艺术研究院教授任大援到会祝贺，湖北省政协原常务副主席、湖北省炎黄文化研究会原会长丁凤英出席会议并讲话，襄阳市委常委、市委宣传部部长胡和平代表市委、市政府致辞；湖北省社会科学界联合会主席、湖北省炎黄文化研究会会长、华中师范大学原党委书记马敏作主旨讲话；河南省炎黄文化研究会特邀顾问、河南省委宣传部原常务副部长常有功，安徽省委宣传部原副部长陆勤毅，安徽省炎黄文化研究会会长沈葵，湖南省炎帝陵基金会办公室副主任宋慧玲，山西省炎黄文化研究会会长焦光善，江西省鹰潭市炎黄文化研究会会长张年荣等出席会议。湖北省炎黄文化研究会副会长兼秘书长李子林主持开幕式，副会长罗福惠、何晓明、王玉德分别主持研讨交流，副会长刘玉堂作学术总结。

任大援在讲话中，对这次会议的主题给予充分肯定后，重点就炎黄文化事业的着眼点强调了3个问题。一是要关注现实接地气。他以近几年湖北省炎黄文化研究会围绕中心、服务大局，开展多项关注现实接地气的活动为例，说明了这个问题的重要性和可行性。二是要提高眼界与境界，促进炎黄文化研究的理论深度。比如在上古炎黄时代的本体研究中，就要关注考古最新成果的研究，关注大历史的综合研究。三是炎黄事业队伍的自身建设。要按照“以学习为首，以研究为本，以服务为要，以发展为重，以创新为贵”的方针，守正笃实，久久为功，锲而不舍地抓好队伍建设，为炎黄文化研究这一长远事业的发展提供组织保证。

丁凤英在讲话中表示，受邀参加这次会议，见到远道而来的中华炎黄文化研究会的领导和兄弟省市及本省参会的一些老朋友、老熟人，心里很高兴；看到襄阳经济发展很快，城市面貌变化很大，产业襄阳、绿色襄阳、都市襄阳、文化襄阳建设取得了很好的成效，正在向名副其实的省域副中心和汉江经济带中心城市迈进，心里更是高兴。她强调，这次会议的主题是炎黄文化与长江经济带发展，这是一个很好的主题，完全符合党中央和习近平总书记关于推动长江经济带发展的要求。炎黄文化是祖根文化，是中华民族的根脉和灵魂，正确认识和处理炎黄文化与长江经济带发展的关系，充分发挥文化在长江经济带发展中的引领和激励作用，值得我们深入研讨。同时，丁凤英对湖北省炎黄文化研究会近年的工作给予了充分肯定，她感到由衷地高兴，并希望大家把这次会议开好，在炎黄文化研究工作上取得更大的成绩、作出新的贡献。

马敏在讲话中，就充分认识长江经济带发展及炎黄文化对长江经济带发展的作用和意义从三个方面进行了阐述；介绍了湖北省近年在炎黄文化研究及长江经济带文化研究方面的简要情况，谈了五点体会；并就进一步把长江经济带文化研究引向深入，从保护、整理开发遗址遗迹、史迹史料，开展专题研究，进行比较研究，加强综合研究和搭建一些大的平台，讲了五点意见。

为开好这次学术交流会，湖北省炎黄文化研究会、湖北省炎帝神农故里基金会会同河南、湖南、安徽、山西、江西五省炎黄文化研究会的同志，一起作了多方面准备，特别是约请有关知名专家、学者撰写了一批优秀论文，会议共收到论文 65 篇，其中 13 名论文作者代表在会上作了发言交流，论文和发言质量普遍受到大家肯定。大家一致认为，长江经济带是中华民族发展的重要支撑，长江流域是中华文明的发祥地和炎帝神农活动的主要区域，炎黄文化是长江经济带发展的精神动力。从事炎黄文化研究的同志，要认真学习和贯彻落实习近平总书记关于推动长江经济带发展的重要指示精神，充分发挥自身优势，加强研究思考，深入研究和弘扬长江文化、炎黄文化，充分挖掘其所蕴含的知识价值、文化价值，在全社会营造知我长江、爱我长江、兴我长江的浓厚氛围，为长江经济带发展提供有力的文化支撑。

中部六省炎黄文化论坛自 2013 年由我省倡议主办以来，得到其他省有关方面的积极赞同和大力支持，每个省都主办了一届。实践证明，这一合作形式有利于整合力量、扩大视野、加强交流、增进友谊，开创了炎黄文化研究团体跨省横向联合开展研究与交流的新模式，促进了炎黄文化研究工作的深入开展。

此次会议期间，还召开了中部六省炎黄文化研究团体负责人会议，相互介绍了情况，讨论研究了共同关心的问题。会议决定，下一届中部六省炎黄文化论坛由湖南省炎帝陵基金会、神农炎帝文化研究会主办，并举行了交接仪式。

襄阳市委、市政府及襄阳市委宣传部、市社会科学界联合会对此次会议的召开给予了大力支持。

（作者单位为湖北省炎黄文化研究会）

第二部分

以交流融会促进长江经济带的文化提升

罗福惠

几年前，刘鹤副总理就曾指出，“工业化、市场化、城市化、国际化这四大趋势中，城市化是最核心也最复杂的命题”。因为城市是工业化的载体、市场化的平台和国际化的舞台。大量农村剩余劳动力进入城市成为市民，是消除城乡二元结构的根本出路，也是扩大内部需求的主要依托。城市化派生的投资和消费需求，是拉动经济增长的主要动力。正确的城市化道路是实现我国粮食安全的保证。由于我国人多地少，水资源不足，这就决定了在城市和农村同时实现适度规模的经济经营和深化分工，是实现可持续发展的客观选择。

而在城市化和经济、科技的发展中，文化底蕴必然发挥着逐步增大的支撑作用。刘鹤说：“经济增长表面的决定因素是资本、劳动、技术和地理优势，但是最终起作用的是文化和习惯的遗传。”今天在我国经济版图中占有举足轻重地位的环渤海城市群、长江流域城市群(包括上游的成渝城市群、中游的湘鄂赣城市群和下游的长三角城市群)和广东大湾区城市群，无疑在历史上和现实中也是文化发达之区。而这些地方的文化能够相对发达，根本原因有两个：一是具有一定的经济基础；二是能够实现多种文化的交流融会。

长江流域的文化可谓源远流长、蕴含丰富而且富有活力，而这些特点均源于丰富多样的文化能在这里交流融会。

中国长期流行着黄河流域是中华民族文化摇篮的说法，而近几十年，从长江上游四川、中游两湖到下游三角洲的一系列考古发现，有力地支持着中华文化“多元发生说”的兴起，对传统的“一元发生说”构成了挑战。这种“多元发生说”和“一元发生说”的争鸣，固然很有意义，但“发生”与“发展”两者相比较，无疑后者更应引起关注和研究。曾经产生过的文化，如果后来衰微湮没了，那么，对其外部环境的探讨和对这种文化本身缺陷的研究，将给人类提供多方面的教训；而已经发生的文化不仅长期延续下来，且能始终保持活力与领先地位，则不仅值得研究，更会得到人们的珍爱。

从上古至先秦，黄河流域的文化与长江流域的文化，均曾各自同区域之内的各地方、各种族文化产生交流融会，前者如华夏文化与东夷、西羌及各种“戎狄”文化的交流，还有关中文化与关东燕、赵、齐、鲁文化的彼此渗透，后者如华夏文化与三苗、百越、巴人、濮人文化以及后来的楚国、吴国、越国文化的冲突与涵化。

黄河流域文化与长江流域文化之间，也明显地存在着双向流动。如《诗》中的“周南”“召南”，就原产于汉江地区，体现了黄河流域文化对长江流域文化的接纳；楚地隋国的季梁(比孔子约早两个世纪)，曾信奉并传播黄河流域原始儒家的学说和思想，其事见于《左传》；稍晚又有与孔子同时的吴国季札到鲁国观礼；还有《孟子》中记载的“陈良楚产也，悦周公之道，北学于中国”。这些都是先秦时代文化交流的实例，不过，季札、陈良等人的言行被当时充满文化优越感的圣人之徒视为南方“蛮夷”对“中国”教化的向慕。

客观地说，到春秋战国时期，长江流域的农耕、冶炼、纺织、制漆、造船、宫室建筑，以及歌舞艺术和文学诗歌等，未必比黄河流域的逊色。而从墨子劝谏楚王勿攻宋国的说辞看，楚地的富足更不会在中原诸国之下。要说有“落后”之处，一是体现于军事。黄河流域因为有群雄长期逐鹿争霸，不得不以武力优先。故虽以楚国之强，也只能灭掉近在身边的“江汉诸姬”，教训一下今天河南、安徽境内的一些小国，但与晋、齐、秦等大国交手，仍然胜少败多。二是体现在政治和伦理上。

黄河流域由于争夺生存空间的种群众多，故不仅武力优先，而且是人类文明的一个重要标志，即国家政权形态比长江流域早出现好几百年，因此，与之相适应的以君权和父权为核心的伦理观念，也比长江流域发达和系统化。后者由于地域广阔而人口稀少，山川大泽加剧了往来不便，生存空间的争夺并不那么频繁剧烈，因而国家政权和以君父为核心的伦理观念发展稍迟。而这一点恰恰最为黄河流域的儒家、法家所诟病，“无父无君”被视为“蛮夷”的共同标志和最大弊端。因此可以说，判别文明与野蛮的“夷夏之辨”，其标准从一开始就有失偏颇，它首先关注的不是经济基础和生产力的发达水平，而是强调政权、伦理、教化等上层建筑方面的因素。

秦汉统一的大帝国形成之后，政治中心一直在黄河流域，教化所及，自然以关中和晋、冀、鲁、豫等地为先。所以在《史记》《汉书》《后汉书》中青史留名的“将相”“儒林”“文苑”之属诸人，关中和中原地区多达十之七八。但此后长江流域的“中原化”一直在持续进行，晋室南渡之后，长江流域的文化已能与黄河流域的文化比肩。唐人杜佑的《通典》曾说：“永嘉之后，帝室东迁，衣冠避难，多所萃止，艺文儒术，斯(指扬州)之为甚；今则闾阎贱品处，吟咏不辍。”不过，此时及此后一段时间的湖南、福建和岭南等地，还是被视为没有开化的地方，故唐代的韩愈、柳宗元，北宋的苏轼等人左迁到上述各地时，还免不了有身入蛮荒之叹。

在晋室南渡800年后又有宋室南渡，中原衣冠再次大量进入长江流域和珠江流域。所以，从南宋起，不仅三吴之地成为财富和人文渊薮，福建、江西、湖南等地亦人文蔚起，岭南的“中原化”也接近完成，故元代学者吴澄在《学云章阁记》中说：“今之交广，古之邹鲁。”从东晋到南宋，黄河流域文化的迭次南下，是江南和华南文化积薪居上的重要原因。

及至明末清初，长江流域的学者们已毫不讳言黄河流域与长江流域文化的此消彼长。如顾炎武在《天下郡国利病书》中说：“自昔以雍冀洛河为中国，楚吴越为夷，今声名文物，反以东南为盛，大河南北，不无少让。”王夫之在《思问录》中更说：“吴楚八闽，汉以前夷也，而今为文教之薮；齐晋燕赵，隋唐以前之中夏也，而今之椎钝呆戾者，十九而抱禽心矣。”他又说：“洪(武)永(乐)以来，学术节义，事功文章，皆出荆扬之产……今且两粤滇黔渐向文明。而徐豫以北，风俗人心益不忍问。”王夫之这些总结中华汉族文化重心南移的说法，大体上符合历史进程的整体状况，但是他对“文明”的理解仍然偏重种族、君臣、伦理道德等内容，反映出“中原化”带来的某些消极影响。

历史已一再证明，开发和相争相战可以使一个地区率先发展，使一些种群加速进入文明。但是福祸相依，开发和争战也可能使这些率先进入文明的地区、种族蒙受灾难，而后开发的相对安定的地区则能通过移民和文化引进而获益。明代学者章潢在《图书编》中说：“汉魏以还，天下有变，常首难于西北，衣冠转而南渡，故西北益耗，而东南益盛。”如“晋之渡而东也，收数十代之衣冠礼乐，生聚长养其中；彼号为中原者，方且沦于戎马荆榛之域，故相悬也。其后宋又渡而东也，举数百年之皇图帝籍，以保有亿万之命；彼号二京者，方且盛穹庐旃幕之场，故益远也。”可见，正是黄河流域连续不断的争战，迫使该地区的人群、财富和文化南下长江流域。而长江流域得到这种源源不断的补充，其固有文化与南下的中原文化融合，才得以丰富和发展。

在顾炎武、王夫之等人的认识中，除了论及争战使文化南移之外，他们还常常使用“地气南徙”“淑气南下”“天运循环，地脉移动”“天地之气衰旺”等不可预知的神秘解释，作为文化重心南移的前提条件。而从道光年间起，学者们则开始论及水土、气候等自然生态方面的原因，如吴铤在《因时论(十二)》一文中说：“北方沙土，岁不挑浚，水道淤塞，夏秋阴雨，水无所潴，民羁其害……南方耕田，按其时以致民力。”他直接谈的是人的生存条件和生计状况，而没有论及文化兴衰，但道理很明白：维持生存尚且不易，从何奢谈发展文化？

清末民初的刘师培在《南北学派不同总论》一文中，对长江流域文化和黄河流域文化的兴衰过程及原因作过比较全面的概括。他说:“盖并青雍豫古称中原,文化声名,洋溢蛮貊。而江淮以南,则为苗蛮之窟宅。及五胡构乱,元魏凭陵,虏马南来,胡氛暗天,河北关中,沦为左衽。积时既久,民习于夷,而中原甲姓,避难南迁,冠带之民,萃居江表,流风所被,文化日滋,其故一也。又古代之时,北方之地,水利普兴,殷富之区,多沿河水,故交通日启,文学易输。后世以降,北方水道淤为民田;而荆吴楚蜀之间,得长江之灌输,人民蔚起,迄于南海不衰,其故二也。”由于民族矛盾,明末清初和清末民初的汉族士人论及文化时总难免有族群歧视,但是除此之外,他们从争战和生态条件来讨论文化变迁的观点和结论,则值得后人梳理和参考。

不同区域文化的兴衰消长和不同区域文化的性格特征,是既有联系又有区别的两个问题。关于后者,历来也有所涉及和讨论。前面说过,在先秦时期,中原人士对自己的礼乐教化乃至语言、习俗都是充满优越感的,他们视中原以外的“四夷”文化为野蛮鄙陋。除了政治伦理上的“无父无君”之外,诸如宗教上的“重淫祀”“信巫鬼”(即多神崇拜),居住方面的“穴居野处”,服饰上的“左衽”“被发”“文身”等,都被他们简单地斥之为野蛮落后。其实,当时并没有人认真地对中原文化和四夷文化加以深入地对比研究。秦汉以降,长江流域渐趋中原化,原来的蜀、楚、吴、越等处不再被视为“化外之地”,遂开始有人把中原的诗歌、文学与“南风”加以对比。至魏晋南北朝,经学中的“北派”与“南派”形成分庭抗礼之势。而隋唐以后,佛教及其已完全中国化的支派禅宗,也形成南北之分。到了晚清,举凡文学、语言、儒学、宗教、戏剧、音乐等的南、北比较,均有人进行,不过这些研究过于琐屑、专门,或者有些牵强附会,所以,没有很大的或长时间的影响。

清末民初在思想文化领域有较大影响的梁启超,曾对中国南、北文化的差异作过一番初步的宏观探讨,他在《论中国学术变迁之大势》一文中,以地理环境造就文化的种群性格为思路,概括地说:“北地苦寒硗瘠,谋生不易,其民族销磨精神日力,以奔走衣食,维持社会,犹恐不给，无余裕以驰骛于玄妙之哲理，故其学术思想，常务实际、切人事、贵力行、重经验，而修身齐家、治国利群之道术最先发达。惟然，故重家族，以族长制度为政治之本，敬老年，尊先祖。随而崇古之念重，保守之情深，排外之力强，则古昔称先王，内其国外夷狄，重礼文系亲法，守法律畏天命，此北学之精神也。南地则反是，其气候和，其土地饶，其谋生易，其民族不必惟一身一家之饱暖是忧，故常观于世界以外。初而轻世，既而玩世，既而厌世，不屑屑于实际，故不重礼法，不拘拘于经验，故不崇先王。又其发达较迟，中原之人常鄙夷之谓为野蛮，故其对于北方学派有吐弃之意，有破坏之心。探玄理、出世界、齐物我、平阶级、轻私爱、厌缛文、明自然、顺本性，此南学之精神也。"在进行了上述简单的对比分析之后，梁启超进而把南、北文化概括出十一组截然相反的特性，即北学"宗实际""主力行""贵人事""明政法""重阶级""重经验""喜保守""主勉强""畏天""言排外""贵自强"；南学"宗虚想""主无为""贵出世""明哲理""重平等""重创造""喜破坏""明自然""任天""言无我""贵谦弱"。

梁启超是一位难得的没有种族歧见和畛域观念的思想家，但是他把中国的南、北文化说成两种特性迥然有别的文化，显然是夸大了中国文化内部的差异性而忽视了同一性，其结论大可商榷。大约他自己也发觉所论未必妥当，故后来发表在商务印书馆印行的《国学蠡测》中时，把文章改名为《中国古代思潮》，大约意思是说上述鲜明的差异主要体现在先秦时期的南、北文化之中，而并不意味着这两种文化始终存在着鸿沟(遗憾的是，后人未曾体悟梁启超这一改换文章题目的深意，编《饮冰室合集》时仍旧按照原名)。他在《中国地理大势论》一文中说："中国者，天然一统之大国也。人种一统，言语一统，文学一统，教义一统，风俗一统"，"大抵自唐以前，南北之界最甚，唐后则渐微……盖调和南北之功，以唐为最矣。由此言之，天行之力虽伟，而人治恒足以相胜"。他并且说："今日轮船铁路之力，且将使东西五洲合一炉而公治之矣，而竟何区区南北之足云也。"

此处之所以用较大篇幅引用梁启超两篇文章中的有关文字，并指出梁启超本人曾为其中一篇文章重新定名这一史实，目的是要说明：不能片面理解梁启超的某些结论，作为夸大中国南、北文化的差异，并对两者加以抑扬褒贬的根据。梁启超在论及文化时，全面考虑了自然环境和人的作为这两个因素，并且区分了文化发生阶段和发展过程的不同情形，说明古代自然环境对文化的影响作用强，因而文化的地域特征较为明显；后世由于社会、政治发展，交通和人口流动日益便利，文化的传播、交流、融合遂成为普遍现象。所以，他认为，在唐代以前，中国的南、北文化还有较大差异，但唐代以后，南、北文化已经没有太大的区别了。当然没有截然差异和太大区别又不等于完全没有差异和区别，否则立足于文化的多样性和发展水平差别的区域文化研究就失去了立足之地。至于“使东西五洲合一炉而公冶之”的世界人类文化，更非短期之内可望形成。

从中国内部大的文化区域划分而言，先秦时期最常见的是把“中原”(“中国”)和“四夷”(“四裔”)对举。所云“中原”或“中国”，按“九州”划分是指雍、冀、青、豫，或者并、雍、青、豫，被视为“戎狄之国”的秦国，在据有关中之后按“国”划分，则是指齐、鲁、燕、晋，或齐、鲁、燕、赵、韩、魏等国之地，即由关中(主要指陕西)、山东、河北、山西、河南五省变为鲁、冀、晋、豫四省。江淮的荆、扬二州，即春秋战国时代的楚国、吴国、越国，亦属“四裔”的“南蛮”，与东夷、北狄、西戎并列。可见，先秦时代的“中原”观或“中国”观，确因种族和文化的偏见，把自己局限在一个相对狭小的范围内。

从魏晋南北朝直到清末民初，除具体指明省区地名者之外，泛称时通常将“南”“北”对举。后来“北”的范围除“中原”数省之外，还扩大到东北、塞北和新疆；“南”则包括江淮以南直至粤、闽、桂、滇、黔、和长江上游的川藏，范围已经大为拓展。就地理和气候而言，秦岭—淮河一线的确可作为中国南北的分界，但就文化区域而论，这种划分很不妥当。因为到明清时期，长江流域各省的文化与黄河流域各省的文化已经基本融合；而同被称为南方文化的粤闽文化，与长江流域各省文化的差异远比后者与北方文化的差异大，尤其是在语言、习俗方面，长江流域与黄河流域已无多大差别，但这两地与粤、闽等地异趣者甚多。所以，陈序经在20世纪30年代初撰写的《南北文化观》中，提出以三分法代替二分法，将北、中、南三者并举，把长江流域文化称为中部文化，而把粤、闽文化称为南方文化。但当时他的这种三分法远不如他的“全盘西化论”受到关注，所以没有引起讨论。

客观地说，先秦时代，长江流域在行政版图上的确还是“中原”的“南鄙”，其文化也与中原文化差异甚大。从秦汉至隋唐，长江流域成为中国行政版图的中部腹地，文化渐与中原融合。从宋代开始，长江流域成为中国经济、文化的重心或者说中心，“中原化”的完成使得这里取得比传统说法的“中原”更重要的地位。而在其两侧，即黄河流域和粤、闽地区，则存在着北方文化和南方文化。长江流域处于其中，继续发挥着沟通南北的作用，并且不断地从南、北文化中汲取资源和养分，使自己在融合中发展和提高。

粤、闽地区山多田少，明清以来，该地区人口一直快速增加，在陆地谋生日行困难，因分别濒临南海与东海南部，故沿海地区一直有以海为生的传统，如出海捕鱼和经商贸易。从明初起，更有部分居民走出国门，向南洋群岛和中南半岛移民开拓。而从明朝中后期起，一直到鸦片战争之后，欧洲的西班牙人、葡萄牙人、荷兰人、英国人、法国人及后来的美国人，亦陆续东来。他们先后在印度半岛、中南半岛和南洋群岛建立殖民统治，进而觊觎我国的台湾，占据我国澳门和香港，并在粤、闽沿海从事武装走私、商业贸易、传教办学等活动。粤闽人民的向外开拓和西方殖民主义者在中国大陆沿海的活动，构成了中国文化和西方文化最早的碰撞和交流。

其结果是粤、闽文化（即本文所说的南方文化）较之中部文化和北方文化带上了更鲜明的借鉴西方文化的色彩，诸如先一步了解世界、重视功利、开拓冒险等。欧榘甲在20世纪初著《新广东》，曾总结说：

"广东通商最早，风气最开，其能通外事知外情者，所在而有。故自有洋务以来，其变国政之形式者，若开平矿务局，招商局、制造局等事；变国民之精神者，若开报馆，开学堂，开学会，开国会等事，无不发起于广东人之手，而他省无闻焉。其在中国之内部如此，若夫在海外者，除福建人外，则皆广东人也。间有能谈时事开报馆遣子弟入外国学堂者，惟广东人为多。"

欧榘甲的说法并没有太多夸大。鸦片战争前后，中国最早的一批"通事"(即翻译)均出自广东，接下来，最早的留学生和买办也出自广东，最早的民族近代工业、新式学堂和新闻报馆也均出自广东(包括香港、澳门和广东内地)。19 世纪 60 年代至 20 世纪初期，内地的大多数官办企事业，如工厂、铁路、轮船公司、矿山、新式学堂、海关和邮政电报局等，无不有出自广东的管理人员或专门技术人员。还有为数众多的广东、福建商人(包括由华侨或买办转化而来者)活跃于全国各地。近代的农民革命领袖洪秀全、维新运动领袖康有为、民主革命领袖孙中山，也都出自广东。这些显然与广东的"得风气之先"的文化氛围有关。

但是，相对于整个中国而言，广东加上福建毕竟只是金瓯一角，不仅物产和人才资源有限，经济市场和政治舞台亦难以构成大的发展空间。除了向外拓展一途之外，滨海之地绝大部分的人、财、物乃至文化精神，均必然北上发展。于是，与从先秦直到鸦片战争之前主要是中原文化、中部文化向南流动的大势相反，深具活力的近现代南方文化开始持续自南而北，而北上的第一步目标就是长江流域。从 19 世纪 60 年代到 20 世纪初期，以容闳、詹天佑为代表的广东早期留学生，主要是在中国中部及北部从事各种活动；以郑观应、唐廷枢、韦应南、邓纪常等为代表的一大批由买办转化而来的商人，主要在中部各省投资经营；而洪秀全领导的农民革命、康有为领导的维新运动、孙中山领导的民主革命，都在长江流域各省率先得到响应和支持，才进而向黄河流域推进。

与此同时，西方势力虽然率先到达粤、闽地区，但它们显然不以停留在粤、闽地区为满足，而要把影响和势力扩张到全中国。物产丰富、内河航运便利、人口众多、市场广阔的长江流域一直是西方势力觊觎的目标。继《南京条约》规定上海、宁波和广州、厦门、福州同时开埠通商之后，几十年中，长江流域各省先后有镇江、苏州、九江、汉口、宜昌、沙市、岳阳、重庆等十余城市被辟为通商口岸，欧美人和日本人在长江流域各地投资设厂、经营运输和贸易、传教办学及开办各种文化事业的规模，远远超过了他们在粤、闽地区的同类活动。当然，在外来势力进入长江并沿江而上的过程中，这里也和全中国的情形一样，出现了侵略与反侵略、渗透与反渗透的强烈而持久的冲突和对抗。但在这种冲突对抗中，又确实伴随着中国人对外来文化中先进而又适用的成分的接纳、借鉴。

到20世纪初期，上海和汉口的进出口货物量均超过了南方的广州和北方的天津，其金融、商业的繁盛也驾乎两地之上；长江流域的新式工业、新式学堂、新闻和书刊出版事业，都在全国处于领先地位。而且此时的江苏、浙江、湖北、湖南、四川等省的出国留学人数，有的已经超过、有的已经接近广东省。可以说，在接受外来文化方面，粤、闽两地虽得风气之先，但长江流域却因其优越的自然、人文条件，很快就后来居上，并以其居中国之中的有利地位，影响着全国的大部分地区。

从20世纪后半期以来，世界范围内的现代化在加速进行，中国与世界的联系更加紧密。但全球的生态环境亦出现了令人类担忧的快速恶化情况，因此，仅从淡水资源一项来说，长江就已成为中国的国脉、国运之所系。只有坚持开放融合的道路，同时认真保护好长江流域的生态环境，中国才有光明灿烂的前途。

具体说到长江中游城市群，即由武汉、长沙、南昌构成的这个“中三角”，改革开放以来也取得了很大的进步，虽然共同具有长江文化的禀赋，但是与下游的长三角城市群相比，差距恐怕不止五年、十年；与西部成渝城市群相比，也很难说是否领先。而同属中部的中原城市群正在崛起，南方的珠三角城市群更远远地跑在前面，因而，湘、鄂、赣三省共同构成的长江中游地区，如何把四面竞争的态势改变或者说转化为居中交流融会的优势，是需要政府、经济和文化各界及广大民众群策群力、全力以赴加以解决的重大课题。

（作者为湖北省炎黄文化研究会副会长，华中师范大学教授、博士生导师）

炎黄文化何以能在长江经济带发挥作用

王玉德

炎黄文化能否在长江经济带发挥作用？炎黄文化是不是优秀文化？炎黄文化如何在长江经济带发挥作用？对这几个问题，时下有人存在质疑，本文试图作简要回答。

一、问题的提起与切入

(一) 问题的提起

说到炎黄文化与长江经济带，有人或许认为这是风马牛不相及的两个题目，炎帝、黄帝源自5000年前的洪荒年代，而长江经济是21世纪的事情，怎么可能联系起来？

其实不然，我的基本观点是：炎黄文化的概念远远大于“炎帝”与“黄帝”这两个词；炎黄文化对古代的长江经济开发是发挥过作用的；炎黄文化在当下的经济文化发展中仍然可以发挥作用。炎黄文化是软实力文化，是有无限能动作用的文化。

这里要澄清一个观念上的误区，有些人认为，历史就是过去，过去的事情谁也说清楚，怎么可能为现实服务？

如果不能对历史的功能有一个正确的认识，就不可能对炎黄文化有正确的认识。众所周知，现在是由过去演变过来的，历史是我们割不断的存在，并且无时不在影响着我们的方方面面。我们的身体基因、社会形态、思想观念、民俗行为都是历史的传承。历史构成了我们现实生活中的深厚文化土壤，历史文化是我们现实文化的一部分。我们每个人都不是生活在真空之中，不是从外星球跨越到地球上的，因此，我们都是生活在历史中的人，我们在享受着历史，传承着历史，创造着历史，开辟着未来的历史。

何况，21 世纪是文化的世纪，文化力在社会发展中起着越来越重要的作用，而传统文化就是现代文化的重要组成部分，是时代前行不可忽略的力量。虽然传统文化与历史联系在一起，但并不等于没有现实性。凡是仍然存在的传统文化，都具有一定的现代意义，除非是完全死亡或不复存在的文化。因此，传统文化始终处于新与旧、变与新、体与用、历史与现实的交互作用中，或者说在现代社会中发挥着不可忽视的影响。

在文化传承、创造、开辟的过程中，为了使社会很好地发展，我们必须选择优秀的历史文化作为继承、利用、拓展的资源与动力，并以之构筑到新时代的文化中。在中华民族漫长的历史长河中有许多优秀文化，而炎黄文化就是其中最有代表性的文化。诚如西方工业革命需要借助古希腊文化——文艺复兴，日本在战后恢复经济需要借助儒家《论语》，经济与社会的发展需要精神文化的助力。我们必须主动利用好炎黄文化资源！

(二)问题的切入

其次，我们要讲明白：炎黄文化何以能称为优秀的文化？

所谓优秀文化，是要经得起历史考验的、广大人民认同的、社会需要的，为时代产生正能量的文化。炎黄文化就是这样的优秀文化。

1. 炎黄是中华民族共同认可的符号

有关炎黄的传闻，可以上溯到 5000 年前。到了战国时期，历史文献中充满了对炎黄的敬意。黄帝在联合军事部落联盟的过程中，有勇有谋，气势宏大，功勋卓著。炎帝与黄帝一样，有许多发明创造，特别是在农业经济方面、在长江流域的开拓方面有独到贡献。正因为炎黄对文明有杰出的贡献，所以成了中华民族共同认可的符号、标识、偶像、权威！

2. 炎黄精神是中华民族的根本精神

文化的核心是精神，精神是文化的核心部分，它由价值观念、思维方式、道德情操、文化信念与文化情趣等组成。

炎黄文化最重要的历史价值是其精神。黄帝精神自强不息：黄帝不畏强暴，勇于奋斗，以顽强拼搏精神揭开了中华文明的序幕。自强就能有作为，人在社会上要努力实现个人的价值，要有奉献，要有人生成就。炎帝精神厚德载物：炎帝不辞辛苦，发展农业，重视民生，建设了先民美好的生活家园。炎黄子孙崇尚厚德，坚持“内圣”的价值取向。人要不断修身，要学习，要谦虚，要自持，要慎独，要诚信，要务实，要勤劳，要节俭，要遵纪守法，要包容、宽恕、有胸怀。这都是炎黄文化精神的具体体现。

炎黄精神又可称为“民族精神”，或“国魂”，指中华民族文化中具有决定性的价值系统，如群体观念、奉献观念、是非观念、功利主义等价值取向都是具体的文化精神。炎黄精神是中华民族一直认同的民族价值观。

炎黄文化的优秀内容实在太多，在此不一一举例。需要说明的是，任何优秀文化都是相对的。在笔者看来，当下，只要有利于中国现代化的传统文化都可列为优秀文化的大范围之内。

二、炎黄文化如何对长江经济开发发挥作用

文化有“经济”的作用，即经国济民的作用。传统文化的重要功能

就是经世致用，四书之一的《大学》说：“富润屋，德润身，心广体胖，是为君子。”炎黄文化对长江经济开发到底可以发挥哪些作用呢？

（一）炎黄文化可以发挥凝聚力作用

炎黄文化有极大的权威性，有巨大的吸引力。长江流域的经济开发，首先是要聚人气，炎黄文化就是最具凝聚力的旗帜。长江流域的民众来自五湖四海，需要形成合力。不仅如此，长江流域还需要不断吸引全国乃至海外的炎黄子孙来同心协力做大事。时下，许多海外科学家、企业家投身长江流域的经济开发，就是因为他们仍然认同中华民族，认同中华文化，是在尽炎黄子孙之天职。社会调查研究发现，炎黄子孙普遍具有强烈的爱国敬祖情怀。爱国，就是要有国家意识、民族意识、社会意识、大局意识、天下意识，做国家的主人。敬祖，就是要不忘历史、慎终追远、重视亲情、回报乡土，热爱祖辈传下来的文化。

试以神农炎帝为例：

长江流域的先民一直崇敬神农炎帝。先秦的《国语》记载了烈山氏及其儿子柱从事农业的事迹。随州一直有烈山，又称“厉山”。烈山氏族就是炎帝部落，《礼记·月令》“孔疏”记载，烈山氏刀耕火种，开山劈田，创造农业，所以以“烈山”为号。唐李泰《括地志》卷七记载：“厉山，在义阳随州随县北百里，山东有石穴，曰神农生于厉乡，所谓列山氏也。春秋时为厉国。”《括地志》是唐人对神农故里的再次确认，认为春秋时的厉国是列山氏之后，宗奉神农。

长江流域先民之所以崇敬神农炎帝，是因为他们一直认为神农炎帝有“八德”，即始作耒耜，教民耕种；遍尝百草，教民医药；制麻为布，教民衣裳；日中为市，教民交易；削铜为琴，练丝为弦；弦木为弧，剡木为矢；作陶为器，冶制斤斧；搭木为室，台榭而居。这“八德”的真实发明者很难考证清楚，其实都是劳动人民在长期的生活与生产实践中创造的。长江流域的先民之所以把这“八德”归于神农炎帝，实际上是托圣贤而美化其事，表达良好的愿望，希望生活越来越美好，有更多的发明创造惠泽百姓。

长江流域的先民之所以崇敬神农炎帝，还因为神农炎帝充满包容精神。神农炎帝部落最早的活动地区在随枣走廊，在这个南北文化交流的特定通道上，注定了要接纳域外迁来的移民，还要吸收外来的文化，并融合发展。历史上，长江流域以海纳百川的胸怀接纳着域外文化。如南北朝时，塞外饥荒，“五胡”内扰，黄河沿岸的民众纷纷举家南迁，在长江两岸建立了许多侨郡、侨县。南、北文化在此时加大了融合的力度，南方文化一时间格外繁盛。《通典·州郡》云：“永嘉之后，帝室东迁，衣冠避难，多所萃止，艺术儒术，斯之为盛。”唐代韦庄有诗云：“楚地不知秦地乱，南人空怪北人多。”这正是历史的写真。宋代建炎年间，“江浙湖湘闽广，西北流寓之人遍满”(《宋史·张浚传》)，长江中下游几乎成了北方人的天下。长江流域的功劳之一在于为北方文化的转移提供了安宁的空间，也为中华文化的再创造提供了条件。试想，如果中国仅有一条黄河，一当北方变故，遇到天灾人祸，文化难免遭受灭顶之灾。在中国历史上先后出现的几次经济重心南移，长江为黄河提供了大后方，体现了长江无比宽厚的包容精神。

因为崇敬，于是长江流域一直有对神农炎帝的祭祀。《礼记·祭法》记载：“夫圣王之制祭祀也，法施于民则祀之，以死勤事则祀之，以劳定国则祀之，能御大灾祀之。是故厉山氏之有天下也，其子曰农，能殖百谷；夏之衰也，周弃继之，故祀以为稷。”

有崇敬，就有凝聚力。神农炎帝的凝聚力由来已久，绵延无限，对当下社会经济发展是有作用的！

(二)炎黄文化可以在文化资源方面提供素材

炎黄文化内容极其丰富，有许多传说、故事、历史遗存，这些都是宝贵的文化遗产，可以在文化产业中成为“内容”，从而丰富文化强国中的内容产业，且为创意产业提供不竭之源。这里，试从民俗观念、人物传说、遗存实物三个方面加以说明。

1. 民俗观念

炎黄在后世的影响极大。农家学派的代表人物许行是长江流域的楚人，他在长江流域活动，自称神农的后人，宣传神农的思想。《孟子·滕文公》记载："有为神农之言者许行，自楚之滕，踵门而告文公曰：'远方之人闻君行仁政，愿受一廛而氓。'文公与之处。其徒数十人，皆衣褐、捆屦、织席以为食。"关于农家学派的系统理论，今已不得其详，但是，古书间接有些记载，如《吕氏春秋·爱类》记载："神农之教曰：'士有当年而不耕者，则天下或受其饥矣；女有当年而不绩者，则天下或受其寒矣。'故身亲耕，妻亲绩，所以见致民利也。"《文子·上义》记载："故神农之法曰：丈夫丁壮不耕，天下有受其饥者；妇人当年不织，天下有受其寒者。故身亲耕，妻亲织，以为天下先。"《文子》用了"神农之法"这个概念，后世的《农书》《农政全书》等农业文化的书籍都推崇神农与许行。

相比较黄帝时代而言，长江流域的先民在传说中更加怀念神农炎帝时期的淳朴社会，《庄子》卷九下《盗跖》记载："古者民不知衣服，夏多积薪，冬则炀之，故命之曰知生之民。神农之世，卧则居居，起则于于，民知其母，不知其父，与麋鹿共处，耕而食，织而衣，无有相宁之心，此至德之隆也。然而黄帝不能致德，与蚩尤战于涿鹿之野，流血百里。尧舜作，立群臣，汤放其主，武王杀纣。自是之后，以强陵弱，以众暴寡。汤武以来，皆乱人之徒也。"这段文字表明，神农时期的社会是淳朴的社会，人们依靠农耕而获得食物，依靠纺织而获得衣裳，相安无事，社会安定。

成书于江淮之间的《淮南子》对神农炎帝有许多美好的记载，如卷九《主术训》记载："昔者神农之治天下也，神不驰于胸中，智不出于四域，怀其仁诚之心。甘雨时降，五谷蕃植，春生夏长，秋收冬藏。月省时考，岁终献功，以时尝谷，祀于明堂。明堂之制，有盖而无四方，风雨不能袭，寒暑不能伤，迁延而入之，养民以公。其民朴重端悫，不忿争而财足，不劳形而功成。”在《淮南子》作者的眼中，神农氏生活的时代是一个朴实无华的时代，顺其自然的时代，和谐的时代，人民幸福的时代。

利用民俗资源，完全可以在长江流域打造若干个炎黄文化民俗生态园区。例如，以神农架林区为中心，打造一个神农小镇，还原神农时代的朴实风貌。神农架因神农氏在此架木为梯，采尝百草，救民疾夭，教民稼穑而得名。神农架有神农医药园，神农架的 2023 种药材资源中，植物入药的达 1800 种，医药业大有前途。神农架民间一直流传《神农传》。《神农传》七字一句，长达千余行，其中讲述了神农出生的经历、神农创造农业的过程。据长期研究神农传说的陈人麟先生(神农架文化研究会会长)告诉笔者，《神农传》在民间流传至少有 1000 多年，神农架是神农出没采药的地点。神农架长期流传的汉民族史诗《黑暗传》，其中也涉及神农的传说。

2. 人物传说

神农炎帝绝不是单枪匹马的一个人，而是一个团队，有一群人。

传说黄帝的元妃是西陵氏之女，她教民养蚕缫丝，教民众穿衣裳。远安县嫘祖镇是嫘祖的家乡，有许多关于嫘祖的传说，已经被列为非物质文化遗产保护名录。

传说中的神农炎帝女儿女娲就是极有奉献的女神。《山海经》卷三《北山经》记载：“炎帝之女，名曰女娃。女娃游于东海，溺而不返，故为精卫。常衔西山之木石，以堙于东海。漳水出焉，东流注于河。”“女娃”是神农炎帝之女，精卫填海的故事就是女娲的故事。然而，《三皇本纪》提出，女娲之后才有神农，神农的母亲是女娲一系的女儿。女娲在唐代成了神农之前的历史人物，推究其原因，大约是因为古人认为女娲的故事近乎神话，所以应当放在神农氏的前面。今湖北竹溪县有许多关于女娲的传说，每年祭祀女娲。竹溪的女娲与随州的神农在地域上都在湖北西北，其传说必有内在的联系。

《吕氏春秋》卷四《尊师》记载，神农有老师，老师的名字叫悉诸。“神农师悉诸，黄帝师大挠，帝颛顼师伯夷父，帝喾师伯招，帝尧师子州支父，舜师许由……此十圣人六贤者，未有不尊师者也。”此文说到神农的老师是悉诸。悉诸，亦称“悉老”。高诱在该段史料作注：“悉，姓；诸，名也。”

魏晋间文士作《列仙传》(或说是西汉刘向撰)，记载：“赤松子者，神农时雨师也。服水玉以教神农，能入火自烧。往往至昆仑山上，常止西王母石室中，随风雨上下。炎帝少女追之，亦得仙，俱去。至高辛时，复为雨师。今之雨师本是焉。”赤松子的故事在南方很流行，所以，屈原在《楚辞·远游》云：“闻赤松子之清尘兮，愿承风乎遗则。”

在湖北神农架有很多关于神农的传说，其地名有隐子坡、离子坪、望子山等，名称分别源于神农之子柱的故事。烈山氏之子柱也是农业发明者，《国语·鲁语》记载，他“能殖百谷百蔬”。

这些人物资源，都可以大做文章，写小说、编影视剧。

3. 遗存实物

在湖北等地，有一些神农炎帝的遗存资源，即物的资源，可以作为打造文化的依据。当下流行建设纪念神农炎帝的文化景区，全国已经有多处用于瞻仰与旅游的神农炎帝景区，还可以进一步提升文化内涵，扩大场地。

试以厉山洞为例。

湖北古代传说中的厉山洞在县城以北百余里的大洪山一带，可以开发成一个新景区。唐李吉甫撰《元和郡县志》卷二十四记载：“厉山亦名烈山，在县北百里。《礼记》曰：厉山氏，炎帝也，起于厉山，故曰厉山氏。”《元和郡县志》对神农的记载，与唐太宗时成书的《括地志》内容一致，或许就是抄的《括地志》。唐代的“百里”与今天所说的“百里”应当差不多。年轻人快走，披星戴月，可以一天走一百里。可是，现在祭祀的厉山洞就在县城旁，说明唐代的厉山洞不是今天随州祭祀的厉山洞。如果要还原历史，真正了解先民寻找家园、构建家园的过程，就得把唐代的“厉山”作为原生态的区域，精心加以打造。

唐代大诗人李白曾经专门到神农故里随州采风。李白于开元十五年(727 年)，经江都县丞孟少府介绍，在安陆与许员外的女儿结为夫妻。在此期间，李白结识了邻县的随州道士胡紫阳，并在随州写了《冬夜于随州紫阳先生餐霞楼送烟子元演隐仙城山序》，其文：“吾与霞子元丹、烟子元演，气激道合，结神仙交，殊身同心，誓老云海，不可夺也，历行天下，周求名山，入神农之故乡，得胡公之精术……”其中，说到“入神农之故乡”，指的就是随州。霞子元丹即元丹丘，李白好友，随州道士胡紫阳的弟子。李白见到的厉山洞，应当是距今县城百余里的厉山洞。

宋代王应麟编《玉海》，其卷二四记载：“神农起列山，为列山氏，今随厉乡是也。《汉郡国志》南阳随县注，盛弘之《荆州记》曰：随县北有厉乡村，重山有一穴，相传云神农所生。又有周回一顷二十亩，外有两重堑，中有九井，神农既育，九井自穿，每汲一井，则众井水动。即以此地为神农社，岁祀之。”神农炎帝为了扩大人们的生活范围，发明了水井技术。在农耕社会，水井对于人们定居是十分重要的，洗濯、浇灌都离不开水井，因而井的发明是一件大事。

明代嘉靖十一年(1532 年)，范钦任随州知州。他对随州的文化资源很重视，刻有《神农洞天碑记》，其文：“……惟炎帝神农。古迹著本州黄连村大河冲，东有神农观，西耸棋盘山，山下有神农庙，中有神农洞(即号洞天之所)，皆为上古遗踪。其势苕峣，其形磅礴，水绕山环，地灵人杰，斯迹正与在口民程仲安住基相近，□见神通显化，德被生民，□□□妙用宏敷，功施社稷，□□□□□□□□□□□□莫非上古圣神继天立极之功，渐民以仁，摩民以义，口功当所报也。是以辄举斯心，喜舍木植砖瓦，财银谷帛，匠命建修，神农洞庙焕然□□□□华矣。□□□□□□□口真所谓浩浩其天，□□□□□□明镜所以察形，往古所以知今。姑撰镌斯文，庶以记世口耳。”这块碑原立镇神农庙前，目前，碑座找到了，碑不知去向。此碑部分字残缺，材料可信。《神农洞天碑记》说：黄连村一带的神农观、神农庙、神农洞“皆为上古遗踪”。由此可见，明代以前随州就已经具有了神农故里的特征。特别要说明的是，明代之前，神农祭祀是在距县城一百余里的殷店黄连村，殷店神农洞位于鄂随北部、桐柏山南麓，漂水河东支上游 2 公里的烈山之阴，洞系一石穴，洞口直径两米有余，洞内可容数人。两山间有一水之隔，河东为神农宅地，建有神农社，中有九井。北魏郦道元《水经注》卷三十二记载：“漻水北出大义山，南至厉乡西，赐水入焉。水源东出大紫山，分为二水，一水西迳厉乡南，水南有重山，即烈山也。山下有一穴，父老相传云，是神农所生处也。”当是此地。但是，嘉靖二十年(1541 年)五月发生了一次大地震，神农庙受到严重损坏。于是，地方官员就把祭祀地点改在离县城较近的厉山了。清初顾祖禹的《读史方舆纪要》卷七十七“德安府随州”条下云：厉山在随“州北四十里，相传神农起于此。种农号厉山氏，故以名山。山下有厉乡，即春秋时厉国也”。此处所指厉山，当为后来新设置的神农故址。

武汉大学徐少华教授曾经到明代厉山洞一带考察，认为那一带不仅有神农文化资源，还有厉国文化资源。春秋时期有个厉国，后来被楚国灭掉了。在随州东北百余里的殷店一带，“就是汉晋以来及《水经注》所载的厉乡、古厉国之所在”①。如果依据古厉国资源，在当地复原文化景观，也是很有观览价值的。

此外，炎黄文化在长江流域的许多省市县都有文化遗存，需要搜集信息，然后科学策划，有步骤地打造。如唐代在神农架修筑过一座神农塔，该塔在今湖北房县官封乡塔坪村，直到 1966 年才垮塌。塔的直径有 6 米，有塔砖保存，砖上有雕刻。在这个原址上，也可以重新修建纪念物。

① 徐少华：《荆楚历史地理与考古探研》，商务印书馆 2010 年版，第 14 页。

三、结　论

为了配合湖北“一芯两带三区”的发展战略，2019年湖北省委宣传部组织百名专家到基层调研，7月中旬，笔者与湖北省委党校、中南民族大学、华中师范大学的专家们到随州考察。考察发现，随州在长江经济带与湖北“一芯两带三区”发展战略中，提出了“品质随州”的理念，注重随州区域的特色优势，制定了符合实情的四大基地：依托专汽产业优势打造应急产业基地，加快推动专汽产业向应急救援领域进军、向智能制造转型；依托风机产业优势打造地铁装备产业基地，抢搭轨道交通发展快车，加快风机产业智能化改造，构建集研发设计、生产制造、销售经营于一体的高端地铁装备产业集群；依托香菇品牌优势，打造香菇产业基地，把香菇品牌优势转化为产业优势，在香菇全产业链发展上下功夫，促进农业转型升级，不断提高产业附加值，真正实现富民增收；依托曾随文化资源打造编钟文化产业基地，推进曾随文化资源的创造性转化和创新性发展，推动文化产业提质升级，叫响编钟文化品牌。2014年，随州决定把炎帝故里风景区、随州博物馆、曾侯乙墓遗址联合，创建国家5A级景区。擂鼓墩国家考古遗址公园规划、立项及相关建设工作也已正式启动，迈开了曾随文化走廊建设的第一步。在己亥年寻根节经贸洽谈会的编钟文化产业基地专场推介中，随州市文化和旅游局精心编制文化旅游招商项目24个，涉及编钟炎帝创品牌、康体养生蕴活力、生态文旅显魅力、特色小镇大未来等四大内容，成功签约兰花特色文旅小镇等3个项目。蓝城集团与随州蕙兰谷科技有限公司就“高新区中华兰花(随州)特色文旅小镇项目”签订框架合作协议，打造成全球最大的兰花农旅产业基地；福州天福集团公司与随县政府正式签订“中国华夏始祖(随州)文创旅游生态产业园项目”合作协议，衍生炎帝故里文旅产业链。显然，编钟产业基地必将推进曾随文化资源的创造性转化和创新性发展，推动文化产业提质升级。

由此可见，炎黄文化在当下的长江经济文化开发中是可以发挥作用的。

长江经济开发需要精神的力量。炎黄文化正是最有精神的力量。

长江经济开发需要团结合作。传说中的炎帝与黄帝，有过矛盾与冲突，但一直是好兄弟、好伙伴、好战友。

长江经济开发需要题材。炎黄文化正好可以提供许多题材。

我们不是文化的虚无主义者，不愿意切割我们祖宗留下来的优秀文化。凡是历史传承下来的有益的可利用的文化，都应尽可能地以最佳方式继承。现代文化从很大的层面上是传统文化的转化，是传统在现代的更新。中华民族只有把祖国各种有益的文化传承下来，文化才可能兴盛。

我们也不是文化的保守主义者，并不认为传统文化全部有价值，也不主张夸大传统文化的作用，不愿躺在传统文化上睡大觉，把传统文化当作灵丹妙药。炎黄文化有历史局限性，我们要择优而用。

我们主张文化转化与创新。对于炎黄文化，尤其要在忠实于历史的前提下，有新的解读、新的策划。炎黄文化是动态的文化，不断移动、传承、拓展的文化，是反复叠加而丰富多彩的文化。炎黄文化不是某一省专有之文化，而是中华民族共有之文化。21 世纪的中华民族，应当让炎黄文化在现代化建设中，在长江经济带建设中，成为我们实实在在的文化资源，成为中华文化力的重要组成部分，成为中华文化复兴的一股动力与一面旗帜！

（作者为湖北省炎黄文化研究会副会长，华中师范大学教授、博士生导师）

炎黄文化的生态思想与中部地区生态文明建设协同发展

刘纪兴

炎黄文化的生态思想对当前坚持绿色发展、加强生态文明建设具有重要的现实意义。中部地区是炎黄文化资源最为丰富和集中的核心区域，推动中部崛起离不开以炎黄文化为重要依托的文化软实力支撑。本文以论述炎黄文化生态文明思想的意蕴内涵为切入点，对推动中部地区生态文明建设协同发展的重大意义和战略措施进行了初步探讨。

一、炎黄文化生态文明思想的意蕴内涵

炎黄文化是中华文明参天大树的祖源根本，其主根系分布于中华民族的两大母亲河——黄河、长江，集中在陕西、河北、山东诸省长江中下游的中部六省及黄河流域的区域，炎、黄二帝及其后代尧、舜、禹等史前英雄人物的历史传说和夏、商、周三代以后先圣贤哲人物的人文遗迹也基本上聚汇于此。如山西高平、长子，湖北随州、神农架，湖南炎陵的神农炎帝文化遗迹；河南新郑、陕西黄陵的轩辕黄帝文化遗迹；河北涿鹿“炎黄蚩三祖”(炎帝、黄帝、蚩尤)文化遗迹；山东的“龙山文化”，是伏羲炎黄时代的文化遗存，也是孔子、孟子、孙子等至圣先师的家乡故里……炎黄文化内涵丰富、博大精深，是中华文明的骨干主体，其中的生态文明思想意蕴主要体现在3个方面。

(一)人与自然相互依存，顺应天地运化规律的创造精神

该精神主要包括三大领域的伟大创造。一是开创农业。炎帝神农氏族最早开创并发展了农业，《周易·系辞下》记载：“古者包牺氏之王天下也，仰则观象于天，俯则观法于地，观鸟兽之文，与地之宜，近取诸身，远取诸物，于是始作八卦，以通神明之德，以类万物之情。作结绳而为罔罟，以佃以渔……包牺氏没，神农氏作，斫木为耜，揉木为耒，耒耨之利，以教天下。”①说明包牺氏(伏羲)尚处于原始社会末期的渔猎时代，到神农氏则创造发明了木制农具，进步到了农业文明时代。炎帝神农被后世尊为农业之神，如《左传》昭公二十九年记载：“有烈山氏之子，曰柱为稷，自夏以上祀之。周弃亦为稷，自商以来祀之。”②其他文献称颂神农教民农耕，教民粒食者很多。从传说看，黄帝氏族在周弃以前，还停留在游牧阶段。所以，《史记·五帝本纪》说黄帝“邑于涿鹿之阿，迁徙往来无常处”，但在周弃时代也进入了农业阶段。③ 将中华文明从渔猎经济推进到农业经济，无疑是人类社会历史的巨大进步，其艰苦卓绝的开创之功，是以神农炎帝和轩辕黄帝为领袖的远古中华先民自强不息协同奋斗的伟大成果。二是治理洪水。古代气候史的研究表明，在史前的神话传说时代，全球范围内经历了一个气候湿润的大洪水时期，如西方的挪亚方舟传说，中国的尧、舜、禹时代共工、鲧禹父子的治水故事等。历史学家认为，中国史前先民与洪水搏斗的壮举，是以炎黄氏族为首，并由其他氏族共同协力，经过长期艰苦探索，才取得最后成功的。如神话传说把共工作为最早的治水英雄，共工以后又有鲧禹父子的治水。传说鲧继承了共工氏族的治水经验，筑堤堙塞洪水，后人把堤叫作鲧堤，但老办法失败了。禹又继承了其父鲧的治水事业，由堵

① 《周易》，中华书局2006年版，第380页。

② 左丘明：《左传》，岳麓书社2001年版，第643页。

③ 白寿彝总主编：《中国通史》第三卷，上海人民出版社1994年版，第178页。

塞改以疏导为主，终于治服了水患。禹治洪水的故事，曲折地反映了人们重视客观实际并积极地从失败中吸取教训。① 可以设想，在远古时期生产工具十分简陋的条件下，能够认识自然、顺应规律，与洪水猛兽作斗争，取得胜利并繁衍发展，是多么不容易。从尧、舜、禹时代史前先民治理洪水，到春秋战国时代开挖人工运河，秦代兴建都江堰、灵渠，隋唐以后开通京杭大运河，再到中华人民共和国成立后治理淮河、黄河，兴建长江三峡工程、南水北调工程等一系列水利工程壮举，无不彰显着中华民族五千多年来勇于抗争，变水害为水利的文明历史和奋斗精神。三是发明医药。中华民族之所以繁衍壮大，中国之所以成为当今世界上人口最多的国家，与中国医学特别是古代中医学的发达和独树一帜密切相关。在中国古代科学中占有突出地位的是医学，而中国古代医学著作往往托名于神农炎帝或轩辕黄帝，如《神农本草经》《黄帝内经》等。这些成书于先秦时期的医学经典，记载了炎黄时代远古先民与疾病作斗争的经验，奠定了中国中医学的理论和实践基础。据史料记载，神农炎帝有感于“民有疾病未知药石，乃味草木之滋，察寒热之性，而知君臣佐使之义，皆口尝而身试之，一日之间而遇七十毒”，“或云神农尝百药之时，一日百死百生，其所得三百六十物，以应周天之数。后世承传为书，谓之《神农本草》。又作方书以救时疾”。② 古代文献和民间传说把发明中医药的贡献归功于炎、黄二帝，实际上是对中华先祖们披荆斩棘、治病疗伤、与大自然和疾病作斗争精神的高度认同，也是中国医药史发展过程的真实写照，说明博大精深的神奇中医药学知识和技艺，是经过包括神农炎帝和轩辕黄帝等在内的先贤始祖们为解除人民群众疾苦病痛，亲自实践、备尝艰辛、不怕牺牲而提炼出来的科学技术，是炎黄文化认识人

---

① 白寿彝总主编：《中国通史》第三卷，上海人民出版社 1994 年版，第 179 页。

② 鲁谆：《“和药济人”与神农精神》，引郑樵：《通志》，见《炎帝神农与中医药文化》，武汉出版社 2015 年版，第 19 页。

与自然生态思想的重要体现。从实践应用的角度来看，《神农本草经》好比古代中医药研究实验的经验集成，而《黄帝内经》则如同中医药学理论认知和治疗方法的系统总结。可以说，没有炎帝、黄帝等中华先祖们无私奉献、救民苦难、勇于实践、牺牲自我的创造精神，就不会有中医药学的产生和发展。

（二）人与社会协同互动，推动生产和生活方式创新发展

适应社会发展规律，促进人与社会协同互动，推动人们的生产和生活方式创新发展，是炎黄文化生态文明思想的重要组成部分。从《周易·系辞下》的记载看，在神农炎帝和轩辕黄帝时代，这种生产和生活方式的创新发展具有6个方面的显著特征。一是由生产到交换的转变。农业的发展使食物和产品有了剩余，神农氏创立了原始的商贸交易制度。“日中为市，致天下之民，聚天下之货，交易而退，各得其所。”二是社会组织管理的创新。“神农氏没，黄帝、尧、舜氏作，通其变，使民不倦，神而化之，使民宜之。易穷则变，变则通，通则久。是以‘自天佑之，吉无不利’”，“重门击柝，以待暴客”，将天下治理得井井有条，所谓“黄帝、尧、舜垂衣裳而天下治”。三是车船的建造和牛、马等大型动物的驯养使用。“刳木为舟，剡木为楫，舟楫之利，以济不通，致远以利天下”，“服牛乘马，引重致远，以利天下”。四是弓箭等新式武器的发明。“弦木为弧，剡木为矢，弧矢之利，以威天下”。五是生活和居住环境的改善。“断木为杵，掘地为臼，臼杵之利，万民以济”，“上古穴居而野处，后世圣人易之以宫室，上栋下宇，以待风雨”。六是文化习俗的改革。“古之葬者，厚衣之以薪，葬之中野，不封不树，丧期无数，后世圣人易之以棺椁，……上古结绳而治，后世圣人易之以书契，百官以治，万民以察。”①这六个方面的变化是中国远古社会人们适应自然、利用自然、善待自然的文明进步的体现，反映了炎

① 参见《周易》，中华书局2006年版，第381~385页。

黄时代中华先民的伟大创造精神和杰出智慧。

（三）人与资源取用有度，遵循健康永续的可持续理念

从有正史记载的黄帝时代起，人们已经懂得了对天地间的自然资源、人力资源要用之有节、取之有度，不能竭泽而渔、滥用民力。司马迁《史记》称，黄帝“顺天地之纪，幽明之占，死生之说，存亡之难。时播百谷草木，淳化鸟兽虫蛾，旁罗日月星辰水波土石金玉，劳勤心力耳目，节用水火材物。有土德之瑞，故号黄帝”①。意思是黄帝的恩德泽被宇宙万物，顺应四时之所宜而布种百谷草木，鸡鸭鹅等家禽、牛马猪羊驴犬等家畜开始大量驯化饲养，养蚕技术发明，天不异灾、土无别害，水少波浪、山出珍宝。《史记》对这段话的注释是：“言黄帝教民，江湖陂泽山林原隰皆收采禁捕以时，用之有节，令得其利也。《大戴礼》云：宰我问于孔子曰：‘予闻荣伊曰黄帝三百年。请问黄帝者人耶？何以至三百年？’孔子曰：‘劳勤心力耳目，节用水火材物，生而民得其利百年，死而民畏其神百年，亡而民用其教百年，故曰三百年也。’”②这种生态和谐、物种多样，禁捕以时、用之有节，取之有度、民得其利的生态理念，一直对后世有着深刻影响，是炎黄文化生态文明思想的重要内容，与当今时代的可持续发展理念完全一致。正如习近平总书记2016年1月18日在省部级主要领导干部学习贯彻党的十八届五中全会精神专题研讨班上的讲话中所说：“我们的先人们早就认识到了生态环境的重要性。《论语》中说：‘子钓而不纲，弋不射宿。’意思是不用大网打鱼，不射夜宿之鸟。荀子说：‘草木荣华滋硕之时则斧斤不入山林，不夭其生，不绝其长也；鼋鼍、鱼鳖、鳅鳝孕别之时，罔罟、毒药不入泽，不夭其生，不绝其长也。’《吕氏春秋》中说：‘竭泽而渔，岂不获得？而明年无鱼；焚薮而田，岂不获得？而明年无兽。’这些关于对自然要取之以时、取之有度的思想，

① 《史记》第一册，中华书局1982年版，第6页。

② 《史记》第一册，中华书局1982年版，第9页。

有十分重要的现实意义。”①正是在这种思想理念的影响下，中国人养成了勤劳节俭、物尽其用的良好习惯，最大限度地减少了资源消耗、浪费。统计数据表明，欧美发达国家居民人均对地球资源的消耗是中国居民人均消耗的10倍以上。这从居民享用商品的消费支出和消费习惯上就可见一斑。据国家统计局主编的《国际统计年鉴》公布的数据，美国2008年居民人均消费支出3.36万美元，中国居民人均消费支出8343元人民币，约合0.12万美元，美国人均消费支出是中国人均消费支出的28倍。世界银行数据库提供的数据表明，2012年美国人均消费支出30903美元，中国人均消费支出1221美元，不包括中国在内的世界人均消费支出约5400美元，中国人均消费支出不到世界平均消费支出的1/4，不到美国人均消费支出的1/25。据网络调查资料，最近30多年来，中美两国居民消费支出的差距一直很大，美国居民享用的商品远远超过中国居民。不仅如此，美国每年居民人均消费支出的增量还远远大于中国居民，常常是中国居民人均消费支出增量的数十倍，也就是说，美国与中国在人均年消费商品方面的差距还在继续拉大，大约每过10年，两国年人均消费商品的差距增大5000美元，美国居民平均每年增加的消费支出差不多等于中国居民一年的平均消费。从消费习惯上看，欧美发达国家也表现出惊人的资源浪费。以美国为例，2010年美国人均消费成衣65件，等于一个人5~6天买入一件新衣服，同时扔掉一件“旧衣服”，有的美国人买来很多衬衣，只穿一次就扔掉，因为拿去洗太麻烦了，美国人都是用洗衣机洗衣服，烘干也是用机器。中国居民家庭在使用洗衣机洗衣服的同时，也辅之以手工清洗，而且基本上是自然风干晾晒，从而节约了大量能源。另据中国新闻网报道，一项全球废弃物趋势研究报告指出，美国人口约占世界总人口的4%，每年产生的废弃物却约占世界总量的12%，大大高于其他国家。另一方面，美国的废弃物回收率仅有35%，在发达国家中处于最差行列。有分析显示，美国每年产生的城市固体废弃物大约2.39亿吨，

① 习近平：《深入理解新发展理念》，载《求是》2019年第10期。

占世界总量的12%，其人均垃圾制造量是全球平均制造量的3倍多。① 由此可见，欧美发达国家人们的生活方式和消费习惯，是建立在对地球资源的掠夺、占有和大量浪费的基础之上。而中国人则是建立在勤劳节俭和对资源的物尽其用基础之上，蕴含着自黄帝时代就已经确立的可持续发展生态思想哲理。因此，我们可以十分自信地向全世界宣告：中国5000多年前的轩辕黄帝就是生态文明可持续发展思想的最早创立者和实践者，中国人从黄帝时代就已经开启的资源节约利用理念是对人类社会的最伟大贡献之一。对此，我们应当深入研究、广为宣传，讲好中国炎黄故事，形成新时代的中国话语权，使之转化为推进绿色发展和生态文明建设的强大思想武器。

二、中部地区生态文明建设协同发展的重大意义

中部如同腹心，是国家社会稳定和长治久安的重心所在，“得中独厚”的战略地位使中部地区成为国家稳固的重要战略基石。历史经验证明，中部兴则国家兴，中部强则国家强，中部稳固则国家稳固，一旦中部有事，则很快就影响到全局。从生态文明建设协同发展的角度看，我国中部地区包括山西、安徽、江西、河南、湖北、湖南六省，国土面积102.8万平方公里，占全国陆地国土总面积的10.7%；2015年底人口3.65亿人，占全国总人口的26.5%。中部地区位于长江、黄河、淮河等大江大河的中上游地区，长江、黄河、淮河、汉江、湘江、赣江等江河及众多支流奔腾聚汇，拥有鄱阳湖、洞庭湖等中国最大的自然湖泊和长江三峡、黄河小浪底等世界级水利工程枢纽，是南水北调中线水源地；太行山、五台山、大别山、黄山、井冈山、衡山、武陵山、秦岭、伏牛山、桐柏山、嵩山等名山胜地，不仅是中国的重要自然地理标志，也是红色

① 参见人民网：《废弃物大国？报告称美生产大量垃圾回收率仅35%》，（2019年7月5日）。

文化的核心区域；我国重要的先进工业制造业基地、现代农业生产和加工基地、矿产能源生产基地、科技文化教育基地、铁公空水交通运输枢纽等国家战略资源配置，中部地区更是重要支撑。加大中部地区生态文明建设和环境保护力度，全面修复绿色生态系统和生态服务功能，实现中部地区生态文明建设的协同发展，对于保障流域生态安全、人居环境安全十分必要。2016 年 12 月 17 日国务院以国函〔2016〕204 号批复的国家发改委《促进中部地区崛起“十三五”规划》，明确将中部地区定位为全国生态文明建设示范区，就是要充分发挥中部地区的绿色资源优势，积极探索创新生态文明建设机制，特别是在生态补偿体制机制创新方面先行先试，塑造全国绿色发展的典范。这对于促进中部地区生态文明建设的协同发展具有重要指导意义。在实现中部崛起的过程中，必须坚持节约资源和保护环境的基本国策，像保护眼睛一样保护生态环境，像对待生命一样对待生态环境，推动形成绿色发展方式和生活方式，协同推进人民富裕、国家强盛、中部美丽，坚决摒弃损害甚至破坏生态环境的发展模式和做法，决不能再以牺牲生态环境为代价换取一时一地的经济增长。要坚定推进绿色发展，推动自然资本大量增值，让良好生态环境成为人民生活的增长点、成为展现我国良好形象的发力点，让老百姓呼吸上新鲜的空气、喝上干净的水、吃上放心的食物、生活在宜居的环境中、切实感受到经济发展带来的实实在在的环境效益，让中部大地成为全国生态文明建设的先锋模范，迈向社会主义生态文明新时代。

三、中部地区生态文明建设协同发展的战略措施

中部地区承东启西、连南接北的独特区位，以及山、水、林、田、湖、草、矿等天然优势资源的重要作用和巨大潜力，决定了这一地区的生态文明建设必须协同发展。习近平总书记最近在江西考察，并在南昌主持召开推动中部地区崛起工作座谈会上发表的重要讲话，指出：推动中部地区崛起是党中央作出的重要决策。做好中部地区崛起工作，对实

现全面建成小康社会奋斗目标、开启我国社会主义现代化建设新征程具有十分重要的意义。他还就做好中部地区崛起工作提出了8点意见，其中之一就是“坚持绿色发展，开展生态保护和修复，强化环境建设和治理，推动资源节约集约利用，建设绿色发展的美丽中部”，强调要“完善政策措施和工作机制，加大对中部地区崛起的支持力度，研究提出促进中部地区高质量发展的政策举措，加强统筹协调”。在听取江西省委省政府工作汇报时，强调要加快构建生态文明体系，做好治山理水、显山露水的文章，打造美丽中国“江西样板”。① 当前，东部地区部分产业正在向外转移，中部地区通过良好的区位优势和基础条件，成为承接产业转移的最重要地区。同时，中部地区在辐射带动西部地区发展、实现双向开放方面也具备良好条件。随着国家“一带一路”建设的全面推进，京津冀协同发展、东北振兴计划、长三角一体化协同发展和粤港澳“大湾区”协同发展等国家大开放战略的规划实施，中部地区必将成为国家高水平开放的重要支撑区，不仅是工业制造业、农业、水资源、能源、人力资源、交通运输和科技教育的支撑，更重要的是绿色发展环境和生态文明建设的纵深依托。只有加强中部地区的统筹协调，推动中部地区的经济、社会、文化和生态文明建设的协同发展，在生态保护和修复、环境建设和治理、资源节约和集约利用等工作上狠下功夫，才能建设绿色发展的美丽中部，促进中部崛起，为国家的全面发展和更大开放提供重要战略支撑。

(一)连接炎黄文化纽带，助力中部文化生态协同发展

中部地区是中华文明的摇篮，也是孕育炎黄文化的中心腹地。经过70多年的建设，特别是40多年的改革开放，中华人民共和国在中国共产党的领导下已经实现了从站起来、富起来到强起来的伟大历史转变，中国特色社会主义道路越走越宽广、自信。尤其是从党的十八大以来，

① 习近平：《贯彻新发展理念 推动高质量发展 奋力开创中部地区崛起新局面》，载《人民日报》2019年5月23日。

新时代的中国国际影响力与日俱增，国际话语权分量凸显，综合国力迅速提高。与国家的繁荣强盛相适应，全球华人寻根问祖意识日益增强，使炎黄文化成为连接海内外所有中华儿女的亲情纽带。目前，每年清明节前后，陕西黄陵、河南新郑、湖北随州、山西高平、湖南炎陵等地已成为全球华人祭祀炎黄、寻根问祖的重要场所；河北涿鹿正在着力打造祭祀炎、黄、蚩三祖的“合符文化”论坛；甘肃天水每年6月22日还隆重举行海峡两岸公祭中华人文始祖伏羲大典暨天水伏羲文化旅游节。祭祀祖先是中华民族的优良传统，在各地都有深厚的民俗文化基础。伏羲氏、神农氏和轩辕氏作为中华民族的共同祖先，理应享受后世所有中华儿女的共同祭祀敬仰。这种祭祀敬仰不是封建迷信活动，而是民族血脉和文化精神的记忆传承。建议将各地分散举行的祭祀伏羲、炎帝、黄帝的活动整合起来，统一上升为国家祭祀，每年清明时节在北京人民大会堂或中华世纪坛举行一次全球华人公祭大会，由党和国家最高领导人参加并致辞，向世界昭示维护中华民族大团结和国家完全统一的坚定意志。陕西黄陵、河南新郑、湖北随州、山西高平、湖南炎陵、河北涿鹿、甘肃天水等现有的祭祀重地，作为地方公祭和凭吊的分会场所，由国家有关部门领导和地方主要领导参加并致辞。通过伏羲、炎帝、黄帝祭祀活动平台，不断增强海峡两岸和全球华人的民族根魂意识，系紧骨肉亲情纽带，提高国家统一共识，共谋团结协同奋斗。显然，中部地区作为炎黄文化的中心区域，应当根据各地的文化资源特点，在协同配套、优势互补上作好文章，在传承保护、深入挖掘上下大功夫，在文化旅游、创新转化上营造氛围，着力构建区域文化生态建设协同发展新格局，携手打造中部文化辐射新高地。

(二)坚持绿色中部崛起，构建生态环保协同发展体系

中部地区山水相连，山地平原交织，河流湖泊纵横，物产丰富多样，自然地理兼具“七大”特点，即大江、大河、大湖、大山、大平原、大水库、大粮仓。这些特点决定了中部地区的生态环境影响面广、关联

性强，牵一发而动全身，在生态环境建设上必须统筹协调推进，搞好协同配套发展。要认真贯彻落实习近平总书记在推动中部地区崛起工作座谈会上的重要讲话精神，以“建设绿色发展的美丽中部”为目标导向，统筹推进中部地区绿色发展和生态文明建设的各项工作。在区域交互对接、政策措施完善、利益补偿协调等方面拿出切实有效的办法，在生态保护和修复、环境建设和治理、资源节约和集约利用方面进一步强化措施，在倡导绿色低碳、拒绝奢华浪费、形成文明健康生活方式方面提出更高要求，大力提升全社会的环保意识、生态意识，构建中部地区全面协同发展的生态环境治理保护体系，让生态环保思想家喻户晓、深入人心，使绿色崛起理念转化为全社会共同遵循的自觉行动。

（三）打造融合创新平台，推动战略产业协同发展

产业发展是绿色低碳发展和生态文明建设的核心要素，产业污染和资源浪费在很大程度上决定着环境治理保护的成效，影响着生态文明建设的进程。习近平总书记早在2012年就指出：“我们要把生态文明建设放在突出位置，融入经济建设、政治建设、文化建设、社会建设各方面和全过程，牢固树立尊重自然、顺应自然、保护自然的生态文明理念，坚持节约资源和保护环境的基本国策，着力推进绿色发展、循环发展、低碳发展，加快推进节能减排和污染防治，给子孙后代留下天蓝、地绿、水净的美好家园。这些工作应该融入工业化、信息化、城镇化、农业现代化过程中，要同步进行，不能搞成后再改造。”①就经济和产业发展的整体水平看，目前中部地区与沿海发达地区相比仍然相对落后，对资源、劳动力要素和投资驱动依赖较重，产业升级、动能转换等难度较大，城镇化水平不高，农业农村发展正处在破解各种难题的关键时期，生态环境治理保护与经济社会发展和人民群众要求不相适应，贯彻新发

① 习近平：《在广东考察工作时的讲话》，2012年12月7日~12日。中共中央文献研究室编：《习近平关于社会主义生态文明建设论述摘编》，中央文献出版社2017年版，第43页。

展理念的约束因素依然较多。因此，在产业发展和生态文明建设的有机结合上，迫切需要打造融合创新平台、推动中部战略产业协同发展。同时，中部地区的若干产业在发展中优势比较明显，有利于在产业创新和协同发展方面与生态文明建设融为一体，打造多元共生的生态系统。一是打造绿色农业生态系统。中部地区农村人口占全国总人口的30%，耕地面积占全国耕地总面积的23.8%，粮食产量占全国粮食总产量的30%，棉花、油料等主要农产品产量占全国农产品总产量的40%，为全国的粮食安全和农产品供给做出了重大贡献，素有“湖广熟、天下足”的美誉。河南省是我国的大粮仓，在黄河流域占据特殊地位。通过大力发展现代化生态农业，改造基本农田，培育优良品种，实施农村种养殖资源的绿色低碳有机无毒良性循环利用，努力打造多元共生的绿色农业系统，中部地区完全能够率先实现乡村振兴和农业现代化，为国家农业生态安全和全国农产品供给提供更加有力的保障。二是发展绿色能源矿产。中部地区的煤炭、水能和风电、光伏等能源产业，始终是持续稳定保障全国能源供应的重要支撑；稀土等重要矿产资源对国家产业安全具有重要战略意义。要强化这些重要产业，坚持走好绿色发展之路，依靠科技力量解决环境污染问题。例如，稀土是现代工业中不可或缺的重要战略资源，也是改造传统产业、发展新兴产业的关键战略性基础材料，是不可再生的稀缺资源。据报道，我国稀土成矿条件好、潜力大，具有明显的资源优势。近年来，各方面共同努力，加强稀土资源和生态保护，强化创新体系和能力建设，促进集约化和高端化发展，加快绿色化和智能化转型，有力推动了产业高质量发展。但与此同时，行业私挖盗采、违法生产、“黑矿”走私屡禁不绝；资源绿色开发能力不足，环境保护问题仍然突出；稀土新材料产品以中低端为主、高端应用技术水平不高，资源价值远未充分发挥。中部地区稀土资源丰富，一定要坚持走好绿色开发之路，推动全行业科技进步和资源高端应用，加快实现由依靠资源消耗为主的粗放型规模化扩张，转向依靠基础研发能力提升和技术进步的创新驱动发展，形成全产业链竞争新优势。三是做强绿色新兴产业。中部地区的新一代信息技术、新能源汽车、先进轨道交通、航空航天、新材料、现代生物医药、现代种业等重点新兴产业逐步发展壮大，在全国具有较强竞争力。要推动这些新兴产业做大做强，成为生态治理和环境保护的先锋模范。四是提升绿色旅游水平。中部地区是华夏文明的中心，黄河、长江文明的交汇之地，文化底蕴丰厚，旅游资源密集，现代化基础设施建设的逐步完善和高铁、空运、高速公路等交通运输网的四通八达，为中部地区旅游产业的协同发展创造了良好条件。要推动中部地区旅游产业的协同联动发展，全面提升生态环境保护意识和文化资源共享水平，促进中部地区旅游产业实现绿色崛起。

(四)完善基层治理结构，夯实生态文明建设协同发展基础

基层是实现绿色发展的载体，生态文明建设的理念、规划、项目和环境治理保护的具体工作，最终需要靠基层去组织落实。因此，推动绿色发展，加强生态文明建设，首先必须完善基层治理的组织结构体系，提高基层干部群众加强环境保护的主动性、自觉性，夯实生态文明建设与各项工作协同发展的组织基础。据《半月谈》记者调查，目前，仍有一些地方为追求一时的经济增长，在具体工作上与国家加强环境保护的大政方针“唱反调”。例如，国务院曾明确要求各地方政府全面清理、废除阻碍环境监管执法的“土政策”，但一些地方不愿清理，甚至还“推陈出新”。《半月谈》记者此前在中部某地采访时，发现该地方党委政府发文，要求实施涉企首违免罚制，涉企轻微违法行为整改制、下限处罚制；邻近某县则出台所谓的“重点企业挂牌保护制度”，限制环保等部门执法检查，提出对检查中发现的问题，重在促进整改，原则上首次不予处罚。调查认为，这些“土政策”为环境污染开了绿灯，违背了中央的大政方针。① 实际上，这种情况应该不是个别现象，在各地都有不同

① 参见白田田、周楠、白明山：《“土政策”不能唱反调、变调、小调》，载《半月谈》2019 年第 4 期，第 44 页。

形式的表现。只有将加强环境保护和生态文明建设与完善基层治理的组织结构体系有机结合起来，才能推动基层正确处理好经济发展同生态环境保护的关系，牢固树立保护生态环境就是保护生产力、改善生态环境就是发展生产力的理念，更加自觉地推动绿色发展、循环发展、低碳发展，决不以牺牲环境为代价去换取一时的经济增长。完善生态文明基层治理结构必须实行最严格的制度、最严密的法治，才能为生态文明建设协同发展提供可靠保障。最重要的是要完善经济社会发展考核评价体系，把资源消耗、环境损害、生态效益等体现生态文明建设状况的指标纳入经济社会发展评价系统，使之成为推进生态文明建设的重要导向和约束。对那些不顾生态环境盲目决策、造成严重后果的人，必须实行组织责任终身追究制。同时，要加强生态文明宣传教育，增强全民节约意识、环保意识、生态意识，营造爱护生态环境的良好风气，牢固树立绿水青山就是金山银山的辩证发展理念，真正夯实生态文明建设协同发展的组织和群众基础。

（五）加强内外协调联动，促进周边区域生态文明建设协同发展

随着沿海地区的京津冀、粤港澳、长三角等区域一体化协同发展成为国家战略，基于地缘因素的相应条件，中部地区势必会出现内分外联效应。如山西、河南可以向京津冀地区靠拢；国家《长江三角洲区域一体化发展规划纲要》已将安徽纳入长三角一体化范围，2019 年 5 月 13 日的中央政治局会议明确要求上海、江苏、浙江、安徽要增强一体化意识，加强各领域互动合作，扎实推进长三角一体化发展；① 江西既可以向长三角地区延伸，又可以向粤港澳大湾区链接；湖南则更便利于和粤港澳大湾区互动。在这种态势下，中部地区的生态文明建设和绿色发展之路既有难得机遇，也面临严峻挑战。机遇是沿海发达地区的先进理

① 载《人民日报》2019 年 5 月 14 日第 1 版。

念、资金、技术、人才可以交流借鉴，挑战是产业转移中有可能带来的生态环境问题。这就要求中部地区在坚持绿色发展的同时，必须加强同左邻右舍的协调联动意识，促进周边区域生态文明建设协同发展。一是省(直辖市)级层面的协调联动。在生态文明建设中要加强规划衔接、政策对接，不搞以邻为壑，实现利益共享。二是省内市(县)级层面的协调联动。市(县)级层面在生态文明建设中要加强统筹协调，搞好工程项目连接，切实保护好本市(县)境内的绿水青山。三是市(县)内乡(镇)级层面的协调联动。乡(镇)级层面是生态文明建设的直接承受者，水土保持、植树造林、垃圾清运、生态农业、科学养殖、污染防治等环境保护的具体工作，基本上集中在乡(镇)级层面进行，直接关系到生态文明建设的实际效果。必须认真抓好这一层面的协调联动工作，确保资金投入，强化监督检查，细化落实责任，使乡(镇)成为天蓝、地绿、山青、水净的直接受益者，为建设绿色发展的美丽中部打好坚实基础。

（作者为湖北省炎黄文化研究会常务理事，湖北省社科院原副巡视员、研究员）

江西与长江经济带建设

薛清和

长江被誉为中国的黄金水道，是中国第一、世界第三大河流，横跨我国东、中、西部，贯穿长三角城市群、长江中游城市群、成渝城市群，流域面积占全国陆地总面积的18%，人口占全国总人口的36%，GDP占全国GDP总量的37%。长江经济带覆盖了上海、江苏、浙江、安徽、江西、湖北、湖南、四川、重庆、云南、贵州等11个省及直辖市。改革开放以来，我国率先启动了沿海开放战略，形成了经济实力雄厚的沿海经济带。相较之下，长江流域中上游与内陆地区的整体开发则相对滞后，因此，发挥长江黄金水道独特优势建设长江经济带，是新时期中国区域协调发展和对内对外开放相结合、推动发展向中高端水平迈进的重大战略举措，既可以促进经济发展由东向西梯度推进，推动贫困地区脱贫致富，缩小东中西部差距；又能优化经济结构，形成与丝绸之路经济带的战略互动，打造新的经济支撑带和具有全球影响力的开放合作新平台。

建设长江经济带是国家由“沿海发展”向“沿海与沿江比翼发展”的重大战略转变，更是打造中国经济转型升级“新增长极”的重要举措，长江沿线11个省市，在“共饮一江水”的同时，依托这条黄金水道，加快长江经济带建设，成为中国经济新的增长带。2016年初，习近平总书记“共抓大保护，不搞大开发”的重要指示精神，为长江经济带建设布下了一个新的棋局，也为沿江11个省市产业发展指明了方向。

在新的形势下，江西在参与融入长江经济带发展时，努力找准新路径、培育新动能，在新一轮长江经济带建设中赢得主动，与长江“黄金经济带”共舞。根据《推动长江经济带发展领导小组办公室关于印发〈推动长江经济带发展三年行动计划(2015—2017)〉的通知》(第13号)和《江西省人民政府贯彻国务院关于推动长江经济带发展的指导意见的实施意见》(赣府发〔2015〕21号)，本文对江西在长江经济带建设中面临的机遇、战略定位和主要任务进行探讨。

一、长江经济带建设给江西发展带来的新机遇

主动融入长江经济带是发挥江西“承东启西、连接南北”独特的区位优势，拓展发展空间，纵深推进昌九一体化，推动江西实现发展升级、小康提速、绿色崛起的重要机遇。国家将从综合交通、产业转型、新型城镇化、对外开放、生态廊道和体制机制创新六个方面升级、再造长江经济带。长江经济带的建设有利于沿线省市发挥能源资源优势，进行优势互补，实现互利共赢、共同发展，也有利于打造区域利益共同体和命运共同体，促进沿线省市和谐稳定。江西作为长江之“腰”和中部区域发展的重要一极，将面临新的发展机遇。

其一，江西发展升级新机遇。一是优化产业结构。长江经济带上、中、下游之间存在显著的产业梯度和要素禀赋差异，产业能级沿长江流向呈现递增趋势，要素丰裕度则沿长江流向递减。依托长江打造“中国经济新支撑带”，发挥东部沿海辐射带动作用，必将形成产业梯度转移、经济转型升级的新局面。江西可以结合本地资源禀赋特点，选择适合自己的产业承接模式，主动承接东南沿海发达地区的产业转移，有效地促进水资源、矿产资源、农业资源、旅游资源、生态资源等与产业发展有机结合，同时通过技术的引进，促进产业从低附加值向高附加值升级，形成节约能源资源和保护生态环境的产业结构、增长方式和消费模式，在产业承接的过程中努力实现产业升级和结构优化。二是形成开放新局

面。长江经济带溯大江而上，深入中国腹地，向西延展，与正在建设的丝绸之路经济带相连接，向东与建设中的海上丝绸之路相连接，形成融通国内、国际两个市场，东西双向，沿海、沿江、沿边全方位的中国开放新格局。江西借助交通基础设施的发展与完善，把鄱阳湖生态经济区发展战略、昌九一体化区域发展战略与长江经济带发展战略有机结合起来，带动人流、物流、资金流、信息流集聚，不仅可以提升江西与邻省的经贸合作，也将促进外向型经济快速发展。三是促进全省区域协调发展。虽然江西只有九江一个沿江城市，但汇入鄱阳湖的赣江、抚河、信江、修河、饶河都是长江水域的一部分，整个江西全境都应该融入长江经济带，享受长江经济带这条国家发展轴带来的政策和利益，打破行政壁垒、市场分割和行业界限，促进发达地区和落后地区的联动，缩小江西南北、东西部差距。同时，江西省可构建“赣湘开放合作试验区”，主动先行探索与长株潭城市群的合作机制，借助长株潭城市群融入长江经济带，把试验区打造成省际合作的示范区，加强区域经济合作交流，拓展发展空间。

其二，江西小康提速新机遇。一是缩小与沿海发达地区的差距。建设长江经济带，使产业和基础设施连接起来、要素流动起来、市场统一起来，必将在全流域范围内形成一种立足于比较优势的差异化分工格局。通过协作分工，将各省市的优势产业和产品形成专业化生产，再通过联合的统一市场进行优势互补，生产的成本将会大大下降，并将产生巨大的经济效益。江西可以充分发挥自身优势，与长江经济带其他省份进行资源、产业等对接，优势互补、错位发展、合作共赢，进一步缩小差距，提高自身经济发展水平和经济影响力。二是推动新型城镇化和城市群的发展。我省可通过发挥长三角地区的引领作用和长江经济带的联动作用，加快打造由南昌核心增长极、九江沿江产业带、昌九工业走廊构成的核心增长区，大力推进昌九一体化、环鄱阳湖城市群、赣州大都市圈建设，发挥城市群对经济腹地的经济拉动作用，配套发展一批区域性大城市、卫星城市和中心集镇，形成多层次城市发展格局，完善江西城市体系与空间布局，推动新型城镇化进程，繁荣发展城市经济。

其三，江西绿色崛起新机遇。长江生态安全关系全局，建设长江经济带，必须首先保护好母亲河。因此，“依托黄金水道建设长江经济带”，不仅要打造“长江经济走廊”，还要打造“长江绿色生态走廊”。江西地处长江中游，鄱阳湖是我国最大的淡水湖，也是长江的重要调蓄湖泊，鄱阳湖水量、水质的持续稳定，直接关系到鄱阳湖周边乃至长江中下游地区的用水和生态安全。加快鄱阳湖生态经济区建设和赣鄱生态“黄金水道”建设，共同促进沿江沿湖经济文明和生态文明协调发展，构建好长江流域重要的生态屏障，是江西对“长江绿色生态走廊”建设的贡献，更是江西实现科学发展、绿色崛起的必然选择。

二、江西在长江经济带的战略定位

长江经济带覆盖11个省市，各地都希望抓住机遇，争食政策红利。但是在机遇面前，我省只有找准自己的定位，尽早做好规划，并立说立行，才能抢得先机。

①承东启西、连接南北的战略纽带。江西处在诸多国家发展战略的衔接地带，是珠三角、长三角、闽东南三角区的战略腹地，是粤港澳产业产品“西进”和“北上”的必经通道，这使江西发展拥有独特的区位优势。建设长江经济带和长江中游城市群，江西作为我国东南沿海发达地区的战略腹地和战略纵深，区位优势将愈加凸显。因此，江西可以充分利用独特的区位优势，成为长三角、珠三角和闽东南三角区三大经济区联动发展，上海自贸区、丝绸之路经济带、粤港澳自贸区等区域经济互动的重要纽带。

②产业转型升级试验区。江西应利用天然的赣鄱航道和现代化的综合运输体系，大力推进南昌、九江及赣州等中心城市承接产业转移示范区建设，在承接产业转移的过程中提升支撑带动能力，实现承接产业转移和转型发展的双赢。

③长江中游城市群的核心板块。江西省可通过资源整合和产业链重组，实现以昌九一体化为核心，推进环鄱阳湖城市群各城市一体化发展，构筑江西经济增长的核心板块；积极推进环鄱阳湖城市群、武汉城市圈、长株潭城市群和皖江城市带的融合，构建一体化的特大型长江中游城市群，充分发挥系统集成效应，提升区域的综合竞争力和可持续发展能力，使区域整体进入跨越式发展的"快车道"，成为支撑未来中国经济持续稳定快速发展的核心板块和第四增长极。

④长江生态安全重要保障区。发挥鄱阳湖保障水生态安全的重要作用，大力加强生态建设和环境保护，切实维护生态功能和生物多样性，着力提高鄱阳湖、长江干支流的调洪蓄水能力，努力构筑区域生态安全体系。加快对鄱阳湖、长江干支流等的综合治理，构建资源节约、环境友好的生态产业体系和生态型城市群，把长江中游城市群建成长江中下游水生态安全保障区，确保长江中下游地区的生态安全。

三、江西推进长江经济带建设的主要任务

江西省应抢抓机遇，认真谋划，加强与国家战略对接，主动融入长江经济带建设，以昌九一体化区域和长江经济带为双引擎，借助长江黄金水道，综合推进优势资源开发利用，优化产业和城镇布局，大力推动经济社会实现又好又快发展。

①强化顶层设计及政策推动。制定《江西省长江经济带建设规划》，进一步明确江西在长江经济带建设中的功能定位、发展目标和重大举措，明确沿江统筹发展的格局以及在全省开放型经济布局中的重要作用，积极寻求与其他省份的合作沟通。积极创建省部合作，共推江西与长江经济带协调发展体制机制，重点加强与水利部、交通部及长江航务管理局和长江航道局合作，争取业务指导、政策和项目支持。在充分发挥本省区位优势和资源优势的基础上，推动长江中游城市群各地在承接产业转移时错位发展、合作共赢。打破行政区划的限制，推动资金、人

才、技术等要素的自由流动，引导人口和产业合理集聚转移，将昌九一体化区域打造成内陆地区对外开放试验区，将其纳入各项先行先试改革范围。

②全面拓宽开放通道。江西融入长江经济带的首要突破口是建设出海、出省、出境通道，提升通往长江的航运能力，关键一是要加快鄱阳湖水系航运等基础设施建设，振兴“千年赣鄱黄金水道”，实现赣江—鄱阳湖—长江水运对接；加强“一湖五河”航道疏浚，依托“黄金水道”对接长三角、上海自贸区，有序承接国际和沿海产业转移，统筹对外、对内开放，加快构建江西开放型经济新体制。二是要争取国家的支持，加快推进高速铁路建设，加大国际国内航线的开辟力度，使公路、水路、航空、铁路之间无缝连接，构建畅通便捷的现代物流运输体系，提高市场的开放性。三要加快推进昌九两港一体化发展，围绕打造互联互通的水路、公路、铁路、航空立体交通大格局，吸引铁路物流、民航物流和水路物流、公路物流相互衔接集聚，进一步强化昌九两港作为中西部地区承接长三角、珠三角、海西经济区辐射桥头堡的作用。

③构建产业承载平台。一是支持国家级开发区在管理体制、运行机制等方面先行先试，重点支持开发区建设科教研发、投融资服务、国际科技合作和商务平台。二是推进省级工业园区区划调整、优化升级，支持自主创新能力强、创新创业环境优、高新技术产业集聚程度高、土地集约利用好的园区升级为国家高新技术产业园区；鼓励产业基础扎实、产业特色明显、发展势头良好、带动能力强的园区升级为国家经济技术开发区；允许经济外向度较高、出口加工贸易活跃、口岸配套功能基本完善的园区申请设立国家出口加工区；对工业基础较好、工业集聚度较高、产业特色鲜明的省级产业基地，支持其申请设立省级工业园区和经济开发区。三是搭建内、外经贸平台。积极参与长江经济带分工，积极推进长江中游城市群建设，加快建设南昌临空经济区和九江临港经济区，打造昌九扩大开放试验区，全力支持赣州综合保税区建设，以深度对接国内外市场、扩大资源配置的范围和能力；鼓励和推动外国政府、

国际机构、商贸协会组织和国际风险投资机构等来赣设立代表处或办事机构，依托国家驻外经贸促进机构，搭建招商平台。

④提升区域互动合作水平。当务之急要从国家层面创新区域协调合作机制，打破长江经济带内各省市的行政区划限制，建立共同市场，主要通过市场机制的自发作用，推动区域之间的合作、协作、产业对接，实现互利共赢。各省市应抓紧建立联席会议制度，形成区域合作机制。作为长江经济带上的欠发达省份，我省必须强化与长江流域省市合作，加强与长三角、长江中游城市群的合作，加强与长江流域主要城市的深度融合发展；推动江西与长江经济带其他省市在产业园区、文化旅游、生态建设等方面深化合作，推动产业、项目、交通等方面对接，促进人流、物流、资金流、信息流等要素和资源充分共享、高效流动、优化配置，推动沿江省市全方位、宽领域、多层次合作共建。

（作者为江西省鹰潭市炎黄文化研究会常务副会长、鹰潭市龙虎山道教文化研究所原所长）

新石器时期中原文化与江汉文化交流互动浅论

李　龙

所谓中原，学术界的界定各不相同，我们认为，主要指以嵩山周围为中心的现在河南省大部和晋南地区、关中东部地区。所谓江汉，一般指以江汉平原为中心的长江中游地区。黄河、长江两大河流域在约公元前 7000 年相互交融、相互促进，在约公元前 4000 年以后，更是共同迈开了走向文明社会的步伐，成为文化意义上早期中国的主体①。作为黄河、长江流域重心所在的中原和江汉地区，在早期中国文明的起源和形成进程中更是有着举足轻重的地位。当然在长期的历史发展长河中，中原地区逐渐占据了主体地位。“在文明的发生和形成的整个过程中，中原都起着领先和突出的作用”②，而“长江中游通过自己的道路也迈进了早期文明的门槛，是长江流域的第二个文明起源中心”③。关于中原地区、江汉地区两大文明起源中心的文化互动进程、共同点与差异、地位，本文对此尝试进行简单探讨。

---

① 苏秉琦：《迎接我国考古学的新世纪》，见《华人·龙的传人·我国人——考古寻根记》，辽宁大学出版社 1994 年版，第 238 页；韩建业：《早期我国——我国文化圈的形成和发展》，上海古籍出版社 2015 年版。

② 严文明：《我国史前文化的统一性与多样性》，载《文物》1987 年第 3 期。

③ 严文明：《长江流域在我国文明起源中的地位和作用》，见《农业发生与文明起源》，科学出版社 2000 年版，第 95 页。

一、新石器时期中原文化与江汉文化交流历程

目前，学术界一般认为，新石器时代早期约在公元前 9000—前 7000 年，中原和江汉地区文化都跨过旧石器时代，趋于定居，出现陶器，为其后的文明化进程准备了初步的物质条件。此一阶段，中原腹地以圆窝纹或绳纹罐为代表的李家沟文化①和洞庭湖地区以绳纹釜为代表的遗存，都有绳纹陶，彼此或许存在一定的文化联系。

新石器时代中期约在公元前 7000—前 5000 年，是中原和江汉地区文化各自蓬勃发展、彰显个性的时期。中原地区的裴李岗文化，在公元前 6000 年前后进入发展高峰②，陶器形制复杂、功能细化，出现了堪称“早期中国”象征物的炊器鼎，石器磨制精整，骨笛、龟甲刻符等闪耀着智慧的光辉。正是在裴李岗文化的强势扩张影响之下，中原乃至江淮的部分区域文化面貌第一次出现趋同现象，有学者认为“早期中国”的文化统一性明显加强，出现了早期中国文化圈或文化意义上早期中国的雏形。③ 自然，我们认为，如果“早期中国”成立，此时应仅限于中原及其周边地区。与此同时，长江中游地区先是出现彭头山文化④。其陶器种类单调，主要是绳纹釜、钵等，石器仍以打制为主。在公元前 6000 年后，彭头山文化受长江下游跨湖桥文化的影响而出现圈足盘等新器，发展为城背溪文化、皂市下层文化、楠木园文化、高庙文化等一系列大同小异的文化。其中，发端于高庙文化的白陶、獠牙兽面纹、八

---

① 北京大学考古文博学院、郑州市文物考古研究院：《河南新密市李家沟遗址发掘简报》，载《考古》2011 年第 4 期。

② 中国社会科学院考古研究所河南一队：《1979 年裴李岗遗址发掘报告》，载《考古学报》1984 年第 1 期；河南省文物考古研究所：《舞阳贾湖》，科学出版社 1999 年版，第 465~519 页。

③ 韩建业：《裴李岗文化的迁徙影响与早期我国文化圈的雏形》，载《中原文物》2009 年第 2 期。

④ 湖南省文物考古研究所：《彭头山与八十垱》，科学出版社 2006 年版。

角星纹等①，精美复杂且充满神秘色彩，可能与原始宗教与巫术有关，在长江中原地区影响深远。此时，中原和江汉地区文化交流逐渐增多，比如裴李岗文化中期平底钵、双耳壶、卵形双耳罐等的出现可能与彭头山文化的影响有关，而晚期彭头山文化中的双鋬平底或圈足深腹罐、小口耸肩扁壶、素面双耳壶等则当为裴李岗文化因素，而似乎在两地的文化交流的过程中，裴李岗文化的影响力逐渐增大。

新石器时代晚期约在公元前5000—前3500年，此一阶段中原和江汉地区文化交流更加频繁，两地文明化进程始于这一阶段，诚然二者并不同步。中原地区表现在：主要以裴李岗文化为基础，发展起来的仰韶文化，经过数百年的发展与积淀，至公元前4000年前后的庙底沟时代蓬勃振兴，以釜形鼎和花瓣纹彩陶为代表的东庄——庙底沟类型，从以豫西、晋南为核心的区域向外强力扩张，导致中原及其周边地区文化交融加速，逐步构成分层次的文化共同体，即以豫西、晋南的核心区域，中原其他区域、关中东部、江淮等为主干的毗邻区域，燕赵、甘青、江汉为关联的辐射区域，为夏商乃至于秦汉以后的中国奠定了基础。韩建业称，这样一个多层次的文化共同体为“早期中国文化圈”，或者文化意义上的“早期中国”。② 庙底沟文化时代也是中原地区社会开始走向复杂化的时代，中原核心区的灵宝西坡③、毗邻区的白水下河④等遗址已经出现200～500平方米的大型“宫殿式”房屋。灵宝先后发掘出F105、F106、F107、F108等4座“宫殿式”建筑，其中2004年发掘的

① 湖南省文物考古研究所：《湖南黔阳高庙遗址发掘简报》，载《文物》2000年第4期。

② 韩建业：《庙底沟时代与“早期我国”》，载《考古》2012年第3期。

③ 河南省文物考古研究所、中国社会科学院考古研究所河南一队等：《河南灵宝西坡遗址105号仰韶文化房址》，载《文物》2003年第8期；中国社会科学院考古研究所河南一队、河南省文物考古研究所等：《河南灵宝市西坡遗址发现一座仰韶文化中期特大房址》，载《考古》2005年第3期。

④ 陕西省考古研究院等：《陕西白水县下河遗址仰韶文化房址发掘简报》，载《考古》2011年第12期。

F106，房址大致呈长方形，东西长约16米，南北宽约13米，有斜坡式门道，朝向东北，房屋的结构颇为复杂，分半地穴、木结构和地面上墙体三部分，室内匀称地分布着4个立柱，其地穴居住面极为考究，在正对门道的部分，修造有一个大型火塘，直径约140厘米，深约100厘米，房址的四周规则分布有柱洞。① 这4座“宫殿式”建筑，向心式环绕一个大型中央广场，这种向心式布局继承了姜寨半坡类型聚落的传统②，房址可能是大型家族所公用，举行公共活动、处理公共事务的场所。这表明，中原核心地区社会结构复杂到相当程度，已经站在了文明社会的门槛。在大致相同的阶段，江汉地区先后继起的汤家岗文化和大溪文化稳定发展，澧县城头山古城有目前发现的我国最早的城垣。城头山古城略呈圆形，城垣外圆直径340米，内圆直径325米，围绕城垣的护城河宽30~50米。考古学者在城内发掘出大片台基式的房屋建筑基础、设施齐全的制陶作坊、宽阔的城中大路、密集而重叠的氏族墓葬和保存完好的世界最早的水稻田，发现了较为精美的玉器和规格较高的陶鬶、陶觚。③ 这表明大溪文化早期社会有着较强的组织能力，社会秩序显著加强，社会生产力显著提高。江汉地区的汤家岗文化——大溪文化早期的白陶等文化因素，一度渗透传播到中原、长江下游甚至华南地区。庙底沟文化中后期，中原的花瓣纹彩陶文化因素也渗透进江汉地区，甚至在长江中游地区产生广泛的影响。受到中原文化影响和刺激，汉水以东地区江汉腹地的大溪文化油子岭类型异军突起④，促进了江汉地区文化巅峰期的到来。

---

① 李新伟、马萧林、杨海青：《河南灵宝市西坡遗址发现一座仰韶文化中期特大房址》，载《考古》2005年第3期。

② 西安半坡博物馆、陕西省考古研究所、临潼县博物馆：《姜寨——新石器时代遗址发掘报告》，文物出版社1988年版。

③ 湖南省文物考古研究所：《澧县城头山——新石器时代遗址发掘报告》，文物出版社2007年版。

④ 郭伟民：《新石器时代澧阳平原与汉东地区的文化和社会》，文物出版社2010年版，第76~86页。

铜石并用时代大致在公元前 3500—前 1800 年，可分为早、晚两期。早期约在公元前 3500—前 2500 年，此一时期中原地区史前文化相对虚弱收缩，江汉地区文化强势北扩，文明因素增多。中原地区进入仰韶文化后期，文化影响力逐渐进入一个相对低谷的时期，对周围文化影响也显著减弱。相反，其东的大汶口文化、其南的大溪文化等外来文化因素大量涌入，中原文化的核心与主体文化地位一时受到严重影响。但从灵宝西坡墓地①和郑州西山古城②等发掘的资料来看，部分中原区域文化仍有相当实力，社会文化依旧在沿历史长河向前发展，城址首次在中原地区出现，铜器逐渐使用，说明文明因素在增加。江汉地区史前文化先是大溪文化某些类型(油子岭类型)极度扩张至原为仰韶文化分布区的鄂北等地区，甚至在豫南地区也能见到其文化踪影；约公元前 3000 年，屈家岭文化形成后，更是北向扩张至豫西南甚至豫东南地区③，屈家岭文化因素则见于中原大部地区④。文化性质属于油子岭类型的枣阳雕龙碑⑤、京山屈家岭⑥等处墓葬，发现了大量猪下颌骨或陶器，贫富分化显著。屈家岭文化更涌现出 20 余处城址，其中，最大的石家河城面积达 120 万平方米⑦，城内有宫殿区⑧、墓葬区、祭祀区等不同功能规划，此一阶段，江汉地区史前文化发展到巅峰，出现了较多

① 中国社会科学院考古研究所、河南省文物考古研究所：《灵宝西坡墓地》，文物出版社 2010 年版。

② 国家文物局考古领队培训班：《郑州西山仰韶时代城址的发掘》，载《文物》1999 年第 7 期。

③ 韩建业、杨新改：《苗蛮集团来源与形成的探索》，载《中原文物》1996 年第 4 期。

④ 韩建业：《斜腹杯与三苗文化》，载《江汉考古》2002 年第 1 期。

⑤ 中国社会科学院考古研究所：《枣阳雕龙碑》，科学出版社 2006 年版。

⑥ 屈家岭考古发掘队：《屈家岭遗址第三次发掘》，载《考古学报》1992 年第 1 期。

⑦ 北京大学考古系、湖北省文物考古研究所等：《石家河遗址调查报告》，见《南方民族考古》(第五辑)，四川科学技术出版社 1993 年版，第 213~294 页。

⑧ 湖北省荆州地区博物馆、北京大学考古学系、湖北省文物考古研究所：《谭家岭》，文物出版社 2011 年版。

的史前聚落，形成了以石家河古城为最高级中心聚落的多个层次的聚落体系。

铜石并用时代晚期约在公元前 2500—前 1800 年，亦即龙山时代，中原地区和江汉地区文化势力似乎进行了长时间的接触，甚至是剧烈的博弈，最终，中原地区文化取得决定性胜利。龙山时代可分前、后两期，龙山前期中原和江汉地区史前文化大致呈北、南对峙状态，中原腹地的前期王湾三期文化阶段出现了郾城郝家台等城址，更靠北的临汾盆地的陶寺文化甚至还有近 300 万平方米的陶寺古城①，显见其实力迅猛回升。江汉地区石家河文化的北界仍维持在豫南以北，文化因素更北向渗透进关中、陕北，先前的诸多城址仍在沿用，宗教祭祀如火如荼，文化格局大体未变。龙山后期中原的王湾三期文化尤其是煤山类型实力大长，出现登封王城岗②、新砦古城寨、禹州瓦店③等城址或大型聚落，煤山类型南向大规模拓展而代替豫南、鄂北、鄂西地区石家河文化，并深刻影响江汉腹地，使其区域文化演变为多种类型的带浓厚地域特色的小型史前文化(肖家屋脊文化)。有学者曾以古史传说中的“禹征三苗”事件，来解释文化格局如此大规模的剧烈变动④。中原对江汉文化的强烈影响，当然并非人群的全面替换，很可能江汉腹地绝大多数仍为当地人群⑤。这并非说江汉文化此后就乏善可陈，肖家屋脊文化精美玉器的发现就是其仍有相当实力和活力的体现，但这些玉器在江汉毫无渊源，总体上可能属于海岱——中原传统，从这个意义上，江汉文化传统从此时走向衰微了！此后的二里头——二里岗时代，中原重获至高的核心地

① 中国社会科学院考古研究所山西队、山西省考古研究所等：《山西襄汾陶寺城址 2002 年发掘报告》，载《考古学报》2005 年第 3 期。

② 河南省文物研究所、我国历史博物馆考古部：《登封王城岗与阳城》，文物出版社 1989 年版，第 205~210 页。

③ 河南省文物考古研究所：《禹州瓦店》，世界图书出版公司 2004 年版。

④ 杨新改、韩建业：《禹征三苗探索》，载《中原文物》1995 年第 2 期。

⑤ 韩建业、杨新改：《五帝时代——以华夏为核心的古史体系的考古学观察》，学苑出版社 2006 年版，第 16 页。

位，以二里头——郑州商城王都为核心的中原文化异常强大，对外影响则及于中国大部分，而江汉地区长期低迷，至二里岗文化时期，才在中原地区文化直接影响下有了黄陂盘龙城等区域中心聚落。

二、新石器时期中原文化与江汉文化文明化进程的共同点

中原和江汉地区在早期中国文明的起源和形成进程中有着举足轻重的地位。在文明化过程中，这两个地区相互影响，有不少相似之处。

①二者经历了原始农业的发展历程。新石器时代早期是采集经济与原始农业并重的时期，甚至在中原地区和江汉地区的某个区域板块，采集经济所占比重甚至超过了原始农业。新石器中期是原始农业快速发展时期，农业种子大量增加，基本形成了中原地区旱作农业与江汉地区稻作农业的格局，在二者交界的江淮地区，还形成了旱稻混种的局面，斧、铲、锛成为主要的农耕工具。新石器晚期，原始农业高速发展，采集经济比重迅速降低，石斧在农耕工具中比重突出，新出现了耒，甚至犁等翻地工具，似乎在印证耕地一直处于扩张的过程。

②都出现了较为明显的社会分工。中原龙山时代王湾三期文化、陶寺文化等的精美黑陶、彩绘陶、玉石器，以及铜器等，江汉大溪文化晚期至石家河文化的精美玉石器等，都应当与专门工匠的存在有关。不同的是，中原地区高规格器物的制作原料可能主要在当地，主要涉及原料和产品的控制与分配问题，而江汉腹地并不存在玉石器原料，可能还涉及与峡江等地的远距离贸易①。

① 严文明：《我国新石器时代聚落形态的考察》，见《庆祝苏秉琦考古五十五年论文集》，文物出版社 1989 年版，第 24~37 页；张弛：《大溪、北阴阳营和薛家岗的石、玉器工业》，见《考古学研究(四)》，科学出版社 2000 年版，第 55~76 页。

③都出现了从母系社会向父系社会的过渡，家族、家庭组织凸显，父系家庭和家族组织凸显。灵宝西坡、安乡划城岗①等墓地不同级别墓葬分区埋葬，枣阳雕龙碑②、郑州八里岗③、郑州大河村④等地的房屋成套成排分布，都应当与中原和江汉地区父系家庭和家族组织的凸显有关⑤。

④等级分化加剧，战争冲突频仍。中原地区与江汉地区都发现了城垣、玉石钺、箭镞、乱葬坑等文化遗存，这与人群间等级分化加剧、越来越频繁的冲突和战争密切相关，中原地区等级分化源于仰韶文化中晚期，父系个体家庭增加，私有财产和等级阶层也逐渐形成，如灵宝西坡仰韶中晚期聚落的公共墓地的墓葬形制可分为大、中、小三类，大墓有玉器和较多的陶器等随葬品，而中、小型墓葬中随葬品相对较少。又如孟津妯娌遗址墓地依据面积大小和葬具状况，大体亦可分为大、中、小三类，随葬品同样存在多寡之别。这样的财产拥有的多寡与身份地位的差别在西山遗址、大河村遗址中多少也有反映，说明财产私有、贫富分化和社会阶层的形成已经比较普遍。贫富分化相应催生了社会矛盾，考古发现，在大河村四期的窖穴内时常发现零星的人骨和屈肢、坐式以及捆绑式葬等特殊的人骨架⑥，在西山遗址晚期的灰坑中发现的人骨架，“有的则是随便抛进灰坑中，形态各异；有的尸骨不全，身首异处”⑦。

① 湖南省博物馆：《安乡划城岗新石器时代遗址》，载《考古学报》1983 年第 4 期。

② 中国社会科学院考古研究所：《枣阳雕龙碑》，科学出版社 2006 年版。

③ 张弛：《长江中下游地区史前聚落研究》，文物出版社 2003 年版，第 32~39 页。

④ 郑州市文物考古研究所：《郑州大河村》，科学出版社 2005 年版。

⑤ 赵辉：《长江中游地区新石器时代墓地研究》，见《考古学研究(四)》，科学出版社 2000 年版，第 23~54 页。

⑥ 李昌韬：《试论大河村文化》，见《河南文物考古论集》，河南人民出版社 1996 年版，第 112 页。

⑦ 杨肇清：《试论郑州西山仰韶文化晚期古城址的性质》，载《华夏考古》，1997 年第 1 期。

在青台遗址晚期的部分灰坑内，埋葬有完整的人骨架。① 在点军台三期遗存中的H57，是一个人骨架乱葬坑，经初步清理，可辨认为10人非常态的埋葬，其中有2个儿童骨架。登封颍阳遗址的一个圆形灰坑中，埋有10个身首异处的人骨架。② 这些非正常的墓葬，不少死亡者是因为成为战俘或被奴役而死亡的。恩格斯在论述古代奴隶制产生过程时说过："一切部门——畜牧业、农业、家庭手工业——生产的增加，使人的劳动力能够生产出超过维持劳动力所必需的产品。同时，这也增加了氏族、家庭公社或个体家庭的每个成员所负担的每日的劳动量。吸收新的劳动力成为人们向往的事情了。战争提供了新的劳动力，俘虏变成了奴隶。"③中原地区城垣众多，王城岗龙山城址、郝家台龙山城址、古城寨龙山城址等十几座龙山中晚期城址的出现，反映出战争的频仍。摩尔根曾指出："在回顾人类进步过程中，可以注意一点，那就是，在低级野蛮社会中，各个部落常住的家，是用栅栏围起来的村落。在中级野蛮社会中，开始出现了用土坯和石头盖造的群居宅院，似一个碉堡。但到了高级野蛮社会，在人类经验中，首次出现以环形城郭围绕的城堡。人们想到要用整齐叠砌的城郭来围绕一块足以容纳人口相当多的地面，在城郭上造起谯楼、女墙，并开辟城门，使它既便于保卫公众，又便于公众合力防守，而且把这种想法付诸实现，这是人类的一大进步。"④

⑤社会趋于复杂化，呈现万国林立的状态。铜石并用时代以后聚落分化，出现中心聚落，社会渐趋复杂化。尤其在龙山时代前后中原和江汉地区都城垣林立，这和良渚文化中良渚古城唯我独尊的情况有显著差别。陶寺文化虽有庞大的陶寺古城，但其对王湾三期文化、后岗二期文

---

① 郑州市文物工作队：《青台仰韶文化遗址1981年上半年发掘简报》，载《中原文物》1987年第1期。

② 郑州市文物工作队：《河南登封几处新石器时代遗址的调查》，载《考古》1995年第6期。

③ 恩格斯：《家庭、私有制和国家的起源》，见《马克思恩格斯选集》第4卷，人民出版社1979年版，第53页。

④ 摩尔根：《古代社会》，杨东等译，商务印书馆1977年版，第125页。

化、造律台文化中诸多城垣聚落可能还不具有实质的统属能力，最多只有中心认同，构成了以陶寺为中心的圆形聚落群，具有典型的“都、邑、聚”结构，城乡分化明显，特级聚落陶寺是晋南地区唯一的早期城市，而兴光等一级聚落可能是当时的邑，二、三级聚落则构成了乡村的聚落。石家河文化中石家河古城虽然最大，但既然周围还有那么多大小不同的古城，说明石家河古城聚落并不具有绝对权力。在中原地区，还有以王城岗为中心的辐射形聚落群、以古城寨为中心的辐射形聚落群、以新寨龙山晚期城址为中心的辐射形聚落群，这种聚落群不是一种向心式结构，而是发散式结构，中心聚落并非分布在聚落群的中心部位，而是偏于聚落群的一侧，基本居于聚落群辐射线的顶端的有利地势上。另外，豫北的后岗聚落群和孟庄聚落群具有类似的双聚落中心聚落群特征。总体来说，中原地区和江汉地区在此时处于万国林立的“古国”时代。①

三、新石器时期中原文化与江汉文化文明化进程的主要差异

中原和江汉地区文明演进模式差异，主要表现在以下几个方面。

①二者经济形态的差异。中原和江汉地区食物分别以粟黍与水稻为主，构成两种不同的食物系统，中原地区以旱作农业为主，家畜饲养业发达，同时，辅以采集与渔猎；江汉地区是水稻农业、家畜饲养业、采集与渔猎并重，农业占有相当重要的地位。农作物品种差异带来的是不同的耕作技术和生产工具，一种是适应旱地沙质黏土耕作的耒，一种是适应水田泥质土壤的耜。在中原地区仰韶文化的庙底沟，我们能够看到一种新型生产工具——耒，“它直到殷周时期仍在使用，这是一种双齿

① 苏秉琦：《迎接我国考古学的新世纪》，见《华人·龙的传人·我国人——考古寻根记》，辽宁大学出版社1994年版，第236~251页；严文明：《黄河流域文明的发祥与发展》，载《华夏考古》1997年第1期。

木叉形的工具，齿长约20、齿间约4厘米”。① 江汉地区生产工具中最引人注目的是骨耜，在大溪文化和屈家岭文化中都曾出现耜，这可能是由大型哺乳动物(可能是水牛)的肩胛骨加工制成。根据某些学者的研究，“大量骨耜的出土，就是实行精耕细作和开发水利的重要物证，也是当时生产力相当发展的标志”，它是与水稻的种植分不开的。“为了开发沼泽地，防止水患，必须排除积水，这就需要一批有效的掘土工具，要将沼泽地变成水田就要进行翻地。”②

②二者聚落形态的差异。中原地区在裴李岗文化时期基本上是地穴式或半地穴式的住房，贾湖类型出现了地穴式或半地穴式的住房与干栏式建筑并存的情况③，说明在中原文化与江汉文化交界处，二者文化互容早而程度深。江汉地区多是木构干栏式建筑，住房建在木桩上，地面为家畜栏；澧县彭头山八十垱遗址，是壕沟和土围墙的居址。中原地区在裴李岗文化、仰韶文化时期还出现了向心式布局，如郑州西山城址广场周围的房址类似陕西临潼仰韶文化遗址出土的向心布局④，大河村则出现排房结构⑤。江汉地区聚落房址发现不多，规格也不是很大，缺乏严整布局和严密规范，带有更多的随意性，不具有那种以某建筑物为中心而其他建筑物都围绕这一中心而修建的格局，更多的是依各自的需要与地理环境选择地址。显然，各个氏族或部落之间不存在严格的统属与被统属关系，相互之间缺乏一种可能的依附性。但屈家岭文化和石家河

---

① 中国社会科学院考古研究所：《新我国的考古发现与研究》，文物出版社1985年版，第70页。

② 宋兆麟：《河姆渡遗址出土骨耜的研究》，载《考古》1979年第2期。

③ 河南省文物研究所：《舞阳贾湖遗址的发掘》，载《华夏考古》1988年第2期；河南省文物研究所：《河南舞阳贾湖新石器时代遗址第二至第六次发掘简报》，载《文物》1989年第1期。

④ 国家文物局考古领队培训班：《郑州西山仰韶时代城址的发掘》，载《文物》1999年第7期。

⑤ 郑州市博物馆：《郑州大河村遗址发掘报告》，载《考古学报》1979年第3期。

文化则出现了庭院式聚落房址。在中原地区西南的屈家岭文化遗址，如黄楝树遗址，发掘出庭院式布局的25座屈家岭文化房址①，显然凸显了两地区聚落文化的相互影响。可以强调的是，仰韶文化时期中原地区房址通常聚集在一起，按某种规定排列住房，并以中央为轴心，说明这儿的先民们是一个有着一定秩序和规定制约的社会群体，他们都必须遵循某个权威或服从某个原则。在某种观念的支配下，他们的房屋统一规划，门向通通朝向中心广场，或围绕中心建筑，体现了中央巨大的吸引力和巨大的威慑力，表现出局部服从整体，个体服从大众，全部服从中心、保护中心的思想，同一聚落的各氏族又具有相互支援、相互协作、共同保护的群体意识。

③二者财富观念的差异。中原地区重贵轻富，而江汉地区富贵并重。中原地区，如西坡大墓，阔大墓室内随葬精美玉钺以及成对大口缸、簋形器等陶器，彰显出墓主人具有崇高的地位，但随葬品最多一墓不过10余件，且多为粗陋明器，一般中小型墓葬随葬品很少，甚至没有。显示出生死有度、重贵轻富、井然有礼、朴实执中的特点②。而江汉雕龙碑、屈家岭、肖家屋脊等富墓，墓室不是很大，却摆满陶器、猪牲，一般的墓葬，陶器等随葬品也很丰富。江汉地区史前中晚期，文化凸显出奢靡浪费、富贵并重的特点。

④中原和江汉地区墓葬与祭祀的差异。两地对死去的亲人，江汉地区无论小孩与成人，统统埋在同一块墓地，往往不实行二次葬。相反，中原地区对小孩是分开埋葬的，特别重视二次葬。两地虽都流行祖先崇拜，但江汉地区更加淫祀鬼神：两个地区的墓葬基本都是竖穴土坑墓，为祖先安排永久的地下居所，同一墓地往往有大致相同的头向和葬俗，聚族而葬，体现对祖先的敬重和对社会秩序的重视。但江汉石家河遗址

① 长江流域规划办公室考古队河南分队：《河南淅川黄楝树遗址发掘报告》，载《华夏考古》1990年第3期。

② 韩建业：《西坡墓葬与“中原模式”》，见《仰韶和她的时代——纪念仰韶文化发现90周年国际学术研讨会论文集》，文物出版社2014年版，第153~164页。

群的邓家湾、肖家屋脊、印信台等处，在屈家岭—石家河文化阶段却非常流行“祭祀”遗存，如数以万计的红陶杯、红陶动物和陶人，套尊、倒立尊、扣碗、“祭坛”等，屈家岭遗址也有类似现象。

⑤中原地区比江汉地区武备发达。中原地区城垣基本都是版筑，比江汉地区多半堆筑而成的城垣更为规整陡直，防御功能更佳。中原和江汉都有专门的象征权力的兵器玉石钺，但作为远程武器的箭镞、石镞却是中原远为先进，王湾三期文化“用作武器的石镞不仅数量多、磨制精，而且形式多样：有三棱、四棱、六棱、圆锥、柳叶形等多种。反之，石家河文化……镞数量少、磨制不精且形式单调，主要为继承屈家岭文化而来的一种落后的宽扁柳叶形镞”①。

四、新石器时期中原文化主体地位形成的原因

中原地区最终成了我国古代文明的发祥地，代表我国古代文明的夏文化——二里头文化正是在中原地区产生，继承这一文化的商文化与周文化成为我国古代社会的主要文化。中原地区的粟、黍文化战胜了江汉地区的水稻文化。我国古代文明主要起源于黄河流域，尽管长江流域也是我国古代文明的重要发祥地，但其影响力与黄河流域比，在历史长河中还是有差距。这一现象也许值得考古学者、历史学者深思。

英国著名历史学家汤恩比说：“如果人们再研究一下黄河下游的古代文明的起源，我们发现人类在这里所要应付的自然环境的挑战要比两河流域和尼罗河的挑战严重得多。人们把它变成古代中国文明摇篮地方的这一片原野，除了有沼泽、丛林和洪水的灾难之外，还有更大得多的气候上的灾难，它不断地在夏季的酷热和冬季的严寒之间变换，就是在黄河岸上居住的古代中国文明的祖先们，没有像那些居住在南方的人们那样有一种安逸而易于为生的环境。事实上也的确如此，南方的居民，

① 杨新改、韩建业：《禹征三苗探索》，载《中原文物》1995年第2期。

例如在长江流域的居民，他们没有创造文明，他们为生活而斗争的艰苦性也的确比不上黄河流域的人。”他又说：“当人类最初接触到黄河下游的澎湃浊流时，这条河在一年四季都是无法通航的；在每年冬天它或是结了坚冰，或是塞满了浮冰，而每年春冰溶解了的时候又发生破坏性极大的洪水，使得黄河不断地改道，造成了新道，而旧河道则变成丛林密布的沼泽地带。甚至在今天，在人类已经经营了三四千年，弄干了沼泽，修筑了大堤以后，洪水的祸害还是未能完全免除，一直到 1852 年（应是 1855 年即咸丰五年河南铜瓦厢大决口），黄河下游还改过一次入海的河道。从山东半岛的南方移向它的北方，两条河道的距离在一百英里以上，而在另一方面，长江却一直是通航的，它的水患，虽然也偶尔成灾，可是比黄河却少得多了。除此之外，长江流域的冬天也温和得多。然而中国文明却诞生在黄河岸上而不是诞生在长江流域。”①按照汤恩比先生的观点，因为黄河流域的先民们所遭遇到的艰苦比长江流域的先民们严重得多，挑战严重得多，越是舒适安逸，就越难创造文明。汤恩比所看到的仅仅是表面现象，因为环境并不是决定因素。引起这个结果的终极原因是：北方文化的人口压力是他们进行扩张性发展的动机，权威崇拜与氏族部落的团体精神是他们内在的驱动力，这两点使他们所向无敌。进入新石器时代以后，北方人口的压力与日俱增，从仰韶文化中晚期开始，中原地区聚落数量大量增加，一直延续到龙山文化晚期，且似乎出现了人口从豫西、晋南向豫中、豫东迁徙的过程。聚落增加，显然也从侧面反映出人口数量一直在增长，这就出现了野生动物肉食的减少和创造食物的紧迫感。北方先民们不得不依靠增加劳动力来发展生产，劳动力的增加反过来又增加人口压力、食物压力，从而陷入两难境地，但是他们不得不沿着这条路走下去。发展生产势必增加耕地面积，必然将人口从居地迁出，增加播种面积，来缓和食物不足的矛盾。这就

① ［英］汤恩比：《历史研究》，曹未风等译，上海人民出版社 1988 年版，第 110 页。

会与相邻部落发生尖锐矛盾，为了夺取土地，就要求迁出部落具有相当强烈的团体意识与对外一致的扩张精神，必须加强内部同一血统的家族、宗族或有姻亲关系的部落共同对敌和团结向上的凝聚力。它需要权威崇拜和祖先崇拜来统一指挥，以提高统一行动的效率，也需要宗教作为团体的向心力和纽带，用宗教作为号召，并用宗教树立集体中的个人权威。因此，宗教和宗法思想，即对鬼神的信仰和对长辈权威的崇拜成为他们生存的需要。从这点出发，我们能够了解到，二次葬、人牲奠基与占卜之风的盛行，墓葬中的大墓或特大圹墓的出现，城堡的诞生等，正好适应了这一变化的需要。北方文化最终之所以战胜南方文化，最重要的一点恐怕就在人口增加，促使人类适应了压迫、竞争性的生存方式。对于南方来说，比较充足的食物来源抑制了他们的扩张野心，而沼泽、丘陵的地理面貌又局限了他们的视野，纵横交错的河流、湖泊增加了交通困难，助长了南方文化的保守性，他们缺乏那种向外寻求发展的动机与内在动力。房屋建筑的随意性，表明对死去的长辈缺乏足够崇拜的热情。氏族内部那种强制性的人牲奠基与杀殉较少，组织相对松散和人们相对自由导致了力量的分散，丧失了进一步扩张发展的内驱力。由于食物的获得是那样容易，需要协作的活动较少，甚至追逐一般猎物也缺乏严密的组织。尽管他们创造了大溪文化、屈家岭文化等，而且是那样高度发达的文化，但南方最终没有成为中华文明的诞生地。

（作者为河南省社会科学院副研究员）

从湖南发现的秦(楚)汉(吴)简牍管窥古代长江流域的关联

——关于推动长江经济带发展问题的联想之一

许　康

推动长江经济带发展是党中央作出的重大决策，是关系国家发展全局的重大战略，对实现“两个一百年”奋斗目标、实现中华民族伟大复兴的中国梦具有重要意义。习近平总书记两年两次主持长江经济带发展座谈会的主旨发言，高瞻远瞩、高屋建瓴，勾画了顶层设计蓝图和指明了方向道路，对近年的主要任务作出了明确的指示和部署，对 11 个省市领导和广大干部群众发出了久久为功的战斗号令。其中，第一条就是对长江经济带发展战略的思想认识问题，务必更全面、更深入一步，如辩证看待经济发展和生态环境保护的关系，如一些同志在抓生态环境保护上主动性不足、创造性不够，思想上的结还没有真正解开等。

一、基本认识

犹忆 20 年前，中部六省眼见东南沿海改革开放迅速发展，接着，中央又发布西部大开发的战略部署，不免有“中部塌陷，不是东西”的危机感，于是强烈要求中央给予政策倾斜。以湖南长株潭城市群为例，2007 年该城市群得到了一个“两型社会综合配套改革试验区”政策，这项资源节约型、环境友好型的政策虽然很时髦，似乎远水没解近渴，又难免失落感。空降来湘的省级领导发觉，湖南尚未完全实现工业化，同时又要搞信息化，任务繁重、时间紧迫，现实问题是缺乏财力、技术和人才。直到2007年10月，党的十七大对科学发展观作了深刻阐述，工作上作了明确部署，广大干群通过不断实践，认识愈清楚，实践中也越来越尝到发展的甜头。

推动长江经济带发展的第二次座谈会，乃是在党的十九大之后半年召开的，其鲜明的特征是中国特色社会主义进入新时代，我国社会主要矛盾已经转化为人民日益增长的美好生活需要和不平衡、不充分的发展之间的矛盾。发展的区域不平衡、内容不平衡、群体不平衡现象客观存在，发展的相对低水平、不稳定、不持续状态客观存在。比如，不少地方刚刚跨过“贫困线”或“温饱线”，小康的基础尚不巩固，即使是发达地区，包括一些大城市，依然有发展不充分的现象。发展不充分导致了发展不平衡，发展不平衡进一步加剧了发展不充分。所以，主要矛盾(需要和供给)的主要方面是供给(不平衡、不充分)。长江经济带作为串联我国东、中、西三大部分的脊梁，就要打通任督二脉，发挥梯度传递的作用。

党的十九大提出的历史使命与战略远景是决胜全面建成小康社会、实现全面现代化、迈向中华民族伟大复兴中国梦。十九大报告强调，中国特色社会主义道路“是在对中华民族5000多年悠久文明的传承中走出来的”，而且“我国今天的国家治理体系，是在我国历史传承、文化传统、经济社会发展的基础上长期发展、渐进改进、内生性演化的结果”，以及“深入挖掘和阐发中华优秀传统文化讲仁爱、重民本、守诚信、崇正义、尚和合、求大同的时代价值”等。中华优秀传统文化的丰富哲学思想、人文精神、教化思想、道德理念等经过创造性转化和创新性发展，已经内化在习近平新时代中国特色社会主义思想的“四梁八柱”中，并焕发出持久的精神魅力与文化光辉。

毫无疑义，这番挖掘和阐发正是对中部六省炎黄文化研究下达的任务书，也是本届会议研讨主题“炎黄文化与长江经济带发展”的由来。

二、湖湘近年发现的古代简牍是一座宝库

发掘和阐扬中华悠久的历史传承、文化传统，长江经济带上的今人当仁不让。湘、资、沅、澧四大支流的考古发掘和出土文物提供了源源不绝的珍宝。例如，迄今全国共出土简牍 30 余万枚，其中，湖南出土了近 20 万枚，数量居全国之首。其中，以湘水流域的长沙市五一广场出土的简牍最为集中。湖南出土的简牍种类齐全、年代序列完整，从战国、秦汉到三国、西晋，在时代上没有缺环。

湖南出土的简牍多为“官文书”，即地方官府文书档案。与各地古墓出土的记录墓葬物品清单的简牍不同，官文书记录了政治、经济、军事、文化等方方面面，内容更加全面。相较于史书，它们是更加客观的第一手材料。

依年代为序，首先是沅水流域(支流酉水)里耶秦代简牍。里耶古城遗址位于湘西土家族苗族自治州龙山县的里耶镇酉水西岸，是中国至今发现唯一的一处秦朝古城遗址。它始建于战国楚人之手，名为迁陵。秦统一后扩建沿用，西汉再次筑城，废弃于东汉。秦简出土于古城遗址 1 号古井和北护城壕 11 号坑。如今的龙山县位于湘西北边陲，地处武陵山脉腹地，连荆楚而挽巴蜀，历史上称之为“湘鄂川之孔道”，与湖北来凤、四川(今重庆)秀山等毗邻。古迁陵县城是当年楚国的西大门。战国末年，秦王政灭楚(前 225—前 222)，李信、王翦先后率领秦国大军与项燕率领的楚军开战，主战场在今河南安徽淮河流域，秦国大军直取都城郢(寿春)，而攻克楚国长江以南地域，可由上游渡江到右(南)岸的涪陵入乌江口，溯乌江而上，翻过里耶西北的八面山，沿山路栈道来到迁陵。秦军再顺酉水而下，进入沅水，直接逼近当时楚南的腹地洞庭湖区域。另外，从南郡(郢，湖北江陵西北纪南城)渡长江更是南下的近路。

据里耶秦简记载，灭楚之后，始皇廿五年(前 222 年)就于今怀化

地区(过往认为是黔中郡)实设“洞庭郡”，有“迁陵以郵发洞庭(郡)”木牍为证。郵，会意字，从邑、垂。垂，边；邑，城邑。“郵”本义为古代传递文书的驿站，引申为由国家专设的机构传递信件、款项、物件等。秦并六国末期，洞庭郡取代南郡，成为新的南边郡。秦始皇创立郡县制，这“县”字恰为首字倒悬，意思是距首都悬远。从“郵”字和“县”字的造字，可见当年中央集权的朝廷非常在意对边陲郡县的掌控。

其掌控的主要方法是上计制度，原是周代产生的一种会计报告的呈送和审理方式，也是中央考核地方官吏政绩的方法。秦始皇继承该制度并发展，有专职的柱下吏代替皇帝审查地方守、相，向朝廷申报一岁治状(户口、垦田、钱谷、刑狱状况等，编制为计簿)，朝廷根据计簿对守、相进行考核，有功者受赏，有过者受罚。乘计吏送计书到京城之便，地方上把向朝廷申报的其他簿籍或贡奉物品也一并带去，郡国向中央推举的孝廉之类人才，也可相随而行，秦汉时称这种办法为“计偕”。从里耶秦简可以看到，秦朝为此设置了一套十分完善的考核官吏制度，有些简文则记录着官员的工作考勤、考绩记录，详细记录官员的工作内容，作为考核依据。

相应地，里耶秦简内容涵括户口、土地开垦、物产、田租赋税、劳役徭役、仓储钱粮、兵甲物资、道路里程、邮驿津渡管理、奴隶买卖、刑徒管理、祭祀先农以及教育、医药等相关政令和文书。这些公文形式详备，公文中数量众多的朔日干支字样，都反映了处理政务的严谨、及时，公文传递为全天候的状态。《刻漏今时对照表》记录，迁陵官署集中办公的时间为“水下二刻”至“水下九刻”，即早上 7 时到下午 6 时。可想见，秦朝帝国的集权制度与各项统一政策贯彻到新占领区洞庭郡迁陵县，行政治理高效运转，官吏们要受到法律、政令的严格约束。

与里耶秦简所记年代相近的是岳麓书院藏秦简。2007 年 12 月，湖南大学岳麓书院从香港文物市场抢救性地购藏秦简，共计 2176 个编号，包括《质日》，共 160 余个编号；《为吏治官及黔首》，共 80 余枚简；《占梦书》，共约 48 枚简；《数》，共 236 枚简；《为狱等状四种》，共

252 枚简；其余是《秦律、令》，共千余枚简。

若说里耶秦简是县衙工作实录，岳麓秦简则是官吏工作指南，偏重个人知识和素质的修养。秦始皇焚书坑儒，以吏为师，所以只剩这类宦学教材。《为吏治官及黔首》是为官的处事原则、评价准则、日常工作规章、官员的品德修养等，规定了为吏的“五失”“五善”。《数》简收集整理涉及社会、经济、政治、法律、军事各类算题，作为官吏实用计算的参考书，是世界最早的数学手册之一。《为狱等状四种》是秦代司法文书的集成，是由不同地方的守丞对有关刑事案例奏谳、审议和裁决的记录。《秦律、令》有 19 种律和 20 余种令的文本摘录，如金布律、田律、仓律、置吏律及内史郡两千石官共令等，说明秦代律、令并行的历史事实。这些与湖北睡虎地秦简、张家山汉简都有关联。《占梦书》记载梦象和占语，运用阴阳五行说进行占梦的理论阐释，透露出为官临深履薄的心理状态。里耶秦简刻漏精确到时，岳麓秦简记录到日，都表明对官吏时间管理的规范。《质日》简分为秦始皇“二十七年质日”“三十四年质日”和“三十五年私质日”，内容与形制类似历谱，详列全年日干支，并在每日干支下记事。

再看湘江流域的简牍。1996 年长沙市文物工作队(市文物考古研究所)对长沙市五一广场近旁走马楼街西南侧的建设工地的 50 余口古井窖群进行发掘清理，在编号为 J22 的古井中发现三国时期的吴国简牍，总量约有 14 万枚(包括无字简及无法识别简)，是我国 20 世纪一百项最重大的考古发现之一。

三国时代是乱世，文献史料传世极少，西晋陈寿所撰《三国志》六十五卷，其中《魏书》三十卷，《蜀书》十五卷，《吴书》二十卷。20 世纪以来出土了大量两汉简牍，少量魏晋简，独缺吴简。而长沙吴简一下子添加 200 万字内容，大大超过《三国志》的总字数。这批简牍为吴国孙权嘉禾元年至六年(232—237)长沙郡的部分档案，内容包括券书、司法文书、长沙郡所属人名民簿、名刺和官刺、账簿等。例如，从佃田租税券书可知农民的垦田、租税情况、交税时间及某些特殊的纳税钱。又如，对户籍人口的管理和控制很严密，农民所承受的赋税之重和货币贬值之酷十分惊人。再如，法制文书涉及现代法律分类中刑法、民法、经济管理法、行政管理法和诉讼法等门类，为中国法律史的研究增添了新材料。

当时长沙郡上有州，简牍大量涉及当时长沙郡所属的侯国、县、乡、里、丘等地名，反映了行政体制。其管理体系除了行政长官外，郡属诸曹有公曹、田户曹、船曹等，县以下的乡也设有属吏。每一件赋税文书上都有仓吏、库吏和田户曹吏的签押署名，说明已有严密的赋税制度。简牍明载佃农所属的乡、里(丘)，另有户籍简册，每人一简，按户编联，户主皆冠有里名，户籍管理十分到位。

三千年古城长沙城中心区没变动，即今五一广场和周边地域。这里还出土了西汉武帝早期竹简，多为通行文书，包括下行、平行、上行文种，涉及汉代当时诉讼制度、法制改革、上计制度、交通邮驿制度及汉长沙国的历史、法律、职官、郡县、疆域等诸多方面，系统地反映了汉长沙王府行政结构及官员吏属的配置情况。

最后，看看长江与珠江水系的分流地带郴州市，21 世纪初，该市苏仙桥出土了一批西晋简牍，为全国之最，主要内容是西晋桂阳郡(原长沙郡南部，楚粤之孔道)的文书档案，对郴州各项地方事物的记载比最早的传世文献《万历郴州志》的诞生时间早了约 1000 年。它所记录的信息详细到年月日、郡县令的姓名、郡内山川河流的走向、有多少人及从事什么职业。如今，该市是全球有名的有色金属之乡，国家新型城镇化综合试点和国家可持续发展议程创新示范区……

三、洞庭湖水危机辨析

长江是中华民族的母亲河，洞庭湖区域历来是我国的鱼米之乡。古云梦泽北部渐干而南部涵蓄，春秋时期即得今名。它兼容并包、纳新吐故，调节主流及各支流来水，蓄洪、航运、灌溉、渔业、养殖兼美。笔者于1946年曾住洞庭湖滨，感受"波撼岳阳城"的诗情画意，次年，从长沙到武汉坐的是湘江百吨级的蒸汽机小轮，1948年从武汉到宜昌搭乘民生公司千吨级的"民族"号轮船，返回岳阳城陵矶则是趁便借住在拖带几艘大木船的拖轮上。拖轮中途在郝穴镇停泊装卸，我竟不知附近荆州市就是楚文王南迁经历400年20代的都城郢，和"千里江陵一日还"的所在。以后，20世纪80年代我往返武汉、南京、上海等地，有意搭乘"东方红"系列江轮，三等舱价廉物美，有卧铺，还可洗澡，比火车舒服多了。20世纪90年代初"三峡告别游"，乘游轮上、下武汉、重庆，那时已有葛洲坝，中途还去了小三峡，也很惬意。这是我对长江黄金水道主航线的切身体会。

长江黄金水道的重要支流，湖南首推湘、沅两江。早在1945年9月抗日战争胜利，我家从湘西吉首回长沙，就是乘峒河(武水)的小木船顺流而下到沅水，中途的沅陵纳酉水(所以我与里耶也早就有缘)再经桃源到常德。而常德到长沙有小火轮(船)航班，从沅水口经(西、南)洞庭湖，再上溯湘江。整个航程水路曲折，还有风波激流礁石之险。至于长沙以上的湘江河段，虽无险滩，但到湘潭、株洲航线绕一大弯，时间迟滞，以致客运完全被汽车、火车取代。湘、资、沅、澧四水航道现今大体如此。重载的货运船舶，只有丰水期适航于下游，因为多年泥沙淤积，吃水很浅。所谓八百里洞庭，早已分割为东(最大)、南、西三部，相互距离颇远，湖面缩小一半以上。过去围湖造田，后来发展乡镇工业，栽种造纸原料黑杨，侵占沙洲湿地，导致沙土板结硬化，谈何涵养水分，保持水土!

长江流域生态环境体系庞大复杂，内部结构有机联系，局部和整体相互作用，外部因素也不可忽视，需要不断深入观察研究，寻找解决问题的方法和途径。洞庭湖水危机，主要矛盾在面源污染，即当地居民造成的农业污染和生活污染，如大量施用农药化肥，生猪、水产养殖等；其次是点源污染，即造纸厂、化工厂等企业废水排放，从而导致水质下降，水中铁、锰、氨、氮及各类抗生素严重超标，饮水不安全影响人口达千万逾人。还有近年洞庭湖水系水位下降、断流时间延长；省内四水流域水土保持不力，多种因素酿成湖区水量锐减，湿地萎缩，生物多样性锐减，同时，对湖区周围民众的生命安全造成了巨大威胁。

“湖广熟，天下足”，湖区在历史上是湖广的中心地域。在地广人稀的往昔，湖区的湿地开发(垸子)模式是人进水退，吸引了大量移民前来垦殖，后来，则日益难以养活已超临界点的人口。改革开放包产到户、多种经营，发展乡镇企业，生态环境却又告急，难以满足居民日益增长的美好生活需要。这怎么办？关键还是靠科学技术，靠资金投入。要用系统工程方法计算湖区的环境总容量，划出湖区的环境红线，制定好包括畜禽退养、人放天养、造纸有序转产、清退黑杨等规划；解决好河湖采砂如何科学确定总量、划分区块、有序生产的问题。要借助信息技术大数据，调查统计污染情况，可放飞无人机及时全面监测。尽快出台鼓励湖区产业转换和替代的政策措施，鼓励企业加大环保投入，引进先进环保技术。湖区百多万亩成片的芦柳基地，接近全国产量的一半，除了造纸，暂未研发出别的大用，故应保留一定的造纸产能，但要使纸业废水达标排放。洞庭湖是洪道性湖泊，换水周期短，但也不能以邻为壑，波及下游。当前政府扶贫攻坚投入大，对湖区则投入不足，基础设施已经相对落后。同时，也应创新管理体制，如设立河(湖)长制。公共管理的执行力在于干部尽责和法律保障，前述秦汉简牍内容可供借鉴。

四、长株潭城市群发展问题

以上，我们从沅水到湘水再回到洞庭湖区的古代文献管窥及现状的考察，都与长江母亲河息息相关，具有样本的意义。事实上，古代伟大的诗人屈原的代表作《楚辞·离骚》就有“济沅湘以南征兮，就重华而陈词”，表明他在秦灭楚前夕被贬放逐，南渡长江，溯沅水(或先经澧水)而上，徘徊于湘西、湘中，又渡资水来到湘江流域，最后投身汨罗江

(湘江支流)，与湖南秦简的年代十分相近，并且以“沅湘”一词代表这片热土。至于郴州晋代简牍，有秦少游的名诗“郴江幸自绕郴山，为谁流下潇湘去?”一路从郴江、潇水到湘江的航行，可以抵达湖区。上半阕有“雾失楼台，月迷津渡，桃源望断无寻处”，则将目的地世外桃源点出，正是沅水之滨的桃源县，恰是楚国洞庭郡的郡治(青林乡黄楚村采菱城遗址)所在。我们不免感叹，真巧，世界真小，先贤真具洞察力(并非无寻，而是月夜雾迷津渡)！三湘四水，一概汇往湖区。而长沙走马楼、里耶古迁陵都在江边(不远)，古代行政官署选址讲究风水(含交通、生活)，为我们留下宝藏。鉴于环洞庭湖经济圈的岳阳、常德、益阳的带动力均显不足，这启示我们再看长沙郡。既然以中心城市为引领的都市圈是支撑中国经济高质量发展的主要平台，是当前以及未来发展的重点，那么对湖南来说，非长株潭城市群莫属。

长株潭城市群得天独厚，是中国城区平均距离最近(30 公里，“半小时交通圈”)的大都市圈，长沙、株洲、湘潭三市，面积(1.2 万+1.1 万+0.5 万)2.8 万平方公里，2018 年常住人口(815 万+402 万+287 万)1504 万人，GDP(1.1 万亿+0.26 万亿+0.22 万亿)1.6 万亿元。三市历史渊源久远，历代长期均属长沙郡或长沙府管辖。长沙，古称“潭州”，湖南省省会，首批国家历史文化名城(共 24 城)，历经三千年城名、城址不变，有“屈(原)贾(谊)之乡”“潇湘洙泗”之称。湘人敢为人先，20 世纪 50 年代就提出将长、株、潭三市合并为“毛泽东城”的设想，几十年来，合并呼声从未断绝。1997 年，长株潭一体化发展战略正式实施；2007 年，长株潭城市群与武汉城市圈一起获批“两型”社会综合配套改革试验区；2009 年，长株潭三市统一长途区号；2018 年，三市签署《长株潭城市群一体化发展合作机制》，三市拥有市委书记层面、市长层面的一体化发展联席会议制度。

回顾近代发展历程，这里是人才高地。千年学府岳麓书院功不可没，还要辅以雍正年间开始的“南北分闱”，即湖广的科举乡试在武昌之外增设长沙考场。太平天国运动期间，书院生员出身的湘军将领走向全国，洋务运动时期湖南虽未获得实业发展(从此近代工商业远不如粤、鄂、两江)，但士人也开阔了视野。西学东渐，新旧思想在湖南激烈碰撞形成的锋面效应，终于在戊戌维新和辛亥革命中结出硕果。五四新文化运动和新民主主义革命以及社会主义革命和建设包括改革开放，第一代领导核心(毛泽东、刘少奇等)及以后的重要领导(胡耀邦、朱镕基等)都是长株潭籍，他们放眼世界，关注全国，对家乡社会经济发展并无特殊照顾。如今，长沙荣获有东亚文化之都、世界"媒体艺术之都"、国际美食之都、全国文明城市、中国最具幸福感城市、国家园林城市等名片，获有中国人居环境范例奖等，这与长沙发达的教育文化事业(产业)仍然是分不开的。三所"985"高校(中南大学、湖南大学、国防科技大学)加一所"211"大学(湖南师范大学)，发达的基础教育更走在全国最前列，长沙每年被清华、北大录取的人数位居全国各大城市前三。长沙四大名校(长郡中学、雅礼中学、湖南师大附中、长沙市第一中学)在全国奥林匹克竞赛中赫赫有名！"报业湘军""广电湘军""出版湘军""动漫湘军""演艺湘军"散发着无穷的魅力。株洲"三陵"有人文初祖炎帝的陵寝(炎陵)、革命摇篮(茶陵)、革命老区(醴陵)，湘潭(韶山区)是开国领袖的故乡。长(浏阳)株潭文化底蕴和红色旅游资源极其深厚。

长沙过去工业基础差，中华人民共和国成立前仅有裕湘纱厂及黑铅炼厂等，20 世纪 50 年代布局了汽车电器、矿山通用机械和机床等几家中型工厂。株、潭则在抗日战争前由资源委员会和交通部筹建电机、机车(修理)等厂(抗战时迁走或停顿)，为工业发展打下一点基础。中国"一五"期间，株洲作为铁路枢纽站，被选为八个新兴工业城市之一，有很多苏联、东欧援建或自建的大中型工厂。湘潭有电机、兵器、钢铁、矿业、棉纺等厂矿。长沙缺乏重化工业，现在反而成了优势，因为不存在严重的环境恶化及资源枯竭问题，通过两型社会建设试验，长沙顺利成为科教文化和服务业中心。三市重点打造电子信息、轨道交通、工程机械、新材料、汽车制造、航空航天装备六大产业集群，产业链相互衔接配套的体系正在形成，还有长株潭国家军民融合创新示范区、长沙黄花机场国家临空经济示范区、全国性综合交通枢纽等，可联手衡阳创建长株潭衡“中国制造 2025”试点示范城市群，足与武汉城市圈并驾齐驱。

第一部分提到中国地区经济发展依地理梯度从东到西传递，即过去发展的不平衡，主要是由地理因素决定的。改革开放以来，在要素流动、基础设施、产业转移和战略驱动等因素的作用下，东、中、西之间的差距在逐步缩小。这种现象是在建立市场经济体制，尤其是在创新驱动的背景下产生的。长株潭的高等学校数量、质量和师生总量居全国中上水平，而且长株潭在全国都市圈中是房价“洼地”。因为在经济结构上，长沙几乎是以民营资本为主导的新型产业，其产业特别是工业大部分集中在郊县，全国百强县长沙占了 4 个，且长沙县、浏阳市和宁乡县名列前 30 名，高居中西部榜首。在地方财政收入结构上，长沙主要靠工商税收，土地出让收入每年仅 100 多亿元，总量很小(武汉、郑州、合肥是长沙的几倍)，所以，长沙的房价、地价比中部其他省会低得多，招商引资和民营企业得益于低地价、低赋税而快速发展，上市企业数量列中西部第一，有丰富的就业岗位吸引人才(但还缺乏大企业延揽精英)。长沙人均 GDP 突破 2 万美元，居民收入为中部地区第一，幸福指数更高。长沙在全球城市排行榜当中名列第 113 位，居中国城市第 15 位。“放水养鱼”财政比“竭泽而渔”(房奴)财政谁可持续？不言而喻。

如今，长株潭城市群属于崛起型(位居第二等级)，尽管经济基础和发展势头较好，但周边城市尚未缩小与中心城市发展差距，龙头长沙市在全国的行政地位和发展程度还不够高，自顾不暇，对三市融城也缺乏紧迫感。好在湖南省委省政府重又高度重视，去年部署加快形成三城市间交通一体化网络，启动“三干两轨四连线”工程，对主干道快速化改造及建设“长沙西—湘潭北—株洲西”和“长沙南—株洲西”轨道快线、打通连接三市的路网骨架，使三市融为一体，着力打破阻碍同城化发展的行政壁垒，增强中心城市对周边城市的发展带动作用。至于产业结构更新换代的外溢效应惠及湖区及省内其他都市圈，还要假以时日。

五、结　　语

湖南保有的众多简牍，充分展现了长江中游环洞庭湖地区秦(楚)、汉(吴)、西晋几个朝代的社会经济面貌和文化积淀状态，特别是大批官府文书反映“百代皆行秦政法”，新兴帝国朝廷对新制度(郡县制)的积极推行，加强对新臣服(或边陲)地区的有效掌控，制定较完备的法律和行政体系，严肃办公纪律，严格年终上计考核，确保邮传的畅通等；官吏们夙兴夜寐调查下情，普遍细致地记录计算，严刑峻法审理案件，学习提高自身素质和治理能力等，着力维护管区的稳定。

这些举措使得环洞庭湖地区与全国协调统一，也证明了今日长江经济带自古就有着紧密的联系，拥有深厚的发展基础。

(作者为湖南大学教授、博士生导师)

考古学反映的先秦时期长江文化成就

黄尚明

考古学为我们认识长江文化提供了许多新的知识，就先秦时期而言，长江文化诸多方面在中国乃至世界居于领先地位，我们从以下几个方面加以探讨。

一、长江流域是人类起源地之一

目前，一般认为人猿的共祖可能是一种渐新世的埃及古猿，一支通过森林古猿进化成为现代的黑猩猩、大猩猩，一支则通过腊马古猿、纤细型南方古猿进化为猿人、现代人。

云南发现了禄丰古猿和元谋古猿化石，为寻找更早的猿人化石奠定了基础。禄丰古猿化石发现于云南省禄丰县石灰坝，于1975年发现，已进行8次发掘，获得古猿化石745件，包括头骨5件、下颌骨10件、头骨碎块6件、上下颌骨残段41件、上下颌齿列29件、单个牙齿650枚、肩胛骨1件、锁骨1件、指骨2件。禄丰古猿的时代为距今800万年①。吴汝康先生认为，禄丰古猿可能是非洲大猿和人科成员的共同祖先②。

---

① 徐庆华、陆庆五：《云南禄丰发现的腊玛古猿和西瓦古猿的下颌骨》，载《古脊椎动物与古人类》1979年第17卷第1期；吴汝康、韩德芬、徐庆华：《云南禄丰古猿化石地点再次发现腊玛古猿头骨——1981年发掘报告》，载《人类学学报》1982年第2期。

② 吴汝康：《禄丰大猿化石分类的修订》，载《人类学学报》1987年第6卷第4期。

元谋古猿化石发现于云南省元谋县物茂乡，于 1986 年发现，至 1990 年 3 月，已发现 14 处古猿化石地点，共进行了 4 次发掘，获得了丰富的化石材料，包括头骨 1 件(附连 8 枚牙齿)、上颌骨 8 件、下颌骨 9 件、单个牙齿 1027 枚。元谋古猿的时代与禄丰古猿的时代相当或稍晚，应为最晚中新世，估计距今约 400 万年①。

在此基础上，1985—1988 年、1997—1998 年中国科学院古脊椎动物与古人类研究所对“巫山人”遗址进行了两次发掘，“巫山人”遗址位于重庆市巫山县庙宇镇龙坪村的龙骨坡，第一次发掘发现了人类化石 2 件，脊椎动物化石 120 种，石器 2 件；第二次发掘发现了丰富的动物化石和一批石制品。人类化石材料包括一个右上外侧门齿和一件左侧残破的下颌骨，分属两个个体，颌骨略微突出，门齿为铲形，具有黄种人的特征。两次发掘共获石制品 9 件。石制品原料包括变质灰岩、硅质灰岩、火成岩、石英岩、铁质结核，素材以砾石和石块为主；用锤击或砸击石核产生石片，器身保留大部分石皮；直接使用石片较多，加工方法以单面加工为主，有比较简单的两面加工；石器种类包括手镐、石锤、薄刃斧、石片、砍砸器。根据测量结果，“巫山人”的年代为更新世早期，距今约 200 万年。巫山直立人被命名为 Homo erectus wushaensis，即直立人巫山亚种②。

但有的学者对此提出质疑，认为“巫山人”门齿属于晚期智人的牙齿，因坠落或流水带入早期洞穴堆积物的裂隙中③。有的学者认为下颌骨化石不属于人类，而属于古猿类④。

“巫山人”是目前中国境内发现的最早直立人化石，说明长江流域

---

① 和志强：《元谋古猿》，云南科技出版社 1997 年版。

② 黄万波、方其仁：《巫山猿人遗址》，海洋出版社 1991 年版。

③ 王谦：《巫山龙骨坡人类门齿的归属问题》，载《人类学学报》1996 年第 15 卷第 4 期。

④ 吴新智：《巫山龙骨坡似人下颌骨属于猿类》，载《人类学学报》2000 年第 19 卷第 1 期。

是世界上的人类起源地之一，动摇了人类起源非洲一元论的观点。学术界有质疑乃是科学发展的正常现象，“爪哇人”化石刚刚被发现时，学术界一片质疑声，后来，北京猿人被发现以后，“爪哇人”才得到科学界的承认。可以预测，从禄丰古猿、元谋古猿到“巫山人”之间还有相当长的时间空白，人类演化的丰富材料还沉睡在地下，随着今后发现更多新材料，就会推动人类起源探索工作的进一步发展。

从距今200万年至距今1万余年，从更新世早期到晚更新世末期，人类在长江流域持续地生存和繁衍，直立人和智人化石遗存丰富。直立人化石主要有“巫山人”、元谋人、“建始人”、郧县猿人、“郧县人”、郧西猿人、“南召人”、洛南猿人、“南京人”、“和县人”、“桐梓人”。早期智人化石主要有“长阳人”、“巢县人”（又称“银山人”），晚期智人化石主要有郧西黄龙洞人、“资阳人”、“丽江人”、“昆明人”、穿洞人①。这些人类化石材料及其文化遗存说明长江流域在人类起源和发展研究方面具有重要价值，一脉相承的蒙古人种体质特征对现代人类起源一元论的夏娃理论提供了反证，南方砾石工业的持续发展也不支持夏娃理论。以分子生物学为基础的夏娃理论最多只能是一种假说，尚未得到考古学的证实。

二、长江流域是世界上最早培育水稻的地区

一般认为，公元前3000年，稻作农业起源于印度东北部的阿萨姆山地、缅甸北部的山地和中国的云南山地，然后向四周传播。这一说法是农学家根据作物品种分类和分布状况推测出来的，缺乏考古学的证据。

①1955—1956年，考古学家在湖北省的京山屈家岭、天门石家河和武昌放鹰台等处发现了大量新石器时代的稻谷遗存。屈家岭遗址发现约500平方米的房基垫土，其中掺杂了稻壳和稻草，偶尔也有一些稻谷

① 李天元、冯小波：《长江古人类》，湖北教育出版社2004年版。

和炭化稻米①，经鉴定，属于粳稻，是颗粒比较大的粳形品种，与今天栽培的粳形品种最为接近②。当时还没有碳-14 年代测定法，估计产生的时间为三四千年前，后来有了碳-14 年代测定法后，屈家岭文化的测定年代约为公元前 3000—前 2500 年。这一发现为探索稻作农业的起源提供了重要信息。

②1973—1974 年、1977—1978 年，在余姚河姆渡遗址进行了两次发掘，河姆渡文化因此得名。河姆渡文化分布于宁绍平原和舟山群岛，中心地区在姚江流域，与太湖流域的马家浜文化、崧泽文化相比，河姆渡文化是与之时代相当、平行发展的文化。根据河姆渡遗址四个文化层及其他遗址的出土遗物，可将河姆渡文化分为四期，第一期以河姆渡遗址第四层为代表；第二期以河姆渡遗址第三层为代表；第三期以河姆渡遗址第二层为代表；第四期以河姆渡遗址第一层为代表。碳-14 年代测定法测定其年代为公元前 5005±130 年—前 3380±130 年。

在河姆渡遗址的第四层居住区内，有的地方发现了米粒，普遍存在稻谷、谷壳、稻秆、稻叶的堆积，厚 20～50 厘米，最厚处超过 1 米，经鉴定，属于栽培稻的籼亚种晚稻型水稻。这是当时世界上发现的最早的栽培稻标本，年代约公元前 5000 年。河姆渡文化是以稻作农业为基础的文化。这一发现引起了学术界的广泛关注，有学者提出长江下游及附近地区是稻作农业起源的一个主要地区③。

③1983 年、1984 年，对湖北宜都县城背溪遗址进行了两次发掘，发现了一种新的文化遗存。考古工作者又发掘了宜都境内的枝城北、花庙堤、金子山、孙家河、栗树窝子及枝江县的青龙山、秭归的柳林溪和

---

① 张绪球：《长江中游新石器时代文化概论》，湖北科学技术出版社 1992 年版，第 205 页。

② 丁颖：《江汉平原新石器时代红烧土中的稻谷壳调查》，载《考古学报》1959 年第 4 期。

③ 浙江省文物管理委员会：《河姆渡遗址第一期发掘报告》，载《考古学报》1978 年第 1 期。

朝天嘴遗址。这类遗存被命名为“城背溪文化”，根据其文化特征，与彭头山类型相似，距今约 8500～7500 年。首先在枝城北遗址的红烧土块和陶片中发现稻壳，然后在整理城背溪遗址的材料时，也发现了稻壳碎片。城背溪文化的年代为距今约 8500～7500 年。城背溪文化稻壳标本的发现，把稻作农业的起源又向前推进了一步。

④彭头山类型因湖南澧县彭头山遗址的发掘而得名。该遗址处于澧水与其支流涔水之间的一处岗地上。1988 年 11 月，湖南省文物考古研究所裴安平率队对该遗址进行发掘，经碳-14 年代测定法测定其年代为公元前 6500—前 5500 年，是长江中游地区发现的最早的新石器时代遗存。发掘者有计划地把发现水稻遗存作为发掘工作的一个重要目的。开工不久的一天上午，裴安平终于从一片残破的陶片上看到了一粒炭化稻壳，然后他又到水塘边去看刚刚洗刷晾晒的陶片，在陶片上发现了更多炭化稻谷，后来，在已废弃的房屋红烧土块中也发现了稻壳。有的学者经过研究认为，彭头山发现的水稻为人工栽培稻，长江中游地区是人类栽培水稻的一个重要发源地。①

⑤1993—1997 年，在湖南澧县八十垱遗址进行了 6 次发掘。在八十垱遗址发现了环绕聚落的围沟和围墙，也就是所谓的环壕聚落。最初所挖的壕沟时代与遗址的早期同时。因长期淤积，再次挖沟，后来所挖的沟打破原来的沟，并叠压其上。壕沟呈不规则长方形，环绕村落，壕沟内村落面积 1.6 万多平方米。壕沟上口宽约 4 米，底宽 1.5 米，深 1.5～2 米。壕沟内侧用壕沟内挖出的土堆成一条土埂，现存高半米多，底最宽处约 6 米。土埂有助于增强壕沟的防御能力。在新壕沟的使用过程中，曾进行过三次清淤工作，淤土堆筑于土埂两侧，以修补护坡。

该遗址发现了数万粒保存很好的稻谷和稻米，出土时还显黄褐色，有的还带 1 厘米长的芒，经鉴定，兼有现代籼稻、粳稻和普通野生稻多

① 湖南省文物考古研究所：《湖南澧县彭头山新石器时代早期遗址发掘简报》，载《文物》1990 年第 8 期。

种特征。八十垱属彭头山文化中晚期，距今约 8000 年。①

⑥1993 年、1995 年，湖南省文物考古研究所在湖南西南部的道县玉蟾岩进行了两次发掘，共发现了 4 粒稻谷壳，经碳-14 年代测定法测定其年代为距今 14000 年，这是目前我国发现的最早的稻谷标本。玉蟾岩遗址是一个洞穴遗址，相对高程约 5 米，周围地势开阔，水源充足，适合水稻生长。经鉴定，这是栽培未久，尚保留部分野生稻特征而籼粳尚未分化的古稻②

⑦1993 年、1995 年，中美考古学家联合两次发掘江西万年仙人洞和吊桶环遗址。1999 年，北京大学与江西省文物考古研究所又对该地进行发掘。万年县位于鄱阳湖东岸，仙人洞和吊桶环遗址的小环境为狭长盆地，仙人洞遗址为石灰岩溶洞，吊桶环遗址为溶蚀性岩棚，位于仙人洞西南约 800 米处，发现了栽培稻植硅石，距今 10000 年左右③。

以上发现说明，长江中下游地区是稻作农业的起源地，很早的时候，淮河流域也种植水稻。

三、新石器时代形成了三大区系类型，在中国文明起源中占据重要地位

(一) 长江上游

长江上游以成都平原为中心，形成了高水平的宝墩文化，年代距今

① 湖南省文物考古研究所：《湖南澧县八十垱新石器时代早期遗址发掘简报》，载《文物》1996 年第 12 期。

② 袁家荣：《湖南道县玉蟾岩 1 万年以前的稻谷和陶器》，见《稻作陶器和都市的起源》，文物出版社 2000 年版，第 36 页；张文绪、袁家荣：《湖南道县玉蟾岩古栽培稻的初步研究》，载《作物学报》1998 年第 4 期。

③ 姜钦华：《江西万年旧石器晚期至新石器时期遗址的孢粉与植硅石分析初步报告》，见周昆叔、宋豫秦主编：《环境考古研究》第二辑，科学出版社 2000 年版。

约 4500 年。这一文化出现了系列城市，如新津宝墩村古城、都江堰芒城村古城、郫县古城村古城、温江鱼凫村古城、崇州双河村古城和紫竹村古城等，已经进入准文明阶段。宝墩文化来自岷江上游，截至目前，成都平原少见早于宝墩文化的遗存。三星堆文化正是在宝墩文化基础上发展起来的，如果没有宝墩文化奠定的厚实基础，也就不会有三星堆文化的辉煌成就。

重庆地区的史前文化序列为玉溪文化、哨棚嘴文化、老关庙下层文化，玉溪下层文化时代与前仰韶时代相当，早于公元前 5000 年。玉溪上层遗存相当于大溪文化早期阶段，也与仰韶时代早期相当。哨棚嘴文化年代与成都平原的宝墩文化相当，哨棚嘴文化的绝对年代上限可能也在距今 4700 年左右，下限可能比宝墩文化延续了更长的时间。

成都平原的宝墩文化和重庆的玉溪文化、哨棚嘴文化、老关庙下层文化，已经从空间和文化特色上形成了蜀文化和巴文化的雏形。

(二) 长江中游

长江中游以江汉平原和洞庭湖平原为中心，形成了发达的史前文化。洞庭湖平原的文化序列为彭头山文化—皂市下层文化—汤家岗文化—大溪文化三元宫类型—屈家岭文化划城岗类型—石家河文化划城岗晚期类型和车轱山类型。沅水中上游存在一支以装饰兽面纹为特色的高庙文化，其时代与皂市下层文化、汤家岗文化相当，有学者认为，高庙上层文化应归入大溪文化。① 江汉平原的文化序列为城背溪文化—大溪文化—屈家岭文化—石家河文化。城背溪文化年代约为公元前 6000—前 5000 年，大溪文化约为公元前 4400—前 3300 年，屈家岭文化约为公元前 3300—2600 年，石家河文化约为公元前 2600—前 2000 年。

长江中游苗蛮集团以稻作农业为基础，在全国率先进入准文明阶

① 何介钧：《长江中游新石器时代文化》，湖北教育出版社 2004 年版，第 79～159、288～306 页。

段。这里出现了全国最早的史前古城，即湖南澧县城头山古城，该城建于大溪文化早期，年代距今6000年，经过4次修筑，一直沿用至石家河文化中期才废弃。

在仰韶时代，长江中游又建造了全国最大的石家河古城，石家河史前古城址位于天门市石河(原名石家河)镇北约1公里，东、北、西三面为土岗环绕，东南面地势开阔，平面形状近长方形，南北长约1200米，东西宽约1100米，面积达120万平方米。城垣是用土在地面上堆筑而成的，现存底宽50余米，顶宽8~10米，残存高度最高可达6米。城垣围绕着宽阔的城壕，宽80~100米，城壕是人工挖成的，局部地区利用自然冲沟加以修整而成。城址的始建年代似不早于屈家岭文化中期，石家河文化早中期为最繁华的时期，距今约4800~4200年。石家河古城是仰韶时代目前全国发现的最大的古城址，是龙山时代位列陕西神木石峁古城、浙江良渚古城、山西陶寺古城之后的第四大史前古城。

长江中游已经发现19座史前古城，如始建于大溪文化时期的城头山古城、谭家岭古城，始建于屈家岭文化时期的古城湖南澧县鸡叫城，襄阳襄州区凤凰咀，湖北天门石家河、龙嘴、笑城，石首走马岭，公安鸡鸣城、青河，荆门马家院，沙洋城河，荆州阴湘城，安陆王古溜，应城陶家湖、门板湾，孝感叶家庙，大悟土城，黄陂张西湾①。

在文明化进程中，长江中游地区在大溪文化和屈家岭文化时期领先于黄河流域，把长江文化推向一个高峰，屈家岭文化和石家河文化发展迅猛，文化分布区北界已达陕南丹江上游、豫西南南阳、豫南驻马店一带，苗蛮集团早在距今5000~4000年前已问鼎中原，楚庄王问鼎中原只是步其后尘。

(三)长江下游

长江下游以太湖流域为中心，也创造了发达的史前文化，太湖流域

① 刘辉：《长江中游史前城址的聚落结构与社会形态》，载《江汉考古》2017年第5期。

文化发展序列为马家浜文化—崧泽文化—良渚文化，宁绍平原及其南部地区发展序列为上山文化—跨湖桥文化—河姆渡文化—良渚文化。

到了良渚文化阶段，已经进入国家阶段，良渚先民建造了面积290万平方米的良渚古城，2006年6月，浙江省文物考古研究所在瓶窑葡萄畈遗址高地西侧发现了一条良渚文化时期的南北向河沟。经对河东岸高地做局部解剖，发现这一高地由人工堆筑而成，厚度近4米，底部铺垫着人工开采的石块。2007年3月，考古人员对莫角山的南、北、东、西部先后进行钻探调查和试掘，四面都发现了同样的堆土和石基，初步探明了这种底部铺垫石头的遗迹是良渚文化时期围绕莫角山四周的古城墙。

良渚古城略呈圆角长方形，正南北方向。古城东西长约1500~1700米，南北长约1800~1900米，整个城墙长6公里多，总面积达290多万平方米。南城墙略窄，宽40多米，其余三面城墙都有60多米宽。墙部分地段残高4米多，墙基是精心堆砌而成：底部先垫石块，上面堆筑纯净的黄土后夯实，为我国现存最宽的城墙。

1992—1993年发掘的莫角山遗址，正位于良渚城址的中部，是一座东西长约670米、南北宽约450米的大土台，是良渚先民堆筑而成。土台中部鼎立三台，东边一台为大莫角山，面积约1200平方米，残高2~3米；西部两台南北相对，北台称小莫角山，面积1500平方米，残高2~3米；南台俗称“乌龟山”，地面残存面积约300平方米，残高3米左右，同大莫角山东西相望，应是良渚文化时期的大型建筑基址。

该遗址有棺椁齐全、随葬大量玉器的王室贵族墓葬，中心聚落分布于浙江省杭州市余杭区良渚、安溪、瓶窑三镇一带。1986年发现的反山墓地，位于长命乡雉山村，反山高出地表仅4米左右，东西长90米，南北宽30米，总面积约2700平方米，西部被挖去约10米长的一段。经发掘，反山是良渚文化时期人工堆筑的高台土冢，土方量达2万余立方米，已经发掘的11座墓葬，大多有棺椁葬具，出土随葬品1200余件套，其中玉器占90%，是目前良渚文化规格最高的墓地，墓主人生前可能是酋长一级人物。

1987 年发掘的瑶山遗址，位于余杭县安溪乡下溪湾村。瑶山是一座小山，山顶较为平缓，海拔高程 35 米。在山顶发现了一座祭坛和 12 座较大墓葬。祭坛遗迹平面呈方形，由里外三重组成。最里面一重偏于东部，是一座红土台，平面略呈方形；第二重为灰色土，在红土台四周挖凿深 65~85 厘米、宽 1.7~2.1 厘米的围沟；第三重为黄褐色斑土筑成的土台，边长约 20 米，面积约 400 平方米，土台西北部发现两段曲尺形的石坎。这 12 座墓葬打破祭坛，且又基本同时，出土随葬品 700 余件套，主要为玉器。

1991 年发掘的汇观山遗址，与瑶山相似，祭坛面积超过 1600 平方米，发掘 4 座墓葬，出土随葬品 1700 余件套，主要为玉器。

这些贵族墓群表明，良渚文化的水平高，社会分化严重，已进入文明社会。

2009—2013 年，经过多年调查，在古城西面大概 8 公里的位置，发现了大型水利系统，共有 11 条水坝，水坝形成一个 8 平方公里多的水库，经碳-14 年代测定法测出其年代距今 5000~4900 年。

2015 年，考古工作者在老虎岭的一条水坝发现了一个个草裹泥堆筑的情况。另外，在解剖沟里面发现了良渚时期的灰沟，灰沟里面出土了良渚文化陶片，找到了地层叠压的证据。经碳-14 年代测定法测出其年代集中在距今 5100~4700 年。

良渚大型城址、莫角山宫殿基址、高规格的反山、瑶山、汇观山贵族墓地、大量的玉器、规模宏大的水利设施，都表明良渚先民已经创立了国家。

玉器一般出自墓葬，各种玉器的组合有一定的规律，有的有钺无琮，有的有琮无钺，有的琮、钺同出。钺一般是掌握军政大权的象征。琮一般是巫师身份的象征。仅出钺者，墓主人生前可能为首领。仅出琮者，墓主人生前可能为巫师。两者同出，墓主人生前可能为军事首领兼巫师。从埋葬玉器的组合与象征意义来看，良渚国家是一种集神权、军权、政权为一体的巫风甚浓的集权制国家。没有国家的强制，以上考古现象是不可想象的。正是由于良渚古城的重要意义，2019 年 7 月 6 日，良渚古城被联合国教科文组织第四十三届世界遗产委员会批准列入《世界遗产名录》。

四、长江流域是中国丝绸、瓷器、船舶、冶金的起源地或起源地之一

(一)丝织业

在浙江吴兴钱山漾遗址还发现了早期的丝麻制品。残绢片经鉴定是家蚕丝织成，采用平纹织法，每平方厘米经纬线各 47 根，丝带为 30 根单纱分 3 股编织而成的圆形带子。从目前的考古资料来看，太湖地区最早养蚕。麻布片经鉴定为苎麻纺织品，也是采用平纹织法，每平方厘米经纬线各 24 根，有的细麻布经线 31 根，纬线 20 根。这是目前我国最早的苎麻织品实物。这一发现至少说明，长江下游是丝麻纺织业的起源地之一。

1926 年，李济先生在山西夏县西阴村遗址发掘出仰韶文化时期的一枚经过切割的家蚕蚕茧，说明黄河流域也可能很早就发明了丝织业。

(二)瓷器

原始青瓷是用高岭土烧制胎，外表饰石灰釉，在 1200℃ 高温下烧制而成。胎体烧成后呈灰白色或褐色，击之可发出清脆声，石灰釉是用石灰石粉碎后加适量的黏土配置而成的，以钙的氧化物为主要助熔剂，三氧化二铁为主要着色剂，在还原焰中可烧成青绿色，在氧化焰中可烧成黄绿色或灰青色。青釉透明，表面有玻璃质层。胎与釉结合紧密，不吸水或吸水率低。目前，考古发掘证明，至迟在商代早期，我国已经发明了原始青瓷，在郑州商城二里冈下层文化遗址和湖北黄陂盘龙城商代

中期墓葬中出土了原始青瓷，在商代晚期都城河南安阳殷墟，辉县琉璃阁，山东济南大辛庄、益都，河北藁城、江西清江吴城等地都有出土原始青瓷。在随州叶家山西周曾侯墓地、洛阳北窑墓地等处也发现了大量的原始青瓷。

原始青瓷的发源地应当在长江下游，这里拥有瓷土，具有得天独厚的条件。

中国瓷器成熟于东汉晚期，发现的最早瓷窑在浙江上虞。浙江上虞小仙坛窑址出土的标本瓷质光泽，胎体透光性较好，已完全烧结，显气孔率和吸水率降低，分别为 0.62% 和 0.28%，烧成温度达到 1260℃～1310℃，抗弯强度达到每平方厘米 710 千克，通体玻璃质釉，透明度增强，胎釉结合紧密牢固，胎釉交界处可看到相当多的斜长石晶体自胎釉生成，并形成一个密合层，使釉层不易剥落。

(三)船舶

浙江跨湖桥遗址发现一只独木舟，距今 8000～7000 年。船由松木制成，船体残长 5.6 米，船头上翘，宽 29 厘米，船身宽约 52 厘米。独木舟周围有木桩架结构，用于固定船只。在船的两侧各发现木桨一支。这是目前中国发现的最早的船舶标本，说明长江下游是船舶的起源地之一。[①]

(四)冶金

铜矿古遗址分布于湖北大冶、阳新，江西瑞昌，安徽铜陵，长江流域是中国有色金属的集中分布区。

考古已经发掘了一些古代采矿遗址，简要介绍如下。

1. 湖北大冶铜绿山古矿冶遗址

铜绿山古矿冶遗址分布范围为：北起大冶湖边的乌鸦布尔塘，南迄

① 浙江省文物考古研究所、萧山博物馆：《跨湖桥》，文物出版社 2004 年版，第 40～52 页。

铜(铜山口)大(大冶)铁路，东起铜绿山矿尾砂库，西迄柯锡太村，东西长约1公里，南北长约2公里，面积约2平方公里。考古专家在这里发现了7处露天开采遗址和10余处井下开采遗址。

1974年1月至1985年7月，考古部门连续对铜绿山古矿冶遗址进行发掘，共发掘了6处采矿遗址，2处冶炼遗址，发掘总面积为4923平方米，发掘古代采矿竖(盲)井231个，平(斜)巷100条，炼炉12座。

根据碳-14年代测定法测定的年代数据和考古类型学研究，铜绿山采矿遗址的开采年代从商代晚期开始，经西周、春秋，直到战国至西汉时期，不间断地开采了千余年，其后，隋唐时期在早期的遗址上又继续开采。

从商文化的分布范围来看，商王朝应该直接控制了铜绿山的铜矿开采权，至于西周时期，西周王朝也可能代替商朝，直接控制了铜绿山的铜矿资源。再后来，则是楚国成了铜绿山铜矿的新主人，如有的学者认为，铜绿山古矿冶遗址的国属为楚，① 还有的学者认为，两周之际楚人还没到大冶，西周至春秋早期铜绿山古铜矿的主人为古越族，到楚成王时，铜绿山已成为楚国的囊中之物。②

2. 湖北阳新港下矿冶遗址

湖北阳新港下矿冶遗址位于湖北阳新富池镇港下村，北距长江约10公里，矿山西边的富河直通长江，水上交通十分便利。1985—1986年，湖北省博物馆和阳新县博物馆进行正式发掘，发掘总面积170平方米。阳新港下矿冶遗址的古矿井有竖井和平巷两种。竖井的支护框架大的为日字形，小的为口字形。日字形框架井口较大，井框内空长约420厘米，宽约300厘米，全部用圆木支护，四根粗原木，直径约25厘米，

① 夏鼐、殷玮璋：《湖北铜绿山古铜矿》，载《考古学报》1982年第1期。

② 张正明、刘玉堂：《大冶铜绿山古铜矿的国属》，见《楚史论丛》，湖北人民出版社1984年版。

组成一个长方形框架，在长方形框架中间支撑一根直径约 15 厘米的原木，构成日字形框架。口字形框架较小，呈正方形，由四根直径约 15 厘米的圆木支撑而成。竖井与平巷交会处建造马头门。平巷的每一组支护框架由 3 根圆木构成，圆木的直径约 22~25 厘米，两根立柱埋入矿体或围岩，上端砍成弧形凹叉，凹叉上架设横梁，横梁上铺木板，盖板排列得不严密的地方铺藤或竹的编织物，最后，在巷道顶部填塞树叶。在矿井中发现了铜锛、铜削、木铲、绳耙、木楔、木水槽等遗物。根据碳-14 年代测定法测定的年代数据，阳新港下古矿冶遗址的开采时间约当西周晚期至春秋早期。①

3. 江西瑞昌铜岭矿冶遗址

1988 年，江西瑞昌西北铜岭也发现了集开采、冶炼于一地的古矿冶遗址，采区面积为 7 万平方米，冶炼区则分布在矿山脚下附近的地区，分布范围约 20 万平方米，炼渣堆积层厚约 0.60~3.40 米不等。1988—1991 年，江西省文物考古研究所、瑞昌市博物馆连续 4 个秋冬，对采矿区进行了抢救性发掘，清理发掘面积 180 平方米，布方 18 个。在此范围内清理出矿井 103 口、巷道 19 条、露采坑 3 处、探矿槽坑 2 处、工棚 6 处、选矿场 1 处、研木场 1 处，还有用于矿山管理的围栅设施等遗迹，发掘和征集铜、木、竹、石、陶等文物计 468 件，既有露天开采，也有井下开采的方式。竖井与平巷相结合，均采用了支护技术，竖井采用间隔框架支护，平巷采用间隔排架式支护。框架外侧用木板或木棍支护，以防止围岩脱落，发掘出土了许多生产工具和生活用具，如铜器有斧、凿，木器有辘轳、锨、铲、盘、钩、水槽等，竹器有盘和筐。根据出土陶器和碳-14 年代测定法测定的年代数据，推断铜岭古矿冶遗址上限可到商代

① 港下古铜矿遗址发掘小组：《湖北阳新港下古矿井遗址发掘简报》，载《考古》1988 年第 1 期；刘诗中、卢本珊：《江西铜岭铜矿遗址的发掘与研究》，载《考古学报》1998 年第 4 期。

二里冈期，下限为春秋战国时期。①

4. 安徽铜陵铜岭矿冶遗址群

1987 年，安徽省文物考古研究所、铜陵市文物管理所对安徽铜陵市古代铜矿遗址进行了一次全面的专题调查，共发现古代铜矿遗址 29 处，其中，先秦时期的炼铜遗址共有 7 处，主要集中分布在金山、曹山南侧、凤凰山一带，有朱村乡木鱼山，西湖乡大冲、小冲，凤凰山的万迎山，金榔乡金山盛、金山北坡、岗巴垅等地，遗址面积一般为 1 万~2 万平方米。地表散布大量的炼铜废渣、红烧土块、残炉壁以及各类陶片和原始瓷等。从曹山东南坡脚越过西边河至木鱼山遗址，炼铜废渣散布范围近 1 平方公里，是古代一处较大的冶炼场所。

其中，木鱼山遗址位于铜陵市朱村乡新民行政村木鱼山自然村的北边。西、北两面傍依西边河，西南至鸡冠山铁矿约 2. 5 公里。遗址地貌西高东低，分为木鱼山、火龙岗、鬼墩墓三片，总面积约 10 万平方米。1974 年修河堤，遗址的北部遭到破坏。当时取土时曾于鬼墩墓东部发现 100 余公斤菱形铜锭，并伴有铜鼎、陶罐出土。据木鱼山遗址剖面观察，其文化堆积厚度约 2~3 米，夹杂有灰层、炼渣、陶片等。地表散布的遗物有大量的炼渣、红烧土、炼铜炉壁残块，以及夹砂陶、泥质陶、印纹陶、原始青瓷等器皿残片。在遗址北侧西边河的河道内，20 世纪 70 年代当地群众在改田中曾发现古代采矿坑，坑内有直径 50 厘米的圆木，坑深见不到底。另外，在西侧的河道中也经常有古代矿井的木支护出土。由此说明，木鱼山遗址冶铜的原料就来自附近。

万迎山遗址位于铜陵市新桥乡凤凰行政村北约 100 米的万迎山的南坡。1980 年，国营凤凰山铜矿在南坡进行了一次地下大爆破，山腰以上的原始地貌因坍陷均被破坏，残存面积约 5 万平方米。遗址地表有大

---

① 江西省文物考古研究所铜岭遗址发掘队：《江西瑞昌铜岭商周矿冶遗址第一期发掘简报》，载《江西文物》1990 年第 3 期。

量的炼渣、红烧土、炼铜炉壁残块。在万迎山南坡脚下至凤凰行政村村部，炼渣分布较集中，有的地方深约2米。1987年10月，铜陵市文物管理所曾在这里征集1件臿形石范，据了解，石范出土于今凤凰行政村村部附近。1984年在遗址南部约300米处的凤凰山西坡曾发现一批春秋时期窖藏青铜器，内有一件菱形铜锭，与木鱼山出土的铜锭相同。根据上述情况分析，今凤凰行政村一带在古代可能是一处综合性的采矿、冶炼和铸造场所。调查中于万迎山南坡西侧现代采场的断面上(铁帽层)见有零星古代"老窿"(当地人对古矿井的称呼)。"老窿"为圆形，直径0.8米，弯弯曲曲，呈"鼠穴状"，无考古木质支护，分布不规律，从剖面观察，最大采掘深度在10米以上。据国营凤凰山铜矿工人介绍，20世纪70年代在万迎山地下采矿中曾发现过不少古代"老窿"。"老窿"一般均有木质支护，有的地段保存较好，当时还没有坍塌，人可以通过，后在大爆破时被毁。①

安徽铜陵市师姑墩遗址发掘取得了更多的信息，早在二里头文化时代的第9号灰坑中就出土了与冶铸有关的陶炉壁和炉渣，陶炉壁外表呈红褐色，内侧有铜锈。在西周文化层里出土了青铜器、陶范、石范、陶壁炉、炉渣。这次发掘成果表明，铜陵铜矿开采时间可能早至夏代。遗址里发现了炼渣、陶范和石范，说明该地采矿、冶炼、铸造三位一体，集中在一个地方进行，突破了过去冶、铸分离的观点。②

从以上古铜矿遗址来看，长江流域至迟自夏代开始，已经开采铜矿，至商、西周、春秋、战国时期，开采规模不断扩大。一般在矿山一带主要进行采矿、冶炼工作，但安徽铜陵师姑墩遗址却在西周时期集采矿、冶炼、铸造三位一体。长江流域是中国青铜矿采集、冶炼最早的地区之一。

---

① 安徽省文物考古研究所等：《安徽铜陵市古代铜矿遗址调查》，载《考古》1993年第6期。

② 安徽省文物考古研究所：《安徽铜陵县师姑墩遗址发掘简报》，载《考古》2013年第6期。

五、先秦时期形成了巴蜀、楚、吴越三个重要的区域文化，为天下一统做了充分的准备工作

长江上游形成了特征近似的蜀文化和巴文化，蜀文化分布区以成都平原为中心，巴文化主要分布于今重庆、鄂西、四川省嘉陵江以东山区及陕南大巴山一带。蜀文化的发展序列为三星堆文化—十二桥文化—新一村文化—上汪家拐文化，后两个阶段可以称为晚期蜀文化。三星堆文化以其独特的青铜神像、黄金权杖、黄金面具、大量玉器而享誉国内外。晚期蜀文化以釜、鍪、釜甑、尖底盒、柳叶形剑、烟盒包式钺、戈、矛等为代表的青铜器群而著称，其特征迥异于周边的周秦文化和楚文化。成都平原自古就是西南地区的文化中心，蜀文化的辐射力特别强，远达云南、贵州、东南亚和南亚等地。

长江中游的楚文化属华夏文化的分支，楚人使用汉字，楚金文大体同于中原地区，略有变异，楚简帛文字为毛笔手写体，结体圆润，极具艺术审美价值。楚人学习中原《诗》《书》《礼》《乐》《易》《春秋》等经典，为人类留下了老庄哲学和屈宋楚辞两项永恒的遗产，楚人在城市建筑、青铜开采冶炼铸造、铁器推广、漆器、玉器、丝绸等手工业方面居于中国乃至世界前列。

吴、越在青铜铸造，尤其是铸剑方面，十分突出，原始青瓷制造业特别发达，玉器制造业具有地方特色。吴、越造船业很发达，水军实力雄厚。

公元前473年，越王勾践灭吴。战国中期楚又灭越，楚国占领了长江中下游地区，客观上为秦统一奠定了基础。

（作者为湖北省炎黄文化研究会理事，华中师范大学教授、博士生导师）

黄河文化与长江文化的比较以及炎帝在山西上党创造的人类文明进程

杜建明

长江文明是长江流域各区域文明的总称，与黄河文明并列为中国文明的两大源泉。长江文明区域之广，文化遗址数量之多、密度之大，都堪称世界之最。长江文明，特别是长江文明中的"稻作文明"，给东亚及世界以很大影响。长江文明与黄河文明等中国各大古代文明长期相互影响、融合，发展成为中华文明。

一、长江文明与黄河文明之比较

长江文明包括：①史前文明，在今浙江省(田螺山遗址、河姆渡文明、马家浜文化、良渚文明)、环太湖(现浙江、江苏、上海、安徽等区域)、江西(吴城遗址)、湖南(炭河里遗址、彭头山文化、玉蟾岩遗址)、湖北(屈家岭文化、石家河文化)、四川(大溪文化)；②夏商周同时期的长江文明：三星堆文明(吴文化、越文化、楚文化)，其中三星堆文明有与中原文明交流的迹象，吴文化是中原的商周文化和吴地本土文化相融合发展的产物，越文化是中原的商周文化和越地本土文化相融合发展的产物，楚文化是中原的商周文化和楚地本土文化相融合发展的产物；③秦至清时期的长江文明：由于秦统一中国，长江文明进一步和中国其他区域的文明相融合，中国各大区域文明相互融合逐渐产生了中华文明。

黄河文明的形成期大体在公元前4000—前2000年，前后经历了2000年之久。在这一时期，神州大地出现了许多地区性文明，如在长江流域有成都平原文明、江汉文明、太湖文明，其代表性的考古学文化有大溪文化、屈家岭文化、石家河文化、崧泽文化、良渚文化等。在黄河流域有甘青文明、中原文明、海岱文明，其代表性的考古学文化有仰韶文化、中原龙山文化、大汶口文化，山东龙山文化、马家窑文化等。在东北有燕山地区文明，其代表性的考古学文化主要是红山文化。各个地区性文明都发展到相当高的水平，学术界都给以高度评价，但是到后来，有的文明中断了，有的文明走向低谷，只有黄河文明恰如中流砥柱，朝气蓬勃，吸纳、融合了各地区文明精华，向更高层次发展。与上述考古学文化相对应的是中国历史上的五帝时代，即黄帝、颛顼、帝喾、唐尧、虞舜以及海岱地区的太昊、少昊。据文献记载，他们的族团主要在黄河中下游地区繁衍、生息，发展、创造了灿烂的黄河早期文明。这时的社会邦国林立，出现了城郭、农业生产社会化、手工业专门化、礼制规范化，贫富分化，阶级产生，文化艺术也有长足的发展。这时的黄河文明处于大交融的形成时期，可以称为邦国文明，也可以说是华夏文明的初级阶段。

黄河文明的发展期是它的升华阶段，从时代来说，主要是夏、商、周三代。这时的黄河文明主要凝聚在黄河中下游的大中原地区，以今天的河南省为核心，大中原地区文化是黄河文明的中心。在大中原域内的河洛地区(以河南洛阳—登封一线为核心)文化是黄河文明的核心。河洛地区大体包括黄河与洛河交汇的内夹角洲、外夹角洲以及黄河北岸的晋南和豫北。河洛文化圈向西可伸入关中，向东可以达到豫东。在河洛文化圈内，不仅有丰富的五帝传说和遗迹，还有夏、商、周三代王朝的国都。考古发现的属于王朝性质的都邑，有河南省郑州市登封王城岗(原八方遗址)古城、郑州新密新寨古城、洛阳市偃师二里头城址、郑州商城、洛阳市偃师尸乡沟商城、安阳殷墟和安阳洹北商城，以及在陕西和洛阳发现的西周、东周都城遗迹。夏、商、周三代的都邑均在河洛地区，因此，河洛文化不仅是一个地区性文化，而且是延续约2000年的王都文化，是黄河文明最核心的载体。在这一历史阶段，出现了父传子家天下的政权体制，形成了比较成熟的国家机构，制定了比较完善的礼乐制度，出现了比较规范的文字，科学技术、农业、手工业、商业贸易飞速发展，划时代的青铜文化闻名中外。在河洛文化周围出现了巴蜀文化、吴越文化、楚文化、燕赵文化和齐鲁文化等，通过交流、吸纳、融合，给河洛文化注入了活力，在历史的舞台上显得更加活跃。在这一时期，出现了中国最早的诗歌总集《诗经》和哲理丰富的《易经》等许多不朽之作。影响中国几千年的道家、儒家、墨家、法家、兵家、名家等学派也如雨后春笋般在河洛地区一齐涌向社会，开创了中国学术界百家争鸣的黄金时代。河洛文化为黄河文明充实了内容，输入了新鲜血液，文明的光芒照亮了亚洲的东方，不仅大江南北、长城内外望尘莫及，即使在当时世界范围内，也享有极高的声誉。

黄河文明的兴盛期，是进入封建帝国文明的历史阶段，自秦汉开始直至北宋，1000多年来，河洛地区一直处于核心地位。帝都文化推动着全国科学文化大踏步前进。秦始皇统一六国，废封建，立郡县，车同轨，书同文，统一度量衡。汉承秦制，对这一重大文明创造进一步规范、完善和推广。先秦时期的儒家、道家等学说，在历代王朝都得到继承和发扬光大。汉学是汉代学者创立的一个重要学派，源远流长，影响很大，他们对经学研究的成果，一直被后世学者奉为经典。宋代的理学，对塑造中华民族的性格起到了重大的作用。中国最早的最高学府太学，设在东汉首都洛阳(今河南洛阳)，学生最多时达3万人以上，历经曹魏、西晋，为全国各地培养了大批人才，出现了不少出类拔萃的人物。天象历法、农学、地学、医学、水利、机械、建筑、冶炼、陶瓷、酿造、纺织、造纸、活字印刷等科学技术，都创造了历史奇迹；汉赋、唐诗、宋词以及书法、绘画、雕塑等，都攀登上文化艺术的高峰；留传后世的各类史书浩如烟海，记载了古往今来王朝兴替以及社会发展的历史。著名的丝绸之路的起点，西汉时始于西安，东汉至隋唐时始于洛阳，西安、洛阳在当时是对外文化交流、商业贸易的国际大都市，由此，中国历史上的汉唐文明享誉世界。这就充分说明，黄河文明的确发展到一个新的历史阶段，这个高度兴盛的黄河文明，其核心的确是在河洛文化范围内。

华夏文明的主体是黄河文明，黄河文明的中心在中原地区，黄河文明的核心在河洛文化圈内。河洛文化最大的特点表现在以下 3 个方面。第一，国都文化连绵不断。黄河文明形成期的五帝邦国时代，黄帝都有熊(今河南新郑市)，颛顼都帝丘(今河南濮阳市)，尧都平阳(今山西临汾市)，舜都蒲坂(今山西永济市)；黄河文明发展期的夏、商、周王国时代，夏都阳城(今河南省新郑市)、阳翟(今河南省禹州市)、斟鄩(今河南省偃师市，即二里头)、老丘(今河南省开封市)，商都亳(今河南省商丘市)、隞(今河南省郑州商城遗址)、殷(今河南省安阳市小屯)，周都丰镐(今陕西省西安市)、洛邑(今河南省洛阳市)；黄河文明兴盛期的帝国时代，西汉至北宋一直建都在西安、洛阳和开封。上述都城均在河洛文化圈内，几千年的建都历史，形成了具有极大影响的国都文化，这是河洛文化最突出的特点。第二，树大根深的根文化是河洛文化又一特点，有许多文明源头都在这一地区。如最早出现的国家在这里；近年启动的文明探源工程所确定的 4 个重点，即临汾的陶寺、郑州的古城寨、新寨和王城岗也在这里；《河图》《洛书》和《易经》等被誉为传统文化源头的元典，也出自洛阳；华夏文化重要纽带之一的汉字也产生在这里，即河南安阳殷墟甲骨文。由于历史上各种原因，中原人口大量向四方播迁，甚至播迁到海外。据姓氏专家研究，中国 100 大姓中有 70 多姓的祖根或一支祖根源于中原。现在播迁在外的，特别是海外华人，多自称是“河洛郎”，并且前来寻根拜祖，河洛地区成为文化寻根和姓氏寻根的圣地。第三，大一统的思想根深蒂固，形成了传统的民族基因。善于吸收、包融、开放、凝聚的民族个性，在河洛文化中都有充分的体现，但最突出的还是大一统的民族基因，从邦国、王国到帝国的几千年中，人们为维护国家的统一强大，反对分裂，一直进行着不懈的斗争，并且取得了辉煌的成就。这一优秀的传统现已成为整个中华民族坚如磐石的凝聚力和灵魂。

二、炎帝在上党地区创造性地推动了人类文明进程

(一)炎黄之词

炎帝文化研究从改革开放后逐步形成了高潮，并在近 10 年进入高层次研究阶段。受此影响和鼓舞，我们在有限的篇幅内，只能就狭义的炎帝文化谈谈炎黄子孙，因为这个词说的就是我们自己。其实在我国的古代，大部分侵略危机都是来自北方的一些游牧民族，所以属于一些少数民族，对汉民族构不成一些实质的威胁，但是在近代的时候，我国遭遇的都是一些来自国外的侵略，这就关系到我们种族的问题了，会不会灭族就成了每个中国人担心的问题，所以，炎黄子孙这个词就开始广泛运用起来。按照顺序来说，炎帝姜部落要比黄帝夏部落起源得更加早。还有一个原因就是，炎帝姜部落要比黄帝夏部落的文明程度高，一个更好的文明发展程度或许可以更好地代表一个民族，所以这个词就应运而生了。

(二)炎帝创造农耕文明

物质生产方式是任何一个民族文化植根的经济土壤，就劳动对象、劳动产品、操作方式等因素分类，中华先民的物质财富创造活动可分为游牧与农耕两大类型。农事耕作是利用植物的自然再生产规律获得物质资料的生产门类。在长期的采集活动中，先民们发现了植物生长的周期性规律，开始人工种植某些可供食用的野生植物，这便是农业的起源。从中国上古神话的记载来看，在远古时代，炎帝神农氏的部落首先完成了从游牧到定居，从渔猎到农耕这样一个重大历史发

展阶段，而这一人类历史上重大进步、重大转折，正是在上党地区完成的。

炎帝即神农氏，为少典之子，号烈山氏。太行山区处于温带，适宜植物生长，同时也是禽兽聚集之地，这里的氏族众人仍过着狩猎的生活，后在山腰找到一孔大石洞和许多小石洞，开始了定居生活。人们住下来后，开始用残石盛水，慢慢学会了磨制石器。大人、小孩都感到生活比先前好了许多，但常因食毒草、毒果中毒。烈山氏便带领一些人遍尝野果、野草，慢慢知道什么草能解毒，并制成药茶解毒。他多次尝果、尝草中毒，曾一日中毒 70 多次。

烈山氏断木制成耒，以教人们翻松土地，采来穗大实多的谷子埋入土中，待长成结穗收子，供人食用。照此法，又种他物。烈山氏种五谷的办法传遍各个部落，人们尊崇他为神农氏。神农氏尝百草的地方还有一处，那就是羊头山，在今上党区、高平市交界处。他在羊头山种五谷，还宰羊祭祀，乞上天保佑万民。神农氏见人们生活安定，生产力得到发展，物资也充足了，就教人们用物互换，各得所需，在上党地区，当时产生了雏形的交易市场。神农氏在上党黎岭村建过国，所以人们又尊称他为炎帝。后人说，在远古时代，是神农氏族首先完成了从游牧到定居、从渔猎到农耕、从部落到建国这一系列重要发展历程，而这一人类历史的重大进步是在上党完成的。炎帝神农氏在上党尝百草、制耒耜、兴农业、疗民疾，为人类的进步、为中华民族的发展做出了巨大的贡献。

(三)炎帝神农氏起源于太行山之论证

炎帝是中华民族的共同祖先，从山西上党地区留有大量遗迹遗存中得知，炎帝神农氏起源于太行山。长治地处山西省东南部，太行之巅“与天为党”，素有“上党从来天下脊”之美誉。上党之名，始于战国。在远古，境内即有耆国，为炎帝所立。长治城源远流长，从秦建壶关县开始，距今已有 2200 多年的悠久历史。中华民族始祖炎帝神农氏就是在这里尝百草、制耒耜、种五谷，教化于民，从而实现了人类从游牧到定居、从渔猎到农耕的伟大转折，由此揭开了华夏农耕文明的历史。

诸多学者关于炎帝神农氏起源于太行山地区的观点，其主要证据有如下几条：

第一，先秦文献中有关炎帝神农氏的活动记载，几乎全部集中在太行、太岳之野，他处则鲜见；

第二，太行、太岳之野的上党地区，方志、碑刻有大量关于炎帝的记载，数量、范围皆居全国之首；

第三，太行山周边地区，至今存有数十处炎帝祭拜遗迹，并有大量相关的信仰与习俗，涉及岁时风习、人生礼仪、衣食住行、生产活动多方面，堪居全国之首；

第四，最早的农业考古遗址集中于太行山地区，其时间之早、数量之多，亦居全国之首。

(四)炎帝的足迹曾遍布上党

炎帝的足迹曾遍布上党，在现长治境内，有关炎帝的遗存遗址也十分丰富。经年累月，风雨剥蚀，加之战乱频仍，存量不断减少。即便如此，现今上党，仍然有祭祀炎帝的古庙宇64座(含7处炎帝庙遗址，不含先农坛、八蜡庙等)，古碑碣100余通，主要分布在长治市郊区的百谷山、长治县的黎岭、长子县的发鸠山、潞城市的潞子婴儿墓地和高平市的羊头山等5大区域，这些祠庙、碑碣等遗存中，考查明确无误的最早的祠庙有百谷山北齐武平四年(573)重修的农庙。

黎岭，俗称“羊头岭”，位于今长治县城北黎岭村西，为土质丘陵。其上林木茂盛，周围则为沃野平畴。黎岭古称“黎侯岭”，清《一统志》认为是商周时期古黎侯国所在。今黎岭顶上，残存有炎帝庙遗址。该庙原为三进院，规模宏阔，后被拆毁，其创建年代不详，废墟可捡到宋、元瓦当和明琉璃等碎片。

百谷山是一个有关炎帝神农氏尝百谷的神话传说流传及遗址、遗迹分布密集的地点。北宋《太平寰宇记》记载:“百谷山与太行、王屋皆连,风洞泉谷,崖壑幽邃,最称嘉境,昔神农尝百谷于此,因名山建庙。”明马暾《潞州志》记载:“百谷山,在州城东北一十三里,与太行相连,多产赤白石脂。昔神农尝百谷于此,故建庙祀之,因名山。俗呼柏谷,恐非。”明潞州判官王基《重修神农庙碑记》说:“炎帝神农氏之神在潞,当祀。考诸郡志,庙去城东北十三里,有山曰百谷……绝顶之半,廓以石涧,俯瞰城郭,世传帝尝百谷于兹。”由上可知,百谷山得名是由历代相传的炎帝神农尝百谷于此而来。

羊头山又称“羊山”“老羊山”“首羊山”,位于长子、高平、长治三县交界处,海拔最高1297米。山顶羊头石西南有神农庙5间,创建时间无考,明时尚存,今为废址,尚有石台阶、屋基、石柱、石碑、石柱础、水井等遗存,考其形制,当建于北朝之前,俗称“神农上庙”。在庙的北面和西北面,有一小、一大两块坪地相连。大坪上今存古城废墟,俗称“神农城”。神农庙下西面不远的山坡上,又有黑、白二龙泉,相距不远,称为神农井或神农泉。其下平地名为井子坪,相传神农得嘉谷于此,始教播种,又称为“五谷畦”。这些现存的有关炎帝神农氏的传说遗迹,在汉、晋、唐、宋、元、明、清的史志与碑碣中,都有具体记载。羊头山麓四周则有色头炎帝庙、庄里炎帝陵、五谷神庙、故关炎帝行宫、贾村神农中庙、李家庄旧石器文化遗址等。羊头山仅炎帝遗址就有如此之多。从目前专家学者所掌握的资料考证,羊头山炎帝陵不但早于湖南炎帝陵,而且陵墓的位置比较准确。

炎帝在上党的活动,在古代典籍中多有记载。如作于战国的《竹书纪年》中说(炎帝神农氏)“其初国伊,又国耆,合而称之,又号伊耆氏”。在古文字中,耆、黎通用,其中耆即指古上党一带的黎国,而黎国即指“汉之上党郡壶关所治黎亭是也。纣都朝歌,王圻千里,黎在朝歌之西,故为近王圻之诸侯也”(《尚书正义》),即今长治县的黎岭(一说黎城,两地相距不远,皆在古黎范围)。而在上党历代的地方志中,有关炎帝的记载则更为具体，作于晋的《上党记》(山西省的第一部地方志)中有“神农庙西五十步，有石泉二所，一清一白甘美，呼为神农井”的记载。有关炎帝在上党活动的碑碣则更是随处可见，最早当数黎城县现存的隋开皇五年(585年)所立的《宝泰寺浮图碑》，中有“秦将定燕卒之乡，炎帝获嘉禾之地”的记载，这在全国范围内也是最早记载炎帝的石碣资料。

上党地区现存的有关祭祀、纪念炎帝神农氏的祠庙建筑及碑碣等遗存，数量众多，延续久远，分布较广。这些祠庙大部分建在有传说炎帝活动遗迹的地点，使得祠庙本身除具有祭祀性功能外，更带有缅怀与纪念的意义。

(五)炎帝文化是长治文化不可或缺的重要组成部分

长治市炎帝文化研究会成立于2017年12月5日，在这之前，曾有过“山西(上党)炎帝文化研究会”，为打造炎帝文化活动品牌，逐步提升长治地区在全国炎帝文化的影响力，形成“文化搭台，经济唱戏”的良好局面，重新注册“长治市炎帝文化研究会”。

长治市研究炎帝文化已经根深蒂固，成绩颇丰，尤其是长治市城区炎帝文化研究成果较为显著，马志生先生是一位对上党地域文化富有贡献的学者。他依托研究会这个平台，挖掘和传承地域文化，主编了多套炎帝文化丛书，在长治文化界可谓一位“文化功臣”。

6000多年前，炎黄始祖炎帝神农氏在上党完成了从游牧到定居、从渔猎到农耕的重大转折，使上党成为中华民族开发较早的地区之一、中华农业文明的发祥地之一。上党古文明和历史文化博大精深，源远流长。上党流传久远的“炎帝传说”被列为山西省级非物质文化遗产名录。

郭存亭与赵伟平先生合著的《上党社火》，以及木兵先生主编的《上党探微》或多或少地论述了炎帝文化的传承历史遗迹，还有张利先生的《上党神灵》，也是一部目前研究上党区地方神灵文化的唯一的系统性的专著，具有较高的学术价值，与炎黄文化有着千丝万缕的联系和契合点。

2014年，长治市炎帝文化研究会又出版发行了《上党炎帝文化志》，这本书全面地介绍了炎帝在古上党地区的生活记载和遗迹留存。2017年11月28日，全国炎黄文化论坛暨第五届中部六省炎黄文化论坛在长子县举行。来自中华炎黄文化研究会、中部六省炎黄文化研究会、全国其他省份炎黄文化研究会等120多名专家和学者，通过开展学术交流研讨、实地考察调研、参观炎帝在长子活动遗址展览等活动，进一步挖掘和研究神农炎帝文化，弘扬中华优秀传统文化。山西省委原书记胡富国，长治市委常委、长治市宣传部部长孙刘琳，山西省委宣传部副部长杨茂林出席活动。

纵观上党，炎帝活动的遗迹俯拾即是，神农炎帝在发鸠山、老方山试尝百草，宜药疗疾；在羊头山试种五谷，教民稼穑，开启了璀璨的华夏医药、农耕等诸多文明，掀开了人类社会新的篇章。在长治老顶山也留有大量遗存，有长治市炎帝纪念馆、炎帝农耕体验园、炎帝阁，并有亚洲最高炎帝铜像，高达39米，也是山西省乃至全国的著名雕塑之一。与之相似的长治县黎都公园也有高大的炎帝雕塑、规模宏大的炎帝宫、炎帝的图腾文化等。

炎帝文化作为城市文化品牌，研究和探讨之，必将为上党这一古老文化精髓注入不竭动力；推行炎黄文化龙脉信仰，融入炎黄文化的民族血脉，炎黄文化继承和发展是文化自信最基本、最深层、最持久的力量。在中国明清以来的近代经济发展史上，山西特别是以太谷、祁县、榆次、平遥等为代表的晋中盆地商人前辈，举商贸之大业，经营范围包罗万象，夺金融之先声，钱庄票号汇通天下，称雄五百余年，创造了亘古未有的世纪性繁荣，在神州大地上留下了灿烂的商业文化，其历史可远溯到炎帝时期。明清两代是晋商的鼎盛时期，在中国商界称雄达500年之久。晋商之家族是具有商业烙印特征的，在中国传统文化家族理念中，其智慧、气度、神韵，与炎黄文化有着千丝万缕的联系和契合点。

（作者为山西省炎帝文化研究会副会长）

长江经济带文化的内涵

黄　莹

文化是世界经济运行方式与条件的重要因素。长江文化是我国堪比黄河文化的最具代表性和影响力的主体文化之一。长江流经的 11 个省市，形成了一个独具特色的文化聚集带，并覆盖了整个南方地区，促进了南方文明体系的发生、发展。以多元、开放和交融为特点的长江经济带文化为经济发展提供了丰厚的文化土壤，也是现在长江经济带繁荣兴盛的重要根基。只有经济与文化"双轮驱动""双向同构"，才能建设具有人文关怀和核心竞争力的长江经济带。

一、长江文化内涵

长江文化已经存在、发展、积淀、流淌了至少几万年，根系深厚，血脉绵长，还具有鲜明的国际性。从 200 万年前的"巫山人"、距今 170 万年的元谋人、距今 60 万年的"郧县人"、距今 20 万年的"长阳人"开始，长江流域就有了人类的足迹。江西万年仙人洞和湖南道县玉蟾岩发现了 1 万年前的水稻遗存，说明长江流域是人类稻作文明的发祥地。距今近 6500 年的湖北宜都的城背溪文化不仅有成熟陶器的制作，还有人工水稻的种植。此后出现了长江中上游的大溪文化、三星堆文化；长江中游的屈家岭文化、石家河文化；长江下游的河姆渡文化、良渚文化。礼制早在 5000 年前就已经在长江三角洲的良渚文化中出现，并逐渐走向规范化和制度化。从物质文明的层面看，中华文明的诸多基本要素，如瓷器、丝绸、铁器、稻作农耕等，也都从长江流域的新石器时代文化中创造发展而来。其中，水稻的培育成功促使南方地区在大约1万年前后就开始了从采食经济向产食经济的过渡，高温烧窑技术和瓷器制造、丝绸生产和织机的发明，铁器和铁制工具的发明推广，不仅对长江流域人口的迅速增长和社会财富的增加发挥了决定性的作用，而且为秦汉以后中华文明的高度发达奠定了坚实的基础。

在中国历史的轴心时代，即春秋战国时期，诸子横议、百家争鸣，长江流域贡献了以老子、庄子为代表的道家学派，以及孙武、范蠡、屈原等为代表的一大批思想家，巴蜀文化、荆楚文化、吴越文化和百越文化交相辉映，大大丰富了中国文化的思想宝藏。两汉时期的长江流域，前有以《淮南子》为代表、以黄老之学为表征的新道家，适时地矫正了秦朝“以法为教”的法家暴政意识形态；后有大思想家王充，以实证的精神针砭东汉谶纬神学和庸俗经学之流弊；魏晋之际的荆州学派，还有以“儒道兼综”为特征的魏晋玄学的兴起，结束了两汉“儒道互黜”的思想格局，长江文化与黄河文化发生了又一次具有实质性意义上的大融合。从楚辞、汉赋的出现，到东晋以后山水诗的勃兴，从巴山蜀水哺育出张天师及其“五斗米道”，到道教最终发展成为中国唯一的本土宗教，以及中国第一个佛教宗派天台宗的诞生，都是在长江流域的明山秀水之中孕育出来的。隋唐以后，随着南北大运河的开通和江南地区农业生产技术的提高，江南地区经济日益发展繁荣，全国的经济重心开始从中原向江南转移，这种趋势至南宋而成定局。“苏湖熟，天下足”“湖广熟，天下足”这些谚语，见证了长江流域从此成为定都北方的大一统皇朝的主粮仓、大金库。从宋元到明清，长江流域的粮食和财富通过大运河源源不绝地输往中原，保证了定鼎北方的历代皇朝成功地抵御北方游牧民族的侵扰，有效地维持着对中国全境的控制，使得中华文明在大一统政治格局的治乱循环中，血脉相传，不断延续。南宋时期，赵宋皇朝定都杭州。随着政治中心南移，经济重心的南移成为定局，长江流域也开始确立其与经济地位相称的文化中心地位。江西学、湖湘学、蜀学、闽学，还有“浙东之学”旗下的婺学、永嘉学、永康学，先后崛起于长江大地，将中国的思想文化引领进入更高的境界。明清以降，政治中心虽然随着明成祖迁都北京而远离长江，但经济中心和文化中心没有重返中原，反而历史性地长驻长江。在皇朝专制主义政治的超强制控下，中原地区文人和思想文化界越来越趋向于保守僵化，而长江流域却凭借其经济重心的地位，以及政治边缘化的地域优势，崛起成为“文物之邦”、思想的发源地。从明代大思想家王阳明以“心学”相号召，聚众讲学，开创王学，风动中国，到王阳明的弟子们创立“浙中王门”学派，从黄宗羲、王夫之、顾炎武，到戴震、龚自珍，还有陈独秀、鲁迅、胡适之、蔡元培、章太炎、王国维……长江流域孕育出无数风流人物，江南山水陶冶了一代又一代的思想精英，引领着中国近代以来的时代风潮。一部中华文明的发展史，其实就是在江河相济、南北互补中铸造辉煌的历史。从历史上看，正是因为有了长江和长江文化，有了长江文化与黄河文化的互动和融合，以儒家文化为主体、道家和佛家相辅相成的大一统中华文明才得以薪火相传，延续2000年辉煌。

2016年1月5日，习近平总书记在重庆召开推动长江经济带发展座谈会上强调：“长江、黄河都是中华民族的发源地，都是中华民族的摇篮。通观中华文明发展史，长江是中华民族的重要发源地之一。从巴山蜀水到江南水乡，长江流域人杰地灵，陶冶历代思想精英，涌现无数风流人物。”长江流域的文化成就，构成了一个宏大的流域文化共同体，也是一个异常丰富的创新宝库。我们必须思考，那些极其丰厚的文化资源如何演变为文化发展的基础、文化创新的动力，促进长江经济带经济与文化的共同发展。

二、中华人民共和国成立以后对长江文化和长江经济带的研究

(一)黄河文明在很长时间内居于正统地位

随着长江流域考古遗址的不断发现，20世纪八九十年代开始，区

域文化研究逐渐兴起。张正明、李学勤、季羡林等一大批学者开始认识到长江文明的重要性，提出了许多精辟的论断：张正明的“长江文化和黄河文化二元耦合而成”，季羡林的“中国最早的文化源于江河”，李学勤的“长江流域的文化具有世界性”，任继愈的“中华文明的根也在长江”，汤一介的“江河文化的汇合形成了中华文化”等。对长江文化的研究逐渐兴起，出版了《长江文化论集·第一辑·首届长江文化暨楚文化国际学术讨论会文集》，(张正明，1995)、《长江文化史》(李学勤、徐吉军，1995)、《长江文化论丛》(贺云翱，1999)、《长江文明丛书》(李学勤、陈剩勇，2004)、《长江文化研究文库》(季羡林、刘玉堂，2004)、《长江文明史》(叶书宗，2001)、《中华长江文化大系》(长航集团，2008)等著作，至今方兴未艾。

(二)长江经济带概念的提出已30余年，先后经历了3个阶段

第一阶段是1984—1985年。“七五”计划提出东、中、西部的概念，要求加快长江中游沿岸地区的开发。中国生产力经济学研究会提出了“长江产业密集带”之说，指出以长江流域若干超级城市或特大城市为中心，通过其辐射作用和吸引作用，联结各自腹地的大、中、小型城市和广大农村组成经济区。第二个阶段是从20世纪90年代始，随着浦东开发和三峡工程建设等重大决策的相继实施，特别是1992年6月中央召开了“长三角及长江沿江地区经济规划会议”提出了发展“长三角及长江沿江地区经济”的战略构想，1995年十四届五中全会进一步明确指出，要建设以上海为龙头的长三角及沿江地区经济带。第三个阶段是21世纪以来。2005年，长江沿线七省两市签订《长江经济带合作协议》，但因各省市行政壁垒等因素，效果不大；2013年，国家发改委会同交通运输部在北京召开关于《依托长江建设中国经济新支撑带指导意见》研究起草工作动员会议，当时包括上海、重庆、湖北、四川、云南、湖南、江西、安徽、江苏等9个省市；2014年，十二届全国人

大二次会议，李克强总理在政府工作报告中首次提出，要依托黄金水道，建设长江经济带，纳入贵州、浙江两省；2016 年 9 月，备受关注的《长江经济带发展规划纲要》问世，成为推动长江经济带发展的纲领性文件。

世界各国城市和经济的地域分布，沿海、沿江、沿铁路干线集聚是基本特征，美国密西西比河、欧洲莱茵河、俄罗斯伏尔加河等莫不如是。而长江航运承载力早已跃居世界第一，具备战略升级条件。随着沿海改革开放前沿阵地的基础夯实，开放开发具备由"沿海先行"向"内陆开发"过渡的条件。经济腹地广阔、有黄金水道支撑的长江经济带，在内陆大开发中必将脱颖而出、优先开发。

长江经济带涵盖了沿江 9 省 2 市，面积约 205 万平方公里，占全国国土面积的 21%，承载了 6 亿人口。2016 年，长江经济带生产总值（GDP）达 33.3 万亿元，经济总量占全国经济总量的 43.1%，以占全国约 1/5 的土地面积，贡献了全国 2/5 以上的经济总量，成为我国经济发展全局中的重要支撑带。2016 年 9 月，备受关注的《长江经济带发展规划纲要》问世。作为推动长江经济带发展的纲领性文件，《长江经济带发展规划纲要》不仅是当前和今后一个时期指导长江经济带发展工作的基本遵循，也是凝聚各方面力量，推动形成长江经济带发展强大合力的行动指南。2017 年中国城市 GDP 排行榜中，在 14 座万亿级城市中，长江经济带占了 9 个席位，其中上海、重庆、武汉、南京分别位居第 1、第 5、第 9 和第 11 位。2017 年中国城市 GDP 排名，上海以 3.01 亿元夺冠，14 城 GDP 超万亿。湖北地处长江之"腰"，境内长江干线长达 1061 公里，是长江径流里程最长的省份，为全国之最，应当率先适应这个转变，积极引领这个转变。长江兴则湖北兴，三峡工程库坝区和南水北调中线工程核心水源区，承担长江生态保护与修复的责任重大，任务艰巨。2015 年 4 月，在武汉举行的"长江论坛"上，时任湖北省委书记李鸿忠在致辞中称，万里长江的开发关系着中华民族子孙后代的福祉，我们肩负着长江开发与保护的重任，必须正确处理好人文、生态与经济之间的关系，努力做好文化长江、生态长江和经济长江三篇大文章。

三、三大文化区——巴蜀、荆楚、吴越

长江经济带文化是一个以巴蜀文化、荆楚文化、吴越文化为主体，包含滇文化、黔文化、赣文化、淮南文化等亚文化层次的庞大文化体系，这些不同的文化共同体在相同的文化规则下聚合成一个共同的文化体——长江经济带文化。

(一)巴蜀文化、荆楚文化、吴越文化

从历史区域上看，长江经济带文化可以分为巴蜀文化区、荆楚文化区及吴越文化区三大区域，它们分别是长江上游、中游及下游的古代文化。它们之中，当然还可作细致的划分，如巴蜀文化区亦可再分为滇文化区、黔文化区等，它们与四川盆地(包括盆周地区)内的巴蜀文化间的关系在新、旧石器时代或各有起源，后来即互有影响、互为补充，共同发展，至春秋战国间，则最终为巴蜀文化所涵盖。虽然，由于地域的辽阔，其彼此间的差别不可能完全消融，但共同的特点则是明显的、主要的。这犹如春秋战国之际四川盆地内的巴蜀文化尽管又可以按巴文化、蜀文化独立看待，但由于交融点、共同点太多而终被研究者以巴蜀文化笼而统之的道理一样。这个道理，已被从云南到贵州，经川西平原直至川东岭谷的考古发掘资料所大体证实。同理，在吴越文化(或称“扬越文化”)区内，尽管可以再分为赣文化区、徐淮文化区、闽台文化区、岭南文化区，甚至吴文化区、越文化区，但至春秋战国时期，则尽可以以吴越文化区大体概括。荆楚文化区因为两湖文化同出一源，自古一体，所以，一直被研究者视为一个比较单纯而独放异彩的独立文化

区域。

长江经济带文化代表了南方中国文化，是古代中国南方民族和移居、生活于南方的各族人民共同创造的物质文化与精神文化。万里长江沿线亦是中华民族的一条生命线和发展线。长江流域早在几百万年前便分布着若干个人类发源点与生长点，最早有距今 200 万年的“巫山人”(重庆巫山县)、距今 170 万年的元谋人(云南省元谋县)——两者代表着中华大地上出现的最早的直立人。此外，在长江流域还发现了距今 80 万年的“郧县人”(湖北省郧县)、“郧西人”(湖北郧西县)，距今 20 万年的“长阳人”(湖北长阳县)、“丽江人”(云南省丽江县)、“和县人”(安徽省和县)，距今 5 万~1 万年的“资阳人”(四川省资阳市)、“汉阳人”(湖北省武汉市)等。新石器时代，有在浙江省余姚县河姆渡村发现的距今 7000 年的河姆渡文化遗址，在重庆市巫山县大溪口发现的距今 6000 年的大溪文化遗址，在安徽省含山县凌家滩村发现的距今 5000 年的凌家滩文化遗址，在成都平原发现的距今 5000 年的古城址群(新津龙马古城、温江鱼凫城、都江堰芒城、郫县古城、崇州双河古城)，在湖北省京山县屈家岭发现的距今 5000 年的屈家岭文化遗址，在浙江省余杭县良渚镇发现的距今 5000 年的良渚文化遗址，则分别代表了巴蜀文化区(大溪文化遗址——成都平原古城址群)、楚文化区(屈家岭文化遗址——石家河文化遗址)、吴越文化区(河姆渡文化遗址——良渚文化遗址)的新石器时代长江流域先民所创造的古文明。它们主要以发达的稻作文明(以河姆渡文明为代表)与渔耕文明(以大溪文化为代表)为载体。到了商周时期，三个文化区创造出的青铜文明震惊中外，如巴蜀文化区的四川广汉三星堆青铜文明(以大型青铜立人像为代表)、成都金沙文明(以太阳神鸟金箔饰为代表)，荆楚文化区的战国青铜文明(以湖北随州曾侯乙编钟为代表)，吴越文化区的江西新干大洋洲青铜文明。

(二)长江经济带三大文化区的精神遗产

除物质文明以外，长江流域先民创造的精神文明也是彪炳显赫，如巴蜀文化区西汉文翁首创中国第一所地方公立学校——文翁石室，“学徒鳞萃，蜀学比于齐鲁”。此后，“天下郡、国皆立文学”。降至宋代，巴蜀地区拥有“举天下郡国所无有的”成都府学和藏书量居全国书院之冠的蒲江鹤山书院，入清以后更有享誉全国的长江上游两大学术中心兼两大图书馆的成都锦江书院与重庆渝州书院……两千多年间诗书琅琅、温柔敦厚的巴蜀水土，孕育出李冰、落下闳、张思训、秦九韶等大科学家，孕育出司马相如、王褒、扬雄、陈子昂、李白、苏轼、苏洵、苏辙、杨慎、张船山等大文学家、大哲学家、大思想家，孕育出谯周、陈寿、常璩、范祖禹、李焘、李心传等大历史学家，孕育出魏晋南北朝巴蜀地方史与两宋当代史这古代中国史学上的两座高峰；孕育出东汉张陵的道教，宋代张行成、魏了翁的理学……荆楚文化区也经历了两个高潮期。第一个高潮期在春秋战国之际，如楚文化史专家张正明先生总结的那样，其时楚地“精神文化方面的成就异常突出，哲学行于前，文学殿于后，这是一个从老子经庄子到屈子，东方的智慧之星一个接一个升起的伟大时代！”第二个高潮期在两宋之际。作为对这一高潮到来的铺垫，则是开宝九年(976 年)知潭州朱洞在岳麓山所创岳麓山书院。以后，建宁崇安(今属福建)人胡安国父子讲学南岳，“率开湖湘之学统”，奠定了湖湘文化的基础。至南宋绍熙五年(1194 年)，朱熹知潭州，亲自讲学于岳麓书院，时学者达千余人。至此，所谓“湖湘学统”成为一时之盛，而为全国学术界所钦羡。湖湘学者中的周敦颐(今湖南道县人)，后来被奉为理学的开山祖师。他在《太极图・易说》等著作里提出的哲学范畴，如无极、太极、理、气、心、性、命等以及立诚、主静学说，均是后来理学家所共同探讨的问题。著名理学家程颢、程颐两兄弟，便是周敦颐的学生。吴越文化区，在宋明时期则以赣文化为盛。南宋理学的代表人物朱熹和陆九渊，都是江西人。朱熹是二程的四传弟子，继承并发展了从周敦颐到二程的唯心主义体系，是理学的集大成者。他学识渊博，对哲学、历史、文学、宗教等许多学科都作过研究，写下《四书集注》《朱文公文集》《朱子语类》《诗集传》《通鉴纲目》等大量著作。与朱熹齐名的陆九渊，主张“心即理”，其思想体系被称为心学，后来为明代王守仁(浙江余姚人)所继承和发展，成为陆王学派。陆九渊的兄长陆九韶、陆九龄亦学问渊博，同陆九渊一样颇有著述，时人并称为“三陆”。陆九渊与朱熹在理学见解上不同(陆九渊属于主观唯心主义，朱熹则属于客观唯心主义)，他们曾于淳熙二年(1175 年)在鹅湖寺(今江西上饶市)举行了一次盛况空前的哲学辩论会，史称“鹅湖之会”。“一时学士大夫雷动风从，如在洙泗，天下并称之曰：朱陆。”宋明时期，赣文化区内俊彦辈出，灿若群星，除朱陆以外，还有欧阳修、王安石、曾巩、黄庭坚、杨万里、李觏、乐史、刘恕、徐梦莘、洪适、马端临、文天祥、吴澄、虞集、宋应星、汤显祖等杰出的文学家、哲学家、史学家、戏剧家、科学家，从而形成赣文化中的“儒雅风格”。吴越文化的核心区域在以太湖流域为中心的苏南、皖南和浙江省。其精神文明部分也是在元明清时期达至鼎盛，时有“东南财赋地，江浙人文薮”之誉。梁启超在《近代学风之地理分布》一文里还说：“浙江与江南——江苏、安徽同为近代文化中心点。”“实近代人文渊薮，无论何派之学术艺术，殆皆以兹域为光焰发射之中枢焉。”

(三)长江经济带三大文化区的交融、和合

千万年以来，长江孕育了巴蜀文化、荆楚文化、吴越文化，而又通过长江为纽带，把三个文化区连成一气，形成具有长江流域特色的长江文化。从另一方面来看，三个文化区也正是得利于长江的串联、沟通，而形成你中有我、我中有你的交融与和合。这特别表现在相邻的两个文化区域内，如巴蜀文化与荆楚文化的相互交汇与融合。而这种相互间的交汇与融合则在远古时期便已开始了。仅以考古文化中的大溪文化为例，其被认为是巴文化的主要源头。它虽以重庆巫山县大溪遗址而得名，但分布范围却东起今鄂中南，西至重庆直辖市东部，北达汉水中游

沿岸，南抵洞庭湖北岸，但“主要集中在长江中游西段的两岸地区”。而被认为是楚文化主要源头的屈家岭文化，则虽“以江汉平原为中心”，但其西部范围也延伸至三峡。由于大溪文化与屈家岭文化在部分地区（主要在三峡地区）的互相重合，且“有明确的地层叠压关系，陶器有承袭、演变的因素”，所以，考古学界有一种意见认为，屈家岭文化“是直接继承大溪文化发展来的”。徐中舒先生曾就古代黑陶、陶豆出土地址分布的情形分析说，早在“金石并用的时代”，“至迟在殷商的末期，四川与中原地区就已经有紧密的联系了”。“其主要道路应是沿江西上的。如忠县的黑陶与湖北宜昌、京山、天门等处出土的黑陶，在地域上就是紧密联系的。”联系到扬雄《蜀王本纪》里关于“荆人鳖令死，其尸流亡，随江水上至成都，见蜀王杜宇。杜宇立以为相……以其国禅之”的记载，《华阳国志·巴志》里关于“江州以东，滨江山险，其人半楚，精敏轻疾”的记载，宋玉《对楚王问》里关于“客有歌于郢中者，其始曰‘下里巴人’，国中属而和者数千人”的记载，可以相信，春秋战国时期，巴蜀地域就是当时各地区、各民族文化的一个交汇地与中转站。巴蜀文化与吴越文化交汇、融合的例子，在考古文化上也时有发现。其中著名一例，就是成都金沙商周遗址所出土的两件大玉琮，其一为琥珀色，其二为翡翠绿。它们的造型风格竟与浙江良渚遗址所出大玉琮完全一致，证明在距今四五千年至两三千年前，古蜀人就与古越人有着相互交流与沟通。总之，由西向东奔腾于南中国的万里长江，早在远古时期就已把流域内的三大文化区域紧密地联系起来，成为文化和合的一个早期典范。

（四）三大文化区的文化特征

对于中国这样的大国，疆域辽阔，各个区域因为自然地理环境、历史传承、宗教信仰、多样性的方言和经济发展不平衡等原因，区域文化差异很大，总结三大文化区的发展，我们归纳出巴蜀、荆楚、吴越三大文化区的文化特征，见表1。

表1　长江经济带三大区域文化特征

类型	长江上游地区	长江中游地区	长江下游地区
自然地理	长江上游及主要支流源区，四川盆地，西南内陆的山地丘陵地区	长江中游冲积平原，湖泊众多，河湖成网，长江水患严重	长江下游冲积平原，地势开阔，山岭低平
所属省份	四川、重庆、云南、贵州“锦江春色来天地，玉垒浮云变古今”——巴蜀文化区	湖南、湖北“楚塞三湘接、荆门九脉通”——荆楚文化区	上海、浙江、江苏、江西、安徽“东南财赋地，江浙人文薮”——吴越文化区
现代社会经济发展	西部相对欠发达发展地区	中部地区	东部相对发展地区
文化类型	大溪文化、三星堆文化、巴蜀文化	屈家岭文化、石家河文化、荆楚文化	河姆渡文化、良渚文化、吴越文化
著名人物	廪君、司马相如、卓文君、扬雄、陈子昂、李白、武则天、三苏、杨慎、陈毅、邓小平等	楚庄王、老子、庄子、屈原、宋玉、王昭君、孟浩然、陆羽、李时珍、张居正、闻一多、董必武等	范蠡、孙武、钱镠、陆逊、张籍、范仲淹、范成大、顾炎武、柳亚子、章太炎、徐志摩、鲁迅、余秋雨等
文化特征	强悍劲勇、朴直率真、才华恣肆、开放相容、勇敢阳刚、闲散舒适	筚路蓝缕、自强不息、念祖爱国、浪漫激情、革故鼎新、开放融合	崇德重义、明理重学、思维敏捷、趋时求新、多元包容、务实灵动

尽管有着巴蜀文化、荆楚文化、吴越文化的差异，但作为“共饮长江水”的文化区域，仍形成一种具有相对一体化的、多样共生的、具有

内在结构的长江经济带文化。体现在我们的情感上，都是饮着长江水，沐浴着长江的恩泽，都是同一个“母亲”抚育长大的“长江之子”。作为“长江之子”，其精神、理念的包容性和力量及其传承性是非常值得骄傲的。古人说“我住长江头，君住长江尾”，就是几千年来文化积淀和长期感情积累的结果。长江经济带文化作为其中最大的文化认同符号，是长江经济带发展的最深层的文化精神所在。

区域文化对一个区域的合作发展关系重大。长江经济带文化有三大特点：一是水文化，极具吸收和包容性；二是多元性文化，上游有巴蜀文化，中游有荆楚文化，下游有吴越文化，同时还有许多文化的亚地区等；三是开放型的文化，长江流域是汉藏语系交汇处，再加上后来南亚、印欧语系的渗透，使长江经济带文化具有宽阔的心态和开放的胸怀。① 长江经济带的建设推动城市发展，为文化的融合发展提供了广阔的交流平台，文化的交流互通则为长江经济一体化和多样化发展注入了人才和资源动力。长江经济带文化为长江流域的经济发展提供了强大的价值引领力、文化凝聚力和精神推动力，有着巨大的价值。

文化是最能凝聚人们感情的纽带。当前，谋划中国经济新棋局，推动沿海沿江沿边全面开放，构建横贯东西、辐射南北、通江达海、经济高效、生态良好的长江经济带，应当考虑长江流域巴蜀、荆楚、吴越文化的历史价值和现代转化，需要发挥长江经济带文化的协同、引领作用，努力推进文化与经济社会的互动互促。使日渐繁荣的长江经济带更加富有时代的气息，更加具有文化的内涵，更加显现创新的活力，形成世界生态文明建设和文化经济发展的黄金廊道。

（作者为湖北省炎黄文化研究会理事、湖北省社会科学院助理研究员）

---

① 陈沂等：《长江流域经济文化初探》，上海人民出版社 1990 年版，第 2~3 页。

襄阳融入长江经济带发展的文化视域思考

李晓航

新时代，融入长江经济带发展是襄阳城市发展的必由之路。作为中国历史文化名城，襄阳有着延绵的文化根脉、深厚的文化积淀，这些是襄阳的优势和特色，也是襄阳城市的核心竞争力。在共同推动长江经济带“共抓大保护，不搞大开发”的历史背景下，文化资源是经济社会发展的“黄金资源”，利用好这些丰富厚重的文化资源，是襄阳融入长江经济带高质量发展的重要支撑。

一、襄阳文化的多维构成

襄阳文化自古就有自强不息、昂扬向上的精神精髓，这是襄阳文化中的朝气，更是襄阳城市发展的精神动力。襄阳文化是智慧文化、创新文化、营商文化等多元文化交汇融合的结果。

(一)“崇文重教、尊重人才”的智慧文化

襄阳是历史文化名城、三国文化之乡，养育和孕育过一批智慧传奇人物。受这些历史名人智慧和思想的熏陶，襄阳文化中自然饱含着智慧的灵气与光芒。

智慧之基在教育。东汉末年，荆州牧刘表设荆州首府于襄阳，刘表无争天下之心，奉行保境安民之策，维持了荆州境内相对的和平安定，

为襄阳经济社会发展提供了良好环境。刘表重视发展文化和教育，在襄阳建学校、置学馆、延名师、育人才，效法洛阳太学设立的官学是全国唯一，使襄阳成为太学的南迁之地。

智慧之体在人才。历史上，襄阳产生和聚集了数量众多的人才，尤其是三国时期，襄阳成为当时最具号召力和影响力的城市，吸引了众多杰出的政治家、军事家、史学家、佛学家、文学家、大诗人来此隐居、求学、著书、传道。北方士人集团大量流寓襄阳，与本地的知识集团相结合，形成了一次以政治为中心的思想学术与文化高潮，出现了一批以诸葛亮、庞统为代表的政治、军事、文化人才。这些士人在三国的历史舞台上写下了辉煌的篇章，对该时期的政治、经济、文化作出了重要贡献。

(二)“崇尚科学、敢为人先”的创新文化

襄阳文化中一直流淌着崇尚科学、与时俱进、敢为人先的创新基因。以荆楚文化为例，从“筚路蓝缕、以启山林”到“飞将冲天、一鸣惊人”，从“辟在荆山”到“问鼎中原”，无不闪耀着敢为人先的光芒。楚人注重开发和利用资源，其青铜器、珠玉、刺绣、漆器、兵器、竹刻、丹青艺术及木雕等都后来居上，这都反映了楚人善于利用资源的开放创新精神。历史上，襄阳恰是荆楚文化的高地。

在时代潮流的大势推动下，襄阳人再次展示敢于创新、善于创新的一面。20 世纪 70 年代，襄阳用解决城市户口、住房和家属子女就业为杠杆，大胆引进全国各地的科技人才和工业项目，开一时风气之先，一跃成为全国闻名的工业明星城市。

(三)“重商亲商、重利尚义”的营商文化

“驿道通南北，汉水贯东西”的襄阳自古以来就是南北经济文化的交汇之地。凭借优越的水陆交通条件，襄阳经济获得了巨大的繁荣和发展，曾是中国历史上为数不多的大都会，整个地区都弥漫着浓厚的“重

商亲商”的气息。

“重利尚义”是襄阳商贸文化的一个显著特征。襄阳古代商家都有招牌字号，特别重视招牌信誉，并通过行规、习俗至上的传承，教化从业者树立职业道德，切实有效地做到诚实守信、保守商业机密。“重利尚义”这一营商文化一直对襄阳经济社会发展起着积极的推动作用。

(四)“注重天然、追求和谐”的生态文化

生态文化是中华民族传统文化中的精髓，襄阳人自古以来一直在追求“天人一体”的和谐状态，在城市建设和为人处世中颇显大智。

楚人勇猛，但也追求和谐宁静、社会安定、休养生息。楚庄王认为，武有七德，“夫武，禁暴、戢兵、保大、定功、安民、和众、丰财者也”，这种不以牺牲人民利益为代价的军事观和民本思想，反映了楚人止戈为武、追求和谐的亲民精神。荆州牧刘表无争天下之心，安集荆州流民，发展生产，为荆州的强大打下了坚实的基础。襄阳古城雄踞汉水中游，三面环水，一面靠山，布局“道法自然”，既有城防功能，还有生态功能，其内、外、方、圆、刚、柔、质、理共生和谐，彰显着意蕴无穷的审美理趣，充分体现了城市与生态、自然与人文的和谐之美。

二、襄阳融入长江经济带发展的文化效用

襄阳融入长江经济带高质量发展需要通过吸纳聚集文化创新要素和产业资本，把文化资源优势转化为创造优势、产业优势、经济优势。

(一)依托比较优势，发挥文化的引领作用

近些年来，襄阳加快省域副中心城市建设步伐，大力实施“文化立市”战略，经济发展较快，综合实力不断提升。推动襄阳融入长江经济带高质量发展，要形成以历史文化为基、时代精神为魂，地域文化特色浓郁，文化融合发展新格局；要让文化根植城市血脉，用文化塑造城市

气场，使襄阳文化“走出去”，古襄阳、新襄阳城市形象“立起来”；要注重发挥历史文化名城金字招牌的优势，不断提升其知名度和影响力。在开发利用中传承优秀历史文化，在创新创造中发展时代先进文化，以文化软实力提升城市竞争力和影响力，推动襄阳融入长江经济带高质量发展。

（二）依托资源优势，发挥文化的纽带作用

襄阳是汉水文化核心区。从形式上看，汉水文化融巴蜀文化、荆楚文化、中原文化、秦文化等为一体；从精神内核和文化构成的核心内容来看，汉水文化大体包括荆楚文化、中原文化、汉水以南原生部落方国文化等三种文化因素，三种文化因素相互叠加、互相包容。以西周为界，从汉水流域方国分布来看，西周以前，汉水流域古方国主要分布在汉水中上游；西周以后，以汉水为界，汉水以北是“汉阳诸姬”及众多中原方国的地盘，汉水以南为南方原生部落和楚国所占据。从地理布局看，绝大部分古方国分布于襄阳及其毗邻地区，如随国在原襄阳随县，唐国在随西北、枣阳东南五十里，罗国、鄀国在宜城，邓国在襄阳市北，卢国在南漳，彭国在谷城……来自北方的“汉阳诸姬”将中原文化带入汉水流域，而大小方国与楚国毗邻，文化相融。

襄阳是三国文化之乡。襄阳是荆州七郡的首府，也是当时全中国最繁华的十座城市之一，按照广义的三国文化概念，襄阳是三国头、三国论的提出地，也是三国尾的孕育地：“三国头”即三分天下始于襄阳（《三国演义》“司马徽再荐名士、定三分隆中策对”）；“三国尾”即三国结束（三国归晋）于襄阳，《三国演义》“荐杜预老将献新谋，降孙皓三分归一统”）。不仅如此，襄阳还是三国时期的人才高地、文化高地、精神高地。襄阳的地理位置及襄阳人才决定着荆州的存亡，襄阳情势很大程度上关乎三方力量的消长和历史的进程。

襄阳是古城文化的代表区。襄阳古城文化积淀深厚、内涵丰富、特

色鲜明，在中国古城文化中具有独特性和代表性。其主要体现在，一是古城遗址富集、历史悠久。仅市区就有 3 座古城遗址，西周邓城遗址有 3000 多年历史，樊城、襄阳城都有 2800 多年历史。在一个城市内有 3 座独立建城的古城，且历史都如此悠久，在全国少有。二是古城军事文化印迹深刻、声名远播。据史料记载，历史上曾有 172 次有名的战争发生在襄阳。其中，宋元大战旷日持久，长达 6 年，使"铁打襄阳"名噪海内外。"以天下言之，则重在襄阳""兵家必争之地，天下之腰膂"，描述了襄阳军事战略地位的重要。三是都市文化悠久深厚。唐代诗人张九龄描述："江汉间，州以十数，而襄阳为大，旧多三辅家，今则一都之会。"中国著名历史学家严耕望的《唐代交通图考》记述，襄阳中古时代 800 多年的繁华"犹先秦之邯郸、明清之秦淮"。

（三）依托创新优势，发挥文化的引擎作用

文化产业是经济发展的重要引擎，优秀文化富集的襄阳应当有效发挥其引擎作用。一是发挥文化创新优势。新时代，襄阳不断进行改革创新，经济实力不断增强，取得了丰富成果。目前，襄阳有 7 个国家级产业化基地、7 个国家级中心、2 个国家级可持续发展实验区和 1 个国创新型产业集群建设试点等"国牌"，连续多次被《福布斯》杂志列为"中国大陆最佳百名商业城市"，全球著名的投资管理公司仲量联行把襄阳评为"中国新兴城市 50 强"。二是发挥人才集聚优势。襄阳历来都重视人才，曾多次成为全国有影响的人才洼地，近些年来，襄阳大力实施"双千专业人才引进计划"和"隆中人才支持计划"，大量优秀人才向襄阳汇集，在经济社会发展中发挥了重要作用。三是发挥对外开放优势。襄阳与英国威客菲尔德市、美国印第安纳州卡梅尔市、意大利特尔尼省等 20 余个境外城市建立了友好关系，襄阳市保税物流中心等 4 个保税项目已建成并投入使用。襄阳火车站海关监管区是湖北省首个铁路口岸，湖北省第一个公路口岸也在襄阳开通……这些都为襄阳的对外开放奠定了基础。

三、以文化为引领推动襄阳融入长江经济带高质量发展

(一)全面提升市民人文素质，打造襄阳“气质”

深入开展社会主义核心价值体系学习教育，用社会主义核心价值体系引领社会思潮，凝聚社会共识。通过道德的洗礼和心灵的环保，改善人与人、人与社会、人与自然的关系，通过人的精神和谐来实现社会和谐，通过市民素质的提高整合社会的凝聚力，构建具有高度认同感和强大凝聚力的精神家园，坚持把文化育民、文化惠民、文化富民作为日常工作出发点和落脚点，让文化与群众接近、亲近、“零距离”接触，使人人成为文化的主人，人人拥有文化的权益，人人享有文化的果实，让襄阳人都能真真切切地浸染到文化的雨露。一是扎实开展市民教育。以社会主义核心价值观引领文化建设，培养合格市民，提升文明素质。把社会主义核心价值观贯穿精神文明建设全过程，发挥其强基固本的作用。二是要稳步推进“道德讲堂”活动。将以“友爱之心、诚信之心、孝敬之心、责任之心”为主要内容的“道德讲堂”推广至机关、学校、企业、社区。三是要深入开展“襄阳百杰”活动。通过评选各个行业的道德模范，树立市民心灵标杆和行动榜样。四是要广泛开展志愿服务等道德实践活动。通过开展公共文明礼仪教育和实践活动，提高市民的道德修养，提升城市的文明气质。

(二)精心培育城市文化品牌，彰显襄阳“气派”

坚持把城市作为品牌来培育，充分整合各类城市资源和文化元素，进行策划、包装和推介，形成城市文化品牌系统，展示襄阳文化独特魅力。一是精心培育文化软品牌。推进以“阳光、真诚、责任、荣誉、激情、服务、效能”为重点的行政文化建设；培育“企业家沙龙”等品牌，

提升企业家商战智谋、经营管理水平和社会责任感；培育“襄阳人文大讲堂”“书香溢襄阳”“汉江讲坛”等品牌，引导市民自我教育、自我提升、自我发展，塑造新襄阳人良好形象。二是精心打造文艺精品。制定鼓励和扶持文艺创作政策措施，组织、策划和推出一批有影响力、吸引力的优秀文艺作品。以荆楚文化、三国文化、汉水文化、古城(池)文化等为题材，创作和打造一批精品剧作和文艺作品，把最具襄阳特色的历史文化元素充分展示出来。三是高质量打造“文化襄军”。高水平建设名人文化园、名人工作室、名人俱乐部，吸引文化名家、文化大师和高层次领军人物聚集襄阳，以此推动文化名城建设，实现突破。

(三)大力推进文化产业发展，塑造襄阳“气象”

加大文化资源整合和结构调整力度，重点发展以“三城五园”为龙头的文化产业，加快文化产业园区和文化产业集群建设。一是优化文化产业发展空间布局。统筹规划全市文化产业区域布局，城区和县(市)区各建设一批特色化文化产业园区(基地)。打造区域特色优势产业集群，促进文化资源合理配置和产业分工，避免重复建设和同质化竞争。二是大力扶持传统文化产业。促进新闻出版、广播影视、文化娱乐、广告传媒等文化产业的提档升级，提升内容生产供应能力和内容服务经营水平，推动文化与旅游产业深度融合，为文化产业延伸创造市场空间。三是积极培植新兴文化产业。注重高科技文化内容的生产，开发文化科技融合产品，创新文化商业模式，形成文化与科技融合的产业优势。

(四)积极推动文化传播交流，提升襄阳“气场”

文化对外交流与合作是提升城市形象和影响力的重要方式。通过建立以政府为主导，文化企业为主体，中介机构为辅助，民间交流为补充的文化对外交流合作机制，使文化对外交流与合作成为外界了解襄阳、认识襄阳的重要平台。一是拓宽文化对外宣传领域，加强对外文化宣传。以党报党刊、电台电视台为主，整合都市媒体、网络媒体等资源，形成实力雄厚的广播电视集团和报业传媒集团，构建起统筹协调、功能互补、覆盖广泛、富有成效的传播体系。定期与各大卫视、门户网站、知名报纸杂志进行交流学习，并邀请他们到襄阳来采风。拍摄制作高水准的襄阳城市宣传片，在境内外知名媒体投放。二是要繁荣发展对外文化贸易。实施“引进来”战略，积极引进国际国内知名企业和投资主体到襄阳发展文化产业。推动“走出去”战略，支持本地文化企业开拓海内外市场，培养一批拥有较强竞争力的大型文化经济机构，到海外独立经营商业演出、展览业务。三是要建立文化对外交流合作平台。整合市内文艺精品、会展资源、论坛资源、文化遗产及文化贸易资源，打造文化对外合作交流平台。

（作者为湖北省襄阳市社会科学界联合会主席）

黄帝祭祀的历史考察与现实意义

李　乔

“三月三，拜轩辕”，祭祀黄帝有着悠久的传统。2006年起，在新郑黄帝故里举行的拜祖大典开始由河南省政协和郑州市人民政府联合主办，成为省级大型庆典活动，到2018年已成功举办13届。连年成功举办的拜祖大典有力地促进了世界华人的民族认同、文化认同、祖国认同，已经成为展示和弘扬中华优秀文化的重要窗口，成为中华民族共有精神家园建设的重要载体。

一、轩辕黄帝是中华民族的人文始祖

黄帝，姓公孙，生于轩辕之丘，故称“轩辕氏”；建国于有熊，称为有熊氏；在姬水边长成，又以姬为姓，是华夏民族由史前蒙昧时期进入文明时期的一位杰出氏族部落首领，是中华民族的人文始祖。

黄帝所生活的时代，正是原始社会向阶级社会转变的初期，社会变革十分巨烈。此时，炎帝族开始衰落，诸侯并起，相互侵扰攻伐，百姓生灵荼毒。黄帝见炎帝族无力平定战乱，便习武练兵，出兵讨伐，各部族纷纷宾服，只有九黎族首领蚩尤强暴凶悍，一时难以制服。黄帝便开始实施德政，训练士兵，种植五谷，发展农业，安抚民众。待时机成熟，黄帝率领训练好的熊、罴、貔、貅、貙、虎等各部族，同炎帝族在阪泉(今河北涿鹿东南)展开激战，经过三次短兵相接，获得了胜利。

经过战争，促进了部落的融合，炎帝部落与黄帝部落最终融合为炎黄集团。随后，“蚩尤作乱，不用帝命”，在劝说无效的情况下，黄帝“征师诸侯，与蚩尤战于涿鹿之野，遂禽杀蚩尤”。这场战争过后，“诸侯咸尊轩辕为天子”，黄帝由此成为中原地区乃至黄河流域最大的部落联盟首领。①

黄帝统一中原地区后，鼓励农桑，劝民种植，改造耒耜、耨等生产工具，修建水渠，灌溉田地，粮食产量得到较大提高。粮食来源问题解决之后，黄帝又开始教民“蒸谷为饭”“烹谷为粥”“燔肉为炙”，② 以解决粮食加工问题。为解决“天下人民，野居穴处，未有室屋，则与鸟兽同域”的居住问题，黄帝“伐木构材，筑作宫室，上栋下宇，以避风雨”。③ 衣食居住问题解决后，黄帝又开始着手解决人们的交通出行问题，《汉书·地理志》云：“昔在黄帝，作舟车以济不通，旁行天下。”④为辨别方向，黄帝又发明了指南车，《古今注》记载：“黄帝与蚩尤战于涿鹿之野，蚩尤作大雾，兵士皆迷，于是作指南车以示四方，遂禽蚩尤。”⑤为加强部落治理，黄帝以风后、力牧等六人为相，开始设官治民，并设置左右两“大监”“监于万国”，还制定一些礼仪法规规范社会秩序，“黄帝作为君臣上下之仪，父子兄弟之礼，夫妇妃匹之合”⑥“别男女，异雌雄，明上下，等贵贱”⑦，开创了制度文明。他还发明了文字，制定历法和甲子，在美术、音乐、舞蹈等方面都有较大的发展。元代学者胡一桂高度肯定黄帝在中华文明史上的开创作用，认为中华文明

---

① （汉）司马迁：《史记》卷一《五帝本纪》，中华书局 1959 年版，第 3 页。

② 黄怀信等：《逸周书集校集注》附录一《佚文》，上海古籍出版社 1995 年版，第 1223 页。

③ 王利器：《新语校注》卷上《道基》，中华书局 1986 年版，第 11 页。

④ （汉）班固：《汉书》卷二十八上《地理志上》，中华书局 1962 年版，第 1523 页。

⑤ （晋）崔豹：《古今注》卷上《舆服》，文渊阁《四库全书》本。

⑥ （战国）商鞅著，高亨注译：《商君书》卷五《画策》，中华书局 1974 年版，第 372 页。

⑦ 何宁：《淮南子集释》，中华书局 1998 年版，第 477 页。

是从黄帝开始的："自今观之，伏羲、神农二圣人，去洪荒之世未远也，其风犹为朴略。至黄帝之世，实为文明之渐，故昔之穴居野处者，今始有宫室；昔之污樽抔饮者，今始有什器；昔之结绳而治者，今始有书契文字；昔之皮革蔽体者，今始有冠冕章服。其诸制器利用，难以枚举，骎骎乎非复前日朴野之俗矣。"①由于黄帝以其文治武功统一各氏族部落，又发展生产、创造文化，将人类由野蛮社会带入文明社会，因此，被人们尊称为中华民族的人文始祖。

在黄帝的众多发明中，有一项伟大贡献便是定姓氏。《路史》记载，黄帝"作玉律以应候气，荐之宗庙，察治忽以知三军之消息，以正名百物，明民共财而定氏族"②。在中国姓氏发展史上，黄帝具有举足轻重的地位。《国语·晋语四》曰："黄帝之子二十五宗，其得姓者十四人，为十二姓：姬、酉、祁、纪、滕、箴、任、荀、僖、姞、儇、衣是也。"③胡一桂更是把姓氏起源归于黄帝，他说："帝四妃，二十五子，得姓者十有四人，为十二姓。生人以来，得姓之始，实由于此。"④文中所说的"二十五宗"或"二十五子"，指的是25个氏族部落，"十二姓"就是12个具有血缘关系的氏族，由此可见，黄帝族是一个由众多氏族部落组成的庞大部落联盟。黄帝之子的12个姓氏又分化出众多姓氏，按照司马迁《史记》的说法，先秦时期居于中原地区统治地位的部族，如颛顼、帝喾、尧、舜、禹，以及夏、商、周的统治者等，都是黄帝的裔胄。这些连续不断居于统治地位的部族，拥有最多的权力，占有丰富的资源，因而人丁极其兴旺，又衍生出许许多多姓氏，秦嘉谟辑本《世本·氏姓篇》收录的由黄帝之子姓氏衍生

① （元）胡一桂：《史纂通要》卷一《黄帝》，文渊阁《四库全书》本。

② （宋）罗泌：《路史》卷十四《后纪五·疏仡纪·黄帝纪上》，文渊阁《四库全书》本。

③ 徐元诰撰，王树民、沈长云点校：《国语集解》卷十《晋语四》，中华书局2002年版，第334～335页。

④ （元）胡一桂：《史纂通要》卷一《黄帝》，文渊阁《四库全书》本。

出来的姓氏就有510个。因此，明初著名儒学家方孝孺就说："四海之广，百氏之众，其初不过出于数十姓也。数十姓之初，不过出于数人也，数人之先一人也。故今天下之受氏者，多尧舜三王之后，而皆始于黄帝。"①

二、河南新郑是黄帝族的重要活动地

根据文献记载，今中原地区的新郑、新密一带是黄帝部落的重要活动地。《史记·五帝本纪》说黄帝"居轩辕之丘"，"名曰轩辕"，唐司马贞《索隐》引三国史学家皇甫谧的话说："(黄帝)居轩辕之丘，因以为名，又以为号。"②宋王钦若《册府元龟·帝王部》称："黄帝初受国于有熊轩辕之丘，因以为名。"③《御批历代通鉴辑览》载："黄帝轩辕氏，少典氏之子，生帝于轩辕之丘，故曰轩辕氏。"④

那么，轩辕之丘在哪里呢？[万历]《开封府志》载："轩辕丘，在新郑县境，古有熊氏之国，轩辕黄帝居此，故名。"⑤明代《河南通志》《大明一统志》有相同的记载。明代陆应阳《广舆记》也说："轩辕丘，新郑，古有熊氏之国，黄帝生此，因名。"⑥清人也都认为黄帝出生在轩辕之丘，其地在今新郑境内，吴乘权等辑的《纲鉴易知录》说："生帝于轩辕之丘(在河南开封府新郑县)，因名轩辕，姓公孙……国于有熊(即新郑县)，故号有熊氏。"⑦康熙《新郑县志》载："轩辕丘，在

---

① (明)方孝孺著；徐光大点校：《方孝孺集》(上册)，浙江古籍出版社2013年版，第52页。

② (汉)司马迁：《史记》卷一《五帝本纪》，中华书局1959年版，第10页。

③ (宋)王钦若：《册府元龟》卷五《帝王部·创业》，文渊阁《四库全书》本。

④ (清)傅恒等：《御批历代通鉴辑览》卷一，光绪二十七年慎记书庄石印本。

⑤ (明)朱睦：[万历]《开封府志》卷五《古迹》，明万历十三年刻本。

⑥ (明)陆应阳纂，蔡方炳增辑：《广舆记》卷六《河南·开封府》，康熙二十五年刻本。

⑦ (清)吴名权等：《纲鉴易知录》卷一《五帝·黄帝》，光绪十二年上海点石斋石印本。

县境，黄帝生于斯，故名。”①《清一统志》注谓：“轩辕丘，在新郑县西北故城。《史记》：黄帝居轩辕之丘。”②清乾隆二十九年轩辕故里碑刻说：“古传郑邑为轩辕氏旧墟，行在北有轩辕丘遗址，乃当年故址。”③由此可见，黄帝所居之轩辕丘就在今河南新郑市境内，当无异议。

黄帝不仅生于新郑，还建都于此。黄帝号有熊氏，《史记·五帝本纪》记载：“黄帝者，少典之子。”南朝宋裴骃的《集解》引皇甫谧的话说：“有熊，今河南新郑是也。”④对于《史记·周本纪》中的“有熊九驷”，唐张守节《正义》引《括地志》说：“郑州新郑县，本有熊氏之墟也。”⑤北魏郦道元《水经注》引皇甫谧《帝王世纪》说：“县故有熊氏之墟，黄帝之所都也。”⑥唐杜佑《通典·州郡典七》记载：“新郑县，汉旧县，有溱洧二水，祝融之墟，黄帝都于有熊，亦在此，本郑国之地。”⑦唐李吉甫《元和郡县图志》称：“郑州新郑县，本有熊之墟。”⑧《艺文类聚》《太平御览》皆引《帝王世纪》说：“(黄帝)受国于有熊，居轩辕之丘，故因以为号。”⑨宋乐史《太平寰宇记》记载：“新郑县，昔黄

① (清)朱廷献修，(清)刘日烓纂：[康熙]《新郑县志》卷三《古迹》，清康熙三十三年刻本。

② (清)穆彰阿等纂修：《大清一统志》卷一百五十《开封府·古迹》，《四部丛刊续编》本。

③ 新郑市文物管理局编：《新郑市文物志》，中国文史出版社 2005 年版，第 202 页。

④ (汉)司马迁：《史记》卷一《五帝本纪》，中华书局 1959 年版，第 2 页。

⑤ (汉)司马迁：《史记》卷四《周本纪》，中华书局 1959 年版，第 117 页。

⑥ (北魏)郦道元著，陈桥驿校证：《水经注校证》，中华书局 2007 年版，第 520 页。

⑦ (唐)杜佑：《通典》卷一百七十七《州郡·河南府》，中华书局 1984 版。

⑧ (唐)李吉甫撰，贺次君点校：《元和郡县图志》卷八《河南道·郑州·新郑县》，中华书局 1985 年版，第 205 页。

⑨ (唐)欧阳询：《艺文类聚》卷十一《帝王部·黄帝轩辕氏》，文渊阁《四库全书》本；(宋)李昉等：《太平御览》卷七十九《皇王部·黄帝轩辕氏》，文渊阁《四库全书》本。

帝都于有熊，即其地。”①宋欧阳忞的《舆地广记》云：“新郑县，古有熊国，黄帝所都也。”②宋郑樵《通志》记载“黄帝都有熊”注曰：“有熊，今郑州新郑。”③[万历]《开封府志》称：“新郑县，在郑州东北九十里，古有熊国，黄帝所都。”④《大清一统志》引《后汉书》《通典》说：“新郑，黄帝之所都。《通典》：新郑，祝融之墟，黄帝都于有熊，亦在此也。”⑤众多文献一致认为，黄帝曾在今河南新郑境内建立都城。

由于黄帝长期生活于今新郑境内，并建都于此，因此，在这块地方也遗留下了具茨山、避暑洞、饮马泉、御花园、南崖宫等众多与黄帝有关的历史遗迹。

具茨山，又名“大隗山”，为嵩山支系，传说黄帝曾于此向大隗真人问道。《水经注·潩水》：“大騩即具茨山也。黄帝登具茨之山，升于洪堤之上，受《神芝图》于华盖童子，即是山也。”⑥《元和郡县图志》：“大騩山，在(密)县东南五十里，本具茨山。黄帝见大隗于具茨之山，故亦谓之大騩山。潩水源出于此。”⑦《太平御览》引《阳城记》曰：“大嵬山，在密县东南五十里，即具茨之山。黄帝登具茨之山，升于供堤之上，受《神芝图》于黄盖童子，即此也。又名具茨山也。”⑧《太平寰宇记》也记载：“大騩山，在(密)县东南五十里。《水经注》云：大騩山即

① (宋)乐史：《太平寰宇记》卷九《河南道·郑州·新郑县》，中华书局2007年版，第170页。

② (宋)欧阳忞：《舆地广记》卷九《京西北路·新郑县》，文渊阁《四库全书》本。

③ (宋)郑樵：《通志》卷四十一《都邑略·三皇都》，文渊阁《四库全书》本。

④ (明)朱睦：[万历]《开封府志》卷三《沿革》，明万历十三年刻本。

⑤ (清)穆彰阿等纂修：《大清一统志》卷一百五十《开封府·古迹》，《四部丛刊续编》本。

⑥ (北魏)郦道元著，(清)杨守敬、熊会贞疏：《水经注疏》卷二十二《潩水》，江苏古籍出版社1989版，第1858页。

⑦ (唐)李吉甫撰，贺次君点校：《元和郡县图志》卷五《河南道·河南府》，中华书局1985年版，第135页。

⑧ (宋)李昉等：《太平御览》卷四十二《地部·大嵬山》，文渊阁《四库全书》本。

具茨山也。黄帝登具茨之山，升于洪堤之上，受《神芝图》于黄盖童子，即是山也。《庄子》谓之‘具茨之山’，溭水出于此。”①又《元丰九域志》云：“具茨山，《舆地志》云：黄帝往具茨见大隗君，授以《神芝图》。”②[万历]《开封府志》记载：“具茨山，在新郑县西南四十里，一名大隗山，山海经谓之大騩山。又《水经注》云：黄帝登具茨之山，升于洪堤上，受神芝图于黄盖童子，即是山也。溭水出其阿而流为陂，俗谓之玉女池，今其山有轩辕避暑洞，又其巅有风谷，下有白龙湫，每遇旱致祷辄应。”③

具茨山上有避暑洞，《明一统志》载：“具茨山，在新郑县西南四十里，又名大隗山。《水经注》云：黄帝登此山，升于洪堤，受《神芝图》于黄盖童子。今其山有轩辕避暑洞。”④[雍正]《河南通志》记载：“避暑洞，在新郑县城西南四十里大隗山畔，世传黄帝避暑于此。旧有祠，后废。”⑤

具茨山畔有黄帝种花的御花园，[万历这]《开封府志》记载：“御花园，在大隗山畔，相传黄帝种花处。”⑥[康熙]《新郑县志》有相同的记载。⑦ [雍正]《河南通志》记载：“御花园，在新郑县西南四十里大隗山畔，相传黄帝种花处。”

新郑西南自然山上有黄帝饮马泉，[万历]《开封府志》记载：“自然

① (宋)乐史：《太平寰宇记》卷五《河南道·西京三·密县》，中华书局2007年版，第69~70页。

② (宋)王存：《元丰九域志》卷一《京西北路·古迹》，文渊阁《四库全书》本。

③ (明)朱睦：[万历]《开封府志》卷四《山川》，明万历十三年刻本。

④ (明)李贤等：《明一统志》卷二十六《开封府上·山川》，文渊阁《四库全书》本。

⑤ [雍正]《河南通志》卷八《山川·禹州》，文渊阁《四库全书》本。

⑥ (明)朱睦：[万历]《开封府志》卷五《古迹》，明万历十三年刻本。

⑦ (清)朱廷献修，(清)刘日烓纂：[康熙]《新郑县志》卷三《古迹》，清康熙三十三年刻本。

山，在新郑县西二十五里，下有轩辕饮马泉。”①［康熙］《新郑县志》记载：“饮马泉，在自然山下，俗云黄帝饮马于此。”②［雍正］《河南通志》记载：“饮马泉，在新郑县西二十五里自然山下，俗云黄帝饮马于此。”③

为祭祀黄帝，具茨山上建有轩辕庙，［康熙］《新郑县志》记载：“轩辕庙，在县西大隗山巅，久废。”又有南崖宫，［雍正］《河南通志》记载：“南崖宫，在新郑县城西南四十里大隗山，祀黄帝、岐伯、雷公。”④

新郑是黄帝部落的重要活动地也得到了考古学的印证，在郑州市北郊23公里处邙岭余脉上发现的西山古城，遗址的文化遗存按照前后顺序可分为3期：第一期遗存约相当于后岗一期文化时期；第二期遗存最为丰富，属仰韶文化庙底沟类型；第三期为仰韶文化晚期的秦王寨类型，其绝对年代距今5300~4800年，正相当于黄帝时期。考古学家许顺湛先生认为，郑州就是黄帝时代有熊国的国都。1992年中华炎黄文化研究会主办的“炎黄文化与中原文明国际学术讨论会”、1998年中国古都学会主办的“中国古都学会第十五届年会暨新郑古都与中原文明学术研讨会”均确认轩辕黄帝出生于新郑的轩辕丘，并在新郑建都。有学者综合运用考古学、民族学、文物学等多学科理论和方法对这一问题进行研究，认为具茨山上发现的岩画至少形成于距今4000年前，而这一时期正是黄帝时期，具茨山岩画表明具茨山是黄帝部落聚居、活动的重要地区，具茨山岩画与黄帝文化有着深厚的渊源关系，新郑也因此被称为黄帝故里。

此外，与新郑临近的密县、郏县、襄城县等地亦有黄帝遗迹，如密

---

① （明）朱睦：［万历］《开封府志》卷四《山川》，明万历十三年刻本。

② （清）朱廷献修，［清］刘日烓纂：［康熙］《新郑县志》卷一《山川》，清康熙三十三年刻本。

③ ［雍正］《河南通志》卷八《山川·禹州》，文渊阁《四库全书》本。

④ ［雍正］《河南通志》卷八《寺观·禹州》，文渊阁《四库全书》本。

县有白松、越王城、卧龙台、拜将台，[雍正]《河南通志》记载："白松，在密县城东五里。世传黄帝葬三女处，冢上生松一株，三干，干色如粉，肤理莹泽。""越王城，在密县城东大騩镇东门外。俗传黄帝访大騩时筑。""卧龙台，在密县城西方山保。相传黄帝访广成子问道处。""拜将台，在密县东，黄帝拜风后为将而筑。"①郏县有钧台，[雍正]《河南通志》曰："钧台，在郏县西四十五里。相传黄帝问道广成子于此，闻钧天之乐，故名。"②襄城县有首山，《明一统志》云："首山，在襄城县南五里。《史记》：申公曰，天下名山八，而三在夷狄，五在中国，皆黄帝所尝游。首山其一也。"③

综上所述，以新郑为中心的嵩山东部地区，是黄帝的重要活动地区，也是黄帝建都之地，这里的黄帝文化积淀十分丰厚。

三、黄帝认同是中华民族形成的基础

自汉代开始，中原以及边疆各民族均认黄帝为血缘始祖。首先是被称为"五帝"的颛顼、帝喾、尧、舜都尊黄帝为始祖。黄帝生有昌意、玄嚣，昌意生高阳，即颛顼；玄嚣生娇极，娇极生高辛氏，即帝喾，高辛氏生帝尧，即放勋，"帝颛顼高阳者，黄帝之孙，而昌意之子也""帝喾高辛者，黄帝之曾孙也。高辛父曰娇极，娇极父曰玄嚣，玄嚣父曰黄帝""帝喾娶陈锋氏女，生放勋""虞舜者，名曰重华。重华父曰瞽叟，瞽叟父曰桥牛，桥牛父曰句望，句望父曰敬康，敬康父曰穷蝉，穷蝉父曰帝颛顼，颛顼父曰昌意"。④

---

① [雍正]《河南通志》卷五十二《古迹·禹州》，文渊阁《四库全书》本。

② [雍正]《河南通志》卷五十二《古迹·汝州》，文渊阁《四库全书》本。

③ (明)李贤等：《明一统志》卷二十六《开封府上·山川》，文渊阁《四库全书》本。

④ (汉)司马迁：《史记》卷一《五帝本纪》，中华书局 1959 年版，第 11、13、14、31 页。

夏、商、周三代皆为华夏族始祖黄帝之后。建立夏朝的禹是黄帝的直接后裔，《史记·夏本纪》曰：“禹者，黄帝之玄孙而帝颛顼之孙也。”①殷商始祖契为帝喾次妃所生，也是黄帝的后裔，《史记·殷本纪》言：“殷契，母曰简狄，有娀氏之女，为帝喾次妃。”②周朝的始祖后稷(弃)为帝喾元妃所生，亦为黄帝的后裔，《史记·周本纪》称“周后稷，名弃，其母有邰氏女，曰姜原。姜原为帝喾元妃。”③西汉汉代经学家褚少孙说：“舜、禹、契、后稷，皆黄帝子孙也。”元代学者马端临也说：“盖古之仕者世禄，而五帝三代之世系，未有不出自黄帝者也。”④秦汉以后，尽管不断改朝换代，但中原华夏族君主都恪守已经形成的同宗共祖的“家天下”宗法传统，将自己纳入华夏族始祖黄帝谱系。

就连先秦时期西方、北方的戎狄也都被认为是黄帝的后裔，《山海经》就说：“黄帝之孙曰始均，始均生北狄”“黄帝生苗龙，苗龙生融吾，融吾生弄明，弄明生白犬……是为犬戎”“颛顼生欢头，欢头生苗民”“季禺之国，颛顼之子”“有国，名曰叔士，颛顼之子”“有国曰中轮，颛顼之子”。中容、司幽、自民、黑齿、三身、季厘、羲和、西周等国则为帝俊即帝喾子族。向来被认为属于戎狄的秦朝先人是黄帝的孙子高阳氏颛顼的后人，《史记·秦本纪》载：“秦之先，帝颛顼之苗裔。”⑤属于南蛮的楚是黄帝的后裔，《史记·楚世家》称：“楚之先祖出自帝颛顼高阳。”⑥被人们视为夷蛮的越王勾践也是黄帝的后人，《史记·东越列传》谓：“越王句践，其先禹之苗裔，而夏后帝少

---

① (汉)司马迁：《史记》卷二《夏本纪》，中华书局1959年版，第49页。

② (汉)司马迁：《史记》卷三《殷本纪》，中华书局1959年版，第91页。

③ (汉)司马迁：《史记》卷四《周本纪》，中华书局1959年版，第111页。

④ (元)马端临：《文献通考》卷二五九《帝系考十·皇族》，文渊阁《四库全书》本。

⑤ (汉)司马迁：《史记》卷五《秦本纪》，中华书局1959年版，第173页。

⑥ (汉)司马迁：《史记》卷四十《楚世家》，中华书局1959年版，第1689页。

康之庶子也。"①

汉朝时期，称雄中原以北的游牧民族匈奴是夏朝的遗民，《史记·匈奴列传》云："匈奴，其先祖夏后氏之苗裔也，曰淳维。"《索隐》引乐彦《括地谱》曰："夏桀无道，汤放之鸣条，三年而死。其子獯粥妻桀之众妾，避居北野，随畜移徙，中国谓之匈奴。"②这里更是把匈奴说成夏桀之子獯粥的后裔，如果再往上推，匈奴是大禹的后裔，而禹又是黄帝的后裔，这样匈奴当然也就是黄帝的后裔了。

司马迁认为，先秦时期各民族均为黄帝后裔的观点，不仅为此后众多史学家所接受，也得到了中国少数民族的普遍认同。我国古代少数民族大多沿袭司马迁的说法，称自己是黄帝子孙。西晋后期，北方匈奴、鲜卑、羌、羯、氐等游牧民族逐鹿中原，先后建立起来的各族政权为标榜新朝的正统地位，纷纷从历史典籍中寻找族源依据。匈奴人赫连勃勃称"自以匈奴夏后氏之苗裔也"③，将其建立的政权命名为大夏。他自称是"大禹之后"，要"复大禹之业"④。

建立前秦政权的氐人苻洪，自称大禹后裔，称"其先有扈之苗裔，世为西戎酋长"⑤。按照《史记·夏本纪》的记载，有扈氏为大禹后裔，"禹为姒姓，其后分封，用国为姓，故有夏后氏、有扈氏、有男氏、斟寻氏、彤城氏"⑥。苻洪为有扈氏后裔，自然也是黄帝的后人。

---

① (汉)司马迁：《史记》卷一一四《东越列传》，中华书局1959年版，第2979页。

② (汉)司马迁：《史记》卷一一《匈奴列传》，中华书局1959年版，第2879~2880页。

③ (唐)房玄龄等：《晋书》卷一三《赫连勃勃载记》，中华书局1974年版，第3202页。

④ (唐)房玄龄等：《晋书》卷一三《赫连勃勃载记》，中华书局1974年版，第3205页。

⑤ (唐)房玄龄等：《晋书》卷一一二《苻洪载记》，中华书局1974年版，第2867页。

⑥ (汉)司马迁：《史记》卷二《夏本纪》，中华书局1959年版，第89页。

先后建立前燕、后燕、南燕、西燕政权的慕容氏，为鲜卑人，“其先有熊氏之苗裔，世居北夷，邑于紫蒙之野，号曰东胡”①，有熊氏就是黄帝。《十六国春秋·前燕录》说得更加具体：“昔高辛氏游于海滨，留少子厌越以君北夷，邑于紫蒙之野，世居辽左，号曰东胡。”②高辛氏，即黄帝曾孙帝喾。东胡族是高辛氏之子厌越的后裔，自然也就是黄帝的后裔，而鲜卑族作为东胡族的分支，自然也就是黄帝的后裔。

活动于东北地区的高句丽也认为自己是黄帝的后裔，《晋书·慕容云载记》称，北燕政权建立者高云，其祖父高和为“高句骊之支庶，自云高阳氏之苗裔，故以高为氏焉”③。高阳氏，即黄帝之孙颛顼，可见，高句丽也认黄帝为自己的祖先。

大秦政权的建立者、羌人姚苌亦认为“其先有虞氏之苗裔”，即帝舜后裔，《晋书·姚弋仲载记》谓：“禹封舜少子于西戎，世为羌酋。”④北凉建立者沮渠蒙逊亦为帝舜后裔，《晋书·沮渠蒙逊载记》亦言，羌人姚氏“舜后，轩辕之苗裔也”⑤。轩辕就是黄帝，可见，羌人是认黄帝为自己始祖的。

建立北魏政权的拓跋鲜卑人，认黄帝之子昌意少子为自己的祖先，《魏书·序纪》曰：“昔黄帝有子二十五人，或内列诸华，或外分荒服，昌意少子，受封北土，国有大鲜卑山，因以为号。”⑥《北史·魏本纪》载：“魏之先出自黄帝轩辕氏，黄帝子曰昌意，昌意之少子受封北国，

① （唐）房玄龄等：《晋书》卷一〇八《慕容廆载记》，中华书局 1974 年版，第 2803 页。

② （北魏）崔鸿：《十六国春秋》卷二三《前燕录一·慕容廆》，文渊阁《四库全书》本。

③ （唐）房玄龄等：《晋书》卷一二四《慕容云载记》，中华书局 1974 年版，第 3108 页。

④ （唐）房玄龄等：《晋书》卷一一六《姚弋仲载记》，中华书局 1974 年版，第 2959 页。

⑤ （唐）房玄龄等：《晋书》卷一二九《沮渠蒙逊载记》，中华书局 1974 年版，第 3189 页。

⑥ （北齐）魏收：《魏书》卷一《序纪》，中华书局 1974 年版，第 1 页。

有大鲜卑山，因以为号。”①为了证明为黄帝之后，北魏建立者还把自己的姓氏定为拓跋，“黄帝以土德王，北俗谓土为托，谓后为跋，故以为氏”②。

宋辽金时期，建立辽政权的契丹人源出鲜卑，为黄帝后裔。辽朝史官耶律俨在修《辽史》时，依据契丹源于东胡之后鲜卑之说，取《晋书》《魏书》等书以东胡、慕容鲜卑、拓跋鲜卑为黄帝之后的观点，认为“辽为轩辕后”③，将契丹人说成黄帝子孙。

建立西夏政权的党项族，亦为黄帝后裔。罗泌《路史·国名纪·黄帝后姬姓国》称：“党项，悃之后。”④悃为昌意之子，黄帝之孙，《新唐书·宰相世系表》载：“黄帝生昌意，昌意少子悃，居北，十一世为鲜卑君长。”⑤一说悃为黄帝少子，为昌意之别名，《西夏书》云：“黄帝少子悃迁于北土，后统党项为拓跋氏。”⑥

建立金朝的女真族的族源有“绍高辛”之说。金宣宗贞祐四年(1216年)，辽东宣抚副使完颜海奴言曾采纳参议官王浍的建言：“本朝绍高辛，黄帝之后也。昔汉祖陶唐，唐祖老子，皆为立庙。我朝迄今百年，不为黄帝立庙，无乃愧于汉、唐乎?”⑦王浍是汉人，他认为女真族源出黄帝，主张为黄帝立庙，一方面表现了他对黄帝的尊崇，同时也说明他把女真人视为自己的兄弟民族，确信汉族和女真族血统相同，都是出自黄帝。女真贵族完颜海奴能把王浍的建议主动向朝廷转达，表明他是认

① (唐)李延寿:《北史》卷一《魏本纪》，中华书局1974年版，第1页。

② (北齐)魏收:《魏书》卷一《序纪》，中华书局1974年版，第1页。

③ (元)脱脱等:《辽史》六三《世表》，中华书局1977年版，第949页。

④ (宋)罗泌:《路史》卷二四《国名纪·黄帝后姬姓国》，文渊阁《四库全书》本。

⑤ (宋)欧阳修等:《新唐书》卷七五下《宰相世系五下》，中华书局1975年版，第3401页。

⑥ (清)周春:《西夏书》卷十《官氏考》，《续修四库全书》影印清抄本。

⑦ (元)脱脱等:《金史》卷一七《张行信传》，中华书局1975年版，第2366页。

同王浍观点的，即他也认为汉族、女真族出自同一祖先。尽管由于礼部尚书张行信的反对，王浍的建议未被朝廷采纳，但王浍、完颜海奴的民族认同心理却得到了充分的体现。

今天看来，中华民族起源于同一祖先的一源论说法，显然是有悖科学的。因为中华民族与中华文明一样，其源头并不只有一个，而是有多个，各民族相互关联、相互依存、相互补充，具有多元一体的特点。长江流域、黄河流域、辽河流域丰富的远古人类考古发现及其文化证实了这样的观点，也得到了学术界的认可。但各民族对黄帝的血缘认同，对中华民族的融合产生了重要影响。这种各民族同根同源的认可，促成了的民族融合，其典型表达方式就是关于始祖的神话传说。在中国古代同源共祖的神话中，各民族对共同起源与共同世系的追溯在消除民族隔阂、促进民族融合中发挥了重要作用。以黄帝为共同始祖的神话传说，尽管没有真实的血缘根据作支撑，却反映了各民族的中国观，促进了中华民族多元一体的形成。各民族在长时期的接触、交往、杂居和通婚过程中，彼此汲取对方民族的血统、文化与生活方式，有力地促进了民族融合，从而形成你中有我，我中有你的民族共同体，并最终形成中华民族。

四、拜祖大典是民族精神家园的载体

祭祀是中国传统文化的重要组成部分，《左传》说：“国之大事，在祀与戎。”①祭祀被摆在军事的前面，足可看出祭祀的重要性。祭祀对象有严格规定，只有为国为民做出了贡献的人才能享祀，《礼记·祭法》云：“夫圣王之制祭祀也，法施于民则祀之，以死勤事则祀之，以劳定国则祀之，能御大灾则祀之，能捍大患则祀之。”②黄帝因“正名百物以

① 杨伯峻注：《春秋左传注》，中华书局1981版，第861页。

② （清）阮元：《十三经注疏》，浙江古籍出版社1988年版，第1590页。

明民共财”①，开创中华文明的卓越历史功绩，受到人们的崇祀。同时，作为始祖，黄帝受到祭祀和崇奉，《国语·鲁语》云：“有虞氏禘黄帝而祖颛顼，郊尧而宗舜；夏后氏禘黄帝而祖颛顼，郊鲧而宗禹。”②《礼记·祭法》亦曰：“有虞氏禘黄帝而郊喾，祖颛顼而宗尧；夏后氏亦禘黄帝而郊鲧，祖颛顼而宗禹。”③

战国后期，齐国思想家邹衍运用五行运行规律解释王朝更替，创造五德终始说。他以五行配青、赤、黄、白、黑五种颜色，并演化出一种五方色配五方天帝的说法，即东方为青帝，南方为赤帝，中央为黄帝，西方为白帝，北方为黑帝。黄帝在这个系统中位居中央，地位极其显赫。自秦汉以来，五德终始说就成为历代封建帝王的统治工具，为了证明自己统治的合法性，历代王朝都对黄帝隆重祭祀。

长期以来，不管是汉族政权的统治者，还是少数民族政权的统治者，在血缘上都自认为黄帝的后裔，在文化上都将黄帝视为人文始祖。历代统治者都坚持将黄帝作为中华民族的共同祖先加以祭祀。几千年来延绵不断的黄帝祭祀，使得黄帝文化已经融入中华民族的血脉，成为连接海内外华人的精神纽带。

在黄帝故里新郑，自古就有“二月二，龙抬头；三月三，生轩辕”的说法。传说，农历三月初三是黄帝出生的日子，也是他统一天下、成就伟业的日子。后人为表达对黄帝的敬仰之情，每年都会在这一天祭拜黄帝。三月三，登具茨山朝拜黄帝，在春秋时代的历史典籍中就有记载。此后，对黄帝的祭祀就没有中断过，而且从唐代开始形成了固定的程式，盛世时由官方主祭，乱世时由民间私祭，一直绵延至今。1992年起，每年农历三月三，在新郑都要举办寻根拜祖活动。2006年起，河南省政协和郑州市人民政府成为黄帝拜祖大典的主办单位，庆典活动

① （汉）王充：《论衡》下编《祭意篇》，大中书局1933年版，第188页。

② （三国吴）韦昭注：《国语》卷四《鲁语上》，文渊阁《四库全书》本。

③ （汉）郑玄注，（唐）孔颖达疏：《礼记正义》卷四六《祭法》，北京大学出版社2000年版，第1292页。

的层次得以提升。2008 年，黄帝故里拜祖大典被列入国家级非物质文化遗产名录。到 2018 年，省级主办的黄帝故里拜祖大典已经连续举办了 13 届，到黄帝故里参加拜祖大典的海内外华人达十余万人次，数千万人通过各种媒体收看、收听拜祖大典或网上参与拜祖大典，拜祖大典已经成为连接海内外华人的重要精神纽带，成为中华民族共有精神家园的重要载体。黄帝故里新郑已经成为全球华人拜祖圣地和心灵故乡。

由于受全球一体化的影响，国际上复杂的民族和宗教问题对我国的民族团结、边疆稳定和国家安全也带来一定挑战，加强民族团结显得非常重要。因此，习近平总书记强调指出："加强中华民族大团结，长远和根本的是增强文化认同，建设各民族共有精神家园，积极培养中华民族共同体意识。文化认同是最深层次的认同，是民族团结之根、民族和睦之魂。"①中华文化是由各民族共同创造的文化，各民族都是中华民族的组成部分，都为中华文化的形成发展做出了重要贡献，而黄帝文化作为中华民族的文化源头，在中华民族的形成和发展过程中，无疑发挥了极其重要的作用，在增强全国各族人民乃至全球华人的文化认同方面具有标示性作用，对于形成和构建民族共同体、建设共有精神家园具有基础性作用。黄帝拜祖大典不仅在增进民族团结、促进民族认同感和凝聚力方面发挥着重要作用，而且通过这个平台，充分展现了中华民族精神家园的魅力与厚重。因此，黄帝故里拜祖大典已经成为建设中华民族共有精神家园的重要载体。

（作者为河南省社会科学院研究员）

① 《中央民族工作会议暨国务院第六次全国民族团结进步表彰大会在北京举行》，《人民日报》2014 年 9 月 30 日第 1 版。

第三部分

描绘长江经济带高质量发展的壮丽蓝图

——学习贯彻习近平总书记关于长江经济带发展重要讲话精神

袁北星

长江是中华民族的母亲河，是中华民族发展的重要支撑，也是我国拥有独特生态系统的宝库。长江经济带流经11个省市、面积约205万平方公里，人口和生产总值均超过全国人口和生产总值的40%，已成为我国综合实力最强、战略支撑作用最大的区域之一。党的十八大以来，以习近平同志为核心的党中央站在历史和全局的高度，从中华民族长远利益出发，高度重视并强力推进长江经济带生态优先、绿色发展。2014年12月，习近平总书记作出重要批示，强调建设长江经济带要坚持一盘棋思想，理顺体制机制，加强统筹协调，更好地发挥长江黄金水道作用，为全国统筹发展提供新的支撑。2016年1月5日，习近平总书记在重庆召开推动长江经济带发展座谈会并发表重要讲话，全面深刻阐述了长江经济带发展战略的重大意义、推进思路、重点任务。2018年4月24日—26日，习近平总书记深入湖北省宜昌市和荆州市、湖南省岳阳市以及三峡坝区，调研长江生态保护和长江经济带发展，主持召开深入推动长江经济带发展座谈会并发表重要讲话。习近平总书记亲自谋划、把脉长江经济带发展，为推动长江经济带高质量发展指明了努力方向，提供了重要遵循。

一、秉持共抓大保护、不搞大开发理念，探索长江经济带发展与长江环境保护共赢的绿色道路

习近平强调，长江经济带建设要共抓大保护、不搞大开发，不是说不要大的发展，而是首先立个规矩，把长江生态修复放在首位，保护好中华民族的母亲河，不能搞破坏性开发。通过立规矩，倒逼产业转型升级，在坚持生态保护的前提下，发展适合的产业，实现科学发展、有序发展、高质量发展。(2018 年 4 月 24 日习近平考察兴发集团时强调)

面对奔流不息的壮美长江，习近平多次满怀深情地说："推动长江经济带发展必须从中华民族长远利益考虑，走生态优先、绿色发展之路，使绿水青山产生巨大生态效益、经济效益、社会效益，使母亲河永葆生机活力。"2016 年 1 月，习近平在重庆召开推动长江经济带发展座谈会。他强调："当前和今后相当长一个时期，要把修复长江生态环境摆在压倒性位置，共抓大保护，不搞大开发。"党的十九大报告进一步指出，要以共抓大保护、不搞大开发为导向推动长江经济带发展。这就要求我们必须努力实现经济社会发展和生态环境保护协同共进，创造良好生产、生活环境。近年来，湖北严格贯彻落实习近平总书记生态文明建设思想，牢固树立新发展理念，推动形成绿色发展方式和生活方式，筑牢长江经济带重要生态屏障。

推动形成绿色发展方式和生活方式，是发展观的一场深刻革命。习近平强调，要坚持和贯彻新发展理念，正确处理经济发展和生态环境保护的关系，像保护眼睛一样保护生态环境，像对待生命一样对待生态环境，坚决摒弃损害甚至破坏生态环境的发展模式，坚决摒弃以牺牲生态环境换取一时一地经济增长的做法，让良好生态环境成为人民生活的增长点、成为经济社会持续健康发展的支撑点、成为展现我国良好形象的发力点，让中华大地天更蓝、山更绿、水更清、环境更优美。在宜昌，习近平的第一个考察点是位于长江岸边的兴发集团新材料产业园，聚焦

破解“化工围江”问题。兴发集团是全国最大的精细磷化工企业。从2017年开始，企业对园区临江生产设施拆除或整体搬迁，关闭排污口，对拆除区域进行全面绿化。习近平对企业员工说，强调长江经济带建设要共抓大保护、不搞大开发，不是说不要大的发展，而是首先立个规矩，把长江生态修复放在首位，保护好中华民族的母亲河，不能搞破坏性开发。接着，习近平驱车来到紧邻三峡大坝的太平溪镇许家冲村。几位正在洗衣服的村民告诉总书记，过去在江边洗衣服，现在村里建了便民洗衣池，用上了自来水，污水集中处理，既尊重生活习惯又很环保。习近平说，“看见大家日子过得好，我高兴！”①强烈的历史担当、高远的时代视野、深厚的为民情怀，生动展示了习近平新时代中国特色社会主义思想的理论魅力和实践伟力。

保护环境绝不是发展的包袱，而应成为发展的动力。保护生态环境就是保护生产力。被誉为“竞争战略之父”的美国学者迈克尔·波特认为：更严格的环境规制，倘若设计得当，便有可能会给企业更大的激励去进行技术革新。而技术革新有可能降低企业合规成本，推动更有质量、更有效益的发展。思想是行动的先导，只有在思想观念上澄清了对发展和保护的模糊认识，把保护作为发展动力而不是包袱，才能保持改善生态环境的战略定力。但仍有一些地方囿于思维定式，没能很好地贯彻落实绿色发展理念，导致一些发展缺乏绿色底蕴。生态环境问题归根到底是经济发展方式问题。长江经济带能否实现绿色发展，直接影响到我国经济能否实现高质量发展。当前，必须坚决贯彻落实习近平总书记推动长江经济带科学发展、有序发展、高质量发展的指示精神，以供给侧结构性改革为主线，以创新驱动为引擎，以生态增值为导向，正确处理速度与质量、经济发展与环境保护的关系，真正把“绿色”作为转型发展的主旋律，走出一条长江经济带发展与长江环境保护共赢的绿色

① 央广网：《习近平：看你们日子过得好，我高兴》，http://news.cnr.cn/native/gd/20180425/t20180425-524210960.shtml.

道路。

二、彰显人水和谐、人水共生新气象，推动人类在与自然共处、共生和斗争进程中不断进步

习近平强调，人与水的关系很重要。中华民族正是在同自然灾害做斗争中发展起来的伟大民族。现在，水患仍是我们面对的最严重的自然灾害之一。要认真研究在实现“两个一百年”奋斗目标的进程中，防灾减灾的短板是什么，要拿出战略举措。(2018 年 4 月 25 日习近平从荆州港码头登上轮船，沿长江进行考察时强调)

水是文明的源头和摇篮，水与人类文明的诞生和发展息息相关。水草丰美的地方总是勃勃生机，河流纵横的地方就拥有人类繁衍和文明产生的重要前提条件。世界几大文明古国都发源于大江大河。比如，古巴比伦、古埃及、古印度和古代中国等文明古国分别诞生于西亚的两河流域、非洲的尼罗河流域、印度的恒河与印度河流域、中国的黄河与长江流域这些适合农耕文明产生的大河流域。此外，还有地中海、伏尔加河、莱茵河、多瑙河、泰晤士河、密西西比河、亚马孙河等，也都形成了各具特色的文明发展史，并见证了人类文明的兴衰荣枯，对人类的发展进步作出了伟大贡献。人水关系是人与自然关系的集中体现，这一关系在人类社会发展中占据着极为重要的地位。同时，人类发展史也证明，人离不开水，但水患又是人类的心腹大患。人类在与自然共处、共生和斗争的进程中不断进步。和谐是共处平衡的表现，但达成和谐需要有很多斗争。

长江作为母亲河给中华民族带来恩惠福泽，洪水灾害却又给人类带来毁灭性灾难。治水是一个世界性课题。世界上人口最多、产业规模最大、城市体系最为完整的长江流域，是孕育中华民族的摇篮，但其水患也是由来已久。历史上有记载的最大的长江洪水发生在清朝同治九年(1870 年)。特别是随着工业化以来，人类无节制地大开发、大建设，

对长江过度索取，一些地方在沿江地区密集布局高污染企业，让长江透不过气来。长江生态系统警钟不断响起，频发的洪水向人们发出警示：长江流域的生态环境已危机四伏，随时可能给人们带来新的巨大灾难。20 世纪 90 年代后叶，长江流域频发洪涝灾害，特别是 1998 年的特大洪水，给流域地区社会发展和人民生命财产造成巨大损失，对国家经济发展产生极其不利的影响。近年来，有“百湖之市”美誉的武汉也时常遭受洪涝灾害侵袭。2016 年 7 月，武汉中心城区多处渍水，武昌、南湖地区交通被迫中断，市民有家难回，10 多万人深受其害。一些地势低洼社区，雨停 10 天后仍泡在水中。洪涝灾害历来是中华民族的心腹之患，必须引起人们的高度重视。特别是生态破坏严重、江湖淤积、水利设施薄弱等问题，需要认真总结经验教训，切实把修复长江生态环境摆在压倒性位置，共抓长江大保护。

创新机制体制，狠抓长江水环境保护，是补齐防灾减灾短板的战略举措。实施长江经济带发展战略，坚持生态优先、绿色发展的核心理念和战略定位，是党中央作出的重大决策部署。2016 年 9 月，《长江经济带发展规划纲要》正式印发，这是我国首个将生态文明、绿色发展作为首要原则的区域发展战略。沿江 11 个省市立下“长江生态环境只能优化、不能恶化”的军令状，启动一系列专项整治行动，化工产业控增量、减存量；对非法码头、非法采砂清理关停……2017 年 7 月，《长江经济带生态环境保护规划》提出，以改善生态环境质量为核心，衔接大气、水、土壤三大行动，打响生态环境建设立体战役。近年来，湖北通过构建“治水、治企、治岸、治人”的“四治”长效机制，对长江流域展开专项治理，切实改善了水环境质量。武汉作为两江交汇的重要节点城市，提出“四水共治”——防洪水、排涝水、治污水、保供水，强调把水治理好就是最直接的转型发展、就是最基础的城乡建设、就是最重要的民生幸福、就是最靓丽的城市名片。在长江大保护“五大行动”中，第一项就是以“防洪排涝保供”为重点，实施防洪保安工程，推进骨干排水项目建设和海绵城市试点，强化供水安全，建设“安澜长江”。共抓“长江大保护”、推进“四水共治”是贯彻落实习近平总书记减灾防灾指示精神的重要举措。经过持续推进，“四水共治”取得初步成效。

三、坚守“功成不必在我”的精神境界和“功成必定有我”的历史担当，实现长江经济带高质量发展

习近平强调，推动长江经济带发展是党中央做出的重大决策，是关系国家发展全局的重大战略。新形势下推动长江经济带发展，关键是要正确把握整体推进和重点突破、生态环境保护和经济发展、总体谋划和久久为功、破除旧动能和培育新动能、自我发展和协同发展的关系，坚持新发展理念，坚持稳中求进工作总基调，坚持共抓大保护、不搞大开发，加强改革创新、战略统筹、规划引导，以长江经济带发展推动经济高质量发展。（2018 年 4 月 26 日下午习近平在武汉主持召开深入推动长江经济带发展座谈会并发表重要讲话）

看长江，也是看中国，推动长江经济带科学发展、有序发展，是实现中国经济高水平、高质量发展的重要体现和现实要求。习近平在武汉主持召开深入推动长江经济带发展座谈会时首先强调：“推动长江经济带发展，这是党中央作出的重大决策，是关系发展全局的重大战略，对实现‘两个一百年’奋斗目标、实现中国梦具有重要意义。”长江经济带举足轻重的地位，使得其发展成效直接关系到全面建成小康社会和实现中华民族伟大复兴的进程。实现长江经济带绿色发展，绝不是单纯就环境解决环境问题，而是既要在淘汰落后过剩产能上做“减法”，又要在改革创新和培育发展新动能上做“加法”，其实质是在新理念指导下实现经济发展方式、社会生活方式、文化与科技发展方式等方面的整体性、系统性变革与创新。这就要求我们深刻理解五个关系的基本内涵，正确把握五个关系的精神实质，切实践行习近平总书记提出的推动长江保护发展的全局性、长期性、战略性要求。

正确把握整体推进和重点突破的关系。习近平指出，要坚持整体推

进，增强各项措施的关联性和耦合性，防止畸重畸轻、单兵突进、顾此失彼。长江自西向东，绵延 6300 公里，万里奔腾，覆盖 11 个省市，人口和 GDP 均占全国人口和 GDP 总量的约 40%。长江经济带既发挥着确保中国总体生态格局安全稳定的全局性作用，也将对我国经济社会可持续发展产生重要引领作用。对这一大型流域的生态环境进行保护和修复，是一项重大而复杂的系统性工程，必须坚持全局观、大局观，进行战略统筹和系统谋划，既要统筹协调，把握长江经济带发展全局，又要以点带面，明确长江经济带发展的阶段性重点任务；既要关心一水一湖、一草一木的修复，更要关注整体规划的实施效果；既要关停取缔违法工厂、码头，更要培育新动能，推动产业转型发展。坚持两者的辩证统一，是对推动长江经济带发展规律的深刻认识，对于确保长江经济带绿色发展具有重要意义。

关于正确把握生态环境保护和经济发展的关系，习近平指出，不搞大开发不是不要开发，而是不搞破坏性开发，要走生态优先、绿色发展之路。绿水青山就是金山银山。生态环境保护和经济发展不是矛盾对立的关系，而是辩证统一的关系。长江上游是珍稀濒危动植物的家园和生物多样性的宝库，中下游是无可替代的饮用水水源地和调水源头。修复治理长江生态环境，确保全流域生态安全是共抓大保护的首要任务，是不能突破的底线。同时，长江经济带又是经济增长潜力最大、影响范围最广的地区。坚持生态环境保护和经济发展的辩证统一，就是坚决不搞破坏性开发，倒逼产业转型升级，实现可持续发展、高质量发展。“做好长江大保护‘辩证法’，处理好发展与保护、当前与长远、加法与减法、治标与治本的关系。”要把长江真正建设成生态廊道，“坚决防止把长江搞窄了、搞浅了、搞臭了”。湖北省主要领导掷地有声的话语化为全省人民坚定不移的行动。以负面清单形式严守资源消耗上限、环境质量底线、生态保护红线，实行总量和强度“双控”，实现“留白”发展，将各类开发活动限制在环境资源承载能力之内，为未来发展留足绿色空间。

正确把握总体谋划和久久为功的关系。习近平指出，要对实现既定目标制定明确的时间表、路线图，稳扎稳打，分步推进。总体谋划为长江经济带发展把舵定向，久久为功为长江经济带发展夯实基础，两者辩证统一、不可偏废。坐拥最长长江岸线的湖北，在长江大保护进程中当仁不让，率先编制实施《湖北长江经济带生态保护和绿色发展总体规划》，构建"1+5+N"的规划体系，从源头上立起生态优先的"规矩"。同时，立足环保立法，为长江经济带发展保驾护航。2014 年 7 月 1 日，"史上最严"《湖北省水污染防治条例》正式施行。2015 年 5 月 1 日，全国首个针对秸秆露天焚烧的《关于农作物秸秆露天禁烧和综合利用的决定》制定出台。2016 年 10 月 1 日，全国首部省级《土壤污染防治条例》问世。2017 年 1 月，湖北省人大出台《关于大力推进长江经济带生态保护和绿色发展的决定》。由此，保护长江的"法治网"越织越密。推动长江经济带发展是造福子孙万代的千秋伟业，不可能毕其功于一役。只有坚定不移将一张蓝图干到底，在做好顶层设计的基础上，坚守"功成不必在我，功成必定有我"的责任感和使命感，以钉钉子精神，加强改革创新，才能脚踏实地抓出实效。

正确把握破除旧动能和培育新动能的关系。习近平指出，要扎实推进供给侧结构性改革，推动长江经济带发展动力转换，建设现代化经济体系。新旧动能转换，对于推动长江经济带高质量发展、建设现代化经济体系至关重要。发展是永恒主题，新时代的高质量发展不能再重复单纯消耗资源的低水平发展，要坚持新发展理念，坚持创新驱动，使共抓大保护的过程成为培育新动能，推动产业转型升级，以新理念、新方式实现新发展的过程。遵循习近平所说的，以壮士断腕、刮骨疗伤的决心，积极稳妥腾退化解旧动能，破除无效供给，彻底摒弃以投资和要素投入为主导的老路，为新动能发展创造条件、留出空间，实现腾笼换鸟、凤凰涅槃。发展动能转换决定发展的质量和可持续性，长江经济带的积极探索对推动经济高质量发展意义重大。

关于正确把握自我发展和协同发展的关系。习近平指出，长江经济带的各个地区、每个城市在各自发展过程中一定要从整体出发，树立“一盘棋”思想，实现错位发展、协调发展、有机融合，形成整体合力。如同巨龙般的长江经济带不是独立单元，长江经济带 11 个省市，既是经济共同体，更是休戚相关的生态共同体，要树立一盘棋思想，全面协调协作。早在重庆召开推动长江经济带发展座谈会时，习近平就强调，长江经济带作为流域经济，涉及水、路、港、岸、产、城和生物、湿地、环境等多个方面，是一个整体，必须全面把握、统筹谋划。要增强系统思维，统筹各地改革发展、各项区际政策、各领域建设、各种资源要素，使沿江各省市协同作用更明显，促进长江经济带实现上中下游协同发展、东中西部互动合作，把长江经济带建设成为我国生态文明建设的先行示范带、创新驱动带、协调发展带。这次考察，习近平再次强调，兵马未动粮草先行，这个粮草就是思想认识。这次考察，就是要进一步统一思想。同时，进行分类指导，由此明确了长江经济带协调发展、融合发展的战略思维。一方面，沿江各地要发挥自身特色和优势，避免同质化、低效率竞争；另一方面，要建立统一市场和规则，优化配置生产要素，着力解决流域发展不平衡、不协调的突出问题。这就要求沿江省市和国家相关部门要在思想认识上形成一条心，在实际行动中形成一盘棋。紧扣我国社会主要矛盾新变化，实施区域协调发展战略，建立更加有效的区域协调发展新机制，以此作为长江经济带发展的重要抓手。

（作者为湖北省炎黄文化研究会理事，湖北省社会科学院副院长、研究员）

简陈长江文化对长江经济带发展的影响和作用

李子林

长江是祖国的母亲河。长江文化是祖国母文化重要组成部分。长江经济带是指长江流域十一省市经济发展带，人口和经济总量超过全国人口和经济总量的40%，是中华民族重要支撑。认真研究和弄清长江文化对长江经济发展带的作用和影响，对于实施好国家长江经济带发展重大战略具有十分重大的理论意义、历史意义和现实意义。本文试从长江文化为推动长江经济带发展提供高尚情怀、目标方向、价值取向、力量源泉、精神动力、智力支持、文化条件、产业支撑等方面加以简要陈述，以求教于长江文化和长江经济带发展研究的理论工作者和实际工作者。

（一）

长江文化作为中华优秀传统文化的重要组成部分，蕴含着强烈的家国情怀和长江情怀。这种情怀既激发历代仁人志士爱国之情、报国之志，也激励着英雄的长江儿女爱国爱乡、保护长江、建设长江的高尚情怀。

修身齐家治国平天下是长江文化的基本精神，治水、保江、护河为家乡是长江沿岸人民的使命担当。爱国、爱乡、爱江、修堤、治水、护江是长江儿女对祖国、对家乡、对长江最淳厚、最神圣的情感。这种情感把国家、民族、家庭、个人命运，把祖国兴亡和长江安澜紧密联系在一起，认为天下兴亡、匹夫有责，人在堤在、誓与长江大堤共存亡，家国一体、保家卫国、修河护堤、人人有责，把国家、家乡、家庭，把长江两岸稻花飘香无限风光作为慰藉心灵的家园。古往今来，无数漂泊在外的游子吟咏着思念故乡的桑梓之情，无数文人墨客抒发着热爱祖国、热爱长江、赞美长江的博大胸怀，无数英雄豪杰谱写着报效祖国治水伟业的激昂壮举。“月是故乡明”“水是家乡美”成为多数游子的梦中主题。在母亲河上顾盼徜徉，在母亲河边行走吟唱，直立在遥远的异国他乡回味江水的甘甜，梦中耳畔回响起长江的涛声，唤起人们的乡愁，激发人们对长江的赞美情怀。“渡远荆门外，来从楚国游。山随平野尽，江入大荒流。月下飞天镜，云生结海楼。仍怜故乡水，万里送行舟。”“大江东去，浪淘尽，千古风流人物。”“万里长江横渡，极目楚天舒。”这些歌咏长江的千古绝唱令人荡气回肠。“好山好水好地方，条条大路都宽敞，朋友来了有好酒，若是那豺狼来了，迎接它的有猎枪。”这部经典之作长唱不衰，一直激励人们抵御外侮，精忠报国，这些流淌在中华儿女、长江儿女血液中，凝结在中华民族史和长江文明史中。爱国、爱江、爱乡之情，是中华民族文明进步的生命之根，是长江经济带发展的精神之源，受这种血泪凝铸的家国文化、长江文化浸润，不能不塑造和提升长江儿女高尚精神境界和情怀，不能不激发长江儿女爱我长江、护我长江、建我长江、兴我长江的历史使命感和时代紧迫感。

（二）

长江流域是祖根文化，即根脉文化的重要诞生地、发源地，是民族人文始祖炎帝神农活动的重要区域。因此，弘扬、宣传、研究、普及长江文化不仅对增进民族认同，增进民族向心力、凝聚力有重要影响，而且对推进长江经济带发展有十分重要的作用，是凝聚长江经济带发展的力量之源。

早在旧石器时代，中华民族的祖先就在长江流域劳动、生活。云南元谋发现的元谋猿人化石距今有170万年左右的历史。云南的“丽江人”、四川的“资阳人”、湖北的“长阳人”化石和石器距今也有100万年历史。重庆龙骨坡古猿人遗址发现把中国史前文明推前了近100万年。特别是炎帝神农带领先民们开辟的农耕文明，作为中华文明的根脉，开辟了中华文明的源头，奠定了中华文明的基石。距今5000多年前，人类正处于茹毛饮血、穴居野外、刀耕火种的时代，在养育中华民族的沃土上，炎帝神农带领先民们披荆斩棘、筚路蓝缕，教民稼穑、播种五谷、制作农具，改变了先民的生产生活方式，使先民们从依赖自然采集的渔猎生活进步到利用自然进行农业生产，使人们告别了蒙昧野蛮的原始生活，创造了农耕文化，奠定了几千年中华民族绵延不断滋生、成长、发展农耕文明的基础。使在当今社会，凭着农耕文明、耕读文化的思想观念、精神追求、志向兴趣、好恶标准，不论在祖国各地，还是异国他乡，都可以找到自己的朋友、兄弟，这本身就是民族自信、文化自信的一种表现。在推进长江经济带发展的今天，这种强烈民族认同和民族自信可凝聚各种力量，打牢长江经济带发展的社会基础。

特别是要看到长江流域11省市共住长江边、共饮一江水，本来就是同根相生、同命相连、命运相共，加上南水北调，就是16省(市)同饮一江水。一江清水既向东流，又向北送，使得长江更成为中华民族生命之源。长江安，则民族安；长江兴，则民族兴；长江危，则民族危。每一个中国人要像爱护自己的生命和眼睛一样，保护好长江这个祖国之根、力量之源，并以此凝聚全长江流域、全国、全民族的力量，保护发展好长江。

(三)

民本思想既是贯穿中华优秀传统文化，也是贯穿长江文化的主线和中心。这种民本思想激励我们在长江经济带发展中更好地坚持以人民利益为中心的发展目标和价值取向。

民为邦本、本为邦固。保民、惠民、利民、安民、为民造福的民本思想，“先天下之忧而忧，后天下之乐而乐”的政治抱负，“衙斋卧听萧萧竹，疑是民间疾苦声。些小吾曹州县吏，一枝一叶总关情”的为民情怀，重视民心、崇尚民智的理念，“人生自古谁无死，留取丹青照汗青”“鞠躬尽瘁，死而后已”“洒尽热血为人民”的献身精神，“不要钱，不要家，不要命，只要为革命”的“一要，三不要”奉献精神，“砍头不要紧，只要主义真”的崇高信仰和牺牲精神，这些浸透在长江文化中的思想和崇高精神，同党和政府以人民利益为中心，全心全意为人民谋幸福的宗旨和使命相契合，是长江经济带发展为了人民、依靠人民、时刻不脱离人民、让人民共享发展成果理念的历史依据和思想基础、价值取向。

(四)

贯穿长江文化的精、气、神熔铸着长江儿女的精神灵魂，是推动长江经济带发展的重要精神动力。

开拓进取、自强不息的奋斗精神，万众一心、众志成城的团结精神，济世救民、敢为人先的创造精神，矢志不渝、视死如归的追求梦想精神，这些中华民族的伟大精神在长江各地和发展的各个阶段无不都有充分体现。特别是蕴含在长江文化中的海纳百川、兼容并包、奔腾不息、永远进取、坚忍执着、顽强拼搏、大气磅礴、生机盎然的长江精神品格和历代长江儿女开拓进取、创新创业、敢为人先、舍生取义、报国献身的精神，一直激励着长江流域稳固发展，无疑会为长江经济带发展提供重要精神动力。

以湖北为例，炎帝神农和荆楚先人筚路蓝缕、开拓进取的精神，屈原、王昭君的报国献身精神，三国文化中的忠诚勇毅精神和孝文化中的孝德精神，晚清重臣张之洞的创新创业精神，辛亥革命党人敢为人先、勇敢革命的精神，以及近代革命文化和先进文化呈现出的老区人民牺牲奉献精神、“五四”“九八”抗洪顽强拼搏精神，一直是推动湖北发展进步的强大精神力量，是湖北人民取之不竭，用之不尽的精神力量，更是我们推动长江大保护和经济带发展的精神力量。

(五)

长江流域是炎帝神农活动的重要区域，是中华农耕文明重要发源地。农耕文明中人与自然和谐相处，人水和谐相处的思想以及注重生态平衡做法，对于我们做好长江大保护，做好长江生态修复工作，推进长江生态文明建设具有十分重要的作用，如天人合一、道法自然、人法自然观念以及人们在生产中对自然的认识，包括人们对天文历法、气象学、物候学、农作物学的认识和把握，其中“立春、雨水、惊蛰、春分、清明、谷雨、立夏、小满、芒种、夏至、小暑、立秋、处暑、白露、秋分、寒露、霜降、大雪、雪至、小寒、大寒”这样的二十四节气在农耕生产中的运用，就是农耕文化对自然认识的科学结晶，对人们认识自然、适应自然、顺应自然、保护自然、促进传统生态文明进步打下坚实基础，无疑会对今天抓好长江大保护，保护好长江生态提供相当重要的智力支持和帮助。

同时，长江文化中积淀了许多人与自然和谐、人水和谐的感人故事和优秀思想，记载了不少人水和谐、人物和谐、各美其美、美美与共的故事，也记载了不少保护母亲河的治水伟业，写下了不少山川河流、江岸湖泊险点变美景，水患变水利的动人篇章，这些都为我们保护长江生态提供了难得的智力支持。

特别是炎帝神农在长江流域创造的中医药文化，展现了中华文化的魅力。中医药文化的思想方式和价值观念不仅体现了强烈的人文关怀、人文品格、人文精神，而且具有丰厚的哲学内涵。用金、木、水、火、土相生相克，营养平衡等人文模式构造学科体系，注重调整心态平衡、循环平衡，改变人体内环境，用治本的方法提高自理修复能力。长江经济带发展吸收这种宝贵的中医药文化养分，对于落实五大发展理念、改善生态环境，打好蓝天、清水、净土三大攻坚战，增强长江生态修复能力，提高长江生态质量水平，使长江流域天更蓝、水更清、土更净，做到人水共生共融，人与自然和谐相处，无不具有重要影响和作用。

（六）

长江流域因水而生，因江而兴，因文而盛。长江文化博大精深，源远流长，能为长江儿女提供丰厚的文化滋养，能为长江经济带发展提供良好的文化条件。青藏地区的藏族文化、四川盆地的巴蜀文化、长江中游江汉平原的荆楚文化、湖南的三湘文化和长江三角洲的吴越文化交汇融合，互联互存。峨眉山、武当山、九华山、寒山寺、黄鹤楼、岳阳楼、滕王阁等文化和宗教圣地，令人心驰神往。《长江颂》《黄鹤楼》《洪湖岸边》等交响乐和土家舞、纤夫曲等歌舞，黄梅戏、花鼓戏、汉剧、楚剧、越剧等戏剧使人沉醉徜徉其中。长江书画、长江音乐、长江雕刻、剪纸刺绣、长江杂技、长江渡江活动令人荡气回肠，这些中华优秀传统文化的理念不仅是我们发展建设长江经济带的丰厚滋养，而且是丰富我们长江儿女精神文化内涵、提高我们长江儿女精神文化生活质量、提高我们长江儿女精神境界的精神食粮。

长江文化不仅为长江流域提供了良好的工作导向和投资环境、旅游环境，而且是重要的产业支撑。一是长江演艺业和会展业，如举办长江音乐会、长江诗词大会，举办歌舞晚会和竞赛，组织长江器乐演奏，展现长江传统器乐文化，举办长江戏剧展、书画展、工艺美术展，集中展示长江流域鲜明的艺术特色，展示具有长江气派、长江风格、长江特色的书画流派、学派、石木雕刻、印章、剪纸、刺绣、根雕、玉器宝石，如湘秀、汉秀、苏秀、越秀等。二是融媒体、全媒体、图书出版、动漫业。发展以长江生态、长江经济、长江文化为重要内容的各类图书、期刊、动漫、电子文化产业。三是文化旅游业。物化的文化存量可做活、做强、做大，如名胜古迹、生态景色、爱国主义教育基地，历史文化名城、名镇、名村。像湖北的武当山、神农架、大别山、长江三峡、汉江、清江等“三江三山”，“长阳人”“郧阳人”等类人猿化石；随州炎帝故里随枣农耕文明走廊等中华古文明和农耕文明发源地，武汉、红安等中部近现代革命发源地和策源地，以及中国工农红军重要诞生地等“三地”。武汉、襄阳、荆州、随州、钟祥等一批历史文化名城和一批文化名镇名村等是很好的生态游、文化游、乡村风情游、体验游、风俗游、休闲游地区，是人们离不开、游得好的旅游目的地，同时，还可利用一些历史文化、生态文化资源发展养老产业。

总之，长江流域既有厚重的历史文化，更具秀美的生态环境，是全流域、全程、全方位旅游的最佳选择，是极好的旅游经济带。特别是辽阔的长江经济带，不仅是我国重要的经济带、经济社会发展的有力支撑，而且是我国重要的文化人才高地、科教人才高地，理应将经济、文化、科技发展融合起来，利用声、光、电、信息化、网络化等优势，对丰富的历史文化资源、生态资源创造性转化、创新性发展，使其转化为新业态、新产业、新供应链、新价值链，不仅能够不断满足人民群众对物质精神文化生活美好追求，而且能助其走向世界，提高中华文化的世界竞争力！

（作者为湖北省炎黄文化研究会副会长兼秘书长）

积极融入长江经济带战略，加快湖南经济社会发展

邓　微

实施长江经济带战略是我国深入改革开放加快推进全国经济社会可持续发展的重大战略。被纳入长江经济带战略的湖南，必定会抓住这一重大发展机遇，积极融入长江经济带发展战略，推动长江经济带发展，加快湖南经济社会发展。

一、吃透长江经济带战略意义，明确湖南融入的优势与定位

长江是亚洲第一长河，世界第三长河，是哺育中华民族的母亲河，是一条黄金般的自然经济带，战略地位十分重要，发展潜力巨大。改革开放以来，我国实施了沿海经济发展战略，地处我国沿海的长江三角洲、珠江三角洲和环渤海地区超常规发展，而另一条重要的发展主轴线——长江沿岸区域未能得到应有的发展。

随着改革开放的深入，长江流域经济发展问题开始引起学界、政界和社会各界的重视。20 世纪 80 年代中期，中国生产力经济学研究会首次提出“长江产业密集带”的概念；1992 年，中央召开长三角及长江沿江地区经济规划会议，提出了发展“长三角及长江沿江地区经济”的战略构想；1995 年召开的十四届五中全会进一步明确指出，要建设以上

海为龙头的长三角及沿江地区经济带。至此，长江经济带联合开发被提上国家战略的议事日程。

2014年，国务院颁发了《国务院关于依托黄金水道推动长江经济带发展的指导意见》，2016年3月，中共中央政治局召开会议，审议通过了《长江经济带发展规划纲要》，这个纲要是推动长江经济带发展重大国家战略的纲领性文件，长江经济带战略由此大力度推进。

《长江经济带发展规划纲要》从规划背景、总体要求、大力保护长江生态环境、加快构建综合立体交通走廊、创新驱动产业转型升级、积极推进新型城镇化、努力构建全方位开放新格局、创新区域协调发展体制机制及保障措施等方面描绘了长江经济带发展的宏伟蓝图。《长江经济带发展规划纲要》确立了长江经济带“一轴、两翼、三极、多点”的发展新格局。“一轴”即以长江黄金水道为依托，发挥上海、武汉、重庆的核心作用；“两翼”指沪瑞和沪蓉南北两大运输通道；“三极”指长江三角洲、长江中游、成渝三个城市群；“多点”意为发挥三大城市群以外地级城市的支撑作用。

长江经济带横跨我国东、中、西三大区域，覆盖上海、江苏、浙江、安徽、江西、湖北、湖南、重庆、四川、云南、贵州等11省（市），拥有6亿人口，面积约205万平方公里，GDP占全国GDP总量的40%，具有独特优势和巨大发展潜力。同时，长江经济带发展也面临诸多亟待解决的困难和问题，主要有生态环境状况形势严峻、长江水道存在瓶颈制约、区域发展不平衡问题突出、产业转型升级任务艰巨、区域合作机制不健全等。

党中央、国务院明确要求，充分发挥长江经济带横跨东、中、西三大板块的区位优势，以“共抓大保护、不搞大开发”为导向，以生态优先、绿色发展为引领，依托长江黄金水道，推动长江上中下游地区协调发展和沿江地区高质量发展。打造长江经济带，将国家经济和人口的核心区由沿海向内陆拓展，形成一个“T”字形核心带，是整体推进、加快发展我国经济社会建设的伟大壮举。

长江让湖南成为令人艳羡的“鱼米之乡”，也为湖南工业文明的发展提供了丰厚土壤，这一区域优势给湖南提供了良好的发展基础。湖南具有东部沿海地区和中西部地区过渡带、长江开放经济带和沿海开发经济带结合部的区位优势，坐拥163公里长江岸线，洞庭湖水直入长江，境内“四水”将全域80%的发展极和节点与长江顺畅相连，具有利用江河优势快速发展开放型经济的自然禀赋。

2013年11月，习近平总书记在湖南考察时指出，湖南要发挥作为东部沿海地区和中西部地区过渡带、长江开放经济带和沿海开发经济带结合部的区位优势，抓住产业梯度转移和国家支持中西部地区发展的重大机遇。这一指示确定了湖南“一带一部”的崭新定位，令内陆湖南的区位优势进一步凸显，为湖南新时期开放发展指明了新的“经济坐标”。2016年发布的《长江经济带发展规划纲要》将湖南纳入其中，为湖南发挥“一带一部”区域作用、同时加快自身发展提供了重大的机遇。

在发展定位上，湖南融入长江经济带发展，以习近平总书记“一带一部”的战略定位为坐标，抓住洞庭湖生态区建设这个契机；依托岳阳城陵矶港这个黄金点，主动做好与长江经济带的互动对接；加强与长三角和珠三角联动对接，主动积极地与长江中部城市群对接互动；创新驱动产业转型升级、积极推进绿色发展，紧紧抓住长江经济带发展战略机遇，探寻大发展的新路径。

二、注重融入长江经济带战略质量，确保湖南融得快、融得好

2014年《国务院关于依托黄金水道推动长江经济带发展的指导意见》发布后，湖南认识到了长江经济带发展的巨大动力，遂结合沿江流域的总体情况和自身的特色优势，着力打造现代农业示范区、传统产业转型升级的先行区、中部地区重要的物流聚散区、长江中游重要的新型城镇集群区、沿江流域绿色生态区。

现代农业示范区即以洞庭湖生态区建设为重点，完善农产品生产、加工、包装、储运标准和技术规范，大力发展优质农业、高效农业、生态农业、现代农业。传统产业转型升级的先行区，即以环长株潭城市群、湘南地区为重点，加快传统产业改造升级，增强沿海产业向内陆转移的承接与对接能力，以发展战略性新兴产业为重点，打造全国先进制造业中心，培育万亿级装备制造业集群。长江中游重要的新型城镇集群区，即以长江经济带为依托，加大对岳阳市的建设支持，将岳阳市建设成为湖南对接长江经济带的“桥头堡”，以岳阳为端点，在全省构建通江“1 小时”的新型城市群。沿江流域绿色生态区即以“两型”社会建设为重点，加强沿江沿河环境污染治理，加大湖南“四水”的保护与利用，加速形成集旅游观光、生态绿化、道路防洪于一体的沿岸绿色经济长廊。

2016 年《长江经济带发展规划纲要》颁布后，长江经济带各省市均在符合国家总体战略定位的前提下，结合自身的地理位置、自然资源、基础条件、发展阶段，选取更加有效、更加可行的战略定位，更好地融入长江经济带建设，湖南亦然。为确保在长江经济带战略实施中既“融得快”又“融得好”，湖南从基础保障、项目建设、区域合作、服务企业主体 4 个方面着手，量身定制了行动计划，湖南围绕融入长江经济带的目标全线行进。

一是构建高效的综合交通港口岸线体系。规划了“一纵五横”的水路体系、“七纵七横”的公路体系、“六纵六横”的铁路体系、“一枢纽一干多支”的航空体系。目前，湖南建立了完备的口岸平台体系，拥有长沙、张家界航空口岸，岳阳城陵矶、长沙霞凝、常德盐关口岸，6 个公路、7 个铁路口岸，以及郴州国际快件中心等其他 9 个口岸，形成了“两空三水十三陆”为重点的口岸平台体系。

二是注重开放发展载体型项目建设。围绕基础设施、产业发展、开放平台、生态环境等 4 个方向，确定了 112 个重大项目。就对接长江经济带建设类别，建立了投资和开发重大项目库。

三是加强合作抱团融入。注重加强与长江沿线兄弟省市的交流合作，全面加强与兄弟省市在产业发展、科技创新、市场开拓、航空海运、海关出口等方面的合作，与江西签署了《共建湘赣开放合作试验区战略合作框架协议》，探索在湖南长株潭地区和江西赣西地区共建开放合作试验区；与湖北签署了《长江中游城市群战略合作协议》，商定共同打造中国经济发展“第四极”；与上海签署了《关于加强两地战略合作共促长江经济带发展的框架协议》，全面加强合作。

四是注重产业优化积极为企业服务。重视夯实产业发展平台支撑力，已经建设了3家综合保税区、6个国家承接产业转移重点承接地、13家国家级园区、80家省级以上园区等开放平台，开放型经济平台个数居中西部前列。将积极为企业提供贴心服务，倡导并落实“主动服务、畅通服务、跟踪服务、贴身服务”理念，出台了支持湖南外贸稳步增长的18项支持措施，以及服务湖南加强进口的10项措施。实现了与长江经济带区域11个海关顺利对接，长沙海关实现了全国“一体化”，区域限制的打破使企业“多地通关、如过一关”。

认识到位、规划科学、措施到位、行动高效，湖南以“共抓大保护，不搞大开发”为总遵循，寻求创新大发展路径，积极对接长江经济带发展战略，在岸线整治、生态修复、产业调整等方面取得了积极的成效。

三、积极助力长江经济带建设，加快湖南经济社会发展

国家推出长江经济带发展战略以后，同饮一江水，共舞长江龙的沪、苏、浙、皖、赣、鄂、湘、渝、川、滇、黔等省市纷纷出台新举措，融入长江经济带，谋划发展新棋局。时至今日，长江经济带各省市正在以更加冷静地思考、更加严谨地规划、制定更加有效的措施，强力推进长江经济带和自身的发展。笔者以为，作为“龙腰”组成部分的湖南也必须进一步有所作为。

（一）主动对接经济带全区域经济辐射，加强区域合作，力求提高整体水平

长江流域是一个不可分割的自然、经济、社会综合体。长江经济带发展的实质是一个区域经济的发展。长江中游城市群山水相连、人文相亲，自古以来就有着特殊的经济文化渊源，在发展长江经济带战略中，跨区域的城市群相互合作、先进生产力相互辐射必定迸发出巨大的发展动力，创造巨大的成就。

在长江经济带格局中，从单个城市看，上海、武汉、重庆在长江经济带中处于“龙首”“龙腰”“龙尾”的位置。但是就长江经济带本质而言，其通过更开阔的视野、先进生产力辐射作用更大的战略，带动更大区域的提质发展。因而其对“龙首”“龙腰”“龙尾”的定位，对应的不是单个的城市，而应该是以上海为中心的长三角城市群为“龙首”，以包括武汉、长沙、南昌等在内的长江中游城市群为“龙腰”，以成渝城市群为“龙尾”。在这个定位中，以长株潭为中心的湖南属于长江经济带的“龙腰”，这个位置可以使湖南“过渡带”“结合部”的功能得到更好的发挥，既有利于湖南自身的发展，也有利于湖南在推进长江经济带发展中发挥更加积极的作用。

首先，积极与长三角城市群对接。作为“龙腰”的湖南，可以获得长三角城市群这个“龙头”经济增长极的辐射。长三角城市群发展水平高，已处于工业化的后期，今后的重点是推动转型升级，着力提高国际竞争能力，提高参与经济全球化和国际分工的层次，提高自主创新能力，使中国在世界创新体系中有一席之地。这种转型升级既给湖南的经济提质发展吹来了春风，又给予湖南承接产业的机会，湖南应抓住机会，在尽力接纳“龙头”先进生产力辐射的同时，积极迎接“龙头”产业的梯度转移，抓紧实现产业结构优化。

同时，进一步与长江中游城市群加强战略合作。长江中游城市群山水相连、人文相亲，自古以来就有着特殊的文化渊源，经贸往来非常密

切，具有发展成为跨区域特大型城市群的良好基础。长江中游城市群开展战略合作能够打通长江经济带的“肠梗阻”，实现长江上中下游的联通，建成横贯东西、辐射南北、通江达海、经济高效的长江经济带。湖南要在长江中游城市群中展开更积极的沟通合作，进行全方位的对接和互动。通过优势互补、开放合作，发挥自身资源要素禀赋比较优势，积极探索重大项目、平台共建和利益共享机制。推进长江中游城市群发展，培育中国经济新增长极。

（二）认清融入经济带湖南地域差异化，充分发挥岳阳“桥头堡”作用

长江在湖南岳阳入华容，出临湘，形成了蜿蜒163公里的江岸线。在长江经济带上岳阳处于极特殊的地位，其北临长江，南扼洞庭湖及湘、资、沅、澧四水，境内有京广线、京广高铁、京港澳高速、随岳高速、杭瑞高速等交通干线经过，是洞庭湖区的中心城市，是我国中部的交通物流枢纽，是湖南融入长江经济带的主阵地。湖南省委、省政府从战略视角将岳阳作为湖南融入长江经济带的“桥头堡”，发挥其湖南通江达海新的优势。要通过将岳阳建设成水陆并举的“大流通、大通关、大口岸”，着力加强岳阳的水陆联运功能，加快物联网、智能网的建设，构建高效率的集装箱多式联运系统，发挥其通江达海的交通枢纽战略优势，对接长三角、上海自贸区、大武汉城市群，打造湖南开放型经济的新高地。成为“桥头堡”的岳阳，也将辐射带动洞庭湖生态经济区、湘资沅澧四水沿线区域新型开放型经济发展。

（三）重磅打造湖南经济增长新优势，充分发挥经济增长极作用

在湖南经济发展中形成的长株潭三市城市群，一直以来是湖南发展的经济增长极。长株潭三市总面积2.8万平方公里，人口数量1408.5万，分别占全省总面积和总人口数量的13.3%和20.9%，2018年长株潭三市对全省经济增长的贡献率为46.4%。长株潭辐射周边岳阳、常

德、益阳、衡阳、娄底五市的区域，形成了“3+5”城市群。在湖南融入促进经济带发展战略的新形势下，大港口、环境大容量、大腹地，将是湖南长江沿岸最大的经济地理优势。湖南将积极培育重磅打造岳阳经济增长极，通过这一新的增长极的打造，形成长株潭与岳阳双星式开发结构，以长株潭为核心，岳阳为门户，通过岳阳口岸，加强长株潭城市群与武汉城市圈、鄱阳湖生态经济区的发展联系，全面对接长江经济带，力争成为我国中部崛起的主体增长极。长株潭与岳阳双星式经济增长极共同发力，可加大促进湖南全面对外开放力度，实现湖南由内陆型经济向开放型经济的转型。

(四)坚持生态优先、绿色发展之路，着力保护长江母亲河

湖南坐拥 163 公里长江岸线。163 公里的长江岸线连通的是三湘四水的广阔经济腹地。湖南境内大大小小 5000 多条河流涌向湘、资、沅、澧四大河流，通过湖南大面积版图注入洞庭湖，经由岳阳，一路奔腾汇入长江。“一湖四水”的水运体系，将湖南 74 个县市区、80%地域以及全省 70%大中型工矿企业与长江连为一体。由此可见，湖南境内的水系环保、绿色发展，与保护长江母亲河生态息息相关。

2016 年 1 月，习近平总书记在重庆主持召开推动长江经济带发展座谈会，其在发表重要讲话时强调，要走生态优先、绿色发展之路，让中华民族母亲河永葆生机活力。2018 年 4 月，习近平总书记来到岳阳市，实地了解湖南推进长江经济带发展战略实施情况，叮嘱湖南要“共抓大保护，不搞大开发”。

为保长江这条母亲河，为推动长江经济带“共抓大保护、不搞大开发”进一步落地见效，湖南省应加大力度推进洞庭湖和湘、资、沅、澧四大河流的环境治理。作为“长江之肾”，洞庭湖密切联系着整个长江生态系统的平衡。2017 年，湖南省全面推开洞庭湖生态环境专项整治工程，突出推进洞庭湖生态环境十大重点领域和九大重点区域整治。2018 年颁布的《湖南省深入推动长江经济带发展重点工作实施方案》，

制定了33条具体细则，明确了具体责任单位和任务完成时间，誓把湖南长江岸线变成美丽风景线，把洞庭湖区变成大美湖区。

作为有色金属之乡、非有色金属之乡和传统农业大省，湖南重金属污染、农业面源污染历史欠账多、污染程度重，对长江经济带生态优化具有负面影响。因此，还必须加大湖南境内湘、资、沅、澧四大水系，大小5000多条河流流域的生态保护力度，重拳治理沿岸有污染的大小企业，下大气力治理废水、污水、工业用水对江河水质的污染。要坚持不懈地全面开展环境保护生态修复，守护好一江碧水、美丽水岸，展现一幅“水清、岸绿、滩净、景美”的生态画卷。

（作者为中共湖南省委党校巡视员）

安徽在长三角高质量一体化发展中的新定位与新作为

孔令刚

2018年11月5日，习近平总书记在首届中国国际进口博览会开幕式上发表主旨演讲时表示，支持长江三角洲区域一体化发展，并上升为国家战略。长三角一体化发展是党中央确立的重大发展战略，是习近平总书记关于区域协调发展战略思想的重要实践。长江三角洲区域一体化发展并上升为国家战略既是长三角一体化发展的重大机遇，同时也赋予长三角区域更加重要的国家战略使命。作为长三角西翼腹地的安徽，其战略地位也有新提升，在协同推进长三角一体化高质量发展的同时，也应该展现新姿态和新担当。

一、新时代长三角一体化发展进入新阶段

长三角区域是全国创新能力最强的地区之一，经过多年来各方努力，长三角一体化发展取得了实实在在的成效。但三省一市在合作联动发展方面尚需进一步努力，一些领域联动协同发展不足，主要表现为：一是产业发展联动不足；二是创新联动不足；三是对内对外开放联动不足。特别是在创新联动方面，还存在区域内创新分工格局尚未形成、创新资源共享不足、创新链与产业链对接融合不充分、区域创新合作机制不健全等问题。随着长三角区域一体化发展的推进，长三角区域呈现出

一些新的变化和趋势，如区域发展战略定位的变化、区域经济发展动力的转化、影响区域发展要素的强化、区域空间结构的更加网络化等，长三角区域一体化进入更高层次的协同创新联动发展新阶段。

长三角区域一体化发展并上升为国家战略既是长三角一体化发展的重大机遇，同时也对新时代长三角区域从更高站位把握世界发展大趋势，响应国家战略部署，加强同其他国家战略的配合协调，继续当好全国改革开放的试验田和排头兵，加快经济发展质量变革、效率变革、动力变革，进一步增强服务国家大局的能力，进一步提升国际影响力和竞争力等方面，提出了更高的要求。面向世界、立足国家战略、参与全球合作竞争是新时代长三角更高质量一体化发展的新目标。要建立符合长三角更高质量一体化发展的包容共享、合作动力新机制，加大力度探索一体化发展的战略升级路径，实现城市之间经济边界、地理边界、行政边界与社会文化边界的耦合，协调核心城市上海与南京、杭州和合肥等副中心城市的协同合作关系。在创新联动发展方面，长三角三省一市需要加快构建新型区域协同发展关系。实现创新要素在区域内更广范围和更深层次上的链接与聚合，推动长三角一体化向更高“协同发展阶段”转变，协同打造“长三角创新共同体”，推进新时代长三角一体化发展战略创新升级，以一体化的创新突破和高质量发展，推进长三角一体化发展创新升级，更好地落实国家战略，引领全国、服务全国发展，为国家发展贡献长三角的更多智慧与更大力量。

二、新时代安徽战略新定位

安徽属于华东地区，但长期被边缘化。从“皖江开发，呼应浦东”到“东向发展战略”，再到加入泛长三角，再到2016年《长江三角洲规划》对安徽在长三角地位的确认，再到长三角一体化上升为国家战略，这个过程比较漫长。一方面，反映了国家层面和长三角其他成员对安徽价值的发现过程，更反映了安徽通过自身的艰苦努力，展现特色发展与实力呈现的过程；另一方面，对安徽与长三角的关系，从“呼应”“对接”“参与”到“融入”等，有多种说法，内涵及外延都存在一些模糊认识。因此，在长三角一体化发展上升为国家战略后，要界定清楚长三角的区域范围，要重新认识安徽总体加入长三角的功能与意义、战略定位和功能作用。

从全国地理版图看，安徽承东启西、连南接北，居中靠东、沿江通海，东连江苏、浙江，西接湖北、河南，南邻江西，北靠山东，处于全国经济发展的战略要冲和国内几大经济板块的对接地带。安徽地跨长江、淮河和新安江三大水系，从地理上和历史文化上造就了安徽与长三角其他区域自然天成的流域关联和由来已久的历史与文化关联。新时代国家统筹实施“四大板块”区域布局和“三大支撑带”的空间发展战略组合。这些空间战略组合的实施，将促进我国东部、中部、西部、东北四大区域板块之间广阔的合纵连横，以点带线，由线到面，连接成轴，培育新的经济增长极、增长带和增长点。从“经济带”到“经济轴带”，通过培育若干深入腹地、带动区域协同发展的增长极，最大限度地发挥辐射带动作用，从更深层次、更大范围推进我国区域空间结构的新转型，为经济高质量发展培育广阔的区域发展新空间。

早在改革开放之初，安徽就成为备受关注的“轻工大省”，诞生过中国第一台 VCD、第一台窗式空调、第一台微型计算机。安徽一直是全国重要的家用电器和消费电子、汽车和新能源汽车、工程机械装备的制造基地。安徽省会城市合肥在 1995—2016 年的 20 年间，GDP 增长了 37 倍，在全国城市的排名从 1995 年的第 97 位上升至 2016 年的第 25 位，上升了 72 个名次，增速全国第一。安徽在基础高等教育及科学研究方面具有独特优势。合肥是全国三个综合性国家科学中心中唯一以城市命名的城市(北京怀柔综合性国家科学中心、上海张江综合性国家科学中心)。在拥有国家实验室的城市中，北京拥有 9 所国家实验室(包括国家重点实验室)，全国排名第一，而合肥拥有 4 所国家实验室(包括国家重点实验室)，全国排名第二，比上海多 3 所。在国家级科研机构数量上，合肥拥有 13 个国家级科研机构，仅次于北京。比上海多 6 个。在已经建成和计划建立的国家大科学装置总数中，合肥有 9 个，上海、北京也分别只有 6 个和 5 个。在规划综合性国家科学中心建设中，统筹布局前瞻未来的具有国际原始创新引领水平的国家实验室，将极大提升安徽在国家知识创新能力体系中的地位。

长三角一体化发展进入更高质量协同推进的新阶段。在长三角全域创新合作进程加快发展过程中，作为长三角西翼腹地区域的安徽，其地位也在发生变化，即“积极融入”的过程已经完成，进入“主体推动”阶段。对安徽来说，国家层面的长江三角洲规划和 G60 科创走廊新定位从两个方向上，即沿 312 国道的产业协同发展轴和沿 G60 科创走廊的创新联动发展轴，强化了安徽在长三角知识创新中心和西翼腹地区域的战略地位。安徽要站在国家战略和国际化战略的高度为区域未来进行谋划，强化基础研究、前沿交叉研究和研发与转化机制研究，建设国际水平的国家知识创新中心、国家级前沿性引领性技术研发中心、国家级关键性共性产业技术产业化中心和国家新经济与新动能机制与育成创新中心，成为原创性知识成果、变革性前沿技术成果和引领性制度创新成果的策源地。深化创新“软实力”和特色产业体系建构，在世界原始创新与知识产出以及产业价值链中，创造属于安徽或独属于安徽的知识产品、高端价值链产业模式。

同时，新时代安徽在长三角区域和国家经济空间转型中也要发挥独具特色的功能作用。一方面，对长三角区域这样既有城镇化高度发达、产业基础雄厚的中国一线城市区域，又有广大的腹地区域，发展不平衡不充分矛盾非常明显的特大型城市群区域来说，安徽作为长三角西翼腹地区域，要超前研究科技革命与产业变革、互联网与交通方式变化等新变量对腹地区域空间结构产生的影响，探索大国和超大型城市群腹地区域工业化与城镇化新路径，这在新时代推动长三角一体化高质量发展更具有重要价值；另一方面，新时期随着区域协调发展战略的深入实施，“东中一体”协调发展会进一步加快，安徽有条件也有能力建设“东中一体”协调发展先行区，在国家经济新空间战略布局中发挥经济空间转型“东中一体”创新发展门户功能。

三、以主角身份协同推进长三角更高质量一体化发展

从发展阶段来说，长三角一体化发展已经进入高质量协同发展新阶段。安徽不仅也不再是停留在融入阶段，而应该以长三角的主角身份与沪苏浙一起“主体协同推进”长三角更高质量一体化发展。所以，从这个意义上来看，也非常有必要通过进一步深化研究，逐渐明晰各种概念与术语的语义与内涵，为安徽以主体心态协同推进长三角更高质量一体化发展，为安徽以主角身份建设富有实力、活力与魅力的长三角西翼腹地区域提供系统化、理论化的智力成果支持。

全球创新版图变迁的一个重要趋势是“区域”正在取代“国家”，成为创新的主体，“城市”作为区域的重要载体，正发挥着日益重要的作用，并且城市发展模式逐步从“资本驱动”走向“创新驱动”。从全球城市体系格局看，在纽约、伦敦、东京和巴黎等顶级全球城市继续保持全球资源要素配置主导地位的同时，部分新兴全球城市获得崛起机遇。也就是说，从全球城市网络节点功能看，除以顶级全球城市为代表的综合型全球城市体现多个领域的竞争力、控制力外，更多的专业型全球城市将在优势专业领域发挥具有竞争力和影响力的网络节点功能。全球城市理论研究也表明，新技术的出现已经改变了传统全球城市体系的等级关系，在特定领域具有专业化优势地位的城市将极有可能打破高等级区域中心城市的封锁，在全球城市网络中发展成为具有全球特色专业化的全球城市或者区域中心。同时，高铁技术、互联网技术的发展也正在现实地改变中国传统的城镇空间等级体系，这都为安徽通过努力建设富有特色和魅力的长三角世界级城市群西翼腹地区域、合肥建设长三角西翼腹地中心城市提供理论依据和现实案例支撑。新时代，安徽要把握长三角区域城市体系的空间演化趋势，超前研究科技革命、互联网、交通方式

变化以及腹地城市的崛起对区域空间结构产生的影响，调整心态和姿态，彻底摒弃观望的客体心态，彻底抛弃跑龙套的配角身份，彻底克服被动接受和承接的消极作为，重振信心、重塑形象，以主体心态、主角身份，主动作为，面向全球吸引和整合创新资源，促进国内外两个资源要素市场的高度集聚、整合与融合，争取在更多优势领域抢占高端领域、走在前沿，进一步构筑完善与长三角创新联动发展的互联互动通道，改善和提高安徽在长三角区域分工与合作中的地位，重塑经济地理格局，实现从“后发追赶”向“后发赶超”的转变，推进安徽在长三角区域创新能级、产业能级、经济能级和区域能级的大幅跃迁，充分展现新时代新定位、新姿态和新担当。

（作者为安徽省炎黄文化研究会理事、安徽省社会科学院研究员）

长江经济带背景下安徽功能定位及发展策略

安徽省社会科学院课题组

2014年9月，国务院发布《关于依托黄金水道推动长江经济带发展的指导意见》(以下简称《意见》)及《长江经济带综合立体交通走廊规划(2014—2020年)》(以下简称《规划》)，将长江经济带建设上升到国家战略层面，这是继沿海经济带战略之后，中国区域发展中的又一重大战略。在《意见》中，从国家战略层面赋予了江苏、安徽两省以及南京和合肥两市新的功能定位。

一、打造长江经济带，推动长三角城市群加快融合发展

长江经济带作为组带，既连接了长三角、长江中游城市群和成渝经济区三个“板块”，又与其他两大经济带形成呼应：一方面，与“新丝绸之路经济带”平行并进；另一方面，与沿海经济带形成“T”字形联动。在新形势下，中央谋划的全国区域发展新格局，将布局形态由“块”变成了“带”，前期全国区域协调发展战略的“四大板块”和客观发展中形成的东、中、西部“三大地带”，逐渐演变为涵盖沿新欧亚大陆桥布局的丝绸之路经济带，依托黄金水道的长江经济带，沿海岸线的沿海经济带，沿京广、京哈铁路布局的京广京哈经济带以及沿包昆铁路布局的包

昆经济带在内的“两横三纵”区域发展新格局。新的区域发展战略从点到线再到面，从陆上到海上再到海外，从沿海到内陆再到沿边，以“国内外联动、区域间协同、外部协同与内部协同并重”的理念为统领，着力打破单纯的行政区划，把区域经济规划扩大到跨市、跨省乃至跨国，推动生产要素摆脱行政区划束缚，在更大的空间内进行流动和组合。长江经济带建设有利于形成上、中、下游优势互补、协作互动格局，能够缩小我国东、中、西部地区经济发展的差距，推动东、中、西部走上协调发展的轨道。未来，我国将形成沿海、沿边、沿长江流域同时开发，东、中、西部一体化发展的区域格局。

在长三角城市群中，江苏和浙江的高新技术产业、创新型产业发展迅速，产业结构更加优化，经济发展速度和质量都在提高。上海的国际经济、金融、贸易和航运中心的作用日益突出，南京和杭州以生产性服务业为代表的现代中心城市职能日益加强。安徽省整体加入长三角城市群，成为长三角城市群的战略腹地和战略纵深，不仅拓展了长三角的腹地空间，而且近年来安徽坚持东向发展战略，厚积薄发，发展速度和质量也跃上新的台阶，并且通过打造先进制造业中心，在整体上也夯实了长三角城市群在长江经济带龙头地位的实力。安徽的整体加入也将推动江淮城市群深度融入长三角城市群，强化城市群内部的分工协作、基础设施建设和联通，优化空间布局，建设以上海为中心，南京、杭州、合肥为副中心的“多三角、放射状”的城际交通网络，发挥上海国际大都市的龙头作用，提升南京、杭州和合肥都市区的国际化水平，引导人口集聚，形成集约高效、绿色低碳的新型城镇化发展格局，在新的层次上推动长三角城市群的加快融合发展，全面提高长三角城市群城镇化质量。

二、安徽的新定位及新机遇

安徽整体加入长三角城市群对安徽的发展意义重大。《意见》在国家战略层面明确了安徽的新定位，即长三角世界级城市群的新兴增长极、全国重要的自主创新示范区和先进制造业基地、内陆对外开放的新高地、长江流域生态文明建设先行区。与长三角城市群其他城市一起参加长江经济带建设，也推动安徽融入国家发展战略，在政策上、资金上、项目上可以获得更多的国家层面的支持，改变安徽过去一直付出多获得少，长期被边缘化的局面。安徽要牢牢把握发展机遇，探索新思路，寻求新方位，重塑新坐标。

作为国家战略，新型城镇化战略也在长江经济带建设中得到进一步强化。《意见》重点提及科学引导沿江城市发展，强化城市群交通网络建设，创新城镇化发展体制机制。安徽处于快速城镇化发展阶段，“十三五”期间，非农人口急剧增加，城镇化动力充沛。在合肥经济圈扩容并取得实效的基础上，“十三五”将实质性启动江淮城市群建设，皖江城市带、合肥经济圈和沿淮城市群的战略格局将进一步完善，安徽省会合肥成为长三角城市群与南京、杭州地位一样的副中心，其都市化和国际化水平将大大提升。同时，安徽的芜湖、阜阳等中心城市的综合实力和在国内的影响力将进一步增强，一大批中小城镇将应运而生，成为构建网络化城镇空间布局，推动国土空间优化开发，引领安徽经济发展的重要增长极，为安徽在新一轮发展中发挥优势、乘势而上再创一个科学发展黄金期创造更多机遇，提供更大空间。

《意见》和《规划》提出统筹发展各种运输方式，对现代化综合交通运输体系提出了更高的要求，对长江经济带的交通体系提出了“网络化、标准化、智能化的综合立体交通走廊”的新目标。长江流域安徽境内有号称八百里皖江的黄金水道。在《意见》中列出的皖江过江通道建设就有 18 个，必将大大增强皖江长江干线的过江通达能力；开通新欧亚大陆桥货运专列已经推动安徽融入新丝绸之路经济带；安徽还将尽快启动合肥新桥国际机场二期工程，新建芜宣、安庆、蚌埠、亳州、宿州、滁州等民用机场，改扩建阜阳机场，建设宁国、岳西等通用机场；省会合肥也规划成为国家级的综合性交通枢组，并且随着“四纵八横”

高速公路网和米字形高速铁路网的建成，合肥的综合交通枢纽地位甚至会超过南京和杭州。

《意见》还要求，要发挥长江三角洲地区的辐射引领作用，促进中上游地区有序承接产业转移，提高要素配置效率，激发内生发展活力；发挥长江三角洲地区对外开放引领作用，建设向西开放的国际大通道。安徽承东启西，在长三角城市群建设中发挥经济腹地和深化产业分工等功能。长三角拓展发展空间推动了长江经济带这一国家级的经济增长极深入中部腹地，安徽作为连接长江中游、辐射中部地区特殊的门户功能也将进一步显现。同时，从产业协作的角度看，皖江城市群东向正面接壤苏南、浙北“长三角”传统的核心区域，有承接产业转移的天然优势，在日益频繁的区域产业互动中有更大选择空间，有能力承担未来促进中上游地区有序承接产业转移以及产业协同中激活全局的关键重任。安徽由“边缘”成为“核心”和“门户”，强化和凸显了在国家区域发展新棋局中的战略枢纽地位与价值。从这个意义上来看，安徽在国家层面发挥的作用也是其他区域所不具备的。

总之，安徽整体加入长三角，再加上国家战略层面的皖江城市带承接产业转移示范区建设，合芜蚌自主创新综合试验区、皖南国际文化旅游示范区建设和环巢湖生态文明先行示范区建设，以及皖北纳入中原经济区规划，大别山片区纳入国家扶贫连片开发规划，整个安徽实现了国家战略规划的全覆盖和多重覆盖，政策叠加效应持续放大，安徽进入中华人民共和国成立以来国家政策高度聚集的黄金发展期，“十三五”期间也将是这一系列政策正向效应的释放期和收益期。另一方面，从经济发展供给要素看，安徽不仅自然资源相对丰富，人力资源和科教资源的优势也较为明显。在近年工业化超常规发展的同时，安徽的粮、棉、油产量依然均居全国前列，依然是全国为数不多的粮食净调出省。随着经济社会发展中环境资源约束加剧，安徽的资源优势将更加突显。因此，可以说安徽在国家层面将发挥越来越重要的作用，在“十二五”快速发展的基础上厚积薄发，将有基础实现更长时间、更高水平、更好质量的发展。

三、新背景下的安徽发展策略建议

“十一五”以来，安徽之所以保持了较快的追赶速度，主要得益于采取了一系列符合安徽实际且行之有效的战略决策和政策。“十三五”要继续保持较快的发展速度，在认真分析国内外形势变化给安徽社会经济发展带来的新挑战和新机遇，在总结发展经验的基础上，针对“十三五”所处的发展阶段，保持和开拓战略视野，进一步强化融入长三角战略，重点实施深度城镇化战略，立体工业化战略和一、二、三产业联动融合发展战略，通过构建新的发展动力机制，加快推进四化协调发展下的具有安徽特色的新型工业化和新型城镇化。

①深度城镇化战略。“十三五”时期，农业转移人口市民化、农民工家属市民化，以及其他农村人口向城镇尤其是县城集中趋势进一步加快，消费升级导向的人口城镇化将进入加速阶段。安徽将准确把握新阶段城镇化动力机制和路径的新变化和新特点，要把促进有能力在城镇稳定就业和生活的常住人口有序实现市民化作为首要任务，提升核心城市辐射力和影响力，增强中小城市和小城镇支撑能力，实施劳动力与人口城镇化并重、以人口城镇化为主、有产业支撑的“双线推进、质量并重”的深度城镇化战略。

②立体工业化战略。实施工业领域全方位“向上走”，形成各产业向上发展的差异化竞争态势的立体工业化战略。逐步改变以“开阔地推进”技术战略方式进入各产业领域、迅速扩大生产规模的“平推工业化”模式，克服平推式工业发展中“平铺扩张，求大求快”“弱差异性，强模仿性”和“低文化含量，高逐利倾向”等弊端，实施向各产业的高端攀登，占领产业高地和战略制高点。安徽的工业化发展水平，无论是三大产业结构、就业结构、轻重工业结构、部门结构、工业技术装备，还是产品水平，都远未达到工业化成熟阶段的高度。在今后相当长时间内，

制造业仍将是经济增长的发动机，安徽在“十三五”期间将聚焦人工智能、新能源、智能电网、移动互联网、3D打印、智慧城市、智慧工厂、智能电网、电动汽车等重点产业、重点技术，细化各产业技术路线图、产业发展路线图和市场培育路线图，推动制造业绿色化、精致化、高端化、信息化和服务化发展，实现从工业化中期的产业体系向中后期的产业体系转变。

③一、二、三产业联动融合发展战略。协调产业内、产业间、产业体系与外部的关联因素，从产业各自分散发展向多产业联动转变，实施新型工业化、农业现代化和现代服务业相互结合的一、二、三产业联动融合发展战略。促进制造业与服务业、传统产业与新兴产业的融合发展，加快传统产业高新化、新兴产业规模化、服务业专业化，推动先进制造业与现代服务业“双轮驱动”；推动信息技术、网络技术向一、二、三产业领域的深度渗透、深度应用，提升一、二、三产业的信息化、网络化、智能化和绿色化发展水平，推动第一产业“接二连三”发展，促进“三农”创新发展，加快农业增效、农民增收、农村发展；将产业结构从传统制造业主导转变为现代农业、先进制造业和现代服务业协同主导。

在打造长江经济带新背景下，安徽要与沪、浙、苏一道，在立足资源禀赋和国内外经济发展新常态，在共同争取国家相关支持政策的基础上，利用各省市现有的国家级战略平台，有针对性地研究地方经济优势和特点，运用新地缘经济和新信息技术条件下的交通、物流和信息流等综合优势，把战略平台的功能定位与培育长三角地区整体优势紧密结合起来，协调战略平台与沪浙苏皖区域发展之间的关系，合理有效地引导战略平台的空间布局与发展规模。皖江城市带承接产业转移示范区要立足“先进制造业与高新技术产业基地”的战略定位，壮大长三角现代装备制造及高技术产业实力，合肥要强化全国性综合交通枢组建设，使战略平台成为助推长三角世界级城市群建设和打造长江经济带的重要支撑。

（作者为安徽省炎黄文化研究会成员）

抓住长江经济带建设机遇，加快合肥总部经济发展

秦　柳

一、合肥发展总部经济的意义

(一)有利于推动工业做大做强

首先，企业总部的入驻能够扩大合肥市的工业经济总量，并带动生产性服务业发展。而生产性服务业的发展，能够促进和保障合肥市的工业发展。因为推动合肥市的工业集约发展，取决于科技、信息、金融、商务、物流等生产性服务业的支撑和配套水平；提高合肥市的工业综合生产能力更需要技术研发、生产过程服务、市场营销等专业化服务的支持；合肥市制造业企业通过外购更专业化、更有效率的中间服务，可以降低成本、提高效率，同时使自身集中有限资源于关键领域，从而增强企业核心竞争力。

其次，跨国公司和地区总部以市场为导向，以盈利为目的，自主经营、自负盈亏，适应国内外市场日益激烈竞争的要求。引入这些非公有市场主体，有助于合肥市场经济体制完善，当地工业企业迫于竞争压力，会不断提高自身素质。

最后，企业总部，特别是来自欧美发达国家的跨国公司，会带来大

量资金和大批具有先进水平的机器设备及高新技术，通过引进和吸收外方提供的先进机器设备和技术，加快产品更新换代，促进合肥市的产业升级。

（二）有利于抢占现代服务业高端价值链

研究表明，在产业链中，服务业尤其是代服务业的附加值占到70%以上，一般加工制造业的附加值仅占20%左右，产业应朝现代服务业发展。企业总部主要从事战略决策、科技研发、投资管理、营销等较为复杂的经济活动，能够对现代服务业产生强烈需求，从而带动现代服务业的发展，形成为企业总部服务的现代服务业产业链，包括由通信、网络、传媒、咨询等组成的信息服务业，由银行、证券、信托、保险、基金、租赁等组成的金融服务业，由会计、审计、评估、法律服务等组成的中介服务业，由教育培训、会议展览、国际商务、现代物流业等组成的新型服务业等。因此，发展总部经济能够推动合肥市现代服务业集聚发展，抢占现代服务业高端价值链。

（三）有利于提升科技创新能力

总部经济作为高端经济，会给区域发展带来社会资本效应。一个地区企业总部云集，必然会带来城市文化的多元和融合，提高城市开放度，改善城市基础设施，完善城市综合条件。而城市国际化水平的提升，又会吸引更多的人才、资本、信息等要素在该区域聚集，使该区域在价值链分工中占据高端，获取更高的利润回报，提升区域的产业水平，扩大区域的经济总量，提高区域的经济竞争能力。可见，发展总部经济有助于提升合肥的城市形象，这样不仅能够抑制人才外流，还能吸引更多的外地人才来合肥发展。同时，在市场需求快速变化、技术迅速更新的趋势之下，企业能否快速、高质量、低成本地推出新产品，是决定企业成败的关键，研发、创新、设计能力已经成为企业的核心竞争力。承担这些高端功能的企业总部能够有效集成各类科技资源，加快自主知识产权产品的研发，缩短研发周期，更快、更有效地实现产品开发，不断降低研发成本和产品生命周期成本。因此，企业总部的聚集能够进一步提高合肥的研发能力，加强科研成果的就地转化。

（四）有利于促进就业

总部经济可以为合肥带来“劳动就业效应”，尤其是有利于增加白领阶层的就业岗位。一方面，地区总部的核心职能是促进公司各项经营资源之间的整合，需要大量的智力人才资源，发展总部经济会给合肥带来大量高智力就业岗位；另一方面，通过产业乘数效应，总部经济可以带动合肥市第三产业，包括知识型服务和一般型服务业的发展，提供更多的就业岗位。总部高级白领的增加会带动个人消费，包括住宅、交通、子女教育、健身、购物等，这种消费对于推动合肥经济发展具有重要作用。

二、合肥发展总部经济的条件分析

（一）区位优势不断凸显

合肥承东启西、连南接北，高速公路四通八达，到南京约需 1 个小时车程，到上海、武汉等需 2 个多小时车程。高铁南站建成投运，“米”字形高速铁路网逐步形成，合肥成为全国性铁路枢纽，实现 1 小时到南京，2 小时到上海、杭州、武汉，3 小时到长沙、郑州，4 小时到北京、福州。脚踏长江，怀抱巢湖，通江达海，合肥港集装箱码头二类水运口岸成功获批，合肥港国际集装箱码头自 2010 年底开港运营以来，集装箱吞吐量逐级跳跃。4E 级新桥国际机场建成通航，货运航线开通。

（二）经济快速发展

连续多年来，合肥市多项指标增幅均高于全国、全省平均水平。

2014年，合肥市实现生产总值5157.97亿元，比上一年增长10%。其中，第一产业增加值257.63亿元，增长4.8%；第二产业增加值2872.01亿元，增长11.4%；第三产业(服务业)增加值2028.33亿元，增长8.5%。按常住人口计算，合肥人均GDP为67394元，比上一年增加5839元，折合成美元，首次超过1万美元，达到10971美元；实现财政收入880.68亿元，比上一年增长14.6%；全社会固定资产投资5385.17亿元，增长18.1%；社会消费品零售总额1666.75亿元，增长12.9%。

(三)产业基础雄厚

良好的产业基础是总部经济的形成基础，也是构建总部经济的着力点。合肥市逐步形成了电子信息、家用电器、汽车及零部件、装备制造、光伏新能源、食品及农产品加工等主导产业。其中，电子信息产业总产值超过千亿元，产品覆盖整机制造、平板显示、集成电路、电子元器件、太阳能光伏、软件服务等子行业；家用电器产业有家电及配套企业500余家，拥有4个国际品牌、10个国家级名牌产品，产品覆盖白色和黑色系列家电，四大件产量拥有全国25%的市场份额；汽车及零部件产业拥有规模以上汽车整车及专用车10家，零部件生产企业200多家；装备制造业拥有叉车、锻压、电缆、仪表、电机、六方、神马等国家级、省级技术中心和产品实验基地，同时涌现出依靠企业自主创新发展的欣硕半导体、齐美检测、美亚光电、阳光电源、万端制冷、皖仪科技等一批高端装备生产企业；光伏新能源产业拥有全国唯一的光伏系统研究中心，还有中国科技大学太阳能光热技术研究所、合肥物质科学研究院等离子所太阳能电池材料研究室等科研院所；食品及农产品加工有以伊利乳业、蒙牛现代乳业、黑牛食品等为龙头的乳业，以丰乐、隆平高科、荃银等为龙头的种子业，以华泰、真心等为龙头的炒货业，以金润米业、安徽燕之坊、丰大集团为龙头的粮食加工业，以顶绿、徽之皇、同泰、金绿等为龙头的蔬菜水果加工业，以新希望、通泰、大北农、华仁等为龙头的饲料加工业，以和诚、雨润、温氏、森森等为龙头的畜禽加工业。雄厚的产业基础为合肥发展总部经济奠定了坚实的基础。

(四)科教优势明显

企业总部集中了企业价值链中知识含量最高的区段，研发、营销、资本运作、战略管理等属于高度密集的知识性劳动。因此，总部经济作为一种高端经济，发展需要一定的科技支撑。合肥是全国唯一的国家科技创新型试点城市、全国四大科教基地之一。合肥作为包公、李鸿章以及国际著名科学家杨振宁的家乡，历史文化底蕴深厚，是除了北京以外国家重大科学工程布局最多的城市，拥有中国科学院合肥物质研究院等各类科研机构 200 多所、中国科技大学和合肥工业大学等各高等学校 50 多所，拥有博士授权点 138 个、国家级重点学科 2 个，拥有一批国家重点实验室，有世界一流的合肥国家同步辐射实验室、全国最大的直流脉冲机组，有近 20 万科技人员，智力资源在全国同类城市中名列前茅。合肥市是我国加入世界科技城市联盟的七个城市之一，与国际间有着广泛的科技交流和合作的渠道。2012 年，合肥市高新技术产业产值达到 3646.5 亿元，国家高新技术企业总数达到 615 家。据 2011 年、2012 年英国《自然》杂志调查，合肥的基础科研实力连续两年位居全国第三，仅次于北京、上海，这也反映了合肥的科技实力较强。合肥的科技创研和人力资源优势为企业总部落户合肥提供了可持续发展的资源保障。

三、加快合肥总部经济发展的对策

(一)加快全国性综合交通枢纽建设

《国务院关于依托黄金水道推动长江经济带发展的指导意见》把合

肥定位成全国性合交通枢纽，这既可视为国家对合肥提出的新要求，也为合肥完善提升交通枢纽功能带来机遇。完善高等级公路网，大力推进沪蓉高速复线，合连、沪陕二通道，合马、巢庐等高速建设，加快合巢、合宁、合安“四改八”扩建，构建“五横四纵、两环多射”的高速路网。围绕“米”字形高速铁路网，建设上海经南京、合肥、武汉、重庆至成都的沿江高速铁路，建设商合杭、合郑、合九、庐铜等铁路。积极推进城际铁路建设。深入推进合肥港(二类口岸)建设，积极谋划合肥港三期工程建设，谋划推进从二类口岸申报一类口岸。适时启动新桥国际机场二期，同步实施机场接驳交通系统建设，拓展合肥至国内主要城市的航线网络。按照“零距离换乘、无缝化衔接”要求，加强水运、铁路、公路和航空的有机衔接。加快发展铁水、公水、空铁等多式联运。

(二)进一步优化发展环境

推进依法行政，加快建立权力清单、责任清单、负面清单等制度。围绕权限、环节、时限、程序等审批要素，大力精简市级行政审批事项，完善优化事中事后监管、责任追究、并联审批等制度。推进开放式决策和权力阳光运行改革，把关系企业切身利益的事项纳入开放式决策，实行行政事项网上受理、网上办理、网上反馈、网上监督，做到全过程公开。研究制定加快总部经济发展的扶持政策，参照上海、北京、广州等发达地区的做法，在项目设立、土地供应、规划审核、税收奖励、产品出口、人员流动、出入境审批、子女入学、科研活动等方面制定有利于企业总部落户合肥的优惠政策。鼓励法律、审计、会计、评估等中介服务机构发展，大力发展知识、智力密集型的高端咨询服务业，为总部提供完备的相关服务。

(三)积极承接产业转移

《国务院关于依托黄金水道推动长江经济带发展的指导意见》中指出，引导具有成本优势的资源加工型、劳动密集型产业和具有市场需求的资本、技术密集型产业向中上游地区转移。合肥要紧抓长江经济带建设带来的历史性机遇，借助皖江城市带承接产业转移示范区的品牌效应，积极与苏浙沪政府、开发区和战略投资者等主体建立产业转移跨区域合作机制，有序承接长江下游地区产业转移。抢抓国际先进制造业、现代服务业加速转移机遇，放宽服务业市场准入，加强对著名跨国公司和先进技术的引进。鼓励跨国公司在合肥设立地区总部、研发中心、地区性技术中心、运营中心、采购中心、人力资源中心和财务管理中心，大力发展总部经济和功能性机构。

(四)加大对高端人才的引进和培养力度

企业总部是决策和管理中心，需要各种高级管理决策人才。长江经济带建设既有利于推进长江经济带一体化，也有利于提升整个区域的对外开放水平。要充分利用长江经济带建设机遇，加快引进和培养高级专门人才。强化人才引进机制，制定各种优惠政策及措施，建立人才、智力、项目相结合的柔性引进机制，广泛招揽海内外高级专门人才，重点引进一批行业领军人物和高端人才。建立高级人才培养机制，充分借助长江经济带内的科教资源优势，加快产业高端人才队伍的培养，造就一批产业化发展急需的复合型人才。同跨国公司人力资源部门联合培训，培养大量既懂外语又懂国际经贸、经营管理的人才。改善人才成长环境，建立更有吸引力的人才激励政策，在金融支持、财税优惠、股权激励、社会保障、公共服务等方面采取一系列措施，形成有利于人才成长、集聚和发挥作用的政策环境。

(五)建设和谐文化环境

总部基地是各企业总部的聚集地，管理阶层来自不同国家和地区，在文化背景、价值观念、生活理念等方面存在一定的差异。大力整合合肥的历史和文化资源，构建具有地方特色的文化，营造创新、创业、包容、和谐的城市文化。搭建多层次、多渠道的交流平台和沟通渠道，通过组织高层峰会、网络论坛、区域年会、俱乐部沙龙等多种形式，加强企业总部之间、政府与企业总部之间的交流与沟通，促进不同人群之间的交流与合作，增强合肥的凝聚力、亲和力和融合力，增强外来人员的认同感和外来企业的植根性。

（作者为安徽省炎黄文化研究会理事、安徽省社会科学院副研究员）

长江经济带建设背景下安徽发展新机遇

刘志迎

长江经济带建设是在国际政治经济形势发生重大变化，国内区域经济结构和产业结构待调整的背景下提出来的重要区域联动发展举措，安徽再次回归长三角(原华东)区域，面临着很多发展新机遇，本文从8个方面阐述这些新机遇，具有新意，并供有关部门决策参考。

一、长江经济带建设的国际背景

美国的亚太再平衡战略试图利用中国周边国家地缘政治和借助于构建TP、TTIP等规则挤压中国崛起空间；欧盟利用绿色壁垒遏制中国出口空间；日本叫嚣“中国威胁论”，试图借助美国之力“修宪”，企图成为“正常”国家等。另一方面，美国不得不考虑中东的恐怖主义威胁和伊朗核问题，正在重新引发中东混乱；英国退出欧盟，欧盟内部法德不和、各有企图；俄罗斯扩展疆域被欧美制裁，经济焦头烂额。东南亚、中亚基础设施落后，人民企望经济发展和生活水平向中国靠拢，搭上中国发展快车。整个世界政治、经济、外交、军事等领域正在发生深层次调整，无论是发达国家，还是发展中国家，产业结构均在发生重大调整，新产业革命大浪正在袭来。面对这种形势，中国必须寻找新出路。

二、长江经济带建设的国内背景

改革开放以来，我国经济的快速发展主要依赖“高能耗、高原材料消耗和高体力消耗”，实现了全球经济总量第二的地位。随着新产业革命的兴起，数字制造技术、互联网技术和再生性能源技术的重大创新，经济乃至社会正在发生重大变革。我国经济面临着内部产业结构升级和适应新产业革命的双重压力。十八大报告首次提出“构建现代产业发展新体系”，其核心意图是顺应新的产业革命浪潮，以全球视野谋划和推动全面创新。从国际来看，寻找突破围堵的新路径，提出了长江经济带建设，构建南丝绸之路，连接东南亚；提出了新丝绸之路经济带，打通与中亚、北非和欧洲通道，探寻解决“马六甲之困”的新出路；提出了海上丝绸之路，为破解地缘政治和地缘经济被堵难题；提出了打造“非洲经济升级版”，适时将中国强大的生产能力扩散出去。从体制改革层面来看，一系列具有“顶层设计”的改革方案逐一出台，政治、经济、社会和文化秩序将面临新变化，新常态正在形成。诸如此类，种种新动向表明中国社会经济的变革大潮正在兴起，区域关系、产业关系、城乡关系、中央与地方关系、国际关系等都将做一次深度调整。

三、长江经济带建设对安徽发展的新机遇

就《国务院关于依托黄金水道推动长江经济带建设指导意见》来看，为安徽发展带来大好机遇。抓住这一机遇，就有可能获得良好发展，走出“人口总数靠前、经济总量居中、人均水平落后”的长期困境。

（一）明确定位与拉高标杆的机遇

就安徽社会经济实际运行来看，一直是与江浙沪紧密相连，只是改革开放后安徽被划入中部地区。现在再次将安徽定位于长三角（原属于华东地区），从而明确了区域空间经济关系定位，多年进入长三角的梦想终于实现。同时，也拉高了标杆，向长三角靠拢，以更高的标杆拉动安徽发展，既是机遇，也是挑战，安徽人必须紧抓机遇，迎接挑战。

(二)进一步完善基础设施的机遇

国务院《关于依托黄金水道推动长江经济带发展的指导意见》已经较为详细地提出了长三角整个立体交通网络建设和其他基础设施完善的设想，长江经济带包含的是9省2市，安徽所有区域均应该属于其中，对接国家发改委《关于依托黄金水道推动长江经济带发展规划》，借机将安徽省整体基础设施建设纳入其中，不能够仅仅考虑皖江城市带区域。

(三)加快体制机制政策对接机遇

基础设施的对接，只要规划做好且资金投入下去，就能够实现对接。真正能够改变安徽面貌、实现与长三角对接，需要的是体制机制和政策的对接，安徽乃至中西部过去出台的规划、指导意见和政策在总体方向上不落后于长三角，差距表现在缺乏具体操作性，从而导致有很好的方向，但无法具体落实。因此，趁机转变体制机制政策的模式，全面实现对接，对安徽发展至关重要。

(四)产业转移与升级转型的机遇

《关于依托黄金水道推动长江经济带发展的指导意见》关于产业转型升级和产业转移有具体阐述，安徽急需要抓住机遇，根据错位发展思路，梳理出若干产业，积极推进转型升级和加快产业集聚，努力打造世界级或国家级产业集群。同时，抓住机遇继续推进承接产业转移，积极引进江浙沪企业落户安徽，引进具有高技术含量的战略性新兴产业，并将其区域总部和制造基地落地安徽主要城市。

(五)调整省内区域间关系的机遇

借机长江经济带建设，系统规划安徽区域经济布局，规划建设以合肥为中心、沿江城市(马芜铜宜池)和沿淮城市(六淮蚌滁)联动发展的江淮城市群(1+9)，构建安徽经济脊梁。这是安徽整体发展的需要，是解决布局重叠的需要，是振兴皖北经济的需要，是实现联动发展的需要，具有现实必要性；该区域基础设施条件良好，经济基础初步奠定，符合主体功能区规划，符合长江经济带要求，也具有现实可行性。

(六)借力提升城市管理水平机遇

虽然安徽省提出“三边三线整治”，也取得了明显成效，但总体城市管理水平仍然还是较为落后，这次提出将合肥市定位长三角副中心、交通枢纽、开放性大都市区和创新高地，借机狠抓城市和城镇管理水平，以合肥市为龙头示范，带动其他 15 个地级城市、6 个县级市、56 个县城、151 个扩权强镇试点镇，全面提升城镇管理，优化城镇环境，带动美好乡村建设，建设好美丽安徽。

(七)顺势挖掘对外开放机遇

抓住长江经济带建设机遇，探索挖掘“一带一路”发展中的机遇，坚持对内对外开放，双向拓展“引进来”与“走出去”同步推进。扩充“合新欧班列”贸易内容；借力长江航道，贯通“海上丝绸之路”；融资成立“安徽航空公司”或者“合肥航空公司”，扩展国际航线；引入跨国企业和引导省内优势企业“走出去”，实现跨国经营；引入世界名牌大学在皖设立分校或与安徽高校合作办学，建立国际学校，引入国际医疗机构，加大开放合作平台建设，提高合肥都市区国际化水平，建设内陆开放合作高地。

(八)全方位转变思想观念的机遇

在制约安徽发展的多重因素中，思想观念的滞后是根本性的隐形因素。官本位意识、小农意识和打工意识成为制约安徽发展、压在安徽人头上的“三座大山”，迫切需要通过思想解放大讨论来声讨落后意识，建立符合时代潮流的新思想、新观念。亟待树立的是创新创业精神，也即企业家精神。只有弘扬企业家精神，让更多民众创新创业，让更多企业做大做强，让更多企业主动转型升级，让更多产业具有核心竞争力，才能够充实安徽发展的原动力，驱动安徽实现更快、更好地发展。

（作者为安徽省炎黄文化研究会理事、中国科技大学教授）

武汉精神与长江文明

刘崇顺

一、武汉精神饱含着长江文化厚重的历史积淀

长江从远古走来，其形成发生在距今1.4亿年前的侏罗纪时的燕山运动，古长江的形成年代更加久远。2019年7月6日，在阿塞拜疆首都巴库举行的联合国教科文组织第43届世界遗产委员会会议通过决议，将中国世界文化遗产提名项目“良渚古城遗址”列入世界遗产名录。至此，中国世界遗产总数达55处，位居世界第一。世界遗产委员会认为，良渚古城遗址印证了长江流域对中国文明起源的杰出贡献，真实地展现了新石器时代长江下游稻作文明的发展程度。①

如果说长江是中华儿女、炎黄子孙的母亲河，那么，湖北武汉或许可以看作母亲河的长子长孙。正是从湖北伸向四川盆地的古长江溯源侵蚀作用加快，切穿巫山，使东西古长江贯通。湖北地处长江中游，是长江流经的重要省份，作为湖北省会、中部六省第一大城市的武汉，居中得水，受到长江的恩惠滋养最多。恩惠滋养湖北武汉的，不仅是源源不断、不舍昼夜的长江水，而且还有底蕴深厚、博大精深的长江文明。正是长江文明孕育了武汉精神，滋养着武汉精神。长江文明在5000多年

① 严红枫、李韵、陆健：《良渚古城遗址成功列入世界遗产名录》，载《光明日报》2019年7月7日1版。

不间断的历史传承中兼容并蓄、创新升华。长江是中华文明重要发祥地，长江文明在5000多年不间断的历史传承中兼容并蓄、创新升华。在漫长的历史积淀中，长江文明不断展示了她多姿多彩的历史辉煌，为人类保存着最久远的文明记忆和波澜壮阔的文明图谱。长江流域的炎黄子孙在数千年发展历程中创造了辉煌的文明成果。在长江流域繁衍生息的一代又一代先民，历经岁月洗礼，把生产生活实践镌刻成悠久历史、积淀成深厚文明。而武汉精神正是长江文明宝库中灿烂的瑰宝。

正如一个国家、一个民族、一个企业、一个人要有一种精神，一个城市也需要有自己的精神。“城市精神”这个城市理念的提出，首先是由城市的功能和它的特征所决定的。城市是一个地理的、经济的、社会的空间实体，是各种自然要素和人文要素的组织系统，城市精神正是城市各种自然要素和人文要素综合作用的结果。武汉的城市精神则与她所濒临的母亲河长江息息相关。武汉别名“江城”“大武汉”“九省通衢”“东方芝加哥”，如今，她还增添了一个雅号——全球二线城市，据世界知名研究机构研究显示，武汉与柏林、里约热内卢等国际大都市在同一级别。2018年城市综合实力排名，武汉仅次于北京、上海、广州、深圳，被列为第五名。武汉的地位和知名度不断提升，城市精神也须进一步升华。

2011年底，武汉市第十二次党代会召开，会前，为起草一个高质量的党代会报告，为把党代会报告起草变成全社会积极参与的过程，由《长江日报》、《武汉晚报》、《武汉晨报》、武汉人民广播电台、武汉电视台、武汉网络电视台、武汉政务网、长江网、汉网、武汉宣传“三报三台三网一刊”共同倡议，开展“我为党代会献一策”活动。广泛征集评选武汉城市精神表述语是这一活动的组成部分。从2011年8月下旬至9月下旬，武汉市委有关部门先后举办了城区、文明单位、海外媒体等各类座谈会17场，收集到武汉城市精神表述语意见200余条。在通过专题研讨和反复征求社会意见后，从中精心遴选出5条“武汉城市精神”候选表述语。《长江日报》还同时刊发了《“武汉城市精神表述语”阐释》，对于五条候选表述语进行了阐释。这五条候选表述语是：一、敢为人先，追求卓越；二、融通天下，自强不息；三、首义首创，图新图强；四、敢为人先，包容和谐，追求卓越；五、通达，智慧，文明，担当。(2011年10月13日《长江日报》)经过比较遴选，最终确定“敢为人先，追求卓越”为武汉城市精神表述语。同日，武汉各媒体同时刊出武汉城市精神表述语评选活动办公室发布的武汉市委关于开展“武汉城市精神”征集评选工作的决定。

发布这一决定的公告称，为进一步宣传武汉、提升武汉城市形象，增强城市软实力，发挥精神文明建设在引领城市发展中的重要作用，武汉市委决定，开展“武汉城市精神”征集评选工作。为动员社会广泛参与，集思广益，就“武汉城市精神”表述语向广大市民征求意见。(2011年10月13日《长江日报》)武汉城市精神表述语几经征集评选，最终确定为“敢为人先，追求卓越”八个字。2011年，中共武汉市第十二次党代会首次将“武汉精神”写入党代会报告，次年，亦即2012年，“武汉精神”被写入武汉市政府工作报告。武汉辉煌的历史孕育了“敢为人先，追求卓越”的武汉精神。这是武汉首次提炼城市精神表述语。武汉精神深深打上了时代精神的烙印，也饱含着长江文化厚重的历史积淀。

二、武汉精神与楚人的开拓创业精神一脉相承

武汉地区考古发现，其历史可以上溯到距今6000年的新石器时代，其考古发现有东湖放鹰台遗址的含有稻壳的红烧土、石斧、石锛以及鱼叉。市郊黄陂境内的张西湾古城遗址为4300年前古人类生活的重要遗存。盘龙城遗址是距今约3500年前的商朝方国宫城。春秋战国时期，武汉属楚国管辖。

成语“筚路蓝缕”出自《左传》“筚路蓝缕以启山林”与《史记·楚世家》“昔我先王熊绎辟在荆山，筚路蓝缕以处草莽，跋涉山林以事天子，唯是桃弧棘矢以共王事”记载。初看相似，其实所记载的历史人物、历

史事件不同。《左传》记载的是楚若敖和楚厉王蚡冒，《史记》记载的是楚祖熊绎。自《左传》《史记》记载以来，多未按照史籍记载的文字本意解读。2016年卧马先生认真研究相关记载后，首次发现“筚路蓝缕以启山林”与楚若敖、楚厉王开疆拓土历史事件有关。一个说的是当年的楚国先民就是穿着破衣，拉着柴车，开垦了山坡林地，创建了楚国，创立了积极进取、革故鼎新、开放融合、至死不屈的楚文化精髓。一个说的是，楚若敖与楚厉王开启濮人之地收复阴国疆土时，并没有驾乘楚军的威武战车，也没有穿着铠甲战袍，而是坐着用竹子荆条做成的柴车，穿着蓝色麻衣蓝缕弁服，和平收复了陉隰之地的阴国，开启濮人之地的山林疆土。两处所记载的历史人物、历史事件虽然不同，但是有一点是相同的，那就是两处记述表现的都是楚人的开拓创业精神。武汉精神正是秉承了楚人“筚路蓝缕”、开拓创业的精神。

武汉濒临长江，依长江而建，因长江而兴。武汉别称“江城”，同样揭示了武汉与长江不可分割的密切关系。武汉得天独厚的优势是两江交汇，湖泊星罗棋布。武汉因水而成城，因水而成名，因水而吸纳天下文人骚客，因水而商贾云集成为华中最大商埠，因水而具有极好的发展前景。长江边上的“芝加哥”——武汉，将比北美洲密歇根湖畔的芝加哥更美！武汉城市精神的形成与塑造，与长江文化密不可分，正是长江文化孕育、滋养着武汉精神，在一定意义上，武汉城市精神的源头是长江文明，是浩浩荡荡永不停息的长江精神。支起武汉城市精神大厦的脊梁，正是武汉厚重的文化积淀。武汉的人文历史文化积淀极为丰富，单就中国三大名楼之一的黄鹤楼而论，历代名人墨客无不在此留下笔迹，各种诗词、歌赋、文联不下400篇。数不胜数的名篇诗句，阅不尽的名人历史画卷，它们既描述了武汉的壮丽景色、江湖浩渺，又写出了武汉的豪迈。武汉不仅有着独特的荆楚文化特色，而且有光荣的革命传统，是辛亥革命首义地，推翻两千多年封建帝制，建立民主共和制的国家的第一枪是在武汉打响的。武汉是“二七”工人运动的发祥地之一，这里留下了施洋、林祥谦、向警予、彭刘扬等革命壮士的足迹。武汉是北伐时期国民政府所在地，这里又曾是南京失守后的抗日大本营。武汉人民与全国人民(其中包括苏联志愿者)英勇抗日，使日本侵略者在这里付出了沉重的代价。武汉又是中国最早的对外通商口岸之一，早在19世纪中叶，武汉就已有中外交流的活动。武汉有中国最早的现代工业——汉阳铁厂。

武汉市第十三次党代会提出“规划建设长江新城”，新城建设2019年起动。继“中国光谷”“中国车都”后，打造一张全新的世界级“城市名片”——长江新城，并将其定位为长江上的第二个“浦东”，体现出武汉对标先行者奋力追赶的勇气。“驾乎津门，直追沪上”的“东方芝加哥”是武汉曾经到达的历史高位。借鉴我国新区建设的有益经验，以新发展理念、新发展思路为指导，让武汉从开埠的光辉历史走向更加灿烂的未来。“敢为人先、追求卓越”集中体现了武汉精神；武汉精神汇聚了中华文化独特的魅力，优秀传统文化、革命文化、社会主义先进文化的独特魅力和优良基因，堪称长江文化的精髓。

三、发扬武汉精神是建设长江文明题中应有之义

中华文明在继承创新中不断发展、在应时处变中不断升华，在兼收并蓄中历久弥新，长江文明亦如此。习近平主席在亚洲文明对话大会开幕式上的主旨演讲中指出：“文明永续发展，既需要薪火相传、代代守护，更需要顺时应势、推陈出新。世界文明历史揭示了一个规律：任何一种文明都要与时偕行，不断吸纳时代精华。我们应该用创新增添文明发展动力、激活文明进步的源头活水，不断创造出跨越时空、富有永恒魅力的文明成果。”①作为中华文明重要组成部分的长江文明同样如此。如今，长江承载着中华民族伟大复兴的“中国梦”，长江文明有着更新

① 习近平：《深化文明交流互鉴　共建亚洲命运共同体——在亚洲文明对话大会开幕式上的主旨演讲》，载《人民日报》2019年5月16日。

的形态和姿态。长江经济带发展不仅是对古老的长江文明的传承，更是对古老的长江文明的超越。实现中华民族伟大复兴的中国梦，长江经济带发展具有无可替代的重要作用和历史地位。武汉作为中部六省唯一的特大中心城市，在长江经济带发展、长江经济带城市群的发展中，具有举足轻重的作用。发扬武汉精神也是建设长江文明题中应有之义。

回顾改革开放的历程，“创新”是武汉改革发展的关键词，也是大武汉复兴的驱动力。2004 年，酝酿已久的“促进中部地区崛起”提升为国家战略，武汉抓住机遇，向自主创新要发展，加速从老工业基地向先进制造业基地转型。抓住国家实施促进中部地区崛起战略、武汉城市圈“两型社会”建设综合配套改革试验、东湖国家自主创新示范区建设等重大机遇，实现了经济总量超万亿的跨越性发展，武汉新的奋斗目标是：以建设幸福武汉为出发点和落脚点，以建设生态宜居武汉、文明武汉为支撑，围绕建设国家创新中心、国家先进制造业中心和国家商贸物流中心，不断增强中心城市的功能和作用，努力提高城市综合竞争力，将武汉建设成为立足中部、面向全国、走向世界的国家中心城市，实现大武汉新的伟大复兴。曾经“驾乎津门，直追沪上”的“大武汉”，近年来又提出了“建设国家中心城市，复兴大武汉”的口号。一代伟人毛泽东的名句“万里长江横渡，极目楚天舒”，令人更真切感知到了这座城市的气度、壮志与雄心。

“敢为人先、追求卓越”，集中体现了武汉精神。伴随着改革大潮和新技术革命，武汉创造了许许多多的“第一”，第一个小商品市场(汉正街)，第一个“洋厂长”(聘请德国制造业专家格里希担任武汉机床厂厂长)……1988 年，武汉东湖新技术产业开发区应运而生。这里诞生了我国第一根光纤、第一个光传输系统，并逐步壮大成为光电子、生物医药、高端制造产业“三足鼎立”的高新产业聚集地，成为知名的创业创富“新码头”——中国光谷。

从“一钢独大”到信息技术、生命健康、智能制造成为引领武汉经济高质量发展的“新三大引擎”；从科教重镇到科创中心，武汉参与锻造众多“大国重器”；从跟跑到逐步领跑，一批“中国标准”从武汉走向世界。

改革开放40年来，特别是党的十八大以来，湖北省武汉市持续培育壮大自主创新市场主体，做强高校院所等社会主体，优化发挥政府作用，逐步形成“产业链、创新链、人才链、资金链、政策链”五链统筹的创新生态体系，奏响了武汉自主创新的华美乐章。继“中国光谷”“中国车都”后，打造一张全新的世界级“城市名片”——长江新城，并将其定位为长江上的第二个“浦东”，体现出武汉对标先行者奋力追赶的勇气。

2018年底，中国社会科学院与联合国人居署联合发布《全球城市竞争力报告2018—2019 全球产业链：塑造群网化城市星球》(以下简称《报告》)。《报告》显示，在全球1007个城市中，武汉经济竞争力位居世界第40位；在293个中国城市中，武汉排名第7位，仅次于深圳、香港、上海、广州、北京和苏州。继纽约帝国大厦、迪拜哈法利塔，到台北101大厦、香港环球贸易中心，到北京国贸大厦、上海中心大厦、深圳平安金融大厦，武汉的绿地中心拔地而起。武汉绿地中心居城市之心，造功能之“芯”——这座位于长江主轴核心的滨江摩天地标，以155万方恢宏体量，创造性地引入垂直城市设计理念，囊括国际甲级写字楼、总裁私属办公、武昌滨江商务区(绿地中心)党建服务中心、武汉市招商规划展示馆等多重业态，致力打造一体化的武汉滨江CBD核心综合体。

江城是武汉的雅号，武汉依水而建、因水而兴，武汉是长江的赤子，长江是武汉的依托。长江新城的建设以蓝绿网络为核心，以水定城、以绿融城。突出“理水”，依托武湖、草湖构建城市水库，联通长江、滠水、倒水，构建纵横景观水网。加强“融绿”，形成城市公园2000米、社区公园500米、5~10分钟步行可达的全覆盖绿地系统。强化“通风”，控制沿江、沿河、沿湖一级风道和组团间二级风道，确保新风贯通全域，打造高品质、智能化的生活环境。2019年，武汉中心将实现全方面竣工，以崭新形象献礼第七届“军运会”，成为四海五洲友人看武汉的“惊艳第一眼”。2019 年武汉市《政府工作报告》显示，未来武汉将“推动现代服务业创新升级”，“加快建设区域金融中心”。其中，武汉绿地中心的加速建设，价值兑现，将助推武汉城市核心动能的聚拢向上、万千梦想的裂变实现。“一江春水，继续东流，鲲鹏之变，自此启幕！”这是诗，也是现实，弘扬武汉精神，建设长江文明，我们务必充分彰显中华文化独特魅力，推动优秀传统文化活起来、革命文化和红色基因传下去、社会主义先进文化广为弘扬。

（作者为湖北省炎黄文化研究会常务理事、武汉市社会科学院研究员）

炎帝神农是中华民族的文化英雄

何晓明

炎帝神农是中华民族的文化英雄。这个英雄形象的形成，正如顾颉刚先生“层累地造成古史”说，所谓“时代愈后，传说的古史期愈长”。周代人心目中最古的人是禹，到孔子时有尧、舜，到战国时有黄帝、神农，到秦有三皇，到汉以后有盘古。而且，“时代愈后，传说中的中心人物愈放愈大”①。据刘玉堂等先生的研究，“在先秦时期的文献中，炎帝自为炎帝，神农自为神农，彼此并不相涉。两汉之际，炎帝和神农始合二为一。”②关于二者合一的原因，刘玉堂等先生认为，从主观方面看，是神农和炎帝都与农耕有关。炎帝部落虽较神农部落晚起，但地广人众，后来居上。但神农部落毕竟起源早，对农业贡献更大，因而成为部落联盟累世不变的称号。随着时间的推移，二者融为一体，“炎帝神农氏”遂成世袭性尊崇称号。从客观方面看，炎帝与神农合二为一，大致经历了古帝按五行之说各就各位的“共处”阶段；周人东迁后，姜姓周人崇奉炎帝，土著楚蛮崇奉神农，且相互影响的“同尊”阶段；以及春秋中期以后，楚国席卷淮、汉，姜姓周人与楚地土著融合，于是炎帝神农化为一帝的“合并”阶段。

我以为，以上分析言之成理。不过，还可补充的是，炎帝与神农最终合二而一，还有一个重要动因，那就是完全符合中华民族形塑自己文

① 顾颉刚：《与钱玄同先生论古史书》，载《读书杂志》1923年5月。

② 刘玉堂：《炎帝神农文化读本》，人民出版社2015年版，第1页。

化英雄的理论逻辑与现实需要。合并为一帝的“炎帝神农氏”，比单独的“炎帝”或“神农”，时代晚了，但作为“传说中的中心人物”，形象确实“愈放愈大”了。身躯更加伟岸，胸怀更加博大，本领更加高强，劳作更加辛苦，发明发现更加丰富，历史功绩更加灿烂辉煌。简而言之，更加符合“文化英雄”的全部本质特征。

世界各民族都有自己的文化英雄。一无例外，这些文化英雄都产生于传说时代。在古埃及神话中，有文化与农业之神奥西里斯；在苏美尔人神话里，有爱情与生命女神伊士塔尔；在古代两河流域神话传说汇集的史诗《吉尔伽美什》里，有造福民众、受举世爱戴的英雄恩奇；至于人们熟知的古希腊神话中，这样的文化英雄就更多了：众神之王宙斯、谷神得墨特尔、智慧女神雅典娜、日神阿波罗、信使神赫尔墨斯(创造了字母、数学、天文学、体育、音乐且掌管商业、交通、竞技活动)、火神赫维斯托斯(擅长建筑神殿、制作各类武器)以及被马克思称为“历史上最伟大的圣人和殉道者”的普罗米修斯。宙斯之子、解救了普罗米修斯的赫拉克勒斯，是希腊神话体系中的最后一位神，同时又是最伟大的文化英雄。他的出现，“象征着神界故事的尾声、已接近真实的历史记载的黎明”①。

与西方传说中文化英雄相比，中国传说时代的文化英雄具有较少神的迷幻魔力和超人技艺，而更具人文的、世俗的风采，更加契合真实的人间社会的所有愿景。炎帝神农就是这样的文化英雄的典型。

作为文化英雄的炎帝神农，创辟了养育中华民族千秋万代的诸多物质文化基业。他发明农具，始作耒耜，教民农耕，种植五谷，奠定了中国经济基础的第一本业。他以身试效，遍尝百草，发明医药，治病救人，开启了中国特色医药体系的建设，造福万代子孙。他发明陶器，冶炼金属，制作斧斤，方便了民众的日常生活。他植麻缫丝，纺纱织布，缝纫衣物，供人驱寒保暖。他择地而居，建筑宫室，为人遮阳避雨，提

① 谢选骏:《神话与民族精神》，山东文艺出版社1986年版，第71页。

高生活质量。

作为文化英雄的炎帝神农，构建了中华民族制度文化的基本格局。他日中为市，聚民交易，建立物流贸易制度。他发明乐器，削桐为琴，练丝为弦，以五弦奏五音，以乐化民，不仅愉悦身心，而且发展成为礼乐制度，规范起居言行。他法祖敬宗，慎终追远，弘扬血缘伦理，倡导亲属和睦，演衍而为家国同构、君父同尊的中国特色宗法制度。他协和万邦，趋向一统，指示了中国历史发展的政治方向。

作为文化英雄的炎帝神农，寄寓着中华民族精神文化的高洁追求。在认识、适应、利用、改造严苛自然环境的漫长岁月里，在组织、发动、教化民众的艰难努力中，在顺天应人、开物成务的顽强探索中，炎帝神农表现出的百折不回的进取精神、自强不息的创造精神、不尚空谈的实践精神、勇于奉献的牺牲精神、求同存异的团结精神，无一不闪耀着纯净的道德光辉。在他的身上，凝聚了中华民族精神世界建构的全部价值基准和德性追求。从这个层面上讲，炎帝神农之于中华民族的意义，就远远不是传说中的伟丈夫、一位部落联盟的首领、一位政治上的“圣君”，而是千秋万代中华儿女品行的楷模、人格的标杆、精神的旗帜。

惟其作为介于人、神之间，经、史之间的文化英雄，炎帝神农才得以在中华民族久而弥新的生命进程中，超越时间的磨蚀，永远焕发出精神感召的伟力，在习近平新时代中国特色社会主义事业的发展中，在长江经济带建设的推进中，切实发挥宝贵的历史文化资源的作用。我们乐观其成。

（作者为湖北省炎黄文化研究会副会长，湖北大学教授、博士生导师）

炎黄文化必须弘扬新时代中国精神

荣开明

一、炎黄文化是中国精神的“根”和“魂”

炎、黄二帝，即炎帝神农氏和黄帝轩辕氏，是中华民族的始祖，是中华文化和中华民族精神和时代精神的“根”和“魂”。以炎、黄二帝为始祖而开创的中华文明，是世界四大文明之一。以炎黄文化为主干而传承和延续的中华优秀传统文化，源远流长、博大精深，不仅始终保持着独立的、一以贯之的发展系统，而且在相当长的历史时代内处于世界领先的地位，对人类文明和文化的发展做出了重大贡献。中华优秀传统文化是中华民族的精神家园。中华优秀传统文化形成的讲仁爱、重民本、守诚信、崇正义、尚和合、求大同等思想理念，牢固积淀在每一个中国人的思维方式、行为方式、生活方式中，深深地影响着一代又一代中华儿女，可以说已经成为中华民族的根基和血脉，成为中华民族生命力、凝聚力、影响力、创造力的精神源泉。尽管学者们对炎黄精神的概括和论述，尚处于仁者见仁，智者见智的阶段，但所有论者几乎全不否认，炎黄文化是五千多年来中国精神的“根”和“魂”。中国现代著名哲学家家张岱年在论述炎黄文化与民族精神时曾说：“关于中华民族的民族精神，我提出一项见解，认为《周易大传》的两句话‘自强不息’、‘厚德载物’是民族精神的集中表现——炎黄二帝致力于发明创造以造福于人民，正是‘自强不息’、‘厚德载物’的具体形象。”①很多学者都认为，炎黄文化的主要精神可以概括为：致力统一的团结精神、自强不息的进取精神、为民造福的奉献精神、勇于探索的创造精神、以人为本的亲民精神、贵和尚中的和合精神等。② 正是这些精神凝聚了当代中国精神的血脉、基因和灵魂，使得当今的中国在各种艰难险阻中不仅未被压垮，反而越受压越强盛。

二、新时代中国精神的内涵、实质和关系

既然新时代中国精神的“根”和“魂”源于炎黄文化为主干的中华优秀传统文化，那么它的内涵、实质和关系是怎样的呢？

党的十八大以来，以习近平同志为核心的党中央在继承我党历次论述的基础上对新时代中国精神作了多角度的概括。2013 年 3 月 17 日，习近平在十二届全国人民代表大会第一次会议上的讲话中指出：“实现中国梦必须弘扬中国精神。这就是以爱国主义为核心的民族精神，以改革创新为核心的时代精神。这种精神是凝心聚力的兴国之魂、强国之魂。爱国主义始终是把中华民族坚强团结在一起的精神力量，改革创新始终是鞭策我们在改革开放中与时俱进的精神力量。全国各族人民一定要弘扬伟大的民族精神和时代精神，不断增强团结一心的精神纽带、自强不息的精神动力，永远朝气蓬勃迈向未来。”③ 2016 年 11 月 30 日，习近平在中国文联十大、中国作协九大开幕式上的讲话又指出：“社会主义核心价值观是当代中国精神的集中体现，

① 张岱年：《炎黄传说与民族精神》，见王俊义、黄爱年主编：《炎黄文化与民族精神》，中国人民大学出版社 1993 年版，第 11～13 页。

② 参见刘玉堂主编：《炎帝神农文化读本》，人民出版社 2015 年版，第 219～233 页。

③ 《十八大以来重要文献选编》(上)，中央文献出版社 2014 年版，第 235 页。

是凝聚中国力量的思想道德基础。”①在党的十九大报告中，习近平还说：“社会主义核心价值观是当代中国精神的集中体现，凝结着全体人民共同的价值追求。”②这些论述不仅阐明了新时代中国精神的内涵：以爱国主义为核心的民族精神，以改革创新为核心的时代精神，社会主义核心价值观。还阐述了新时代中国精神提出的时代背景——“实现中国梦必须弘扬中国精神”，重大价值——“凝心聚力的兴国之魂、强国之魂”，突出意义——“不断增强团结一心的精神纽带、自强不息的精神动力，永远朝气蓬勃迈向未来”，以及实现中国梦和中国道路、中国精神、中国价值、中国力量之间的关系，构建了新时代中国精神在理论和实践上的科学体系。这个体系是习近平新时代中国特色社会主义思想的原始创新部分之一，亟需我们理论工作者进行深入探讨。依愚之见，新时代中国精神的主要内涵包括 3 个方面。

(一)以爱国主义为核心的民族精神始终是把中华民族坚强团结在一起的精神力量，构成中国精神的民族特质

斯大林指出：“民族是人们在历史上形成的有一个共同语言、共同地域、共同经济生活以及表现在共同文化上的共同心理素质的稳定的共同体。”③民族精神是指一个民族在长期共同生活和社会实践中形成的，为本民族大多数成员所认同的价值取向、思维方式、道德规范、精神气的总和。它体现了一个民族在一定的自然条件和社会历史条件下生存和发展的独特方式，反映了一个民族的心理特质、文化传统、精神面貌，是一个民族赖以生存和发展的精神支柱，是中国文化的思想灵魂，是推动中华民族克服内忧、战胜外患、历经磨难、饱受欺凌却仍然屹立不

① 《习近平关于社会主义文化建设论述摘编》，中央文献出版社 2017 年版，第 131 页。

② 《中国共产党第十九次全国代表大会文件汇编》，人民出版社 2017 年版，第 34 页。

③ 《斯大林选集》上卷，人民出版社 1979 年版，第 64 页。

倒、蓬勃发展的中华民族精神家园，是中国走向繁荣昌盛的精神动力。

那么，什么是中国的民族精神呢？就是以爱国主义为核心，以团结统一为基础，由古人所说的“先天下之忧而忧，后天下之乐而乐”的政治抱负；“位卑未敢忘忧国”“苟利国家生死以，岂因祸福避趋之”的报国情怀；“富贵不能淫，贫贱不能移，威武不能屈”的浩然正气；“人生自古谁无死、留取丹心照汗青”“鞠躬尽瘁，死而后已”的献身精神；“周虽旧邦，其命维新”“苟日新，日日新，又日新”的改革创新精神等共同构成的民族精神。这种民族精神体现在中国人民的奋斗历程和奋斗业绩中，体现在中国人民的精神生活和精神世界中，体现在无数英烈流血流汗甚至英勇牺牲的英雄事迹中，反映在几千年来中华民族创造的典籍、名著、名人名言中。这种民族精神在不同程度上包含了以下主要中国元素。一是中国气概：犯我必诛。《汉书·陈汤传》中说：“明犯强汉者，虽远必诛。”二是中国品格：法乎于上。唐太宗在《帝范》中说：“取法于上，仅得为中，取法于中，故为其下。”三是中国操守：穷达不堕。《孟子·尽心上》中说：“穷则独善其身，达则兼济天下。”四是中国高度：天人合一。《庄子·齐物论》中说：“天地与我并生，而万物与我为一。”五是中国格调：本色风流。《菜根谭》中说：“唯大英雄能本色，是真名士自风流。”六是中国气节：宁折不弯。南宋汪莘在《水调歌头》中说：“铁可折、玉可碎、海可枯，不论穷达生死，直节贯殊途。”七是中国抱负：向道而行。《孟子·公孙丑上》中说：“道之所在，虽千万人吾往矣。”八是中国气度：俯仰天下。林则徐有句名言：“海纳百川，有容乃大；壁立千仞，无欲则刚。”九是中国性格：为大丈夫。《孟子·滕文公下》中说：“富贵不能淫，贫贱不能移，威武不能屈，此之谓大丈夫。”十是中国理想：千秋万世。北宋大儒张载说：“为天地立心，为生民立命，为往圣继绝学，为万世开太平。”①正是这些元素，表现出中国

① 参见李俭：《挺起新时代中国精神的脊梁》，宣讲家网(2018 年 8 月 15 日)。

民族精神的基因，成为中国民族精神得以不断丰富和发展的动力和源泉。

对于中国民族精神在我国社会发展中的地位、作用、内涵和意义论述得全面系统的是党的十六大报告。报告指出："民族精神是一个民族赖以生存和发展的精神支撑。一个民族，没有振奋的精神和高尚的品格，不可能自立于世界民族之林。在五千多年发展中，中华民族形成了以爱国主义为核心的团结统一、爱好和平、勤劳勇敢、自强不息的伟大民族精神。我们党领导人民在长期实践中不断结合时代和社会的发展要求，丰富着这个民族精神。面对世界范围各种思想文化的相互激荡，必须把弘扬和培育民族精神作为文化建设极为重要的任务，纳入国民教育全过程，纳入精神文明建设全过程，使全体人民始终保持昂扬向上的精神状态。""中华文明博大精深、源远流长，为人类文明进步作出了巨大贡献。在当代中国人民的伟大奋斗中，必将迎来社会主义文化建设的新高潮，创造出更加灿烂的先进文化。"①报告的这些论述，提出了"民族精神是一个民族赖以生存和发展的精神支撑"的重大命题，肯定了民族精神在当今中国和世界发展中的重要地位、作用及其重大意义。还对中华民族精神的科学内涵作了高度的提炼，凝聚为"一个核心"——以爱国主义为核心，和"十六个字"——团结统一、爱好和平、勤劳勇敢、自强不息。

因此，倡导和培育中国民族精神，首先就要以爱国主义为核心。

为什么中国民族精神要以爱国主义为核心呢？这是因为"在中华民族几千年绵延发展的历史长河中，爱国主义始终是激昂的主旋律，始终是激励我国各族人民自强不息的强大力量。"②"爱国主义精神深深植根于中华民族心中，是中华民族的精神基因，维系着华夏大地上各个民族

① 《中国共产党第十六次全国代表大会文件汇编》，人民出版社 2002 年版，第 38~41 页。

② 习近平：《习近平在欧美同学会成立 100 周年庆祝大会上的讲话》，中国共产党新闻网(2013 年 10 月 21 日)。

的团结统一，激励着一代又一代中华儿女为祖国发展繁荣而不懈奋斗。5000多年来，中华民族之所以能够经受住无数难以想象的风险和考验，始终保持旺盛生命力，生生不息，薪火相传，同中华民族有深厚持久的爱国主义传统是密不可分的。”①“历史深刻表明，爱国主义自古以来就流淌在中华民族血脉之中，去不掉，打不破，灭不了，是中国人民和中华民族维护民族独立和民族尊严的强大精神动力，只要高举爱国主义的伟大旗帜，中国人民和中华民族就能在改造中国、改造世界的拼搏中迸发出排山倒海的历史伟力。”②可见，爱国主义精神的培育与弘扬是维系中华民族团结统一、顽强奋斗、经受风险与考验的精神动力，是实现中华民族伟大复兴中国梦的力量源泉。据学者们研究，中华民族具有悠久绵长的爱国主义传统，与世界各国各民族都具有的爱国主义精神有着很大的不同，其具有独特的基本特征。一是政治要求与道德义务的统一；二是文化认同与政治依托相统一；三是民族主义与协和万邦相统一。③这三个基本特征表明，我们的爱国主义既要在法律上明确爱国与叛国等相关立法，又要从道德情感上培育人们履行爱国主义的自觉性、能动性，坚持法治和德治的结合和统一，还要在文化认同和政治依托、民族主义和协和万邦上相统一。正是这些独特的基本特征，使得我们的爱国主义能够持续广泛深入发力；使得中国人历来认为“天下之本为国”“以国家之务为己任”“苟利国家生死以，岂因祸福避趋之”；使得“我们民族有一脉相承的精神追求、精神特质、精神脉络”。④ 从而使爱国主义

① 习近平：《习近平在中共中央政治局第二十九次集体学习时强调大力弘扬伟大爱国主义精神为实现中国梦提供精神支柱》，载《人民日报》2015年12月31日。

② 习近平：《习近平在纪念五四运动100周年大会上的讲话》，载《光明日报》2019年5月1日。

③ 肖群忠、霍艳云：《中华民族爱国主义精神基本特征论》，载《中国特色社会主义研究》2018年第6期。

④ 习近平：《习近平在北京市海淀区民族小学主持召开座谈会时的讲话：从小积极培育和践行社会主义核心价值观》，载《人民日报》2014年5月31日。

在我国历史上和现实生活中从来就是动员和鼓舞人民团结奋斗的一面旗帜，是各族人民风雨同舟、自强不息的强大精神支柱，在维护祖国统一和民族团结，抵御外来侵略和推动社会进步中，发挥着极为重大的作用。

爱国主义是一个历史范畴，在社会发展的不同阶段、不同时期有共同的要求，又有不同的具体内涵。中国近代历史的实践证明，中华民族只有在中国共产党领导下走社会主义道路才能救中国，只有中国特色社会主义才能发展中国，只有坚持和发展中国特色社会主义才能实现中华民族伟大复兴。坚持中国特色社会主义道路、理论、制度、文化“四个自信”，是中国全体人民的正确选择和坚强意志，是对我国现阶段爱国主义特征最精辟的概括。在当代中国，爱国主义与社会主义本质上是一致的。建设中国特色社会主义是改革开放新时期的爱国主义主题。“弘扬爱国主义精神，必须要把爱国主义教育作为永恒主题。要把爱国主义教育贯穿国民教育和精神文明建设全过程。要深化爱国主义教育研究和爱国主义精神阐释，不断丰富教育内容、创新教育载体、增强教育效果。要充分利用我国改革发展的伟大成绩、重大历史事件纪念活动、爱国主义教育基地、中华民族传统节日、国家公祭仪式等来增强人民的爱国主义情怀和意识，运用艺术形式和新媒体，以理服人、以文化人、以情感人，生动传播爱国主义精神，唱响爱国主义主旋律，让爱国主义成为每一个中国人的坚定信念和精神依托。”①要把增强民族凝聚力，树立民族自尊心和自豪感，巩固和发展新时代最广泛的爱国统一战线，把人民群众的爱国热情引导和凝聚到建设中国特色社会主义伟大事业上来，引导和凝聚到为祖国统一、繁荣富强、人民幸福和人类和平进步事业作贡献上来。

倡导和培育中华民族精神，不仅要以爱国主义为核心，发挥更持

① 习近平：《习近平在十八届中央政治局第二十九次集体学习时的讲话》，载《人民日报》2015年12月31日。

续、更稳定、更巨大的力量，而且要有与此相连的四个主要民族精神相协调和配合。

①“团结统一”的民族精神。所谓“团结统一”，就是一个民族在一定利益和目标基础上形成的，促进人们在意志和行动上和谐统一的内心力和凝聚力。古人曰：“众心成城，众口铄金”“同德同心，同心则同志”，说的就是这种精神。中华民族的团结统一精神植根于华夏大地，源远流长，是中华民族生存、团聚、延续和发展的精神支柱。不论在祖国顺利发展兴旺发达的时期，还是在祖国面临生死存亡的危急关头，都在捍卫国家主权、维护民族尊严中发挥着重大作用。

②“爱好和平”的民族精神。所谓“爱好和平”，就是我国古人常讲的“国虽大，好战必亡”“以和为贵”“天下太平”“和而不同”“化干戈为玉帛”“国泰民安”“和睦为邻”“和谐发展”等理念在长期实践中形成的精神。中国自古以来就一直是维护世界和平、促进世界共同发展的重要力量。中国积极发展同世界各民族的友好往来，为人类的文明发展作出了杰出贡献，成为举世闻名的礼仪之邦。历史充分表明，中国人民是爱好和平的人民，对内重视社会的道德教化，主张各族人民和睦相处；对外重视睦邻友好，主张各个国家和平共处、共同发展。

③“勤劳勇敢”的民族精神。所谓“勤劳勇敢”，就是中国人民历来认为的“忧劳可以兴国，逸豫可以亡身”“勤则难朽，逸则易怀”，强调“民生在勤，勤则不匮”，倡导“克勤为邦”“业广惟勤”，视勤劳为立身、立国之本。中华民族一直以勤劳勇敢著称于世。强调劳动是一切创造财富的源泉，勤劳是一切事业成功的基本前提，是一切民族兴旺发达的重要保证。中国人的勤劳还和勇敢紧密相连，和智慧、仁义并列为三大美德之一，成为中华民族精神的鲜明特征。正是由于对勤劳勇敢有独到的理解并身体力行，中国人民才能够在人类历史发展进程中创造出辉煌的文明成就，为世界文明发展作出独特贡献。

④“自强不息”的民族精神。所谓“自强不息”，就是一个民族、一个国家及其每一个成员作为实践主体都充分发挥主观能动性、积极向

上、勇往直前、奋发图强。这种民族精神是中国优秀传统文化的精髓和精华，已形成中国民族精神的脊梁，影响着整个民族文化和精神活动的走向。

（二）以改革创新为核心的时代精神始终是鞭策我们在改革开放中与时俱进的精神力量，构成中国精神的时代特征

时代精神是一个民族、一个国家精神面貌的鲜明展现。它反映的是一个时代人类社会发展变化的基本趋势、变化的发展方向。这种趋势和方向已经成为引领时代进步的发展潮流，成为世界绝大多数国家和人民的共同心愿、意志和追求。时代精神是在新的历史条件下，将中国民族精神中的忧患图强、革故鼎新、敢闯敢试、开放纳新等基因植入时代的实践，与时代性的诸多新元素相结合而创立的改革创新的思想观念、价值取向、精神风貌和社会风尚的总和。这种时代精神是一种对社会发展具有积极影响和推动作用的社会意识。在当今中国，这种时代精神已经成为马克思主义与时俱进的理论品格、中华民族富于进取的思想品格与改革开放和社会主义现代化建设实践相结合的伟大成果。深深地融入了我国经济、政治、文化、社会、生态建设的各个方面，成为各族人民在中国共产党的领导下，不断开创中国特色社会主义事业新局面的强大精神动力。

在时代精神中，最核心的元素是“改革创新”。改革是破除社会发展障碍、激发社会发展活力的引擎，创新是一个民族进步的灵魂、国家兴旺发达的动力。改革创新精神是时代精神的核心，是顺应当今世界文明发展潮流、把握时代脉搏，在继承本国民族精神、学习国外先进经验的基础上，结合世情、国情、党情的变化，作出的独立自主创新。这种独立自主创新，既立足中国又面向世界，既不忘本来又吸收外来，还面向未来，把中国的命运和世界的命运联结在一起，从世界各国不同文明的发展比较中，寻求自身的发展智慧，增强中华文明发展的生机活力。

如果说民族精神是一个民族、一个国家发展中的基因、根源、本质

和特色。那么，时代精神则可以说是一个民族、一个国家在面临艰难困苦、严峻挑战的危急关头，能否紧跟时代步伐、把握时代特征和主题、回应时代挑战、创新时代精神、适时进行改革创新、永不落后的首要关键。故而，时代精神的历史地位和重大意义，与民族精神相比，不仅不会逊色，而且更加显得重大。世界上一些原来文明先进的国家和民族，就是因为没有在时代进步中与时俱进，而变成了落伍者，丢在后面，崛起不起来。习近平在庆祝改革开放 40 周年大会上的讲话中说："改革开放是我们党的一次伟大觉醒，正是这个觉醒孕育了我们党从理论到实践的伟大创造。改革开放是中国人民和中华民族发展史上一次伟大革命，正是这个伟大革命推动了中国特色社会主义事业的伟大飞跃。""40 年的实践充分证明，改革开放是党和人民大踏步赶上时代的重要法宝，是坚持和发展中国特色社会主义的必由之路，是决定当代中国命运的关键一招，也是决定实现'两个一百年'奋斗目标，实现中华民族伟大复兴的关键一招。""改革开放铸就的伟大改革开放精神，极大丰富了民族精神内涵，成为当代中国人民最鲜明的精神标识！"①今天，我们比历史上任何时期都更接近、更有信心和能力实现中华民族伟大复兴的目标，我们的改革开放事业已经进入新时代，既取得了巨大成就，也进入攻坚期和深水区。"我们必须以更大的政治勇气和智慧，不失时机深化重要领域改革。实践发展永无止境，解放思想永无止境，改革开放也永无止境，停顿和倒退没有出路。"②"必须以更大的政治勇气和智慧，不失时机地深化重要领域改革，攻克体制机制的顽瘴痼疾，突破利益固化的藩篱，进一步解放和发展社会生产力，进一步激发和凝聚社会创造力。"③

① 习近平：《习近平在庆祝改革开放 40 周年大会上的讲话》，载《人民日报》2018 年 12 月 18 日。

② 习近平：《我国改革已经进入攻坚期》，载《人民日报》2012 年 12 月。

③ 习近平：《习近平谈改革：冲破思想观念障碍，突破利益固化藩篱》，人民网(2014 年 8 月 9 日)。

实现伟大梦想，必须进行伟大斗争，必须推进伟大事业，必须建设伟大工程，必须按照新时代党的建设的总要求，坚定不移地全面从严治党，不断提高党的执政能力和领导水平，提高党的创造力、凝聚力、战斗力，确保党始终保持同人民群众的血肉联系。

时代精神的内涵简要说来主要是：“一个核心”——以改革创新为核心，“十六个字”——与时俱进、开拓进取、求真务实、奋勇争先。

为什么“改革创新”是时代精神的核心，也是民族精神的有机组成部分呢？

首先，是因为中华民族文化传统中改革创新的精神源远流长，改革创新是中华文化作为世界文明持续繁荣昌盛而未中断的根本原因。早在高汤时期，“盘铭”上就刻着“苟日新，日日新，又日新”的字句，表明求新是一个持续不断的过程，是一个不能停止的追求。《尚书·康浩》篇云：“作新民”，强调要造就一代自新的人。《周易》的乾卦卦辞说道：“天行健，君子以自强不息”，阐发了革故鼎新、独立自主、艰苦奋斗、与时俱进的创新思想。《易传·系辞上》提出：“富有之谓人业，日新之谓盛得，生生之谓易。”从阴阳变易、天人合的高度，强调生生不易、更新创造的精神指向。《诗经·文王》写道：“文王在上，放昭天下。周虽旧邦，其命维新。”就是说，周文王禀天命昭示天下：周虽然是旧的邦国，但其使命在革新。体现了中华民族的先民们致力于开拓创新的思想和意志。《大学》明确地把“新民”列入三纲，把革故鼎新、振起自新作为至高的道德加以弘扬和推崇。这都充分表明中华民族文化在发轫之初，就已经内在地蕴含着创造发展的意欲，包含着改革创新精神。

其次，是因为改革创新是当今中国特色社会主义促使经济、政治、社会、文化、生态发展取得举世瞩目伟大成就的思想渊源和实践根基。正是伟大的改革开放实践，使得中华民族在近代因落后而挨打、挨饿、挨骂后，奋起革命，通过艰辛的新民主主义革命，创建了中华人民共和国，并在建设、改革中促使中国特色社会主义进入新的境界，使得中国特色社会主义进入新时代，迎来了中华民族从站起来、富起来到强起来的伟大飞跃，迎来了实现中华民族伟大复兴的光辉前景。这也意味着科学社会主义在21世纪的中国焕发出强大生机活力，在世界上高高举起了中国特色社会主义伟大旗帜；意味着中国特色社会主义道路、理论、制度、文化不断发展，拓展了发展中国家走向现代化的途径，给世界上那些希望加快发展又希望保持自身独立性的国家和民族提供全新选择，为解决人类问题贡献了中国智慧和中国方案。这也为我们在未来的实践中弘扬改革创新精神指明了新的航向和道路。

“与时俱进、开拓进取、求真务实、奋勇争先”作为以改革创新为核心内涵的时代精神中的四个方面，是改革创新内涵的重要补充和不可或缺的部分。其中，“与时俱进”最为紧要和关键，“与时俱进”辞义丰富，寓意深刻。既反映了马克思主义理论“与时俱进”的本质和特性，又提炼了中国传统文化的优秀思想“与时俱进”的蕴含，还体现了当今时代“与时俱进”变革的需求。

党的十六大报告指出：“与时俱进，就是党的全部理论和工作要体现时代性，把握规律性，富于创造性。能否始终做到这一点，决定着党和国家的前途和命运。”①而要做到这三个“性”，其途径、方式、方法，以及检验的标准，就离不开“与时俱进”后面说的12个字：“开拓进取、求真务实、奋勇争先”。“开拓进取”“奋勇争先”是与时俱进的精神状态和科学态度。没有这样的精神状态，这样的科学态度，就无法充作与时俱进的开路先锋，无法在改革开放中冲破各种保守势力，各种利益集团结成的体制机制的顽瘴痼疾，突破利益固化的藩篱，进一步依据时代和群众的需求，解放和发展社会生产力，进一步激发和凝聚社会创造力。“求真务实”是衡量与时俱进的标准。有了求真务实，才能做到真正解放思想，实事求是，顺应时代，符合民意，适应民心，既不超越现实条件的可能，去干那些实在做不到的傻事，也不会落在群众需求、现实条

① 《中国共产党第十六次全国代表大会文件汇编》，人民出版社2002年版，第12页。

件的后头，保守僵化，不思进取。

（三）社会主义核心价值观是新时代中国精神的集中体现、核心内涵

近两三年来，习近平总书记反复强调社会主义核心价值观是新时代中国精神的集中体现、核心内容。为什么他要这样强调呢？主要是由社会主义核心价值观的性质、特征、地位、作用及其对当代中国精神的影响所决定的。

社会主义核心价值观是社会主义核心价值体系的内核，体现社会主义核心价值体系的根本性质和基本特征，反映社会主义核心价值体系的丰富内涵和实践要求，是社会主义核心价值体系的高度凝练和集中表达，在我国社会多元价值观中处于主导和支配地位，解决的是价值理想、价值原则、价值规范和价值判断标准问题，回答的是“信仰什么”“追求什么”“珍视什么”的问题。社会主义核心价值观表现为社会主义根本的价值理想、价值原则和价值规范，构成社会主义的本质内容。在一定的意义上说，中国特色社会主义道路是围绕社会主义核心价值观而展开的实践过程；中国特色社会主义理论是围绕社会主义核心价值观而建构的思想体系；中国特色社会主义制度是围绕社会主义核心价值观而实现的制度安排；中国特色社会主义文化是围绕社会主义核心价值观而建构的文化系统。新时代中国精神的指向和导引，也是围绕社会主义核心价值观而确立的。积极培育和践行社会主义核心价值观，与中国特色社会主义发展要求相契合，与中华优秀传统文化和人类文明优秀成果相承接，是我们党凝聚全党、全社会价值共识作出的重要论断，是推进中国特色社会主义伟大事业、实现中华民族伟大复兴中国梦的战略任务。

党的十八大提出的“三个倡导，24 个字”：倡导富强、民主、文明、和谐，倡导爱国、自由、平等、公正、法治，倡导爱国、敬业、诚信、友善。这是从国家、社会、公民三个层次回答我们要建设一个什么样的国家、建设什么样的社会、培育什么样的公民的重大根本问题。这“三

个倡导，24 个字”的社会主义核心价值观，内容丰富、寓意深刻，凝结着全体人民共同的价值追求，凝聚着中国力量的道德基础，是新时代中国精神的集中体现。反映了中国特色社会主义制度的本质规定，体现了中国特色社会主义的发展要求，坚持了马克思主义的共性，涵盖了中国特色社会主义的个性，继承了中华民族的优秀成果，吸收了世界各国文明发展的先进成果。三个层面的社会主义核心价值观，倡导什么，反对什么，十分鲜明，始终坚持自身的民族性、人民性、科学性、先进性、时代性，每一个层面的基本内容与各个层次之间的关系都是紧密联系、相互依存、相互补充、相互贯通的，构成了一个结构严谨的有机统一整体。在这个统一整体中，自由、平等、公正、民主是马克思主义提过的概念，富强、和谐、敬业、诚信、友爱是我国优秀传统文化中常用的概念，民主、文明、自由、法治是资本主义文明中常用的概念。当然，在不同的主义、文化、制度中运用同样的概念，其内涵和外延，甚至性质和特征都有很大差异。但马克思主义、中国的、西方的概念合用在社会主义核心价值观中，表明我国社会主义核心价值体系具有广泛的传承性、包容性、创新性、独有的特色和优势。这也表明培育和践行社会主义核心价值观，对于巩固马克思主义在意识形态领域的指导地位、巩固全党全国人民团结奋斗的共同思想基础，对于促进人的全面发展、引领社会全面进步，对于集聚全面建成小康社会、实现中华民族伟大复兴中国梦的强大正能量，具有重要现实意义和深远历史意义。确乎全体人民共同的价值追求，是凝聚中国力量的道德基础，是当代中国精神的集中体现。正如习近平所指出的“人类社会发展的历史表明，对一个民族、一个国家来说，最持久、最深层的力量是全社会共同认可的核心价值观。核心价值观，承载着一个国家、一个民族的精神追求，体现着一个社会评判是非曲直的价值标准”①。引导人们树立正确的世界观、人生

① 《中国共产党第十六次全国代表大会文件汇编》，人民出版社 2002 年版，第 38~41 页。

观、历史观、民族观、国家观、文化观，决定和孕育着一个合格社会成员的行为和操守。只有培育和践行社会主义核心价值观，才能办事有准星、行事有准绳，社会才能和谐安安，国家才能长治久安。社会主义核心价值观是构筑当代中国人坚强的精神支柱，挺起新时代中国精神的脊梁。

(四)新时代中国精神内涵的相互关系

很显然，在上述新时代中国精神的三个内涵中，中国特色社会主义核心价值观是管总的，具有统率全局的地位和作用。而从2006年起，就被党的十六届六中全会决定确定为当时中国特色社会主义核心价值体系中四项内容之一的，以爱国主义为核心的民族精神和以改革创新为核心的时代精神，则是新时代中国精神具体的、基本的体现。

民族精神与时代精神也和其他概念一样，两者是对立的统一。说两者对立，是由于两者概念不同，有含义、地位、作用、功能上的差异。说两者统一，是由于两者同是中国精神两个不可分割的基本内涵，有相互联系、相互依存、相互渗透的关系，而且在一定的条件下能相互转化，成为相互融合的统一体。民族精神赋予中国精神以民族特性，是中华民族精神自主性、独立性得以保持的重要保证。时代精神赋予中国精神以时代的新内涵，是中国精神引领时代前行、拥有鲜明时代性和强大生命力的重要根源。民族精神和时代精神的融合，使得中国精神既具有鲜明的民族性、传统性，又洋溢着强烈的时代性、现代性，成为中华民族共有的精神家园，成为实现中华民族伟大复兴中国梦、推进人类命运共同体的强大的精神力量。民族精神和时代精神的融合，不是一个人“左手提只鸡，右手提只鸭”那样各唱各调，而是从两者的相互联系、相互依存、相互渗透中实现相互转化，接受对方的优点和特色，变成“你中有我、我中有你”，进而从量变到质变，变成“你就是我、我就是你”的新统一体。

中国民族精神和时代精神在当代的融合过程，就是以马克思列宁主义、毛泽东思想、邓小平理论、“三个代表”重要思想、科学发展观、习近平新时代中国特色社会主义思想为指导，以社会主义核心价值体系为核心内容和精髓，以中国特色社会主义文化为精神标志，以时代面临的问题为导向，以实现中华民族伟大复兴的“两个一百年”奋斗目标为目标，在理论和实践、历史和现实、抽象和具体的结合和统一中实现的。这种结合和统一形成的中国精神，也就成为“凝心聚力、兴国之魂、强国之魂”，成为我国人民“不断增强团结一心的精神纽带、自强不息的精神动力，永远朝气蓬勃迈向未来”的精神力量。

三、在当今中国弘扬新时代中国精神的内在价值和现实意义

习近平总书记多次指出：“人无精神则不立，国无精神则不强。精神是一个民族赖以长久生存的灵魂，唯有精神上达到一定的高度，这个民族才能在历史洪流中屹立不倒，奋勇向前。”①“文化自信是一个国家、一个民族发展中更基本、更深沉、更持久的力量。”发展社会主义先进文化，要“更好构筑中国精神、中国价值、中国力量，为人民提供精神指引”。② 为什么新时代中国精神在实现中国梦、坚持中国特色社会主义道路、建设社会主义文化强国中有着如此重大的内在价值和现实意义呢？这是由世情、国情、党情等诸多方面的需求所决定的。

从世情看，弘扬新时代中国精神是应对国际上文化软实力激烈竞争的紧迫需要。当今世界纷繁复杂，正处在大发展、大变革、大调整时期，正处于百年未有之变局，世界上各国的竞争除了经济总量、军事力量、科技进步等有形的“硬实力”外，主要是文化“软实力”的竞争。“文

① 《习近平关于社会主义文化建设论述摘编》，中央文献出版社 2017 年版，第 13 页。

② 《中国共产党第十九次全国代表大会文件汇编》，人民出版社 2017 年版，第 19 页。

化软实力集中体现了一个国家基于文化而具有的凝聚力和生命力，以及由此产生的吸引力和影响力。”“提高国家文化软实力，不仅关系我国在世界文化格局中的定位，而且关系我国国际地位和国际影响力，关系‘两个一百年’奋斗目标和中华民族伟大复兴中国梦的实现。”①20世纪后期，随着知识经济、人工智能、生命科学、互联网、新能源等的发展，文化变成了现代化国际竞争中的新焦点。19世纪是靠军事改变世界，20世纪是靠经济改变世界，21世纪则要靠文化改变世界。有人断言，21世纪将是文化的世纪，国家、地区之间10年比的是经济，50年比的是制度，100年比的是文化。从这一意义上说，谁占领了文化发展制高点，谁拥有了强大文化软实力，特别是拥有决定文化软实力的灵魂——社会主义核心价值观、新时代中国精神，谁就能够在激烈的国际竞争中赢得主动。当今世界，世界多极化、经济全球化、社会信息化、文化多样化是不可逆转的发展潮流。但由于2008年由美国起始的资本主义金融危机爆发，十多年未见好转，美、欧等发达国家贫富差距拉大，地区热点问题此起彼伏，恐怖主义蔓延肆虐，和平赤字、发展赤字、治理赤字、贸易保护主义、单边主义抬头，黑天鹅事件不断发生，不可预测的因素日益增多，不确定性明显增强。促使人们在生活方式、思维方式、思想观念等方面表现出更多困惑，呈现出信念缺失、精神空虚、价值虚无、享乐拜金等一系列问题。信息化、网络化的普及，既给人们便捷借鉴和吸收人类优秀文化成果提供机遇，也给各种不良文化的渗透提供渠道，使得我国不可避免地受到腐朽、有害、不良文化的挑战，不良精神导向的挑战，影响国家的文化安全和意识形态安全。这也要求我们弘扬新时代中国精神，增强“四个意识”，坚定“四个自信”，做到“两个维护”，在全球化、现代化的诸多意识形态的巨大浪潮中，坚守社会主义意识形态的阵地，坚守中国精神，并在对外交流和国际竞

① 《中国共产党第十九次全国代表大会文件汇编》，人民出版社2017年版，第19页。

争中掌握主动权、话语权，确保国家的政治安全和意识形态安全。

从国情看，弘扬新时代中国精神是我国实现由富变强历史性飞跃的紧迫需要。改革开放40周年来，我们从开启新时期到跨入新世纪，从站上新起点到进入新时代，绘就了一幅波澜壮阔、气势恢宏的历史画卷，谱写了一曲感天动地、气壮山河的奋斗赞歌，已经迈上从站起来、富起来到强起来的新时代，正处在决胜全面建成小康社会，夺取新时代中国特色社会主义伟大胜利的关键阶段。使得当今中国在改革开放40年内，走过了西方发达国家花了两三百年才走完的现代化进程，已稳居世界第二大经济体，成为世界经济的动力之源和稳定之锚，对世界经济增长的贡献率达30%以上，超过美国、日本和欧盟之和。这些辉煌成就一方面表明，新时代中国精神与今日全球时代中国应有的国家利益、国家责任以及国家荣誉基本匹配，有益于在很大程度上代表着人类命运共同体发展的健康方向，已成为当今中国实现中华民族伟大复兴中国梦的精神支撑、价值依托、文化软实力，具有强大的吸引力、感召力、凝聚力、推动力、创新力、影响力。另一方面表明，实现我国由富变强的历史性飞跃，实现“两个一百年”中华民族伟大复兴中国梦，很不容易做到，不是等得来、喊得来的，而是拼出来、干出来的。我们现在所处的，是一个船到中流浪更急、人到半路坡更陡的时候。改革开放已走过千山万水，但仍需跋山涉水，摆在我们面前的使命更光荣、更艰巨，挑战更严峻。在这个千帆竞发、百舸争流的时代，我们绝不能有半点骄傲自满、故步自封，也绝不能有丝毫犹豫不决、徘徊彷徨，只能弘扬新时代中国精神，统揽伟大斗争、伟大工程、伟大事业、伟大梦想，勇立潮头，奋勇搏击。真所谓“行百里者半九十”，越是更接近、更有信心和能力实现中华民族伟大复兴的目标，越要振奋精神，不达目标誓不罢休。

从党情看，弘扬新时代中国精神是坚定不移全面从严治党，不断提高党的执政能力和领导水平的紧迫需要。党的十八大以来，我国全面改革进入了深水区、攻坚期、转型期、提质增效期，全面加强党的领导和党的建设，坚决改变管党治党宽、松、软状况，全面从严治党成效卓著。“党内政治生活状况总体是好的。同时，由于一个时期以来党内政治生活中也出现了一些突出问题，主要是在一些党员、干部包括高级干部中理想信念不坚定、对党不忠诚、纪律松弛、脱离群众、独断专行、弄虚作假、慵懒无为、个人主义、分散主义、自由主义、好人主义、宗派主义、山头主义、拜金主义不同程度存在，形式主义、官僚主义、享乐主义和奢靡之风问题突出，任人唯亲、跑官要官、买官卖官、拉票贿选现象屡禁不止，滥用权力、贪污受贿、腐化堕落、违法乱纪等现象滋生蔓延。特别是高级干部中极少数人政治野心膨胀、权欲熏心，搞阳奉阴违、结党营私、团团伙伙、拉帮结派、谋取权位等政治阴谋活动。这些问题严重侵蚀党的思想道德基础，严重破坏党的团结和集中统一，严重损害党内政治生态和党的形象，严重影响党和人民事业发展。”①在这些突出问题的影响下，有些领域或部门的干部精神懈怠、道德失范、诚信缺失，“马克思主义被边缘化、空泛化、标签化”，一些社会成员人生观、价值观扭曲，理想信念不坚定、伦理道德下滑、礼义廉耻“四维”不张，甚至“以洋为尊”“以洋为美”“唯洋是从”，舍弃优秀民族传统，丧失民族气节。这些现象的存在表明，党面临的执政环境是复杂的，影响党的先进性、弱化党的纯洁性的因素也是复杂的，党内存在的思想不纯、组织不纯、作风不纯等突出问题尚未得到根本解决。党面临的执政考验、改革开放考验、市场经济考验、外部环境考验仍然长期复杂，党面临的精神懈怠危险、能力不足危险、脱离群众危险、消极腐败危险仍然尖锐严峻。只有从严治党、管党，不断弘扬新时代中国精神，执行党内政治生活准则，才能从根本上得到解决。

从我们党的发展史看，弘扬新时代中国精神是我们党从无到有、从小到大、从弱变强、战胜强敌、克服艰难险阻、取得伟大胜利的锐利精

① 《〈关于新形势下党内政治生活的若干准则〉〈中国共产党党内监督条例〉》辅导读本，人民出版社 2016 年版，第 18～19 页。

神武器。早在20世纪50年代中期，当我们在“一穷二白”基础上建立工业化国家，应该回答以什么作精神武器时，毛泽东就明确指出：“我们要保持过去革命战争时期的那么一鼓劲，那么一股热情，那么一种拼命精神，把革命进行到底。”①改革开放初期，邓小平清醒认识到我们从革命和战争时期转入和平和发展时期的“革命比过去的革命更深刻、更艰巨”，告诉我们，“没有一点闯的精神、没有一点‘冒’的精神，没有一股气呀、劲呀，就走不出一条好路，走不出一条新路，就干不出新的事业”，② 要求全党坚定对马克思主义、毛泽东思想和社会主义、共产主义的理想信念，杀出一条血路来。习近平也指出：“信念坚定，是邓小平同志一生最鲜明的政治品格，也永远是中国共产党人应该挺起的精神脊梁。”③“不忘初心，牢记使命，就不要忘记我们是共产党人，不能丧失革命精神。”④这都说明弘扬中国精神对我们有着多么重大的意义和作用！“历史告诉我们，战争不仅是物质的较量更是精神的比拼。没有顽强的意志，没有敢于牺牲的品格，再好的武器装备也不能保证胜利。”历史发展的事实充分证明，正是由于我们党在近百年来领导人民的长期实践中，将马克思主义基本原理和中国具体实践相结合，不断解放思想，实事求是，创立了红船精神、井冈山精神、长征精神、延安精神、西柏坡精神、红旗渠精神、大庆精神、“两弹一星”精神、小岗精神、深圳特区精神、“一带一路”精神，以及张思德精神、白求恩精神、黄继光精神、雷锋精神、铁人精神、焦裕禄精神、钱学森精神、黄大华

① 毛泽东：《坚持艰苦奋斗，密切联系群众》，见《毛泽东文集26》第7卷，人民出版社1999年版，第285页。

② 邓小平：《在武昌、深圳、珠海、上海等地的谈话要点》，见《邓小平文选》第3卷，人民出版社1993年版，第372页。

③ 习近平：《在纪念邓小平同志诞辰110周年座谈会上的讲话》，见《十八大以来重要文献选编》(中)，中央文献出版社2016年版，第40页。

④ 习近平：《习近平在新进中央委员会的委员、候补委员和省部级主要领导干部学习贯彻习近平新时代中国特色社会主义思想和党的十九大精神研讨班开班式上的讲话》，载《人民日报》2018年1月5日。

精神……才使得我国在改革开放 40 年内，创造了举世瞩目的重大成就，具有强大吸引力、感召力、凝聚力、推动力、创新力、影响力。

从人类的心理需求看，弘扬新时代中国精神是满足人类心理需求的紧迫需要。美国心理学家亚伯拉罕·马斯洛，于 1943 年在《人类激励理论》一书中，提出了人类需求论。他将人类需求像阶梯一样从低到高按层次分为 5 种，分别是生理需求、安全需求、社交需求、尊重需求和自我需求。1954 年，他又在《激励与个性》一书中探讨了另外两种需求：求知需求和审美需求。不过，这两种需求未列入他的需求层次排列，他认为这二者应居于尊敬需求与自我实现需求之间。依据马斯洛的解释，可以说他讲的第一、二层次需求属于物质需求，而第三至第五层的需求属于精神需求。这就表明，任何人要生存和发展，都必须同时满足物质和精神两种需求，保持两者之间的协调和平衡。如果有人一味地追求物质的豪华奢靡，而不顾甚至丢弃精神需求，就会走向斜路，就会因为忽略人类生存发展的基本常识，而遭受实践的惩罚。古人说："善有善报，恶有恶报，不是不报，时候未到。"当今中国，某些"明星""大腕"，"一举成名""一夜暴富"，成为某些人群"热捧"的偶像。但过不多久，泡沫破裂就酿成悲剧。这也引起我们思考一个重要问题："热捧"的对象是否准确，是否合乎生活常识，是否符合社会主义核心价值观，是一个十分重大的问题，不得不引起我们的深层思考！在新时代，我们应该"热捧"的，不应该是仅仅看赚钱的多少，也不应该是一举成名的"明星""大腕"，而应该是英烈、劳模、雷锋式、铁人式、焦裕禄式的先进人物，科学技术发明者、创新者、营销者，哲学社会科学的创新者带头人。必须看到，中国特色社会主义进入新时代，我国社会主要矛盾已经转化为人民日益增长的美好需求和不平衡不充分的发展之间的矛盾。人民美好生活需要日益广泛，不仅对物质文化生活提出了更高要求，而且在民主、法治、公平、正义、安全、环境，以及人的全面发展等方面的要求日益增长。这就越来越要求我们在精神、道德、素质、素养、人格等方面增加投入，增加关注，更好地满足人民的需求。

从内在价值上看，弘扬新时代中国精神首先是提振中国人的精神状态的紧迫需要。① 党的十九大报告指出，新时代“是承前启后、继往开来、在新的历史条件下继续夺取中国特色社会主义伟大胜利的时代，是决胜全面建成小康社会、进而全面建成社会主义现代化强国的时代，是全国各族人民团结奋斗、不断创造美好生活、逐步实现全体人民共同富裕的时代，是全体中华儿女勠力同心、奋力实现中华民族伟大复兴中国梦的时代，是我国日益走近世界舞台中央、不断为人类作出更大贡献的时代”②。新时代呼唤中国创造精神、奋斗精神、团结精神、梦想精神，这种精神既深刻阐述了中华民族在几千年历史长河中形成的独特禀赋和贡献，也对当代需要的精神状态和精神品质提出了呼唤。既体现了中华民族几千年形成的民族优秀精神，也切合当今时代的紧迫需要，极大地提升了当代中国人的精神状态，形成与伟大时代相呼应的伟大精神内在价值。其次，是构筑支撑中国道路的精神力量的紧迫需要。任何一种发展道路都是以某种理论和价值作为支撑的，中国道路的顺利发展也同样离不开精神力量和价值支撑。中国精神作为中国特色社会主义客观存在的反映，已经积极反作用于中国特色社会主义实践，是中国特色社会主义道路的价值支撑，是支持中国道路的精神动力。再次，是调动中国力量内在源泉的紧迫需要。中国梦作为我国各族人民共同的理想和追求，是凝聚各族人民最伟大的精神力量，使各族人民能够心往一处想，劲往一处使。这就汇聚成实现理想和目标的精神动力。有了这种精神动力，就有了实现中国梦的力量源泉。最后，是提供世界发展中国智慧的紧迫需要。中国精神不仅对中国人民实现中国梦提供精神支撑和精神动力，而且也为世界提供中国智慧和中国方案。中华民族长期以来曾经对人类文明的发展作出过积极贡献，也经历过近代以来精神上的打击和文化上

① 参见余双好：《习近平关于中国精神重要论述的现实意义》，载《马克思主义理论学科研究》(京)2019 年第 2 期，第 51～160 页。

② 《中国共产党第十九次全国代表大会文件汇编》，人民出版社 2017 年版，第 9 页。

的屈辱。中国共产党诞生以后，用马克思列宁主义及其中国化的成果——毛泽东思想和中国特色社会主义理论体系，武装人民思想、指导人民实践，使得中国人民在精神上迅速地从被动转为主动，经过革命、建设和改革的艰辛探索，已经找出了一条适合自身发展的中国特色社会主义道路。这条道路是中国由经济文化落后国家走向现代化国家的必由之路。这条道路不仅给世界上那些既希望加快发展又希望保持自身独立性的国家和民族提供了全新选择，也为解决人类问题贡献了中国智慧和中国方案。比如，中国提出的推动构建人类命运共同体，促进"一带一路"国际合作倡议，推动建设相互尊重、公平正义、合作共赢的新型国际关系，积极参与引领全球治理体系改革和建设，建设持久和平、普遍安全、共同繁荣、开放包容、清洁美丽的世界等一系列理念和行动，就标志着中国超越西方民族国家概念、摆脱西方社会丛林法则、破除西方现代化模式的迷思、超越中国特色和普世价值的陷阱，体现了中国精神和中国智慧，构成了世界文化多元多彩的风姿，对世界文明的发展产生了独特的不可替代的作用。

（作者荣开明系湖北省中国特色社会主义理论体系中心特聘研究员、湖北省社会科学院研究员、《江汉论坛》原主编、湖北省炎黄文化研究会常务理事）

琐谈长江精神

邵和平

人类文明起源于大河流域，如西亚的文明初起于幼发拉底河、底格里斯河两河流域，埃及的文明发祥于尼罗河流域，印度的文明肇盛于印度河、恒河流域，中华文明则在黄河流域、长江流域产生和兴起。长江是世界第三大河流，是中华民族的母亲河，是中华民族文明的发源地之一，是中华文化成长的摇篮。考古文物和留存至今的史籍典章表明，在人类的原始时代和中国的远古社会，长江流域的人就已创造了辉煌的文明，大溪文化、屈家岭文化、河姆渡文化、马家洪文化和良渚文化等就是例证。

长江文化是以长江流域的自然地理和人文地理及其生产力发展水平为基础的具有认同性、归趋性的文化体系，是长江流域文化特性和文化集结的总和与集聚。从长江水系的干、支流流经地区来看，长江文化是一个时空交织的多层次、多维度的文化复合体，是一个以巴蜀文化、楚文化、吴越文化为主体，包含滇文化、黔文化、赣文化、闽文化、淮南文化等亚文化层次的多元一体的文化体系。长江文化造就了中华文明的基本形态，也形塑着中国人民的民族性格和精神禀赋。本文现就长江精神作一简要论述。

何为长江精神？在回答这个问题之前，有必要解释一下什么是精神。精神，指人的意识、思维活动和一般心理状态。精神有广义和狭义之分。从广义上看，精神与物质相对，指所有的非物质现象，即作为特殊物质的人脑的活动以及这一活动所产生的一切非物质化的结果。在这里，精神被看作对外部世界和人自身的客观反映，包括心理、思维、观念、学说等一切意识现象。从狭义上看，精神是指各种意识现象处于深层而又相对稳定的方面，即人的心理意识和一切文化现象中作为内核、灵魂的东西，处于主导地位、起到支柱作用的那种精神。黑格尔在《精神现象学》中指出，精神是那种“普遍的、自身同一的、永恒不变的本质”，“是一切个人的行动的不可动摇和不可消除的根据地和出发点”，“是一切个人和每一个人通过他们的行动而创造出来作为他们的同一性和统一性的那种普遍业绩或作品”。

基于此，我们认为，长江精神包括两个方面：一是长江文化所蕴含的人文精神；二是受长江文化和长江流域自然环境的熏陶，长江儿女身上所凝聚的品质和精神。长江精神就是这两个方面的集中展现。《易经》云：“观乎天文，以察时变；观乎人文，以化成天下。”长江精神概而言之主要包括以下几个方面。

一、锐意进取、矢志开拓的精神

长江精神在形成与发展过程中，始终保持着旺盛的创造活力，“苟日新，日日新，又日新”是一种锐意进取、矢志开拓的精神。春秋战国时期，楚国筚路蓝缕，追新逐奇，“不飞则已，飞将冲天；不鸣则已，鸣将惊人”；巴蜀内结羌濮，北抗秦陇成为西南强国；越国卧薪尝胆，发愤图强；吴国西突东拓，南征北进。正是凭着这种精神，璀璨夺目的荆楚文化、巴蜀文化和吴越文化，铸造了上古长江文化的辉煌。尔后，长江流域成为中国传统文化中“理学”周敦颐(湖南人)，程颢、程颐(湖北人)，朱熹(安徽人)，“实学”王夫之(湖南人)，“心学”王阳明(江西人)的发源和传播地。近代以来，顾炎武、黄宗羲、龚自珍、魏源等，倡导“经世致用”“知行合一”“师夷制夷”，提出了许多反专制、求改革的激进主张，形成颇具声势的“启蒙思潮”。董必武、毛泽东、刘少奇、朱德、李先念、邓小平等，来自长江流域的老一辈无产阶级革命家砥砺奋进、前仆后继，使中国改天换地。

在近代中国进行转型变革、迈向现代化的进程中，长江流域一直充当着先行者的角色，居于前潮，中国近现代史上不少重大革命活动和历史事件都发生于长江流域。比如，助推辛亥革命爆发的保路运动；打响推翻清朝封建君主专制统治第一枪的辛亥革命武昌首义；开天辟地中国共产党创立于上海；中国新民主主义革命早期的根据地主要集中在长江流域；万里长江第一桥武汉长江大桥；揭开了中国农村改革序幕的安徽小岗村；我国第一个自贸区上海自由贸易试验区；世界上规模最大的水电站长江三峡水利枢纽；世界上最大的单口径球面射电望远镜中国贵州“天眼”工程；集桥、岛、隧于一体，世界最长的跨海大桥港珠澳大桥……这些彰显着“有源之水常新”的长江锐意进取、矢志开拓的精神。

二、激流勇进、顽强拼搏的精神

长江从青藏高原雪山走来，一路高歌东进，襟怀坦荡，浩浩荡荡，不畏艰险，勇往直前，百折不回，奔流到海不复还。这一势不可挡的长江气质和品格，滋润内化着长江儿女勇于拼搏的精神；比如，大禹治水大仁、大智、大勇的精神；万众一心、众志成城、不怕困难、顽强拼搏、坚韧不拔、敢于胜利的“九八”抗洪精神。抗日战争时期，淞沪会战把日本“三月亡华”的狂言彻底粉碎，将日本拖入战争泥沼；武汉会战是抗日战争战略防御阶段规模最大、时间最长、歼敌最多的一次战役，大大消耗了日军的有生力量，抗日战争由此进入战略相持阶段；长沙保卫战沉重地打击了日本侵华军队，粉碎了日本消灭中国军队主力、“以战迫降”的战略目标，振奋了全国人民抗战胜利的信心。还有那遭到日机轮番轰炸，拼死还击，沉入长江的著名的中山舰；面临日机跟踪轰炸，不惧生死安危，溯江而上，转移机构人员和战略物资设备的招商轮船；逆水行舟，回荡在长江三峡的纤夫号子；特别是面对蒋介石部署在长江以南1800公里防线上的70万兵力，以及从水面和空中进行支援的100余艘舰艇、280多架飞机，美、英等国各有军舰停泊于上海吴淞口外海面，威胁或伺机阻挠人民解放军渡江的态势，百万雄师过大江，千万帆船进发，突破长江天堑和国民党军队防线的壮观场面。这些既是激流勇进、顽强拼搏的精神的写照，也是中华儿女爱国主义精神的展现。

三、海纳百川、开放包容的精神

长江干流流经青、藏、川、滇、鄂、湘、赣、皖、苏、沪等10个省、市、自治区，在崇明岛以东注入东海，支流流过甘、陕、黔、豫、浙、桂、闽、粤等8个省、自治区。长江文化是一个开放、包容的文化，体现了“万物并育而不相害，道并行而不相悖”的中华文化主张。所谓开放包容性，一是指它具有兼收并蓄、容纳百家的恢宏气度，在充分认识自己文化的基础上，吸收和融汇异质文化的养分，不断地更新和提升自己；二是指它在吸收异质文化养分的同时，源源不断地输出自身的文化能量，给异质文化以影响。先秦时期，楚文化就具有“抚有蛮夷，奄征南海，以属诸夏”的博大胸怀。巴蜀文化不仅吸收了楚文化、吴越文化、滇文化和中原文化的先进因素，还吸纳了西亚文明、东南文明和印度文明中的某些养分。秦汉以后，长江文化的开放包容特质进一步发扬光大。唐宋时期，长江是中国与海外交往的重要门户，外来文化特别是西方的基督教文明，溯江而上辐射扩散。在中国文化重心三次南移的过程中，长江文化的开放包容特质都显现无疑。进入近代以后，长江开始谱写对外开放的新篇章，长江文化率先积极学习西方文化中的先进内容，接受西方先进的科技文化，开启中国文化的现代化转型历程。长江流域崛起的近代城市，自成一格，无论是规模、布局、建筑、功能、体系，都有新的实用性、开放性、消费性、商业性的特点。

特别要指出的是，首届中国国际进口博览会于 2018 年 11 月 5 日在上海举办，来自全球 151 个国家和地区的 3617 家企业参展，累计意向成交 578. 3 亿美元。举办中国国际进口博览会，是中国着眼于推动新一轮高水平对外开放的重大举措，彰显了中国开放、包容、合作的理念。

四、相濡以沫、大爱无疆的精神

长江文化理所当然也是水文化，亦理所当然包含孕育着水的品格秉性和精神。所谓水文化，是人们以水和水事活动为载体，在与人和社会生活的各方面发生联系的过程中创造的物质财富和精神财富的总和。水恩泽万物，是人类生产、生活须臾不可或缺的物质，是生命之源。人与水可以说相濡以沫、不离不弃、互动感化，两者的存在阐释着共同的生命哲学。水有固态、液态、气态。固态的水代表着人的物质肉体，液态的水代表着人的生命进程，气态的水代表着人的精神范畴。水有多种品格和秉性：善利万物而不争，不求回报，乐于奉献；海纳百川，浑然一体，显示包容；不逆成形，但必循理，告知有道；流经山涧，无所畏惧，表明有勇；量见多少，不用削刮，体现正直；水流向下，无孔不入，预示明察；水射刃物，水滴石穿，抽刀断水水更流，刚柔兼济，如此等等。

尤其称道的是，哲人们以水论事，以水喻理，以水明志的真知灼见。《孔子集语》所引《说苑 · 杂言》记载："子贡问孔子说：'君子看到大水必定观看，不知有何讲究？'孔子答：'君子用水比喻自己的德行。水遍及天下，没有偏私，好比君子的道德；水所到之处，滋养万物，好比君子的仁爱；水性向下，随物赋形，好比君子的仗仪；水浅则流行，深则不测，好比君子的智慧；水奔赴万丈深渊，毫不迟疑，好比君子的勇敢；水性柔弱活灵，无微不至，好比君子的明察；水遭到恶浊，默不推让，好比君子的包容；水承受不法，终至澄清，好比君子的善化；水入量器，保持水平，好比君子的正直；水过满即止，并不贪得，好比君子的适度；水历尽曲折，终究东流，好比君子的意向。’”

北京大学教授、博士生导师王岳川在《中国文化的美丽精神》中这样说：“只有认识了中国文化中的几个‘关键词’，才能认识中华文化。其中最重要的一个‘关键词’是水，因为它体现了中华文化精神的几大美德——公正、勇敢、坚韧、洁净，体现出了生命时间的观念。‘水的哲学、水的精神’是中国人在人与人、人与自然、人与社会的和谐中把握自己本真精神的集中体现。”2007 年 8 月 24 日，时任国务院总理的温家宝在为徐霞客诞生 420 年的贺信中写道：“作为中华文化滋养出来的这位先哲(徐霞客)，本能地意识到人类生存中水的要义，人与人之间鱼水和谐的要义，人的品性之上善若水的要义。三者圆融一体，潜移默化，沁入读者的心灵。我中华经典的魅力如此。”长江儿女与水相处，以水为乐，秉水之性，得水之厚，感水之恩，对长江情有独钟，形成特有的精神风貌、人生观、价值观和理想情操，其中不乏凸显出相濡以沫大爱无疆的精神。

五、天人合一、共生和谐的精神

崇尚自然、追求自然之美是人们重要的审美特征之一。长江的自然风光可谓美轮美奂。与这样的青山绿水和谐共处，能陶冶强化人们对大自然的亲和感与审美意识，滋润人们的心灵，使人心旷神怡。比如，雄、秀、险、奇的长江三峡，陶冶人们的情操，予以人生哲理的启迪：雄使人坚强自信，秀使人精细微妙，险使人勇于探索，奇使人求变求新。宏伟的长江三峡工程的建成打造了高峡出平湖的全新面貌，三峡雄、秀、险、奇的动态美，为清秀、明澈、宁静、优美的静态美所取代。历史上不知有多少赞美长江的自然风光、“天人合一”、人与自然和谐相处的诗篇："春江潮水连海平，海上明月共潮生。滟滟随波千万里，何处春江无月明""朝辞白帝彩云间，千里江陵一日还。两岸猿声啼不住，轻舟已过万重山""大江东去，浪淘尽，千古风流人物"……长江和长江流域同黄河和黄河流域相比，拥有更为优越的自然条件，钟灵毓秀，人杰地灵。可以这么说，与黄河文化的雍容、典雅、肃穆、敦厚不同，长江文化更凸显了崇尚自然、"天人合一"、空灵浪漫的特质和审美情趣。

中华传统文化中的"天人合一"学说，蕴藏着丰富的生态文明思想。儒家关于天的解说，认为其是一种生命哲学。天的根本意义是"生"，正是在充分肯定天(自然界)生命价值意义的前提下，讲究天道人伦化和人伦天道化，讲求人与自然的融合统一，和谐共处，以仁爱之心对待自然，彰显了深厚的人文精神。儒家认为，在自然界，天、地、人、物不是各自独立、相互对峙的系统，而是不同差异的统一，彼此之间有着不可分割的联系。在这个统一体中，各安其位，各遂其性，各得其所。人类应当尊重自然界，人是自然界生命价值的承担者、实现者，这是天(自然界)赋予的责任和使命。

天人合一、共生和谐的精神与长江经济带战略的发展理念是契合的。习近平总书记指出：不搞大开发，要搞大保护，探索出一条生态优先、绿色发展新路子，努力把长江经济带建设成为生态更优美、交通更顺畅、经济更协调、市场更统一、机制更科学的黄金经济带，让中华民族母亲河永葆生机活力。

"你从雪山走来，春潮是你的丰采；你向东海奔去，惊涛是你的气概；你用甘甜的乳汁，哺育各族儿女；你用健美的臂膀，挽起高山大海……你从远古走来，巨浪荡涤着尘埃；你向未来奔去，涛声回荡在天外；你用纯洁的清流，灌溉花的国土；你用磅礴的力量，推动新的时代。我们赞美长江，你是无穷的源泉；我们依恋长江，你有母亲的情怀。"一曲《长江之歌》唱出了母亲河的前世今生和长江儿女的心底情结。目前，为长江经济带的建设和长江文明的发展、为实现中华民族伟大复兴，千千万万的长江儿女，以长江文化作桨、长江精神为舵，破浪前行、砥砺奋进。

（作者为湖北省炎黄文化研究会理事、武汉市社会科学院研究员）

长江湖北段的全面发展建议

孙君恒　韩兆笛

湖北地处长江之“腰”，境内长江干线长达1061公里，占长江干流长度的1/3，是长江干流流经里程最长的省份。做好长江经济带湖北段的大文章，写好大手笔，意义重大。我们身在湖北，热爱湖北，敬畏长江母亲河，期望家园更好、更快地发展。结合多年来的思考，我们有如下建议。

一、龙身联动

如果说整个长江经济带龙头是上海的话，那么湖北地区就是不折不扣的龙身；如果说武汉是湖北长江经济带的龙头的话，那么湖北长江流域则是地地道道的龙身。长江三角洲、珠江三角洲的发展，龙头(上海、广州)带动了龙身，譬如长江三角洲(上海、杭州、南京、无锡、苏州、常州、镇江、南通、嘉兴、湖州、宁波、温州等)、珠江三角洲(深圳、广州、惠州、佛山、中山、东莞、江门、肇庆、珠海)协调发展，形势一片大好，卫星城星罗棋布，联合作战，优势互补，综合发展。

武汉作为湖北龙头，当之无愧，经济总量占湖北的“半壁江山”，但是周边贫富悬殊，1+8武汉城市圈、武汉经济圈仍然没有显示出蓬勃的力量，需要加大力度，使湖北城乡，武汉周边的黄冈、黄石、仙桃、孝感、随州、荆州、咸宁快速发展。“2004年，武汉城市圈贡献了全省59.4%的GDP，65.3%的财政收入，吸纳63.4%的投资，承载62.5%的社会商品零售总额，是湖北经济实力最强的核心区域。虽然历经谋划、联姻、分工、定型、起步和发展，武汉城市圈经济迅速成长，综合实力明显提升，但与全国其他城市圈相比，武汉城市圈在城市群规模、中心城市规模、城镇体系、城际联系、产业发展、吸引力以及可持续性等方面存在一定差距。”①

湖北高速铁路(以下简称“高铁”)、城际铁路、高速公路的发展强化了龙身联动。现在，武汉到孝感、黄冈、鄂州、黄石、咸宁的城际铁路均不到1小时，非常便利，这些地方到武汉的城际铁路比城市内公共汽车还要方便。“武汉通”公共汽车卡在黄冈、孝感等地畅通无阻，让人感到身处武汉，没有远离，非常亲切。在鄂西北和鄂西南，汉十高铁、郑万高铁湖北段正在加紧建设，高铁将联通孝感、随州、襄阳、十堰、宜昌、恩施等20多个县市，动车还将首次开进神农架林区，带动沿线的旅游开发；新开工的荆州到荆门的城际铁路、黄冈到黄梅的高铁、汉宜铁路仙桃支线等高铁距离都在100公里左右，极大地弥补了江汉平原和大别山地区高铁网不足的“短板”；以武汉为中心辐射周边的高铁网，不仅将加强襄阳、宜昌省域副中心城市的交通实力，提升城市功能，还将有力支撑黄石、十堰、荆州、荆门、黄冈等区域增长极，助推更多县、市、区进入经济发展“快车道”，“一主两副多极”的战略发展格局正逐渐显现。沿着城际铁路的方向，武汉的传统产业，如化工、服装、电子等制造企业将生产基地搬迁到周边城市，同时，周边城市的高新技术企业则主动将销售总部或研发中心迁往武汉。这“一进一出”恰好是武汉城市圈内产业布局优化的典型表现。例如，随着城际铁路的开通，华工科技孝感电子产业园、武汉光谷孝感产业园、武汉汽车零部

① 武汉城市圈，https://baike.baidu.com/item/%E6%AD%A6%E6%B1%89%E5%9F%8E%E5%B8%82%E5%9C%88/750723?fr=aladdin。

件孝感产业园等一大批产业园在孝感落地开花，汉孝经济一体化、空间同城化进程全面提速。这些都是非常有利的条件和纽带。

近些年，武汉青山—阳逻—鄂州大循环示范区、大东湖“两型”社会示范区、梁子湖生态旅游示范区等五大国家级或省级示范区的建设推进了龙身协同发展。加快推进圈域产业优化整合、交通基础设施建设、现代农业产业化、城乡市场繁荣和公共服务均等化5项工作重点非常重要。建立和形成以武汉为中心，以襄阳和宜昌为副中心，以黄石、十堰、荆州等6个大城市为支撑，以县域经济为基础，竞相发展、互相促进的区域经济格局。把襄阳建成重要的汽车生产基地和优质农产品生产加工基地，把宜昌建成世界水电旅游名城和中国最大磷化工生产基地，使两市分别成为秦巴经济走廊和辐射鄂西南、连接渝东地区的中心城市。支持荆州加快发展轻纺和汽车零部件产业，荆门壮大延伸石化产业链，十堰建成中国重要的商用车生产基地，随州加快发展专用车及汽车零部件和高新技术产业。

二、周边辐射与合作

湖北周边省份区域河南南部、安徽西部、江西、湖南，大多是楚国、楚文化圈，其山水相连，自古以来联系频繁。武广高铁开通与武九客专运营后，实现了信阳、九江、鄂州、黄石、汨罗、岳阳等多个城市的融会贯通，绘出了豫、湘、鄂、赣经济圈、旅游圈。豫、湘、鄂、赣四省社会经济交流合作更加紧密(安徽因为高铁周边的阜阳、六安，也逐步联系强化)。游客在武汉登黄鹤楼、游东湖、赏樱花后，搭乘高铁至九江、南昌、岳阳、长沙、信阳，上庐山、鸡公山，登滕王阁、岳阳楼，游橘子洲等地，十分方便。2016年12月14日，国家发展和改革委员会正式复函，要求武汉加快建成以全国经济中心、高水平科技创新中心、商贸物流中心和国际交往中心四大功能为支撑的国家中心城市，要发挥巨大辐射作用。由于分属不同省份，行政区划影响了经济合作，区域发展需要打破人为隔离。武汉与河南信阳、南阳，与江西九江，与湖南岳阳，近在咫尺，合作发展由来已久，需要加强。

著名哲学家冯友兰先生就认为，南阳属于楚文化，属于武汉经济圈。古代，汉口到赊店(社旗)可以通航，自古茶马古道、中国—俄国茶叶之路就是从汉口沿着汉江、唐河、白河，到达赊店，再陆路运送到山西，走西口到遥远的俄国的。信阳到汉口，现在高铁需要的时间不到一个小时，信阳人出行往往选择武汉天河机场、武汉(汉口)火车站，非常便利，比到郑州便利多了。信阳的耕作，水稻居多，是楚国水乡，楚文化在此基础好、传统影响大。鸡公山、大别山隔不断湖北与河南。武汉与九江、岳阳合作，历史基础非常好，当今也非常有必要进一步加强。

“中原定，天下安”，在中部地区山西、河南、湖北、安徽、湖南和江西六省中，南阳市、信阳市、九江市、岳阳市、阜阳市、六安市等和湖北联系最为密切，不可缺少。这些地区起着承东启西、接南进北、吸引四面、辐射八方的作用。中部地区依靠占全国面积10.7%的土地，承载了全国28.1%的人口，创造了全国19.5%的GDP，是我国的人口大区、经济腹地和重要市场，在中国地域分工中扮演着重要角色。从中国整体发展的角度考虑，中部就是中国的“腰”，只有“腰板”直了，中国这个巨人才能走得正、走得稳，中国经济才能协调、健康发展。加快中部地区发展是提高中国国家竞争力的重大战略举措，是东西融合、南北对接，推动区域经济发展的客观需要。

武汉市作为武汉城市圈的中心城市，具有较高的首位度，其支柱行业也具有一定的区位优势，符合中心城市集约发展的良好条件。从历史条件看，由于历史发展的结果，武汉市在基础设施、劳动力素质、社会文化环境等方面具有相当的优势，有利于增长极的形成。从技术经济条件看，武汉市经济发展水平较高，具有较强的技术创新能力、辐射能力，各地相互合作、优势互补，实现双赢、多赢，前景看好，更适合多方面增长极的形成和发展。从资源条件看，武汉市在能源、原材料等方面的区位优势明显，具备作为增长极的支撑环境，周边城市也有自己的独特性、互补性。

经济区域合作涉及多地政府，而很多事务又往往跨行政区，需要多个城市政府协同行动，这时必须采取府际管理和复合行政模式。政府间合作模式国外一般称为府际管理。府际管理是多个地方政府为了实现公共政策目标和治理任务，从而采取共同管理的一种新型治理模式，以解决问题为取向，通过协商、谈判和合作等手段，依靠非层级节制的一种网络行政行为。复合行政促进区域经济一体化，是为实现跨行政区的公共服务，跨行政区划、行政层级跨的不同政府之间吸纳非政府组织参与，通过交叠、嵌套等形式而形成的多中心、自主治理的管理机制，是新兴的公共管理模式，需要探索和推广。

三、国际范式

武汉作为“东方芝加哥”，要和湖北省在经济全球化和一体化的时代，以国际标准为参照，积极参与世界经济的分工与协作，这是提高武汉城市圈工业品位，实现高起点跨越式发展的有效方式。国际大城市的规模、人口、交通设施、体育场馆、文化场所、市民素质、医疗体系、公共管理等，都是非常重要的指标。

武汉和国际化大都市仍然有距离。例如，机场航线远远没有遍布全球或者大部分国家；城市的车站站点地名显示(包括地铁)、节会的宣传，英文使用仍然偏少(包括第七届世界军运会，标语绝大多数是汉字，对于大多数外国人来说很难识别，宣传效果可能主要面向中国人)；现在的英文报纸也不是日报，发行和影响有限等。

武汉市的知识经济高地建设要崭露头角。武汉高新技术密集，在校大学生数量居世界第一(2018 年达到 128 万名)，特别需要加强高新技术开发，应该在世界具有一席之地或者一大卖方市场。武汉知识、技术和人才储备优势明显，具有发展高新技术行业的关键性和基础性条件，高新技术行业起步较早，光纤、光电子设备、通信设备、计算机、医药等制造行业在全国具有一定优势。当前，要充分利用武汉科技人才优势，大力发展以电子信息、新材料、生物技术为主的高新技术行业；要重点抓好显示器、光电子材料、新兴消费类电子产品的生产和性能升级；要确立武汉作为国家光电子产业基地的重要地位，并使之成为我国重要的技术创新和人才培养基地，形成以企业为主体、以大学与科研院所为后盾的多层次、网络化的技术创新体系和加快科技成果转化的孵化网络。

四、家园保护与永续

湖北——云梦古泽、荆楚大地、江汉平原、鱼米之乡、千湖之省，自古就是人类生存的美好家园。今天，保护蓝天、碧水、净土，绿水青山，看好自己的家园，世世代代延续下去，责无旁贷。通过“生态保护红线”“环境质量底线”“资源利用上线和环境准入负面清单”的约束，将各类开发活动限制在环境资源承载能力之内，为未来发展留足绿色空间，已经是当务之急。我们建议保护和开发、利用相互结合，绿色、红色、古色(三色)并举。

湖北构筑长江生态防线刻不容缓。生态保护“一票否决”。对污染说不，毫不留情。长江水系污染有目共睹，屡有报道，有的触目惊心，令人们忧心忡忡。2017 年，湖北省政府坚决执行党中央的指示精神，顺应民心民意，在全国率先出台《湖北长江经济带生态保护和绿色发展总体规划》，围绕水污染治理、水生态保护、水资源利用，初步建立总投资 1.14 万亿元的项目库，助力长江大保护。要坚决贯彻落实中央重要指示精神，严厉查处违法排污，严肃追究执法不力，严格问责落实不力。同时，坚定不移抓生态修复，把修复长江生态环境摆在压倒性位置，启动实施一批长江生态环境重大修复的工程。

齐抓共管，雷厉风行，绝不手软。湖北持续组织环保稽查专班，实施现场核实和突击检查，依法查处了一批环境违法企业。2016 年，湖北省环保厅对沿江 488 家重化工及造纸行业企业开展清理整顿，全排查、全处理、全备案，终止或暂停审批、暂停开工建设项目 59 个，限期搬离、关停或停产、限期整改企业 135 家。对于非法排污，湖北坚持"有案必查、违法必究、涉刑必移"，2016 年，全省共实施行政处罚 3182 件，罚款金额约 2.15 亿元，移送行政拘留案件 145 件，环境污染犯罪案件 32 件。① 为了给地方党政主要负责人念响环保"紧箍咒"，湖北还在全省推广自然资源资产负债表编制和领导干部自然资源资产离任审计工作。领导干部在任期内，区域内发生了严重环境问题，或者生态环境质量严重下降，就得问责，并直接影响干部的升迁任用。在湖北黄冈市南湖工业园总投资价值 281 亿元的晨鸣纸业造纸项目被叫停。黄冈市是老区、山区，地处国家集中连片特困地区，招来这样的大企业、大项目不容易，被叫停的原因是南湖工业园毗邻长江，湖北省明确规定，长江沿岸实行"一迁两禁一停"：沿岸 1 公里范围内的重化工及造纸企业实行搬迁入园；禁止审批长江 1 公里范围内的重化工及造纸行业项目；禁止审批没有环境容量和总量的建设项目；对超过 1 公里、不足 15 公里的重化工及造纸行业建设项目环评一律暂停审批。这个造纸大项目就被卡在了"红线"之外。为了保护湖北长江流域的生态环境，湖北省制定了《湖北长江经济带生态保护和绿色发展总体规划》和 5 个专项规划，将各类开发活动限制在环境资源承载能力之内，为未来发展留足绿色空间。各地政府"一把手"是环境保护第一责任人，已经纳入职责任务考核指标。相关法规系列出台，共同协力对污染"说不"，譬如，《湖北省水污染防治条例》《关于农作物秸秆露天禁烧和综合利用的决定》《湖北省土壤污染防治条例》，是湖北为保护长江、建设生态长江群策群力的顶层设计，堪称生态建设的"湖北样本"。对于不能尽职尽责，

---

① 谢珍、向京、周翔：《2016 年湖北查处环境违法问题 3182 件　罚款金额达 2.1 亿》，长江云，2017-02-09. http://m.hbtv.com.cn/p/505288.html.

使其辖区内水环境质量恶化，造成严重后果或者恶劣影响的，主要负责人应当引咎辞职。湖北还在全国比较早地实行了“河长制”“湖长制”。河道、湖畔要地、醒目处都树立着牌子，说明河长、湖长的姓名、职责、范围、电话等信息，责任到人，名不虚传。“生态保护红线”“环境质量底线”“资源利用上线和环境准入负面清单”的约束作用，将各类开发活动限制在环境资源承载能力之内，为未来发展留足绿色空间。对长江岸线资源“留白”，统筹优化岸线利用和港口布局，严把审批关，控制增量，盘活存量，长江岸线原则上只建设 3000 吨级及以上规模的泊位，这样的措施大得人心，行之有效。

保护湖泊生态，增强长江的“肺活量”，成绩有目共睹，老百姓拍手称赞。保护湖泊生态，也是保护长江的生态。湖泊终将汇入长江，湖库的生态质量提升对长江的生态修复同样有着积极作用。作为宜昌市最大的湖泊，金湖治理经历了一次“壮士断腕”：拆除千亩精养鱼池，收回养殖权，退渔还湖，沿湖截污和清理农业面源污染，清除湖底污泥。推动金湖综合治理的抓手就是湖长制，由湖北省湖泊局专职承担管理责任，河、湖长制的推行与实施，为“千湖之省”的湖泊保护注入了新动能。湖北出台《关于全面推行“河湖长制”的实施意见》，从落实水资源管理、划定河湖水生态空间、加强水污染防治、强化水环境治理、推进水生态修复与保护、加强执法监管等方面提出了更高要求。关于保湖库，湖北通过建立省级湖泊保护名录，对 755 个省级保护湖泊实施水域控制线、绿化控制线、建筑控制线“三线”管理。通过开展生物多样性保护，对湿地实行保护与生态修复，建成自然保护区 79 个；建成国际重要湿地、湿地保护区（小区）和湿地公园 181 个。武汉市出台《水生态文明城市建设试点工作方案》，打造“江—河—湖—城”交相辉映的世界名城。到 2020 年，武汉市江湖水系将基本连通，166 个湖泊将构成国内最大的城市湖泊生态湿地群。黄石市在全国率先成立首支环境保护警察支队，成为生态长江建设“急先锋”。宜昌市加强城区山体、水域保护，创建国家首批生态文明先行示范区。通过生态的修复，长江湖北段水质明显改善，2016 年干流总体水质为优。各地市也纷纷用新理念、新制度、新实践，为生态长江建设注入更多源头活水。

湖北绿色资源得天独厚。湖北的山山水水赫赫有名。山——武当山、大别山、神农架、幕阜山、武陵山区，水——长江、汉江、清江、举水、倒水等，湖——洪湖、东湖、梁子湖等，闻名遐迩。这些绿色资源应该开放旅游，成为经济“聚宝盆”。湖北麻城的杜鹃花节、沙洋的油菜花节、老河口的梨花节等，名不虚传。长江三峡是中国最壮观的峡谷，也是世界最著名的峡谷之一，还是举世闻名的水电能源基地和地球上最大的人工湖。随着三峡枢纽工程的蓄水发电和胜利竣工，其举世雄奇的自然风光、色彩斑斓的人文景观、神秘浪漫的神话传说和峡江两岸奇特的风土民俗，形成了具有浓厚峡江色彩的文化流派，构成了三峡的鲜明特色，旅游价值巨大，吸引了世界各地的游客。

湖北古色古香，荆楚地方文化历史风情浓郁。湖北随州、谷城和神农架是炎帝神农的主要活动区域，有许多民间传说和文化遗址。在这里，炎帝神农遍尝百草，为民治病，发明农业，教民耕种，其深厚的历史文化底蕴标志着中华文明从渔猎时代向农耕时代过渡。湖北是楚文化的发祥地，楚国作为春秋战国时期的大国和强国之一，在 800 多年的历史长河中创造了灿烂辉煌的文明。楚国独步一时的青铜铸造工艺、领袖群伦的丝织刺绣工艺、八音齐全的音乐、偃蹇连蜷的舞蹈、巧夺天工的漆器制造工艺、义理精深的哲学、汪洋恣肆的散文、惊采绝艳的辞赋、恢诡谲怪的美术，都是十分宝贵的文化遗产，代表同期的最高水平。秦汉时期，湖北地区是当时重要的文化中心之一，云梦古泽、睡虎地和龙岗秦简、张家山汉简、汉明妃王昭君、汉光武帝刘秀、文学家王逸等都是重要的文化资源。湖北境内还是魏、蜀、吴三国犬牙交错、激烈争夺的“四战之地”，政治、经济、军事、外交的联合与斗争波谲云诡，惊心动魄，古隆中、赤壁、乌林、长坂坡等著名文化景区是三国文化的重要载体。清江流域的土家族是古代巴人的后裔。热情、质朴、勤劳、善良、勇敢是土家人优良的民族素质。其婚丧习俗、歌舞曲艺、饮食服饰、建筑交通等构成了清江巴土文化的鲜明特色。同时，以恩施自治州和长阳、五峰两个自治县为主体的湖北民族地区也是巴土文化的富集之地，这里山川秀美、物产丰富，是发展湖北特色经济的重要地区。湖北的名山古寺众多，形成了独具特色的名山古寺文化资源。武当山是道教名山，经过几百年的发展，形成了具有丰富内涵的武当文化。此外，荆山、大别山、大洪山、齐岳山、九宫山和黄梅五祖寺、当阳玉泉寺、来凤仙佛寺、汉阳归元寺、武昌宝通寺以及荆州天星观、武昌长春观等众多名山古寺以及钟祥明显陵等名胜古迹，都有着较高的知名度和独特的文化内涵。湖北民间艺术文化丰富多彩，引人入胜。譬如，宜昌夷陵区的民间版画、安陆的民间漫画、丹江口伍家沟村的民间故事、黄梅县的桃花和木版年画、阳新的布贴、通山的木雕等，在省内外具有广泛影响，这些地方被中国文化部命名为“全国民间艺术之乡”。湖北有 5 座国家历史文化名城，声名远播。1982 年 2 月 8 日，第一批 24 座国家历史文化名城公布，荆州市(原江陵)入选；1986 年 12 月 8 日，经国务院批准的第二批国家历史文化名城有 38 座，武汉市、襄阳市入选；1994 年 1 月 4 日，经国务院批准的第三批国家历史文化名城有 37 座，随州市、荆门钟祥市入选。武汉地处两江交汇之地，素有“九省通衢”之称，早在商周时期就是南方连接中原的战略据点。以商代盘龙城为标志，3500 多年的建城史使武汉积淀了底蕴丰厚的文化。明清以后，武汉逐步发展成为中南地区最大的工商业城市，近现代以来更成为中国的制造业中心和重要的工业基地之一。在现代史上，武汉曾一度成为中国的政治、经济和文化中心。作为华中地区的特大城市和区域经济中心，江城武汉的文化具有鲜明的区域特色。具有明显地方文化特点的乡村更是星罗棋布、不胜枚举。例如，黄冈的麻城有李贽旧居、闻一多纪念馆、李四光纪念馆，这里还是毕昇故里，是四祖寺、五祖寺所在地；恩施土司城建有恩施州土家族、苗族、侗族三个主要少数民族的传统建筑；位于民族湖文化区中心的土家族“九进堂”是全国土家族吊脚楼中规模最大、风格最典型、外观最壮观的仿古建筑群；土司城进口处耸立着土家族传统牌坊式门楼。另外，龙船调就来自湖北利川。

湖北红色文化别具一格。辛亥革命武昌起义，在清王朝的统治腹心打响第一枪，一举推翻了中国历史上最后一个封建王朝，结束了帝制，湖北的革命党人和仁人志士功不可没。以辛亥革命武昌起义为标志，武昌起义成了湖北和武汉近现代史上波澜壮阔的革命文化内涵。在新民主主义革命时期，董必武、陈潭秋等老一辈无产阶级革命家在武汉创立了共产主义小组，武汉曾经是大革命的中心。“二七”大罢工、武昌农讲所、“八七”会议、黄麻起义、鄂豫皖和湘鄂西革命根据地、八路军办事处、武汉保卫战、新四军司令部、中原突围和刘邓大军挺进大别山等一系列革命活动、革命事迹、革命遗址等，构成了湖北近现代革命文化的主要内容，是极其宝贵的革命文化资源。荆楚文化具有超越时空的强大穿透力和影响力，是我们建设先进文化、进行社会主义文化创新的重要基础。做好文化旅游大文章，“一次投入，终生见效”，湖北的优势明显，应该发扬光大。

总之，长江的湖北段，事关长江、中国大局，不可懈怠。我们应该充分调动各个方面的优势资源和积极主动性，保护好、利用好得天独厚的自然资源、文化资源、社会资源、历史资源，打破常规，解放思想，消除弊端，克服阻力，真正盘活、搞好，不负党中央和人民群众的期待。

（作者分别为湖北省炎黄文化研究会理事、武汉科技大学教授；武汉科技大学研究生）

论长江文化对构建社会主义价值观的意义与作用

张舜清

长江文化“是以我国长江流域优美的自然山水、气候、原野为环境条件，以富有中亚热带特色的工、农、商、牧生产及其成果为物质文化，以道家思想为主干，高度融合了儒、墨、法、佛等传统思想和欧美等外来的精神文化，在长期历史发展中形成的中华南方文化”①。在内容层次上，它主要包括位于长江上游四川盆地的巴蜀文化、长江中游江汉平原的荆楚文化以及长江下游三角洲地区的吴越文化。在长期的历史发展中，长江文化不仅创造了璀璨的物质文明，也塑造了深厚的精神文化，并成为中华民族精神的重要组成部分。今天，培育和弘扬社会主义核心价值观是当代中国精神建设的重要内容，也是决定社会主义建设正确走向的根本价值保障。因而，如何培育和弘扬社会主义核心价值观，就成为今天我们必须认真思考的一个问题。习近平总书记说过：“培育和弘扬社会主义核心价值观必须立足中华优秀传统文化。牢固的核心价值观，都有其固有的根本。抛弃传统、丢掉根本，就等于割断了自己的精神命脉。”②“今天我们提供和弘扬社会主义核心价值观，必须从中华优秀传统文化和传统价值观中汲取丰富营养，否则就不会有生命力和影

① 余育德：《长江文化及其基本层面的界定》，载《长江论坛》1997 年第 3 期。
② 习近平：《习近平谈治国理政》，外文出版社 2014 年版，第 163～164 页。

响力。”①长江文化历史悠久，其中的精髓已经构成中华优秀传统文化的重要内容，因而，从长江文化的角度讨论社会主义核心价值观的培育与弘扬问题具有重要的理论与现实意义。并且，由于长江文化自身的独特性，长江文化在培育和弘扬社会主义核心价值方面也有独到的意义。

一

从长江文化角度讨论培育和弘扬社会主义核心价值观的意义问题，首先需要我们明确应该怎样看待社会主义核心价值观。社会主义核心价值观是一个有机的思想体系，对待社会主义核心价值观，既要注重从整体上把握其价值内涵，又要注意其不同内容的特殊意义。只有在这个基础上，从长江文化角度培育社会主义核心价值观才能有的放矢，而不是失之笼统。

第一，从总体来看，社会主义核心价值观本质上是一种有关“德”的思想体系，正如习近平所说：“核心价值观，其实就是一种德，既是个人的德，也是一种大德，就是国家的德、社会的德。”②这就是说，从长江文化角度讨论培育和弘扬社会主义核心价值观的问题，要注意挖掘长江文化蕴含的道德伦理因素，要侧重长江文化的精神导向问题，要注意从整体上概括长江文化的精神品格，而不宜分解长江文化，侧重局部精神的特写。

第二，社会主义核心价值观是一个价值体系，实际上是由诸多具体的价值构成。这些价值按一般的说法可以分为国家层面、社会层面和公民层面三个层面的内容。在国家层面，主要强调富强、民主、文明、和谐的价值观念；在社会层面，主要强调自由、平等、公正、法治的价值观念；在公民层面，主要强调爱国、敬业、诚信、友善的价值观念。其

① 习近平：《习近平谈治国理政》，外文出版社2014年版，第170页。
② 习近平：《习近平谈治国理政》，外文出版社2014年版，第168页。

中，国家层面的四个价值观念具有统摄意义，对其他层次的价值观念具有价值指引作用，是“价值之上的价值”，集中体现了中国特色社会主义建设的根本目标和社会主义性质以及实现社会进步的根本方法。

国富民强是社会主义现阶段的根本目的。它具体表现为社会财富雄厚，人民实现普遍的幸福生活状态，也即“共同富裕”。国家强不强，人民富不富，这是社会主义本质特征的要求。贫穷不是社会主义，只有一部分人富也不是社会主义。社会主义核心价值观的价值总指向是人民，是以人民为中心的价值观，它的基本特征是人民的普遍富裕。在当前的中国，强调共享社会发展成果，可以说是这种价值观最为基本的特征。共享的主体是全体人民，共享的内容是一切社会发展的成果。“共享是全民参与、全面共享、全民共享，而不是少数人参与、单一共享、少数人共享。”①努力满足人民对美好生活的愿望，坚定不移地走共同富裕的道路，这是党的责任，也是党对中国特色社会主义价值观实质要求坚定不移的贯彻。中国特色社会主义的发展不是“资本的盛宴”，不是为了“资本共享”，我们把经济发展的“蛋糕”不断做大，目的是全民共享，“让社会主义制度的优越性得到充分体现，让人民群众有更多获得感”。② 因而，“要把人民拥护不拥护、赞成不赞成、高兴不高兴、答应不答应作为衡量一切工作得失的根本标准。”③所以，富强并不排斥民主，因为人民当家作主正是社会主义基本的政治特征。而文明、和谐在整体层面强调了国家存在和运行的精神状态与正义。社会财富要合理地分配，如此才能形成“群居合一之道”。

自由、平等、公正、法治指向“社会的正义”。自由是指人民有生存和发展自我的自由与机会，在意志上是自由的，社会要保障人民有充分表达自己意愿的条件。平等是指社会主义公民在法权上人人平等，任

① 龚云：《共享：中国特色社会主义本质特征》，载《人民日报》2016 年 9 月 8 日。

② 习近平：《习近平谈治国理政》第 2 卷，外文出版社 2017 年版，第 216 页。

③ 参见《习近平同志“七一”重要讲话》，载《光明日报》2016 年 7 月 8 日。

何人不得享有任何法外特权，在经济上则指人人都有享有社会发展成果的权利，享有实现自我的权利平等、机会平等、规则平等等。公正和平等紧密相关，指的是社会制度和各种规范是否具有合法性，是否体现了人们在政治、经济、文化教育等各方面的公平。法治正是贯彻以上价值的制度性保障，是制度实践的原则。

爱国、敬业、诚信、友善强调的是公民个体应该树立什么样的价值观，即以何种价值作为个体品质修养的导向。它的基本内容是爱自己的国家，爱自己的工作岗位，真诚待人、信义为本、与人为善、乐于助人。

根据对社会主义核心价值观的上述理解，我们认为，长江文化在培育和弘扬社会主义核心价值观方面可以起到十分积极的作用。

二

在国家、民族层面，筚路蓝缕、锐意进取、发愤图强，追求国富民强，这是长江文化最为突出的一个精神和品格，在这方面，长江文化无疑能为培育以富强为导向的社会主义核心价值观提供有利的思想资源。

在历史上，作为长江文化主体构成的巴蜀、楚、吴越等国，由于地处中原以外，无论在地理上还是在政治文化上，都处于当时中原文化的边缘地带，政治上不被重视，经济上不够发达，文化上更无法望中原之项背。但正是在这样的环境中，长江流域各古国人民以“荜路蓝缕，以启山林”的精神，不但建立了强大的国家，也创造了强大的物质文明和精神文明，在当时的条件下做到了真正意义上的富国强民。以楚国为例，楚之初建，地不足百里，然而经过数代人民的艰苦创业，最终成为“车毂击，民肩摩，市路相排突，号曰朝衣鲜而暮衣敝”(见桓谭《新论》)的繁华王国和称霸四方的强大国家。吴、越也先后称霸。由蕞尔小邦到称霸诸侯，实现富国强民的伟大壮举，这和当时长江流域诸国具有富国强民的抱负和追求息息相关。国富离不开民富，国强离不开民强，民为兴国之本，力量之源。这一点在长江文化中有着突出体现。比如，楚王就特别强调民众的利益，时时刻刻告诫官员要勤政爱民。楚庄王曰："所违民欲犹多，民何安焉！无德而强争诸侯，何以和众。"名相孙叔敖亦曰："国之兴也，视民如伤，是其福也；其亡也，以民为土芥，是其祸也。"(《左传·哀公元年》)

长江流域各国人民锐意进取、自强不息的精神，从侧面也说明，"长江人民"不甘人后，虽出身"野蛮"，但绝不以野蛮为荣，相反，"长江人民"积极追求文明进步，通过艰苦创业使自己步入文明国家行列，屹立于世界发达文明之林，这一点体现在3个方面。

①长江流域人民有着强烈的"争强好胜"心理，决不甘于落后，有把自己的民族、国家建设成富强文明的国家的强烈愿望和斗志。长江各诸国因在文化、政治上地处边缘，被自居正统的"中原人"视为"南蛮"，心存轻蔑，楚君被封子爵即是明证。但楚、越之人并不认同，而是发自内心地提升国家实力和文明指数。比如，楚国初建时，君王"筚路蓝缕以处草莽"(《左传·昭公十二年》)；春秋初际，楚王"若敖、冒荜路蓝缕以启山林"(《左传·宣公十二年》)，这都体现了长江流域人民追求文明进步的自强精神。

②提升国家、民族的文明层次，离不开对先进文明的借鉴、对他国文明长处的吸收，这就需要具有开放的精神和兼容并蓄的精神。长江文化显然孕育着这些精神。"在战国时期的各诸侯国中，楚人对他民族的偏见最少，并主张民族融合，强调兼容并包。"①荆楚文化的开放性和兼容性与荆楚的地理位置和居民的复杂性紧密相关。楚地素有"九省通衢"之称，吴越之地毗邻海洋，都有利于形成人民的开放兼容意识。长江流域民族众多，"楚人"之外，诸姬、群蛮、濮、巴、越混杂。人口的复杂性自然也形成了包容他者的文化精神。

---

① 胡孝红、陈海燕：《楚文化的精神特质与中国梦的构建》，载《三峡论坛》2017年第1期。

③追求富强、文明，这是长江文化固有的思想品质，无疑与社会主义核心价值要求有某种同质性，从而可以促进社会主义核心价值观的培育。在社会层面，长江文化中也蕴含着诸如自由、公正等价值精神，可以为培育社会主义的相应价值观念提供借鉴。比如，自由的精神其实在长江文化中有着十分鲜明的体现。正如有评论者评价楚文化时指出："楚文化是一种强调意志自由、情感至上的文化。"①长江文化中蕴含着自由的火种，这可以从如下角度更为清晰地感受到。

其一，长江人民有着强烈的创新精神。创新源于生存、发展的自由，源于思想上的解放。这在楚人身上有很好的表现。"楚人有不厌追新逐奇的创造意识。"②面对中原文化的"霸凌"，早在周之早期，楚人就公开宣称："我蛮夷也，不与中国之号谥"(《史记·楚世家》)，并结合楚地实际自谋生路，这是长江流域人民的一种精神特质，体现出长江人民独立自主的精神。在伟大诗人屈原身上，自由的精神也有鲜明体现。屈原不同流合污，而是坚持独立的意志，秉持自己认可的公理正义而行。"鸷鸟之不群兮，自前进而固然。何方之能固兮，夫孰异道而相安?"(《离骚》)

其二，长江人民的自由精神也体现在长江人民富有浪漫色彩的精神气质当中。"在中国地域文化史上，一般认为荆楚文化最具有浪漫主义特色。"③这种浪漫主义充分表现在诞生于长江流域的哲学、文学与神话传说当中。楚辞的浪漫色彩为世人公认，而其神话传说反映出的自由精神更是清晰可见。著名的女娲补天、夸父追日、后羿射日等皆为长江流域古先民创造。女娲补天反映了对上天的反叛，而让万众重新获得自由；夸父追日敢于"逆天而行"，也正是其内在的反叛精神之体现；而

① 人可野：《试论楚文化的酒神精神——对古代长江文化精神特质的初步探讨》，载《宜宾师专学报》(社会科学版)1994年第3期。

② 张正明、刘玉堂：《荆楚文化志》，上海人民出版社1998年版，第7页。

③ 罗运环：《论荆楚文化的基本精神及其特点》，载《武汉大学学报》(人文科学版)2003年第2期。

后羿射日，则更充分地表现出这种反叛和自由的精神。“由此可见，反叛传统和追求自由构成楚人和楚文化的内在精神特征。”①

在公民的道德修养层面，长江文化也蕴含着浓烈的重诚信、讲友善和强烈的爱国主义精神。屈原的爱国情怀千载传颂，自不待言。申包胥哭求秦王发兵救楚，屈瑕战败以死谢罪，各代楚王御驾亲征等史实都体现了楚人坚定异常的爱国主义精神。② 又如“巴蜀文化里执著故土、相忍为国的情怀，吴越文化里侠肝义胆、守土复国的内质也都是爱国主义精神的生动体现”③。此外，长江人民重诚信、追求美善，也构成长江文化的重要内容。比如，古书记吴越之聪明善良如是：“人性柔慧，敏于习文，疏于用武”“男务耕桑，女勤蚕丝”④。长江先民崇德重义，以道家为主，兼采儒墨之善，创造了优良的道德文化。

综上所论，长江文化中蕴含着诸多社会主义核心价值观的精神要素，并且由于这些因素已经潜移默化地成为长江流域人民的内在精神品格，因而，经过合适的转化或创新性发展，完全可以为社会主义价值观的培育提供一种精神动力和心理支持。

（作者为湖北省炎黄文化研究会理事、中南财经政法大学哲学系教授）

① 人可野：《试论楚文化的酒神精神——对古代长江文化精神特质的初步探讨》，载《宜宾师专学报》（社会科学版）1994 年第 3 期。

② 胡孝红、陈海燕：《楚文化的精神特质与中国梦的构建》，载《三峡论坛》2017 年第 1 期。

③ 谢忠凤：《长江文化生态与民族精神形态》，载《湖北师范学院学报》（哲学社会科学版）2008 年第 6 期。

④ 见《吴越春秋》，转引自罗昌智：《长江文化的历史生成与中华民族精神》，载《理论月刊》2004 年第 8 期。

炎黄文化传承与长江经济带的绿色发展

王彬洁

长江流经11个省市，面积约205万平方公里，长江流域土地面积占全国陆地总面积的21%，人口占全国人口总数的38%，GDP占全国GDP的46%，是目前世界可开发规模最大、影响范围最广的内河流域经济带。① 长江是中华民族的母亲河，是中华文明的重要发祥地之一。在辽阔的长江流域，孕育出了灿烂辉煌的文化。2014年9月，国务院印发《关于依托黄金水道推动长江经济带发展的指导意见》，部署将长江经济带建设成为具有全球影响力的内河经济带、东中西互动合作的协调发展带、沿海沿江沿边全面推进的对内对外开放带和生态文明建设的先行示范带。在新的历史时期，国家提出长江经济带战略，既是对长江文明的历史地位的再确认，更是吹响了新时代长江文明焕发新生机的嘹亮号角。

《长江经济带发展规划纲要》确立了长江经济带"一轴、两翼、三极、多点"的发展新格局。② 遵循长江历史发展的轨迹和独特的地理风貌，以长江黄金水道为依托，发挥上海、武汉、重庆三大长江核心区域的引领作用，沿海溯江而上，推动经济梯度发展。依托长江经济带上的长江三角洲城市群、长江中游城市群和成渝城市群的中心城市辐射作用，打造长江经济带的三大增长极，旨在推动长江沿线地域经济的跨越式发展。

---

① 程维：《长江经济带舞龙计划》，载《西部时报》2005年12月6日。

② 《长江经济带发展规划纲要》，http://www.ndrc.gov.cn/fzgggz/dqjj/qygh/201610/t20161011_822279.html。

长江经济带的形成有其现实的发展愿景，更与其独特的地理区位和历史背景密切相关。从炎黄文化的传承梳理长江文明及长江经济带的发展脉络，对推动长江经济带的经济文化融合创新、促进中国经济的全面振兴具有重要的现实意义。

一、炎黄文化及两大河系文明的历史演变

从世界文明的发展格局来看，世界四大文明都诞生发展于大河流域：尼罗河流域诞生了古埃及文明、两河流域诞生了美索不达米亚文明、恒河流域诞生了古印度文明、黄河流域诞生了中华文明。大江大河不仅为人类活动生息提供了必不可少的淡水资源，江河两岸肥沃的冲积平原更为人类文明的发展提供了丰富的物质基础，在这些流域均产生了高度发达的农业社会，推动了文明的交流与繁衍。

炎、黄帝作为古华夏部落联盟首领，正式定居中原地区，把中华文明带入了稳定发展的历史阶段。中华民族的祖先们遂从蛮荒之境进入文明时代。祖先们的活动范围甚广，基本上踏遍了黄河流域的各个角落，中国古代文明因此又被称为“黄河文明”。

长久以来，以黄河流域为中心的一元文明发展的观点成为中华文化发展普遍认同的观点。从地理分布来看，中国大陆幅员辽阔、山川河流众多，诸多河流、湖泊冲击出大片适宜耕作的富饶之地，并非只限于黄河流域。近几十年来，考古界及学术界出现了立足中国多种区域的多元文化观。中国社会科学院考古研究所的苏秉琦先生，包括一批长江流域史前文化学者，他们都认为，诞生于长江流域的长江文明作为中华文明演变的另一支，在中华文明发展中的地位举足轻重，足以匹敌甚至高于黄河文明。①

① 陈剩勇：《长江文明的历史意义》，载《史林》2004 年第 4 期，第 119～122 页。

随着对史前时代的考古发掘发现，人们逐渐认识到，在长江流域，远古时期开始就有繁荣的古代文明。因此，可以考虑长江流域的文化比黄河流域的文化大概更早发展起来，至少要懂得长江文明与黄河文明是并行存在和发展的。① 2019 年 7 月 6 日，在阿塞拜疆首都巴库举行的联合国教科文组织第 43 届世界遗产委员会会议通过决议，根据世界遗产第 3、4 条标准，将中国世界文化遗产提名项目“良渚古城遗址”列入《世界遗产名录》。良渚古城遗址展现了一个存在于中国新石器时代晚期的以稻作农业为经济支撑、并存在社会分化和统一信仰体系的早期区域性国家形态，印证了长江流域对中国文明起源的杰出贡献。

长江流域是中华文明的发源地之一，构成中华文明的重要组成部分，有其历史原因，更源自长江的独特地理特征。长江文明主要分布在沿长江流域的三个区域。从源头溯起，第一个区域位于长江上游的四川川江平原，常年气候宜人，物产丰富；长江流出三峡之后，即进入湖北省境内，与其最大的支流汉江汇合，冲积成江汉平原，江汉地区的文明形成时间比中原等地区稍晚，商晚期时在这一带建立的楚国，幅员辽阔，民族聚集，对中华文明的形成和发展起到了重要的作用，为秦统一中国打下了政治和地理基础；长江下游的太湖区域，距今 7000 年前，河姆渡的先民们就在这里劳动生息，河姆渡文化的发现与确立扩大了中国新石器时代考古研究的领域，说明在长江流域同样存在着灿烂和古老的新石器文化。②

20 世纪 80 年代以来，中国各地田野考古的发展，促使人们以多元文化价值观重新审视早期中国的文明和历史。一部中华文明的发展史，

---

① 贝塚茂树：《黄河文明与长江文明》，载《江西社会科学》1981 年第 12 期，第 144～146 页。

② 《河姆渡遗址》，中国考古网，http://kaogu.cssn.cn/zwb/kgyd/kgbk/201811/t20081104_3913928.shtml（访问时间 2019 年 11 月）。

其实就是在江河相济、南北互补中铸造辉煌的历史。① 在世界文明史上，中国古代文明得以与其他古代文明并驾齐驱，即得益于历史古老悠久、内涵博大精深。其他古代文明逐一衰落，唯有中华文明巍然独立、睥睨世界，延续发展数千年而至今，成为人类文明史上唯一历史未曾中断的古代文明。黑格尔曾说："假如我们从上述各国的国运来比较它们，那末，只有黄河、长江流过的那个中华帝国是世界上唯一持久的国家。征服无从影响这样一个帝国。"②

中华文明和而不同、有容乃大的特质，凸显了东方文明的泱泱大度。中华文明具有如此顽强的生命力，能够延续数千年而不绝，其原因在于自起源阶段，中华文明就已取精用宏、兼收并蓄了黄河、长江两大流域各种新石器时代文化的精华，为文明的发展延续奠定了坚实的历史根基。在如此辽阔的区域空间内实现文明的全面交融和积聚，这是世界上其他任何一个古代文明都无法达到的境界。

二、长江文明的发展及长江经济带的历史演变

长江文明的历史发展，既要放在中华文明乃至世界文明的总体格局中考察，又要从历史发展进程中做纵向考察，才能够全面了解长江文明的特点及发展方向。长江流域是北纬 30 度线附近少有的降水丰沛区，兼有丰富的水热资源供应，具备较大的文明发展潜力。长江流域按上、中、下游划分，依次为巴蜀、荆楚、吴越三个大的文化区，长江文明在时间上主要分为早期文明、新生代文化、汉文明三个时期。

---

① 陈剩勇：《长江文明的历史意义》，载《史林》2004 年第 4 期，第 119~122 页。

② ［德］黑格尔著，王造时译：《历史哲学》，上海世纪出版集团、上海书店出版社 2001 年版，第 117 页。

约公元前5000—前2000年为早期文明时期，长江中游地区、长三角地区并肩崛起，以精湛的玉器工艺著称，形成独特的玉器文化和玉器礼仪。长江中游地区的文明曙光初露于大溪文化，然后由屈家岭文化接力，最后由石家河文化取代，晚期逐渐统一为石家河古国。长三角地区的文明分别在巢湖附近的凌家滩文化与太湖附近的崧泽文化形成雏形，由涵盖苏南浙北地区的良渚文化集其大成。

约公元前2000—前500年为新生代文化时期，至公元前2千纪初，整个长三角地区与长江中游地区的文明都被新的文化所中断。新生代文化经过数百年的发展，分别在四川盆地形成三星堆文化，在长江中下游地区形成吴城文化，它们与当时黄河流域的商周文化一起，成为青铜时代的东方代表。蜀、楚、吴、越先后成为中原地区周朝的诸侯国，长江文明与黄河文明的交流日益繁盛。

约公元前500年至今为汉文明时期，随着新生代文化的长江流域各国与中原文化交流的加深，长江文明已与黄河文明融合为一体，经历秦汉、吴蜀、东晋南朝、隋唐、两宋、元明清到近现代，长江流域已成为中国文明中极为关键和主要的文明地区，以其先进革新、开放包容的姿态迎接全球化时代。

“苏常熟，天下足”“湖广熟，天下足”，这些民间谚语见证了长江流域的经济繁荣与发展，长江流域成为秦汉以来定都北方大一统王朝的主粮仓。长江的粮食和财富通过大运河源源不绝地输往中原，为抵御外敌侵扰的历次征战提供了稳定持久的物资粮食供应，有力地支持了政权和社会稳定，保证了文明的延续和发展。

长江经济文化经由多族群创造，在演变发展中相互借鉴、相互融合，形成多元共生、和而不同的流域文化特征。长江流域的文明生发不逊于黄河流域，她滋养并佑护着中华文明，逐渐成为中国经济文化的重心，并引领着中国的现代化进程。长江经济带经历了较长时期才最终被确立为国家重大发展战略，从早期的初步设想、尝试探索，到当前的全面推进，每隔十年历经一次发展浪潮，数次进入国家区域协调发展战略总体布局。① 经过多年自我发展与国家不断投入，长江经济带在经济体量、增长速度、产业基础、创新资源、交通网络、联系密度、生态资源等诸多方面均已形成良好的发展基础，能够在新常态下支撑我国经济社会生态全面发展。

三、长江经济带的绿色发展

长江经济带横跨八大国家级重点生态功能区，森林资源丰富、水资源充裕、生物种类繁多、生态流量充足。在涵养江河、湖泊水源，调节气候变化，保护生态多样性与防治水土流失方面发挥着巨大功效，构成我国生态文明建设的“绿色脊梁”。长江经济带在维护国家生态系统稳定的可持续发展进程中占据着极其重要的地位。长江经济带是我国创新驱动的重要策源地，教育、科技创新资源富集，先进制造业、高技术产业、战略性新兴产业发展迅猛。创新驱动能力强劲，规模效应和带动效应显著，是我国最具创新活力的区域之一。

2016 年 9 月，中共中央正式印发的《长江经济带发展规划纲要》进一步强调，长江经济带发展的“四带”战略定位，即“生态文明建设的先行示范带、引领全国转型发展的创新驱动带、具有全球影响力的内河经济带、东中西互动合作的协调发展带”，为全面开发长江经济带奠定了基调和开端，在新时代吹响了嘹亮的号角，为长江经济的飞速发展谋划了宏伟的蓝图。长江经济带发展潜力巨大，前景十分广阔。在创新、协调、绿色、开放、共享的新发展理念中，绿色是一切工作的底色，长江经济带发展战略必然坚持绿色发展理念，走绿色发展道路，不仅仅是因为绿色发展具有重要的生态意义，而且还有经济、政治、文化和社会等各方面的深远意义。②

① 吴传清：《黄金水道——长江经济带》，重庆大学出版社 2019 年版。

② 黄国勤：《论长江经济带绿色发展》，载《井冈山干部学院学报》2019 年第 12 期，第 120~125 页。

新时代中国经济已由高速增长阶段转向高质量发展阶段。就目前而言，长江经济带的经济发展方式总体仍然属于高投入、高消耗、高排放、高污染的粗放式发展方式，造成严重的资源消耗、生态破坏和环境污染，对长江经济带的永续发展极为不利。相反，走绿色发展之路，将从根本上改变目前长江经济带的发展方式，是一条高质量发展之路。十九大报告明确指出，人与自然是生命共同体，人类必须尊重自然、顺应自然、保护自然。长江经济带不仅生息着全国40%的人口，更繁衍着数量庞大的动、植物物种。长江经济带的建设与发展，必须把“生态优先、绿色发展”放在首要位置，保护长江经济带的生态环境就是最大的建设。

2018年4月，习近平总书记在武汉主持召开深入推动长江经济带发展座谈会，强调正确把握“五大关系”，以长江经济带发展推动高质量发展。从“立规矩”到推动高质量发展，指明了新时代推动长江经济带发展的前进方向。2018年11月，中共中央、国务院明确要求，充分发挥长江经济带横跨东、中、西三大板块的区位优势，以共抓大保护、不搞大开发为导向，以生态优先、绿色发展为引领，依托长江黄金水道，推动长江上、中、下游地区协调发展和沿江地区高质量发展，为长江经济带的发展从总体上明确了目标和思路。

长江经济带是中国经济发展的龙头，党的十八大以来，以习近平同志为核心的党中央从实现“两个一百年”奋斗目标、实现中华民族伟大复兴中国梦的高度，总揽全局、科学谋划、部署实施长江经济带发展战略。长江经济带必将迎来更加美好的明天。

四、结　　语

长江文明在中华文化的历史进程中发挥了巨大作用，中华文明汲取了黄河、长江的精华而诞生，又在两大母亲河的共同哺育下发展壮大、繁荣昌盛。正是由于长江文明与黄河文明的互动和融合，中华文明才得以薪火相传、延续数千年的辉煌。依托长江黄金水道天然形成的长江经济带在各个历史时期都发挥着重要的支撑作用，在新时代经济发展的宏图中，必将迎来新的辉煌。

（作者为湖北省炎黄文化研究会理事、武汉工程大学副教授）

略论黄帝文化与长江文明的交流互鉴

牛青山

河南省新郑市是轩辕黄帝故里、故都。在这里酝酿并形成的黄帝文化，自其诞生之日起，就不断影响着长江流域，并相互交流与碰撞、相互促进，共同促进了中华文明的形成与壮大，并塑造着中华民族的精神与体魄。

一、黄帝故里与黄帝文化

新郑市位于河南省中部，北靠商都郑州，南连魏都许昌，东临八朝古都开封，西望十三朝古都洛阳。新郑古称“有熊之墟”“祝融之墟”，是中华人文始祖轩辕黄帝故里、故都，是中华文明最为重要的发祥地。新郑最早称“有熊”，为轩辕黄帝诞生地，历代史书均有记载。战国《竹书纪年》说：“黄帝轩辕氏，元年帝即位，居有熊。”《史记·五帝本纪·集解》说：“谯周曰：‘(黄帝)有熊国君少典之子也。’皇甫谧曰：‘有熊，今河南新郑是也。’”唐代杜佑《通典·州郡典七》中说：“新郑，汉旧县，有溱洧二水，祝融之墟，黄帝都于有熊亦在此，本郑国之地。”1922年出版的《中国人名大辞典》中说：“黄帝，古帝王，姓公孙，生于轩辕之丘，故曰轩辕氏，国于有熊，故亦曰有熊氏。”

历代史家均认同黄帝故里在今河南新郑。新郑有始建于汉代的轩辕故里祠(今黄帝故里)流传至今，被国务院确定为全国重点文物保护单位。新郑至今仍保存有从金代至民国时期的17通碑刻，记述新郑是有熊国、轩辕丘和黄帝建都之地，最早的是金贞元三年(1155年)刘文饶的《修德观碑记》中说："郑，古有熊之墟，黄帝所都也。"明正德年间，清康熙、乾隆以及道光年间的碑记中均有关于黄帝故里的记载。除此之外，在清代新郑县志以及历代文人在描写新郑的诗文中，也有许多有关黄帝故里的记述。

新郑至今仍分布着大量的黄帝文化遗址遗迹，可资凭吊和追寻。通过多年调查发现，新郑市的"三河两山"地区，即溱水(黄水)、洧水(双洎河)、溟水(古姬水)，具茨山、西泰山，目前仍保留有黄帝文化遗址遗迹地点近60处。这些黄帝文化遗址遗迹包括轩辕丘、黄帝故里祠、轩辕桥、仓颉造字台、少典陵、黄帝饮马泉、轩辕黄帝驻跸处、黄帝造指南处、黄帝口、轩辕庙、嫘祖洞、风后岭、风后城、屯兵洞、南崖三宫等，基本涵括了轩辕黄帝在新郑出生、成长、创业、建都、访贤问道、安邦定国，最后肇造辉煌灿烂的中华文明的光辉历程。

轩辕黄帝是中华民族最伟大的人文始祖，他一生有五大功德：首次统一中华、奠定中国初奠、肇造中华文明、是中华民族的缔造者、中华民族最主要血缘始祖。在当今中华姓氏中，出自黄帝姬姓系统的姓氏和人口，约占中华姓氏和人口数量的90%以上。因此，全球华人绝大多数称自己为炎黄子孙，黄帝也被全球华人尊称为中华人文始祖。而有熊国君少典、黄帝所居轩辕丘，则是中华民族的根亲祖地，每年农历三月初三，都要在这里举行隆重的黄帝故里拜祖大典。作为黄帝故里、故都，新郑也成为广大华人寻根拜祖的圣地。

黄帝时期所形成的精神和文化，至今仍影响和塑造着中华民族。对其精神和内核研究和探讨也日渐清晰，2018年9月11日，郑州市政协和黄帝故里拜祖大典组委会在郑州联合举办"黄帝文化精神标识与精髓"研究专家论证会。会议发表的《会议纪要》认为，黄帝文化精神标识与精髓可概括为3个层面24个字："自强不息，革故鼎新；厚德载物，天下为公；以人为本，中和大同”，可用6种精神具体表述：“自强不息的奋斗精神，主要体现在努力奋斗、持恒执着、追求梦想等方面；革故鼎新的创造精神，主要体现在开放包容、肇始文明、日新又新等方面；厚德载物的仁德精神，主要体现在德施天下、仁爱百姓、克己奉公等方面；天下为公的正大精神，主要体现在国家认同、除暴安良、兼济天下等方面；以人为本的人文精神，主要体现在天人合一、善政为民、持续发展等方面；中和大同的和谐精神，主要体现在尚中崇正、和平共处、民主融合等方面”。

二、轩辕丘、有熊之墟、祝融之墟与古楚文化

由陕西人民出版社1992年出版的《新郑县志》记载：黄帝都有熊（今新郑县）。古称新郑为有熊之墟。之后，帝喾高辛氏封祝融氏黎在这里为火正，故又称“祝融氏之墟”。

黄帝诞生于今河南新郑，他所创造的文化与文明，自诞生之日起在由其子孙、臣民继承弘扬的同时，也不断以多种多样的方式，从黄河流域，从中原向四方传播、扩散，影响着我们国家的历史进程，也塑造着中华民族的精神和体魄。

轩辕丘，位于今新郑市区黄帝故里景区，史传为黄帝建都之地，也是黄帝文化的精神原点。《大戴礼·帝系》曰：“黄帝居轩辕之丘，娶于西陵氏之子，谓之嫘祖氏，产青阳及昌意。”明朝初年曹学佺的《天下名胜志》记载：“新郑县城内有轩辕丘。”保存至今的清乾隆二十九年黄帝故里《重修大殿记》碑记述：“古传，郑邑为轩辕氏旧墟，行在北有轩辕丘遗迹，乃当年故址。”当代著名历史学家李学勤为刘文学的《黄帝故里文献录》作序说：“由此足见，黄帝生于轩辕之丘，所居在新郑，其说渊源有自，凿然可据。”

新郑与今日的长江相隔千里，长江文明的杰出代表、光辉灿烂光耀至今的楚文化又与作为有熊之墟、祝融之墟的新郑有着什么样的关系

呢？实际上，两者不仅有关系，而且关系非常紧密，只因四五千年前一次不寻常的人口大迁徙。

浩浩长江，奔流千万，长江文明因长江而孕育，越文化、楚文化和巴蜀文化都是其中的杰出代表。其中，尤以楚文化为最高成就者。领土跨越长江两岸的古老楚国，自立国到公元前223年灭国，历经四十多代君王。而以楚国为核心所形成的楚文化，对我国长江流域以及东南和西南地区影响深远，可以说整个中国南方区域文化至今仍透射出楚文化的绚丽光芒。

楚国地跨大江，春秋时期为“五霸”之一，战国时期为“七雄”之一。然而庞大的楚国、古老的楚国、光辉灿烂的楚国，最早的出发地就是新郑。因为新郑不仅是有熊氏之墟，同样也是祝融氏之墟，楚国先民就是从这里走出去的。

楚人为祝融氏之后。《史记·楚世家》记载：“高阳生称，称生卷章，卷章生重黎。重黎为帝喾高辛居火正，甚有功，能光融天下，帝喾命曰祝融……（帝喾）诛重黎，而以其弟吴回为重黎后，复居火正，为祝融。”

《楚居》是2008年7月入藏清华大学战国竹简（又称“清华大学藏战国竹简”，简称“清华简”）63篇书中的一篇，详细记载了2300多年以前，从楚祖到楚肃王之间，历代楚君楚王至郢都的迁徙路线及楚国国名来源的历史，是研究楚国历史地理的重要出土文献，对于研究早期楚文化具有重要的意义。该书记载楚人的迁徙路线为“河南祝融之墟—丹阳（今河南淅川）—湖北荆山”。已故著名历史学家、清华大学李学勤教授认为，隈山应是《山海经·中山经》内《中次三经》的騩山，也即《中次七经》的大騩之山，就是今河南新郑、密县一带的具茨山。[1]《左传》昭公十七年云：“郑，祝融之虚也。”季连降于騩山，当与其为祝融之子的

① 李学勤：《论清华简〈楚居〉中的古史传说》，载《中国史研究》2011年第1期。

传说有关。

> 季连初降于騩山，抵于空穷，前出于乔山，宅处爰波。逆上洲水。见盘庚之子，处于方山，女曰妣隹（音 zhui）……季连闻其有聘，从及之盘（泮），爰生呈伯、远仲。游徜徉，先处于京宗。

《楚国八百年》是由中央电视台、湖北广播电视台联合出品，中央电视台纪录频道和湖北卫视联合摄制，张晓敏执导的人文纪录片，2014年中央电视台、湖北卫视同步播出。该片第一集《初生》在谈到荆楚的来源时，就明确指出：来自中原，是火神祝融的后代，帝高阳之苗裔。

多年从事黄帝文化研究的河南新郑黄帝故里文化研究会首席顾问刘文学先生在《中华姓氏宗谱》一书中指出：出自祝融氏之后鬻熊的熊姓，据《五帝本纪》《楚世家》记载，先祖迁徙路线图：（少典、黄帝）轩辕丘（在有熊国，即今河南新郑市区黄帝故里一带）—（昌意）若水（今四川雅砻江）—（颛顼）若水—（颛顼）穷桑（今山东曲阜北）—（颛顼）高阳（今河南杞县）—（颛顼）帝丘（今河南濮阳）—（重黎、吴回、陆终）轩辕丘（在有熊国）—（鬻熊）荆（今湖北南漳县）—（熊绎）镐京（今陕西西安长安区）—（熊绎）丹阳（今湖北秭归县东南）。

总结以上，楚国最早的先民是黄帝的嫡系子孙，是从新郑轩辕丘出发，多方辗转而后来到长江流域，在此继承、吸纳、创新、发展壮大，逐渐形成了独具特色的楚文化，并成为长江文明各地域文化之中最辉煌、最具代表性的文化。

三、楚文化与黄帝文化的交流与碰撞

黄帝文化自形成之日起，就开始通过各种方式向南方传播。早在黄帝时期，黄帝就曾到达过后来的楚国统治地域，为当地带来先进的文化。《史记·五帝本纪》明确记载，黄帝曾南至于江，登熊、湘。后来，楚人先祖季连的子孙从轩辕丘辗转南迁，将黄帝文化(中原文化)带到楚地，给楚地带来了华夏文明的先进因素，直到春秋时期，楚地仍带有先进中原文明的明显特点。楚庄王(？—前591年)是春秋五霸之一，楚国历史上有名的君主，他励精图治，武功赫赫，实现了楚人“饮马黄河，问鼎中原”的宏愿。他的身上就颇有中原华夏文明的特点。

《史记·楚世家》记载：“十七年春，楚庄王围郑，三月克之。入自皇门，郑伯肉袒牵羊以逆，曰：‘孤不天，不能事君，君用怀怒，以及敝邑，孤之罪也。敢不惟命是听！宾之南海，若以臣妾赐诸侯，亦惟命是听。若君不忘厉、宣、桓、武，不绝其社稷，使改事君，孤之愿也，非所敢望也。敢布腹心。’楚群臣曰：‘王勿许。’王曰：‘其君能下人，必能信用其民，庸可绝乎！’庄王自手旗，左右麾军，引兵去三十里而舍，遂许之平。”对于同一事件，《史记·郑世家》这样记载楚庄王向群臣解释撤军的原因：“楚群臣曰：‘自郢至此，士大夫亦久劳矣。今得国舍之，何如？’庄王曰：‘所为伐，伐不服也。今已服，尚何求乎？’卒去。”

综合以上两条记载来看，楚庄王带领大军，千里迢迢来讨伐郑国，历时整整3个月，才打破了郑国的都城，逼迫郑国投降。然而，当他发现郑国国君“能下人，必能信用其民”，就认为“庸可绝乎！”不能将郑国灭掉，或者说以“所为伐，伐不服也。今已服”的理由，轻轻松松地放过了郑国。这种做法是否很愚蠢呢？让我们看看中国历史上被儒家推崇备至的著名圣王“尧舜禹汤”中的商汤是如何做的。

《史记·殷本纪》记载：“汤出，见野张网四面，祝曰：‘自天下四方，皆入吾网。’汤曰：‘嘻，尽之矣！’乃去其三面。祝曰：‘欲左，左；欲右，右。不用命，乃入吾网。’”商汤捕鸟，没有像后人一样赶尽杀绝，而是宽宏大量，网开三面，给人以生路，也就给自己和子孙以更好的未来。楚庄王的做法和商汤的做法有共同的特点，都是心胸宽广、仁义大度，给人以生路，也成就了自己的伟业。无疑，他们都继承了黄帝文化中“以人为本，中和大同”的精神。从这件事来看，无论是中原的郑国，还是地跨大江的楚国，黄帝文化和黄帝精神一直得到很好的传承和弘扬。

至于楚人所谓“我蛮夷也”的说法，恐怕只是故作姿态罢了。楚国的先祖鬻熊生活于商末周初，投奔周国为周文王之师。周灭商取得天下之后，到了周成王时，感念鬻熊的功劳，封其曾孙熊绎为子爵，楚始建国。虽处偏远之地，却有足够能力为圣王周文王之师的人，他越过越好的子孙后代又怎么可能会是“蛮夷”？春秋与战国时期，国势蒸蒸日上的楚国多次兴兵，北伐中原，兵锋多次指向其远祖的出发地——轩辕丘所在的郑国，其中难道没有对远祖荣光的纪念吗？

四、黄河长江携手并进，中原南方文明互鉴

长江与黄河是中华民族的母亲河，虽然南北相距千里之遥，但是他们同样孕育出了独具特色的灿烂文化，养育出千千万万勤劳、智慧、勇敢的炎黄子孙。相距千里并没有阻断南北之间的文化、人员交流。自两地文明的火种点燃之日起，交流、碰撞不断发生。黄帝时期，黄帝就曾南至于江。尧舜禹汤时期，中原王朝多次讨伐长江流域的方国、民族。东周时期，春秋五霸、战国七雄们更是南来北往，你来我往，闹个不停。秦汉以后，由北及南的统一战争，或者南方政权发动的以光复国土为目的的北伐战争也不断发生。当然，无论是战争时期，还是之外的和平时期，必然伴随着大量的经济、文化交流，这些交流促进了经济发展、文化繁荣、民族团结、社会进步，也锤炼了中华民族的肌体与魂魄，“南七北六十三省”成为中华民族最坚固的核心。

新郑在春秋时期属郑国，在战国时期属韩国。两国与楚国或有着密切的交往，或互为邻国，政治、军事、经济、文化上互相渗透、互相影响，从当代的考古学发现可见一斑。郑国时期，郑、楚之间的影响已经不小，到了韩国时期，交流影响越来越大。

1923 年 9 月，新郑县(今新郑市)李家楼出土发现春秋时期青铜器 100 多件，数量大、精品多，轰动一时，其中有王子婴次炉。赵世纲等

一大批学者认为，此物为楚国令尹子重之器，来自楚的贿赂或者馈赠。由此可见，当时中原地区的郑国与南方的楚国之间的交往有多么密切。对于这批青铜器，学者做了大量研究，发表文章无数。河南省文物考古研究院蔡全法研究员认为，春秋中期以后，楚"饮马黄河，周郊问鼎"，争霸中原，中原之郑文化对其产生了一定影响，而楚文化亦波及中原，迎合了郑铜器风格转变的需要。①

蔡全法先生指出，由于韩楚边境相邻，战争连绵和有着频繁的交往，使其文化方面相互交流和影响。② 无论是墓冢制度、流通货币、还是冶铸技术，都可看出，韩与楚之间的关系极为密切。末尾，作者写道："韩国迁都新郑后，是同楚接触最多的中原国家之一，两国间经济、文化交流十分频繁，从以上文化现象中可看到楚文化由盛到衰的过程中，受到韩文化影响的踪迹。与此同时，楚文化也以其独有的魅力，从而在更加广泛的领域影响着韩文化以及中原文化，改变了春秋时代楚采夷夏文化之所长而用之的局面。这种影响和文化的反馈，甚至汉初仍长盛不衰，也正是这种影响，彼此借鉴，相互促进，对民族融合和统一的多民族国家的形成，发挥了极为重要的作用。"

诚如已故考古学家、河南省社会科学院研究员马世之先生在《中原楚文化研究》一文中所说：中国的黄河与长江各自东流，不相交汇。但这两河流域的两大文化系统，却总是在交流、渗透、融汇、借鉴和促进。信哉，斯言！

参考书目

[1]司马迁：《史记》，中华书局1999年版。

① 蔡全法：《新郑李家楼青铜器钩沉》，见《蔡全法考古文集》，科学出版社2012年版，第160页。

② 蔡全法：《试论韩与楚文化的关系》，见《蔡全法考古文集》，科学出版社2012年版，第119页。

[2]刘文学：《中华姓氏宗谱》，中州古籍出版社 2017 年版。
[3]蔡全法：《蔡全法考古文集》，科学出版社 2012 年版。
[4]马世之：《中原楚文化研究》，湖北教育出版社 1995 年版。
[5]刘文学：《黄帝与中华文明》，大象出版社 2017 年版。
[6]《新郑县志》，陕西人民出版社 1992 年版。

（作者单位为河南省黄帝故里文化研究会）

试论炎帝神农对长江文明的贡献

何相安

炎帝神农和轩辕黄帝都是中华民族的始祖，也是中华民族的代表人物，他们共同创造了华夏民族的文明史。对于炎、黄二帝，目前学术界比较普遍地认为，炎帝生活在长江流域，其对长江文明的贡献要更大一些；黄帝生活在黄河流域，其对黄河文明的贡献则更大一些。本文不揣浅陋，试就炎帝神农对长江文明的贡献做一些梳理和分析，以就教于方家。

一、如果说稻作农业是长江文明的源头，那么创制耒耜、垦渠凿井的炎帝神农则为稻作农业的发展作出了巨大贡献

考古资料已经证实，世界上最早的稻谷出现在中国长江流域的湖南，距今已有 1.4 万年，这自然是野生稻。迄今为止，长江流域发现原始稻作遗存达 130 多处。2007 年，浙江萧山跨湖桥遗址发现距今 7700 年的水稻处于半野生半驯化阶段，这说明水稻完全驯化成人工栽培经历了相当长的时间。长江流域稻作农业的发展，开启了原始农业文明。

有人可能会问，栽培稻的祖本野生稻比较多地产于华南地区的海南岛、广东、广西等地，为什么稻作农业不是首先发生在华南地区，而是长江流域？我们的回答是：因为华南地区四季如春，天然食物资源丰

富，人们基本上没有过冬的生存压力；加上野生稻在可食用的食物中，属于难以采集也难以加工的植物，而且味道还不是很好，所以他们根本不会去采集，更不会刻意去栽培和繁殖。而长江流域就不同了，这里有较为开阔的冲积平原，自然条件很适宜人口发展，人口发展所产生的巨大生存压力就逼迫人们扩大食物来源。模拟野生稻、驯化野生稻、栽培野生稻，就成为稻作农业发生的突破口。著名学者严文明先生认为，稻作农业首先应该发生在野生稻分布的北部边缘地区。① 北部边缘地区是指长江流域偏南的地方，这里是中国人口最为稠密的地区，人们面临生存的压力，最需要解决食物缺乏的问题，稻作农业的发生就是为了缓解人口增长与食物紧缺的矛盾。应该说，最初的稻作农业仍是一种原始的耕前农业，只是找到那些同野生稻生长环境相同的低湿沼泽地进行撒播、看管和收获，严格意义上说，只能算是高级的采集农业。稻作农业的发展是量的堆积，堆积达到一定厚度，就发生质的变化。当这种高级的采集经济仍然无法解决过冬食物问题的时候，就要逐步创造出野生稻生长的环境，发展稻谷栽培，这就是真正意义上的农业生产。马克思曾经指出：“农业是整个古代世界的决定性的生产部门。”②

至迟在新石器时代的中晚期，也就是距今5000~9000年之间，这也正是炎、黄二帝生活的时代，中国经济文化重心已经确立为华北和华中地区，或者说是黄河流域和长江流域。如果说稻作农业是长江文明的源头，那么炎帝神农则为稻作农业的发展做出了巨大贡献。首先，炎帝神农发明了耒耜。这种木制翻土工具是当时先民从事原始生产的主要工具。过去，人们采集狩猎只需要简单的木棍、石头，或将其稍作砍削、打磨一下即可，而进行农业生产则对工具提出了较高要求。在炎帝神农故里随州，一直流传着这样的故事：有一天，炎帝神农上山采药，看见一群野猪用长长的嘴巴拱土，把山坡拱成一道道松软的土坎。他由此想

① 严文明：《农业发生与文明起源》，科学出版社2000年版，第4页。

② 《马克思恩格斯全集》第21卷，人民出版社1965年版，第169页。

到，如果把树杈削尖，翻起地来不是更方便吗！于是，他制出了木杈式的农具用来挖土，这种农具即是耒耜。民间还传说，最初使用耒耜时，一人扶着把柄，两三人在前面用绳拉，翻耕土地的效率得到提升。可以说，耒耜就是为了栽培和繁殖稻谷生产而产生的农具。它的发明，便促使产生了地地道道的农业生产。其次，炎帝神农垦渠凿井，解决了农田的灌溉问题。水稻生产离不了水，如何解决用水问题，《绎史》中说："神农垦渠二万丈，浇而灌之。"《论衡》中说："凿地以为井，井出水以救渴，田出谷以拯饥。"我们从新石器时代考古发掘中发现，湖南澧县彭头山有与水稻田配套的原始灌溉系统，其水坑、水沟均高出稻田，年代距今约 6500 年，这正是同炎帝神农传说最接近的时代。许多考古资料证实，早在 5000 年前，我们的祖先在垦渠凿井上早已摸索出了有效的办法，农田灌溉已经是轻车熟路。应该说，只有解决了稻田的灌溉问题，发展稻作农业才有了根本保证。再次，炎帝神农教民农耕。《淮南子·修务训》说："于是神农始教民播种五谷，相土地，宜燥湿肥硗高下。"方法很重要，炎帝神农大概是最早掌握水稻栽培方法的人，《管子》云："神农教耕，生谷以致民利。"因此，他也被称为中国农业的始祖，历代农家在谈到我国"农功起本""农事起本"时，都推崇炎帝神农氏。毫不夸张地说，在炎帝神农时代，我国长江流域（当然也包括黄帝影响下的黄河流域）已有一定水平的原始农业，在长期的生产实践中，远古先民们积累了丰富的农业耕作经验，在世界上处于领先水平。炎帝神农为开创中国原始农业作出了巨大贡献。

二、如果说货物交换的出现表明社会已进入文明的门槛，那么首倡"日中为市"的炎帝神农则为货物交换的发展作出过很大贡献

农业经济的发展必然带来产品的剩余，也为社会分工提供了物质基础。从新石器时代仰韶文化遗址中发现，"在甘肃各遗址的墓葬中，发

见磨制的玉片、玉瑗和海贝，据推测，玉可能是从新疆来的，贝是从沿海地区来的，想见甘肃居民对沿海地区已经有了交换关系”①。一般认为，货物交换的出现，表明社会已进入文明的门槛。仰韶文化遗址属于黄河文明，从古籍记载中可知，与此同时的长江文明中也已出现原始产品交换活动。《易·系辞》中说：“神农以日中为市，致天下之民，聚天下之货，交易而退，各得其所。”对此，著名史学家范文澜先生认为：“古书籍里记载着不少有关远古的神话和传说……《易·系辞传》有所谓‘断木为耜，楺木为耒’‘日中为市’的神农氏时代……这些记载虽然不是真有什么根据，但也反映出古代学人对人类社会的进化观，是值得珍重的。”②从社会发展的进程来看，最初的原始社会交换活动是由氏族的首领代表本氏族公社和另一氏族公社进行的，所交换的东西也是公社的财产。随着交换的扩大，交换在氏族公社内部发展起来，氏族成员之间也把各自的产品作为私有财产来相互交换。神农时代最初的“日中为市”很可能属于这类性质。随着商品经济的发展，更大范围的交换活动必然产生。

我们稍加分析，便不难看出，炎帝神农为产品的交换活动作了很好的规范。所谓“日中为市”，是对交易时间和地点所作的规定，每到日中时分，即太阳当顶时，人们在固定地点集中，如此一来，逐渐形成了集市；所谓“致天下之民，聚天下之货”，即是在炎帝神农统领的氏族公社或部落联盟内，人们各自把自产而用不完的东西拿出来交换；所谓“交易而退，各得其所”，即是讲人们通过交换得到了自己所需要的东西，大家交易完后便回家，集市便罢市。目前，在我国长江流域以及其他地方，“日中为市”的传统一直保留下来，在炎帝神农故里随州，将此称为“白午集”，随县厉山镇还保留有日中街等街道名称。

① 范文澜：《中国通史简编》第一编，人民出版社1965年版，第85页。
② 范文澜：《中国通史简编》第一编，人民出版社1965年版，第83页。

“日中为市”的集市的出现，是人类迈向文明的重要环节，它不仅仅迅速催生了村落集镇，更进一步促进了农业和手工业的发展。集市还是城市的雏形，城市的出现应该是各个文明标识产生后的集中体现和载体。通过一系列考古发现和研究，我们认识到，远在距今6000年前的长江中游大溪文化时期，长江之滨的今澧县彭头山上已有城邑的建造。它向世人昭示，此一时期，这里的先民们已向文明的进程迈出了具有决定性的一步。而在距今5000年左右的屈家岭文化及石家河文化时期，两湖地区已经出现了如天门石家河城那样规模空前的中心城邑以及众多的一般城邑。这里也许是炎帝神农统辖的领土范围内具有代表性的城邑群之一。正如《汉书》所言：“神农之教，有石城十仞，汤池百步。又城池之设，自炎帝始矣。”这说明炎帝时已经创建了城池，只是城池都不大，可能也就是一村之大，但这在当时也不可小觑。这些城池的发现，进一步表明，在炎帝神农时代长江流域已经迈入文明的门槛。

三、如果说原始文化的产生提升了社会的文明程度，那么尝百草、作琴瑟的炎帝神农对医药、音乐等科学文化发展也作出过重要贡献

炎帝神农尝百草，首创医药，这是在民间流传最广泛的故事。远古时代，瘟疫病痛危害着人类，“在我们发现的大约四十多个个体的遗骨中，他们的寿命一般都不长，约有三分之一的人活不到十四岁就死去了”①，这是讲的北京猿人时代。在炎帝神农时代，仍然有许多孩子早夭，人们一旦得了瘟疫就只有等死，那时人们的寿命平均大约30岁。如果说食物的匮乏曾经是威胁人类生存的最大问题，而稻作农业的产生便较为有效地解决了这一问题，那么疾病则成为威胁人类生存的另一个

① 白寿彝：《中国通史纲要》，上海人民出版社1980年版，第30页。

大的问题，于是炎帝神农抱着为民疗疾的愿望，遍尝百草，发明医药。《淮南子》中说："尝百草之滋味，水泉之甘苦，令民知所避就，当此之时，一日遇七十毒。"传说炎帝神农最终还是因为尝药误吃了剧毒的断肠草而献身。成书于东汉时期的《神农本草经》是我国第一部完整的药物学和植物分类学著作，之所以仍将其归之于神农氏，据称是因为景仰炎帝神农在开创中国医药学方面所作出的重要贡献及献身精神。直至现在，《神农本草经》仍是中医药工作者的主要理论依据和操作规范。

炎帝神农对音乐发展也作出过重要贡献。《世本》载："神农作琴""神农作瑟"，并还具体说道："神农氏琴长三尺六寸六分，上有五弦，曰宫、商、角、徵、羽。文王增二弦，曰少宫、少商。""昔者神农造琴以定神，禁淫僻，却邪欲，反其天真者也。"

河南舞阳贾湖遗址曾出土一批七孔骨笛，证实中国在8000年前就有了七声音阶。在全国一些新石器中后期遗址中还发现了木鼓、陶鼓、埙、骨哨、陶号、陶钟、石磬等乐器。如此看来，传说炎帝神农作琴、作瑟也就不足为怪。《新论》云："昔神农氏……始削桐为琴，练丝为弦，以通神明之德，合天地之和焉。"炎帝神农为什么会用桐木作琴呢？神农故里随州有这样一个传说：有一天，炎帝神农看见一只凤凰栖息在梧桐树上，鸣叫得十分好听，其他鸟也跟着鸣叫起来，形成了一支十分动听的乐曲。为什么只有落在梧桐树上的凤凰叫得最好听呢？炎帝神农认为一定和树有关。他把梧桐树砍下来，去掉两头，只留中间的一段来做琴，以绳丝为弦，反复试验了七七四十九天终于做成了五弦琴，从此，人间有了美妙的琴声。这无疑丰富了人们的文化生活，同时，炎帝神农还注重音乐的教化功能。后来，音乐被广泛应用于祭祀活动中。

1978年在随州擂鼓墩曾侯乙墓出土的十弦琴，属战国早期，当时被称为我国出土的最早的琴。2016年4月30日，邻近随州的枣阳郭家庙曾国墓地出土了一张春秋早期的琴，将我国有实物佐证的琴史提前了约300年；同时，该墓地还出土了一张春秋早期的瑟，也为目前所见中国最早的瑟。有专家称，目前，考古发掘出土的早期古琴、古瑟，绝大多数出自神农氏活动的随枣走廊，这也佐证了古琴、瑟艺术发端于神农氏时代，从侧面反映出神农氏时代从野蛮走向文明的轨迹。

（作者为湖北省作家协会会员、随州市炎黄文化研究会理事）

长江经济带发展的优势、意义和建议

刘双涛

长江横贯我国东、中、西，连接东部沿海和广袤的内陆，依托黄金水道打造新的经济带，有独特的优势和巨大的潜力。推动长江经济带发展是党中央、国务院主动适应把握引领经济发展新常态、科学谋划中国经济新棋局作出的既利当前又惠长远的重大决策部署，对于有效扩大内需、促进经济稳定增长、调整区域结构、助推中国经济转型升级，实现“两个一百年”奋斗目标和中华民族伟大复兴的中国梦，具有重大的现实意义和深远的历史意义。

一、长江经济带概况

长江是我国第一大河流，全长6300余公里，长江流域提供了我国35%的水资源、48%的可开发水电资源、52.5%的内河通航里程，是南水北调东、中、西三条线路等我国水资源配置的战略水源地、连接东中西部的“黄金水道”。

长江经济带覆盖上海、江苏、浙江、安徽、江西、湖北、湖南、重庆、四川、云南、贵州等11省市，面积约205万平方公里，占全国陆地总面积的21%，人口和经济总量均超过全国人口总数和经济总量的40%，生态地位重要、综合实力较强、发展潜力巨大。目前，长江经济带发展面临诸多亟待解决的困难和问题，主要是生态环境状况形势严峻、长江水道存在瓶颈制约、区域发展不平衡问题突出、产业转型升级任务艰巨、区域合作机制尚不健全等。

二、长江经济带概念提出的背景

长江经济带概念提出已有 20 余年，其前后经历了 3 个发展阶段：第一个阶段是 1984—1985 年，提出了“长江产业密集带”之说；第二个阶段是 20 世纪 90 年代，随着浦东开发和三峡工程建设等重大决策的相继实施，提出发展“长三角及长江沿江地区经济”的战略构想；第三个阶段是党的十四届五中全会指出，要建设以上海为龙头的长三角及沿江地区经济带。从此，“长江经济带”被提上国家和沿江省市的议事日程。

2013 年 7 月，习近平总书记在武汉调研时指出，长江流域要加强合作，发挥内河航运作用，把全流域打造成黄金水道。2014 年，习近平总书记在部署 2015 年中央经济工作时指出：“要重点实施‘一带一路’、京津冀协同发展、长江经济带三大战略，争取明年有个良好开局。”至此，长江经济带作为新时期国家级“三大发展战略”浮出水面。2016 年 1 月，习近平总书记在重庆召开推动长江经济带发展座谈会并发表重要讲话，全面、深刻阐述了长江经济带发展战略的重大意义、推进思路和重点任务。此后，习近平总书记又多次发表重要讲话，强调推动长江经济带发展必须走生态优先、绿色发展之路，涉及长江的一切经济活动都要以不破坏生态环境为前提，共抓大保护、不搞大开发，共同努力把长江经济带建成生态更优美、交通更顺畅、经济更协调、市场更统一、机制更科学的黄金经济带。2016 年 9 月，《长江经济带发展规划纲要》正式印发，提出了“一轴、两翼、三极、多点”的格局。

三、长江经济带的发展优势

长江经济带是中国经济发展全局中的重要支撑带，具有得天独厚的发展优势。

(一)长江经济带是中国最大的以长江为纽带联结构成的相对完整的经济带

长江为中国第一、世界第三大江(河)，横贯中国东西。根据国家发展和改革委员会提出的《长江经济带发展规划纲要》，以长江为依托形成的长江经济带包括上海、江苏、浙江、安徽、江西、湖北、湖南、重庆、四川、贵州、云南等沿江 11 省市，国土面积约 205 万平方公里，占全国陆地总面积的 21%；人口约 6 亿，占全国总人口的 40%以上。

(二)长江经济带是中国位置居中、腹地辽阔、资源丰富、自然地理基础最好的经济带

长江横贯中国东西，上游分布有四川盆地，湖北三峡以东连绵延至东部海岸线，分布有中国最大的长江中下游沿岸带状平原，腹地辽阔、耕地肥沃、资源丰富、农业发达；长江位置居中，把中国划分为南、北两半，气候条件等自然环境兼具南、北之长，是中国自然地理基础最好、农业发达、素有“天府之国”及“水乡泽国”之美称的经济带。

(三)长江经济带是中国区位条件优越、水陆交通便捷、产业分布最集中的经济带

长江南北居中、横贯东西的地理位置，不仅把我国东、中、西三大地带联结起来，亦与京沪、京九、京广、皖赣、焦柳等南北铁路干线交汇，承东启西，接南济北，通江达海。广阔富饶的腹地、便捷的交通条件，孕育汇集了中国大部分钢铁、汽车、电子、石化等现代工业，以及一大批高耗能、大运量、高科技的工业行业和特大型企业，形成了中国最重要的交通走廊和工业走廊式经济带。

(四)长江经济带是中国人口集中、城镇密布、经济发展水平最高、综合竞争力最强的经济带

长江流域历史上是中华民族的文化摇篮之一，文化多元、教育兴

旺、人才荟萃。以中国最大城市上海为首的数十个大城市、特大城市如明珠般镶嵌在长江沿岸，人口集中，城市化发达，2018 年长江经济带生产总值(GDP)达 40.3 万亿元，以占全国 21%的区域面积承载着全国 40%的人口和 40%以上的经济总量。可以说，长江经济带是中国经济发展水平最高、综合竞争力最强的经济带和中国经济发展全局中的重要支撑带。

四、长江经济带发展的战略意义

长江经济带是我国人口多、产业规模大、城市体系非常完整的巨型流域经济带之一，承担促进中国崛起、实现中华民族伟大复兴的历史重任，发挥着保障全国总体生态功能格局安全稳定的全局性作用。推动长江经济带发展走生态优先、绿色发展之路，建设成全国具有重大影响的绿色经济示范带，意义重大。

(一)长江经济带发展是破解生态环境瓶颈制约的必由之路

长江经济带具有优越的区位条件、雄厚的经济基础、完善的城市体系、强大的创新能力、优异的资源禀赋，是我国“T”形生产力布局主轴线的核心组成部分，在中国经济社会发展中具有极其重要的战略地位。然而，长江经济带的粗放发展导致资源环境约束日益趋紧，区域性、累积性、复合性环境问题愈加突出。产业结构重型化特点突出，重化工产业沿江高度密集布局，长江沿江省市化工产量约占全国的 46%。资源消耗和污染排放强度高，长江经济带大部分区域能耗、水耗和污染排放强度是全国平均水平的 1 倍以上，长三角地均污染物排放强度是全国平均水平的 4 倍以上。

环境问题长期积累导致长江经济带环境风险隐患突出，将直接影响沿江重大生产力布局，环境问题和风险反过来又影响经济安全。必须改变传统的“高投入、高消耗、低效率”的发展模式，实施“低投入、低消耗、高效率"的绿色发展模式，处理好经济、资源、环境之间的关系，不断提高经济、社会和环境的协调性，增强经济社会的可持续发展能力。

（二）长江经济带发展是以创新驱动促进产业升级的必然选择

长江经济带是世界上最大的内河产业带和制造业基地，为我国经济发展做出过巨大贡献。推进长江经济带绿色发展，必须优化产业结构，加快产业转型升级，大力发展绿色产业，打造在全国具有重大影响的绿色经济示范带。2010 年 10 月 10 日发布的《国务院关于加快培育和发展战略性新兴产业的决定》明确提出了战略性新兴产业，包括节能环保产业、新一代信息技术产业、生物产业、高端装备制造产业、新能源产业、新材料产业、新能源汽车产业等，这些产业具有知识技术密集、物质资源消耗少、成长潜力大、综合效益好的特点，符合绿色发展的理念，已经成为我国新的增长点，也必将成为长江经济带新的经济增长领域。

在全球应对气候变化的大背景下，许多国家出台了发展绿色经济的重大举措，使得绿色经济迅速成为影响世界经济发展进程的重要潮流。在经济全球化的发展过程中，一些发达国家在资源环境方面要求末端产品符合环保要求，对我国的出口贸易特别是扩大出口产生了非常严重的影响。长江经济带是具有全球影响力的内河经济带，也是沿海沿江沿边全面推进的对内对外开放带，因此，在国际发展绿色化的大背景下，长江经济带必须通过绿色发展增强自主创新能力，提高技术水平与国际接轨，提高长江经济带的国际竞争力和影响力。

（三）长江经济带发展是保持生态功能格局稳定的客观要求

长江经济带是我国"两屏三带"为主体的生态安全战略格局重要组

成部分，是保障全国总体生态功能格局安全稳定的生态主轴。长江上游是“中华水塔”，是关系全局的敏感性生态功能区，是珍稀濒危动植物的家园和生物多样性的宝库；长江中下游是我国不可替代的战略性饮用水水源地和润泽数省的调水源头。

目前，长江经济带面临着越来越重的资源环境压力，生态形势非常严峻。长江全流域开发已总体上接近或超出资源环境承载上限，江湖关系改变，入湖水量减少，通江湖泊消失；环境容量降低，营养盐和污染物长期随泥沙淤积，水库淤泥将逐步成为流域生态的安全隐患；开发区和城市新区沿江大规模低效率无序蔓延，导致岸线资源过度利用，湿地加速萎缩，沿江沼泽加快消失，生态空间被大量挤占；“糖葫芦串”式水电开发对长江上游珍稀特有鱼类保护区形成了“合围”的态势，重要生态环境丧失或受到严重挤压，生物多样性下降。工业化、城镇化粗放推进与资源环境承载力之间的矛盾日益突出，长江经济带生态功能整体退化，严重威胁生态安全格局。大力推进绿色发展，适时修复治理长江生态环境，维护长江生态功能和格局稳定，确保全流域生态安全，是实施整体性保护、压倒性保护的根本和核心，是不能突破的底线。

（四）长江经济带发展是增进人民福祉的有效路径

长江经济带是我国“两纵三横”为主体的城市化战略格局的重要组成部分，集中了长三角城市群、长江中游城市群、成渝城市群等世界级城市群，全流域总人口约6亿，人口密度远超全国平均水平，是全球人口最密集的流域之一。切实改善长江生态环境事关数亿人的生存与健康。

良好生态环境是最公平的公共产品，是最普惠的民生福祉，是民心所向。长江经济带资源环境承载问题突出，必须将绿色发展理念全面融入城乡发展，增强经济、基础设施、公共服务和资源环境的承载能力。随着人民群众迈向小康，对美好生活向往的内涵更加丰富，对与生命健康息息相关的环境问题越来越关切，期盼更多的蓝天白云、绿水青山，渴望更清新的空气、更清洁的水源，严格限制发展高耗能、高耗水服务业，大力治理城乡环境，倡导绿色消费理念，鼓励绿色出行等都是推进长江经济带绿色发展的重要途径。推进长江经济带绿色发展，优化生态环境、解决生态问题，能让人民群众生活得更加幸福、更有尊严，以实实在在的行动为人民谋福祉。

五、长江经济带发展的建议

2018 年 4 月 26 日，习近平总书记在武汉主持召开深入推动长江经济带发展座谈会上强调，努力把长江经济带建设成为生态更优美、交通更顺畅、经济更协调、市场更统一、机制更科学的黄金经济带，探索出一条生态优先、绿色发展新路子。各地各部门要深入推进《长江经济带发展规划纲要》贯彻落实，为实现既定目标制定明确的时间表、路线图，稳扎稳打，分步推进。正确把握整体推进和重点突破的关系，努力做到全局和局部相配套、治本和治标相结合、渐进和突破相衔接，实现整体推进和重点突破相统一。

(一)坚持走绿色发展之路，努力打造“美丽长江”

长江上游是整个长江流域的生态屏障，也存在一些生态极其脆弱的地区，因此，长江经济带建设更要突出生态特色、环境保护。全面落实主体功能区规划，推动协同治理，确保“一江清水向东流”，努力建成上、中、下游相协调，人与自然相和谐的绿色生态廊道。统筹山、水、林、田、湖、草等生态要素，扎实推进水污染治理、水生态修复、水资源保护“三水共治”。建立健全生态补偿与保护长效机制，包括生态环境硬约束、负面清单管理、环境污染联防联控和预警应急、生态保护补偿等机制。开展绿色发展和生态文明先行示范区建设，做好试点示范。

(二)坚持走创新发展之路，努力打造全球重要的创新带

进一步完善创新体系，充分发挥创新优势，激发创新、科技、科研人员的积极性和创造性，共谋创新中心发展。同时，以上海为龙头，以武汉、南京、重庆、成都、合肥、长沙等国家创新型城市为核心，以上海张江、武汉东湖、合芜蚌、长株潭等国家自主创新示范区(试验区)为重要节点，将长江经济带建成为国家创新轴，加快建设具有全球影响力的科技创新中心和制造业创新中心。

(三)坚持走开放发展之路，努力构建更高层次的开放型经济

依托长江黄金水道，大力推进“大通道、大平台、大通关”建设，加快形成综合立体的交通走廊和一体化市场体系。推进长江经济带通关一体化改革，加强长江上、中、下游航运中心合作，在上海、武汉、重庆等综合交通枢纽建设多式联运物流中心。依托自贸区、口岸、海关特殊监管区、经济合作区等平台和载体，打造集综合加工、商贸流通、现代物流、文化旅游等于一体的口岸经济增长极。

(四)坚持走协同发展之路，努力建设世界级城市带

坚持总体谋划与重点突破相结合，深化长江经济带上、中、下游全流域“三个层次的协同”。首先，以上海、武汉、重庆等“三极”为引领，推动沿江重要节点城市加快城际协同，努力在现代化建设上走在全国前列。其次，促进长江中游城市群、长三角城市群、成渝城市群合作联动，构建上、中、下游跨省(市)域治理机制，努力建设高效灵活、运转有效的利益共享、合作交流、监管治理、组织保障等协调机制。最后，通过长江中下游地区一体化发展，建设以上海和武汉为双核心的具有全球一流品质的世界级城市群；通过长江上游地区的一体化发展，建设以重庆和成都为双核心的世界级城市群，共同将长江经济带建设成为

能够与美国大西洋沿岸、五大湖沿岸、日本西太平洋沿岸等相媲美的世界级城市带。

（作者为湖北省随州市炎黄文化研究会副秘书长、随县厉山镇中心学校高级教师）

巨龙承载着东西城市勃兴

——试论长江对祖国经济文化的贡献

张传东　潘安兴

长江是我们的母亲河，在中华文明发展史上，与黄河一样，担负着上下五千年的双肩使命，高擎文明的火炬，照亮着洪荒大地，引领着由聚落向城邑文明的嬗变，成为长江沿线上一串耀眼明珠，璀璨在历史的星空。

一、从远古文明燧火到诸侯王国都邑

傍水而居是人类生存的基本条件。在远古时期，屈家岭文化、河姆渡文明、良渚文化拉开了长江文明的序幕。从遥远的洪荒世纪到新石器时代，长江文明北进，黄河文明南下，互相拉锯了 3600 年之久。到了早商时期，盘龙城首先开启了城市文明的曙光，制造工业的篝火洞照着华中大地，开创了长江城市文明的先河，跃上长江文明的最高台阶。他高坐长江的龙腰上，为九省通衢留下了伏笔。西周的磨元城与盘龙城近在咫尺，眺望着楚都纪南城，本土的成功对接使南方城邑的胄裔绵延在这条瓜藤上。

在长江上游的四川成都平原，古蜀国三星堆文化使得这片草昧大地闪烁着灿烂的光芒，诠释着长江文明由点向面全线铺开。隋炀帝大业年间，大运河的开通使长江实现跨流域航运，南粮北运、北煤南运，将祖国经济文化连为一体。

夏商周奴隶主国家建立，凭借长江黄金水道的优势，“禹贡九州”带来沿线城市应运崛起，诸侯国的首都相继高耸在长江沿线，跻身于地域经济文化中心。

到春秋时期，手工业和商业非常发达，加速了城市发展的进程。长江流域的楚国崛起，迅速上升为五霸，首都郢上升为当时的特大都市，成为长江中游的代表、南方经济的领袖，风光了800年。长江下游的吴国，在春秋晚期也逐渐强大起来，先后建立了以无锡姑苏为中心的政治经济文化中心，开启了长江文明的又一杰作。与吴毗邻的越国，在争霸过程中，建立以会稽为轴心城市，取代吴国，成为长江下游的强国。越王勾践的宝剑陈列在湖北省博物馆，它的镀铬技术比欧洲领先2000多年！

湖北大冶的铜绿山在商代早期已经开采，到战国时期已经达到高峰，青铜铸造技术比较先进，为楚、吴、越、晋、秦交易物流重大商业项目。炼铁作为一种新兴产业，技术已高居世界领先地位。楚国不仅铸铜钱，还铸金币，是圆形金饼划开锭形金版，上面打有郢爰、陈爰之类的戳印。楚国的制漆木雕艺术代表当时的最高水平，重要的技术输出国。楚国的货币流通达到了当时发达水平。在此之前的曾侯乙编钟，高蹈世界艺术的绝响。

从西周到东周，是奴隶社会向封建社会的过渡时期，长江流域的早期城市得到进一步发展，形成以防御为主的城池，以政治、军事为中心的城市，中国城市建设在长江流域掀起第一次高潮，楚、吴、越都城建设便是这一时期的典型。

以城市为中心的手工业蓬勃向荣，方兴未艾，如火如荼。湖北江陵楚墓中出土了一批丝织品，其中包括绢、罗、纱、锦等，以绢的数量为最多。这批织物中，最珍贵的是锦，是用提花机所织，五彩缤纷的花纹昭示着当时的技术水平为世界所罕见。

二、从秦汉的郡县城市到南国的通都大邑

公元前221年，秦始皇统一了中国，建立了中央集权制的封建国家，在全国范围内构架了首都、郡府、县邑三级城市体制，形成行政中心城邦。汉承秦制，长江沿线郡县城邑应运而生。凭借长江的水运优势，商业、手工业有了长足的进步。长沙马王堆出土的绮丽丝品，让后世看到了西汉丝织的惊人成就。冶金业也取得了举世瞩目的成就，江西瑞昌、安徽铜陵、江苏扬州等闪光在珍珠链上。

东汉建安年间，东吴孙氏首先在建业建立首都，在长江流域第一次出现国家级王城，其还准备迁都武昌，黄武年间，筑了城垣，增添了瞭望哨，又在汉阳修了郤月城，上演了双城记。经过几代人的苦心经营，长江流域空前发展，逐渐成为我国新的经济重心。长江这条龙在中华上下五千年中担当的角色越来越重要了。东晋王室建都建康，人口规模28万户，100多万人，成为南方第一流大都。后来，南朝的宋、齐、梁、陈等王朝先后在此建都，国民政府又在南京建立了首都，成为全国军事、政治、经济、文化的中心。

三、隋唐从工商城市到港埠城市

从东汉末年到隋朝重新统一，在结束了长达400年的军阀割据之后，全国有194郡，1255县，隋朝的城市发展水平大大超过了秦朝。到了唐代，在长江沿线出现了扬州、苏州、常州、杭州、湖州、会稽、宣城、丹阳、武昌、成都等一批扔拥有数万人的中等城市。长江流域出现了“荆城跨南楚之富，扬郡有全吴之沃”。二级都会有京口、吴郡、会稽、山阴、襄阳、江陵，长江开始挑起中华民族的经济大梁。

到了唐初，唐太宗李世民完成了全国统一，在长达100多年的时间里，经济空前发达、文化高度繁荣、城市化水平达到一个新的高

峰，城市总数大幅增加，有城市1564个，比东汉增加了1/3。长江流域的州、郡、县城数超过了黄河流域，前者州、郡、县城的数量分别为州城8个，郡城204个，县城745个；黄河流域的州、郡、县城数量分别为州城7个，郡城126个，县城504个。长江流域人口在10万人以上的城市有成都、苏州、常州、湖州、杭州；5万人以上的城市有亳州、江陵、襄阳、长沙、洪州等。扬州是当时最大的商业中心，数以千计的大食人侨居扬州。大食、波斯、婆罗门、昆仑、新罗、日本、高丽等国人成为侨居扬州的客商。

五代十国的军阀割据，大批封建士大夫、大量技术人员南迁。经济文化南移趋势更加明显，建康、苏州、湖州、杭州等长江沿线城市不仅是手工业、商业城市，还是海外贸易中心。

四、宋元从港口城市到国际贸易城市

北宋结束了分裂局面，采取了一系列有利于经济发展的措施，商业、手工业得到迅速发展，纺织、造纸、冶炼、制陶等都得到了极大的发展。在宋一代，开封与临安两大商都平分秋色，分别代表黄河文明与长江文明角色互换时代的到来。长江流域拥有10万户的城市有成都、武昌、建康、苏州、潭州，万户大州府有镇江、温州、襄阳，长江三角洲城市增长快速，扬州、苏州、绍兴、南昌、吴兴、长沙，南方城市泉州、福州、广州以后来者居上，雄踞在神州大地。

元朝时期，形成以省会为中心体系，长江流域的城市包括成都、合肥、武汉、南昌、长沙、杭州。在城市规模上，长江流域的城市大于黄河流域，在城市数量分布上，南方多于北方；在城市人口规模上，同级城市，长江流域要比黄河流域高一两个档次。省以下设路府州县，设录事司的城市是比较繁荣的城市，北方只有27个，南方有77个，江浙行省就有30个，13个所在路城市人口超过100万，当时著名的大城市有杭州、嘉兴、湖州、苏州等。

五、明清及民国沿江城市成员诞生

公元1368年，朱元璋建立了明朝，推行一系列经济政策，促进了工商业城市的发展，这些城市逐渐形成一定的专业分工，在全国33个工商城市中，长江干流及重要支流就占了15个，苏南浙北占了9个城市的席位。手工业纺织贸易中心有南京、苏州、杭州；粮食贸易中心，在长江干流应有武昌、南昌；漕运中心有济宁、淮安、扬州；沿海口岸城市有上海、南通、宁波。长江以南工商城市星罗棋布，仅应天、苏州、松江、常州、镇江、杭州、湖州就有了71个市镇。明成化年间，汉水改道龟山北，折出汉口，不久，万樯云集，迅速成长为华中重镇。

到了清代，全国有25个行政单位，309个府，205个州，1353个县。“天下四聚”北京、苏州、汉口、佛山，长江干流就占了2个，加上江宁、杭州、广州、扬州，构成八大工商业城市，长江干流就占了5个，长江中下游成为城市最为集中的地方。水路交通网络与陆路商业贯通，一批新兴城市登场，包括上海、重庆、泸州、芜湖、九江、宜宾、汉阳、孝感、应城、汉中、衡阳、桂林、岳阳、景德镇、佛山，长江干流城市上海、重庆、泸州、岳阳、衡阳、芜湖、九江、孝感、应城、汉中等占一半以上。清末，张之洞督鄂，汉口一跃成为华中商埠重镇。

民国时期，又开辟了不少沿江口岸城市，除苏州、杭州、南京、岳阳、武汉外，又开辟了沙市、九江、安庆等城市。抗日战争时期，重庆作为国民政府“陪都”，大批工业内迁，政治、军事、文化机构集中到这里，城市建设有了很大发展，人口由抗战前28万人发展到战后100万人，工厂增加到1500家，为抗战前的16倍。

六、中华人民共和国成立以来的造城运动

中华人民共和国成立后，长期的和平环境使一批新兴的城市应运而

生。仅湖北就有地级市黄石、宜昌、武穴、应山、黄冈等勃起于长江之滨。改革开放后，开展了大规模的旧城改造运动，大拆成为地方政府的集体活动，也引发了建设性破坏，盲目的拆迁使城市文化遗产受到严重破坏，失去了历史记忆。一批资源型城市如黄石、应城等发展到极限后，逐渐实现转型。

下游以上海为中心的长江三角洲城市群，中游以武汉为中心的荆楚城市群、湖南长沙为中心的城市群、江西南昌省会为中心的城市群、安徽合肥为核心的省会城市群，上游以成都为轴心的省会城市群，使长江沿线城市璨若群星。

七、长江文化哺育与延续

以炎帝烈山氏为代表的长江文明，孕育了春秋五霸中的楚庄王、吴王夫差、越王勾践，汉高祖刘邦，一代雄主明太祖，伟大的改革家王安石、张居正，民国实际开山总统黎元洪，国民党和共产党的最高领导人蒋介石、毛泽东。中国共产党创始者陈独秀、董必武、何叔衡、张国焘也诞生于长江流域。

截至 2007 年，长江流域分布着 620 处国家重点保护单位、数万计的文化遗址、不计其数的文化名村、丰富的文化遗存，隐藏着昨天的故事。

长江流域的三大名楼黄鹤楼、岳阳楼、滕王阁沉淀了千年文化，是城市的血脉；长江流域的三大庙，上海的城隍庙、武汉的龙王庙、南京的夫子庙，象征着五千年中华文化的沉淀艺术和信仰，为历代文人骚客提供了创作平台。

沿线秀丽的山川是一道天然的画廊，峨眉的神奇、武当的突兀、三峡的险峻、庐山的灵秀、黄山的朦胧，数不清的古刹名观，儒、道、佛文化的交融，长江文化海纳百川的气势，合作走向共赢的制高视野，长江大旅游战略联盟格局已在掌声中互换文本。

长江以博大的胸怀哺育了世界级诗人屈原、宋玉，杰出的文学家曹操、曹丕、曹植父子，杰出的辞赋家陆机，著名田园诗人陶渊明，唐初四杰之一骆宾王，杰出词人范仲淹，文学家欧阳修、苏洵、苏轼、苏辙，爱国诗人陆游、范成大、文天祥，明代著名文学家刘基、高启、方孝孺、李东阳、王守仁、徐祯卿、杨慎、薛惠、汤显祖，清代的朱鹤龄、黄宗义、王夫之、陈维崧、朱彝尊、夏完淳、吴兆骞，桐城派散文家方苞，乾隆时期三大家的袁枚，乾隆时期的洪亮吉，辞赋家张惠言，著名诗人龚自珍，民国时文学家鲁迅、柳亚子、巴金、茅盾等，如银河群星璀璨。

在科学领域，产生了著名医学家华佗、活字印刷术改革家毕昇、医学药物学家李时珍，到了现代，又有著名地质学家李四光，物理学家李政道、杨振宁，著名核物理学家钱三强、钱伟长、钱学森、田长霖、田长焯等，在世界科学界出类拔萃顶尖人物。

在军事领域，出现了指挥楚汉战争的韩信，清道光、同治时期湘军统帅曾国藩、左宗棠，民国时期的蔡锷、黄兴、蓝天蔚等，中华人民共和国开国元帅朱德、彭德怀、陈毅、刘伯承、罗荣桓、聂荣臻。

长江流域的巫风傩习孕育了川剧、楚剧、汉剧、湘剧、黄梅剧、傩戏、越剧等，中国的四大名绣中的蜀绣、湘绣、苏绣；八大名菜中的川菜、湘菜、鄂菜、赣菜、皖菜、沪菜、浙菜，包含中华饮食大部分风味。武当武术、峨眉武术闪亮在世界的健身舞台，四川绵竹木版年画、苏州杨柳青木版年画、苏州桃花坞年画、黄陂张都桥木版年画装点着节日氛围。恩施的《黑暗传》填补了汉族史诗空白，被誉为东方的“荷马史诗”！

在今天的长江上，耸立着两个直辖市，分别是龙头上海市，龙尾重庆市，还有两座千秋帝都，即六朝古都南京与南宋首都临安。千年王气翘首一个潜在的长江中游省会城市升格为国家中心城市。

八、龙腰与牛肚子论

中部崛起是21世纪曾经感到中部塌陷的城市“太守”们，对沿海的腾飞发出的强烈的呼唤，华中科技大学张培刚教授们在摇旗呐喊，人民群众在不甘落后的鼓与呼中奋起直追，李宪生、阮成发市长们撸起袖子冲到了前面，“拼命三郎”周围一批智囊团在擘画。

武汉，这座具有3500多年历史的古城，由早商时期盘龙城以青铜铸造开启了南方文化之源，到三国双城演义，再到明朝中期三镇合一。清末张之洞督鄂，将近代文明注入了这座城市，兴办新式学堂、勃起制造业，新思想在这座城市传播，培养了一批新人，爆发了辛亥革命，成为“首义之都”。伟大的革命先行者孙中山先生在《建国大纲》中提出在武汉建立首都京兆的设想，有着邃远的眼光与宏阔的制高视野。抗日战争时期，民国军政要员聚集在这里，成为抗日的中枢，全国人民的“抗战首都”。中华人民共和国成立后，毛主席经常居住武昌东湖梅园，酝酿国家大事，在这里召开中央工作会议，会见外国元首与政府首脑。毛主席在武汉畅游长江，现已成立“渡江节”。武汉的大专院校、高等学府有60多所，数量位居全国第二。20世纪50年代，一批国家重点工程落户武汉，武钢、武船、武锅大批武字头企业给力，雄伟的武汉长江大桥公铁两用，武汉三镇连为一体，武汉列为全国城市五魁首。进入21世纪，武汉奋起直追，大车都、大光谷、大设计、大旅游走到中部城市前列，龙腰挺起，势欲担当长江的枢纽，承担着炎帝的使命，丝毫不逊于民国抗战“陪都”重庆，一切都顺理成章。正如湖北省社会科学院副院长张正明先生预言：“武汉这座城市位置，文化底蕴当直辖市都觉得低了些，他是足以担当首都的位置。”张正明先生以哲学家、历史学家、堪舆学家的睿智，洞悉了将来，代表了很多人的意见。从现在起，不断做足这座城市文章，从近期到中期直到长期，制定发展目标，一任一任地干下去，为后来者奠基。

在城市的建设历史上，北京有3000多年，西安有3100年，洛阳有3100年，开封有2800多年，南京有2478年，重庆有870年，杭州有2200年，成都有3000年，南昌有2200年，长沙有2400年，合肥有2200年，上海有700多年，武汉却有3500多年，可谓城市老前辈，属于城市的元老！

九、让长江龙挺举着中华腾飞

万里长江一条龙。在以习近平为首的党中央领导下，全国一盘棋，全流域各省市通力合作，保护长江生态，大家积极互动建立战略联盟，为长江发展的宏图远景分工协作，突破行政区划界限，心往一处想，力往一处使，实现龙头、龙腰、龙尾的良性互动，联席商讨发展远景，使长江这条龙腾飞在东方，为中国梦的成真，实现国家强大、民族兴旺、人民幸福发挥着主要作用。

在全球城市化的今天，长江流域的城市经营管理者们苦苦探索城市发展模式，探索自身的特点、城市的文化内涵、城市资源与城市持续发展可行性措施、城市交通发展模式、城市文化发展模式、采用什么模式整体发展、综合发展实力、内陆城市与沿海城市寻求不同的发展模式，促进资源向高新产业发展，消费向旅游的嬗变。

城市发展摆脱原有区划的束缚，就近向大城市靠拢，主动寻求支撑。长江中游城市群以武汉为中心，包括湖北的黄石、鄂州、黄冈、仙桃、潜江、孝感、咸宁、天门、随州、荆州、宜昌、恩施，河南的信阳、南阳，江西的九江，湖南的岳阳。经过多年整合，区域内经济联系紧密，合作协调，形成合力初现端倪，成为我国区位优越、交通便利、通信发达、产业基础雄厚、科技资源丰富的城市群之一。东接上海，西携重庆，长江中游城市群坐拥六省会城市，雄踞龙腰，蓄势待飞，在未来空间格局中具有举足轻重的战略地位。

古往今来，人才是竞争的核心。楚国是重要的人才输出国与人才引进国。从楚国走出去的管仲、伍子胥、李斯分别在齐国、吴国、泰国受到了重用。从魏国来到楚国的吴起，主持了楚国的变法。人才多向流动推动着各国富国强兵的车轮。秦国能横扫东方六国，曹操能三分天下，魏卓然雄视吴蜀，当今美国在世界一霸独大，都是打的人才战略王牌，吸引顶尖人物。在太平时代，应打破体制机制的樊篱，构筑人才高地，不拘一格揽才用才。光谷城、大学城、汽车城、金融城、钢铁城、商贸城、桥城，归根结底，人才是引擎，有心脏律动才能起飞。

长江在中国经济南移中担当着不可替代的角色，在下一个五千年里，使中华民族跻身于世界强林，登上历史的峰巅，回归本位。这条龙正在焕发青春活力，走向未来！我们无愧于母亲河，无愧于中华民族！

浩荡长江沉淀的丰厚文化矿藏宝库、蓬勃的经济活力，引领着下一轮的风骚。被称为“大上海”“大武汉”的领头雁在大世界照彰着自我。而后者“大武汉”豪迈跨上历史台阶，递升到周秦汉唐长安的位置，辉煌着长江火红世纪，在世界城市的舞台魅力四射，决胜西方的芝加哥、威尼斯！

（作者分别为武汉市黄陂“二程”文化研究会顾问；盘龙城航天龙城小学副校长）

传统文化中的诚信文化与现实意义

周亚平

一、从习近平对长春长生生物疫苗案件作出重要指示谈起

2018 年 7 月 23 日，正在国外访问的习近平总书记对吉林长春长生生物疫苗案件作出重要指示指出，长春长生生物科技有限责任公司违法违规生产疫苗行为，性质恶劣，令人触目惊心，有关地方和部门要高度重视，立即调查事实真相，一查到底，严肃问责，依法从严处理，要及时公布调查进展，切实回应群众关切。习近平强调，确保药品安全是各级党委和政府义不容辞之责，要始终把人民群众的身体健康放在首位，以猛药去疴、刮骨疗毒的决心，完善我国疫苗管理体制，坚决守住安全底线，全力保障群众切身利益和社会安全稳定大局。

李克强总理作出批示要求，国务院立即派出调查组，到所有疫苗生产、销售等全流程全链条进行彻查，尽快查清事实真相，不论涉及哪些企业、哪些人，都坚决严惩不贷、绝不姑息。对一切危害人民生命安全的违法犯罪行为坚决重拳出击，对不法分子坚决依法严惩，对监管失职渎职行为坚决严厉问责。尽早还人民群众一个安全、放心、可信任的生活环境。

对该案件，李克强于 2018 年 7 月 22 日曾作出批示："此次疫苗事件突破人的道德底线，必须给全国人民一个明明白白的交代。"

国家药监局发布《关于长春长生生物科技有限责任公司违法违规生产冻干人用狂犬病疫苗的通告》说：“现已查明，企业编造生产记录和产品检验记录，随意变更工艺参数和设备。上述行为严重违反了《中华人民共和国药品管理法》《药品生产质量管理规范》有关规定。”国家药监局“已责令企业停止生产，收回药品 GMP 证书，召回尚未使用的狂犬病疫苗”。国家药监局会同吉林省局“已对企业立案调查，涉嫌犯罪的移送公安机关追究刑事责任”。

按照有关规定，疫苗生产应当按批准的工艺程序流程在一个连续的生产过程内进行。但该企业为降低成本、提高狂犬病疫苗生产成功率，违反批准的生产工艺组织生产，包括使用不同批次原液勾兑进行产品分装，对原液勾兑后进行二次浓缩和纯化处理，个别批次产品使用超过规定有效期的原液生产成品制剂，虚假标注制剂产品生产日期，生产结束后的小鼠攻毒实验改为在原液生产阶段进行。为掩盖上述违法违规行为，企业有系统地编造生产、检验记录，开具填写虚假日期的小鼠购买发票，以应付监管部门检查。

长生生物疫苗案件是危害人民生命安全的违法犯罪行为，既失信又违法，已经大大超出了不守诚信的一般商业行为。同时，从坚决守住安全底线、全力保障群众切身利益和社会安全稳定大局来说，从不能突破人的道德底线，尽早还人民群众一个安全、放心、可信任的生活环境来说，该公司违法违规生产疫苗的行为造成了严重危害，也为构建诚信社会的必要性、紧迫性提供了反面教材。

二、守诚信是能否取得天下的重要条件

习近平总书记也谈道：中华文明积淀着中华民族最深层的精神追求，代表着中华民族独特的精神标识，为中华民族生生不息、发展壮大提供了丰厚滋养。拿诚信来说，大道惟诚，无信不立，诚信是立人之本、成事之基，也是搞好市场经济之基。从远古的五帝开始，几千年来

中华民族就有守诚信的传统美德。通过对这些优秀传统的挖掘和阐发，就会体悟到老祖宗这种守诚信的传统美德，对于今天维持整个社会秩序，健康发展市场经济，是一种强大的正能量。

先看看炎黄。炎、黄二帝可以说是中华原始商业的开创者。《周易·系辞下》说，神农氏做了这样一件事："日中为市，致天下之民，聚天下之货，交易而退，各得其所。"这里所说的"日中"指中午；"市"即集市、市场。"交易而退，各得其所"就是双方把货物交易完了就走，各有各的收获。有了商品交易，就得规范道德，得守诚信，《吕氏春秋》曰："为天下及国，莫如以德，莫如行义。以德以义，不赏而民劝，不罚而邪止。此神农、黄帝之政也。"①黄帝在统一中原后，"以信与仁为天下先"，即把诚信与仁爱当作首要的道德准则，加以倡导，促成"天下太平"。

再看看中华道德始祖——舜帝。可以说舜帝是诚信文化的典范性人物。早在辅佐尧帝期间，尧帝问舜，要治理好天下，有什么好办法？舜提出"允执厥中"的理念，就是说他把守诚信的地位提得很高，认为这是得天下的重要条件，所谓"执一无失，行微无怠，忠信无倦，而天下自来"。在商品经济萌芽时期，舜就做过小生意，贩卖过小商品。《史记》记载："舜耕历山，渔雷泽，陶河滨，作什器于寿丘，就时于负夏。"郑玄曰："负夏，卫地。就时犹逐时，若言乘时射利也。"《尚书大傅》曰："贩于顿丘，就时负夏"。他在雷泽打鱼，不仅仅是用于自己吃，当然还要出卖一些；在河滨制造陶瓷器具，当然是为了出卖；在寿丘制作什器，即百姓常用的器具，当然也是为了出卖。贩卖商品当然要"乘时射利"，要赚钱。但是，舜做生意，不像过去河滨人制陶，以次充好，拿不合格的陶器去坑害消费者，谋取不正当利益。他是以诚信为本的，"陶河滨，河滨器皆不苦窳"，把优质产品以优惠价格卖给老百姓，自己赚了钱，百姓也得了实惠，互利互惠，生意越做越红火。"一

① 见《吕氏春秋·卷一九·上德》，又见《炎黄汇典·史籍卷》，第61页。

年而所居成聚，二年成邑，三年成都。”这也可以解读为以诚信为本，使人气越来越旺盛，市场经济越来越繁荣。

儒家的祖师爷“至圣先师”孔子是言必称尧舜的，他继承了尧舜的诚信道德，并把它发扬光大。孔子把“信”列为教育学生的“四大科目”(言、行、忠、信)和“五大规范”(恭、宽、信、敏、惠)之一，强调要“言而有信”。孔子主张“民无信不立”，把“诚信”提到治理国家基本准则的高度。“亚圣先师”孟子认为，“诚”是最高的道德范畴，是做人的根本道德原则，是普天下通行的规律，所谓“诚者，天之道也；思诚者，人之道也。至诚而不动者，未之有也；不诚，未有能者也”。《中庸》《大学》是儒家的经典，都把诚信作为人生的最高境界，作为道德修养的主要原则。《中庸》说：“诚者，天之道也；诚之者，人之道也。”“诚身有道，不明乎善，不诚其身矣。”《大学》说：“所谓诚其意者，毋自欺也”，“君子必诚其意”。中华传统文化不局限于儒家，法家商鞅也很重视“诚信”，他重视取信于民。这方面有一个广为人知的故事：变法之前，为了取信于民，他下令在秦国都城南门外立一根 3 丈长的木头，当众许下诺言，谁把这根木头搬到北门，就赏 10 金。人们以为是戏言，不信，不去搬。商鞅为表诚意，赏金提到 50 金。一位壮汉把木头扛到了北门，马上得到 50 金的赏钱。此事，商鞅树起了言而有信的形象，所谓“立木树信”。由于取得了人们的信任，商鞅的新法很快在秦国推广了。汉代以后，历朝历代的统治者和学者都一直提倡和维护“诚信”。“自古驱民在信诚，一言为重百金轻。”这是王安石作诗对商鞅“立木树信”的赞扬。“君子所以感人者，其性诚乎！”这是司马光对诚信感人发表的感慨。周敦颐说“诚”是“五常之本，百行之源”，把“诚”作为区分人的行为善恶的道德标准。

几千年的中华文明史，从“天下明德皆自虞帝始”，一直到共产党执政的社会主义社会，我们都继承和弘扬了诚实守信的传统道德，甚至把诚信道德提到党的建设、社会主义核心价值观的建设高度来认识。我国改革开放的总设计师邓小平把诚实守信作为党和国家经济政治生活的重要准则，反复强调：“中国是信守自己诺言的国家”，“领导要取信于民，使党内信得过，人民信得过”，“一切企业事业单位，一切经济活动和行政司法工作，都必须实行信誉高于一切”。在民主革命、社会主义建设、改革开放和建立社会主义市场经济的过程中，“诚信”都提供了强大的正能量。今天，我们要全面深化改革，要紧紧围绕使市场在资源配置中起决定性作用深化经济体制改革，一步一个脚印地去实现“中国梦”，就必须弘扬中华民族守诚信的传统美德。市场经济在呼唤这种守诚信的传统美德，我们一定要认真研究和用心领悟守诚信的传统美德，将它内化为理念追求，外化为实际行动，让它为深化经济体制改革、实现“中国梦”提供强大的正能量。

三、推动长江经济带战略发展不能离开诚信

我们知道，社会主义市场经济是诚信经济，资源基本上是通过信用渠道配置的。诚实守信是建立市场秩序的基石。诚实守信是市场经济的灵魂。市场经济离不开诚信，经济活动中的各个环节，缺少以诚信为基石的信用是不可想象的。市场经济社会的各种交易活动、买卖的契约即合同，是建立在互利互惠、互相情愿的基础上的，各方都要对自己的行为负责。如果有人言而无信，背信弃义，正常的交易活动便会被破坏。生产、运输、购销各个环节都存在委托代理关系，都有个信用问题，任何一个环节出现信用问题，交易链条就会中断。银行是市场经济的核心，它发展的基础就是信用。一失信，股票、债券、其他衍生工具就无法发展。没有诚信为基础的市场信用，谁敢买你的？谁敢卖给你？商品交易就搞不成。

我们也都知道，推动长江经济带发展是关系国家发展全局的重大战略。2018 年 4 月 26 日，习近平总书记在湖北武汉主持召开长江经济带发展座谈会并发表重要讲话，进一步明确了以长江经济带发展推动经济高质量发展这一重大国家战略的指导思想、实践路径和根本目标，成为

新时代推动长江经济带高质量发展的重要遵循。而这个战略的实施与推进是要靠整个社会来推动，更要靠社会经济的发展来实现。促进社会经济的发展很大的因素是社会主义市场经济的稳步健康发展，社会主义市场经济的稳步健康发展就得以诚信为基础。今天，作为传统文化中的诚信道德，不仅成为社会主义核心价值观形成的重要源头，而且成为社会主义核心价值观在整个社会经济发展中必须倡导的重要内容。

中央《关于培育和践行社会主义核心价值观的意见》对经济行为作出了道德要求，对市场行为作出了诚信要求，强调了社会主义核心价值观为市场经济提供正能量。其指出："确立经济发展目标和发展规划，出台经济社会政策和重大改革措施，开展各项生产经营活动，要遵循社会主义核心价值观要求，做到讲社会责任、讲社会效益、讲守法经营、讲公平竞争、讲诚信守约，形成有利于弘扬社会主义核心价值观的良好政策导向、利益机制和社会环境。与人们生产生活和现实利益密切相关的具体政策措施，要注重经济行为和价值导向有机统一，经济效益和社会效益有机统一，实现市场经济和道德建设良性互动。建立完善相应的政策评估和纠偏机制，防止出现具体措施与社会主义核心价值观相背离的现象。"这里告诉我们，要实现市场经济和道德建设良性互动，发展社会主义市场经济。这个市场是讲道德、讲诚信的市场，是由讲诚信、讲公平正义的有良好道德的人去操作的市场。发挥市场在资源配置中的决定性作用，离不开道德提供的正能量，离不开有良好道德、讲诚信、讲公平正义的人对市场的决定性作用。

四、必须清除市场经济建设中不守诚信的缺德现象

市场经济可以给社会经济发展带来双重效应。

市场经济的建立和发展，使人们的竞争观念、时间观念、效益观念、创新观念和民主法治观念得到增强，推动生产力的解放和发展，而且与之相适应的道德品格也得以形成，促使那些真正想把生意做好、想

当好生财有道的人感到，市场经济需要道德，非讲诚信、讲互利不可，非讲守法、讲德性不可。

市场经济的自发运行，也能导致道德失范。追求利润最大化、追求利益最大化，如果失去监管，发展到拜金主义，“一切向钱看”，就把道德排斥在外了。老百姓深恶痛绝的信用缺乏现象简直是普遍存在。假冒伪劣商品泛滥，虚假广告遍地，坑蒙拐骗横行，企业之间的三角债、银行呆坏账、信用卡诈骗、偷漏税、走私骗汇等，已造成全社会的信用危机。没有诚信的环境，人人自危，对任何人都不敢相信，人们生存在这样缺德的市场环境中，真是不堪其累，不堪其苦。市场经济的负面效应，使一些党员领导干部也受到腐蚀。在拜金主义、“一切向钱看”的思想影响下，他们把对共产主义的追求变为对钱财的向往，只顾自身利益，只关心“实现自我、发展自我”，忘记了国家和人民的长远利益。市场经济讲等价交换和有偿劳动，助长了一部分党员领导干部的权钱交易意识，有时把应尽的职责变成了有偿服务，使权力商品化、市场化。

市场经济是“契约”经济，践约需要健全的社会信用制度作保障。马克思说：“竞争和信用是资本集中的两个最有力的杠杆。”商海无涯“信”作舟。市场不仅表现为实际的买卖场所，更有一套法律规则和道德伦理体系。我们必须增强法治意识，倡导契约精神，完善社会信用体系，让良好信用成为个人第二身份证。有人就湖南人的诚信观作过如此解析，说湖湘文化一方面要保留经世致用、敢为人先、隐忍挺立的精神，另一方面，要努力注入现代精神元素，诸如合作意识、契约精神、双赢思想。除匪气留豪气，少破多立；转政军为政经，创富为先，则更能引领时代潮流。另外，要多创造条件让湖湘子弟出洞庭，跨大洋，以湖湘子弟的自信自傲，与东西方其他思想交相淬砺，则有望迎来湖湘人才的第四波爆发。此话不无道理，湖南人继承了传统文化的优秀品质，性格历来率直真诚，做人做事说一不二，坚守诚信，如若能戒除自身的傲气，继续发扬优秀传统文化中的坚忍不拔、创新求进精神，确立诚信的社会主义核心价值观，且大力培育倡导诚信、鼓励诚信的社会环境，自觉提升信奉诚信、坚守诚信的道德信仰，让不守诚信的缺德现象绝迹于世，自然，在今天的经济发展浪潮中将永立潮头。

总之，发展市场经济，发挥好市场在资源配置中的决定性作用，必须化解市场经济自发运行的道德悖论，必须德法并举清除市场经济中的缺德现象，使我们的市场经济真正成为诚信经济、道德经济。

（作者为湖南省社会科学院研究员）

昔时“书院”传承中华国粹，今日高校弘扬传统文化

——从长江流域书院、高校看中华文化传承与弘扬

姚会元

一

书院制度的形成约在中国古代北宋时期，那时的书院大体上是依靠民间而非官方力量兴办的准正规学校。书院中既有主持教学并兼领行政管理的“山长”，还有一定数量的藏书和较为规制的教学、斋舍等设施。长江流域在兴办书院的热潮中，领全国之先；长江流域的书院是中国书院史上的一朵奇葩，代表着中国书院的水平。以北宋为例，作为全国政治、文化和教育中心的河南所创办的书院不过10所上下，但长江流域各地的书院则要多得多，如江西有39所，浙江有32所，湖南有12所；到南宋时期，随着理学思潮的进一步发展，长江流域的书院更如雨后春笋一般大发展，长江流域书院的数量已占全国总数的74.43%。号称四大理学学派基地的书院——岳麓书院、白鹿洞书院、丽泽书院、象山书院均崛起于长江流域，并由四大名师张南轩、朱熹、吕祖谦、陆九渊担任山长。

书院，作为中国古代的一种特定的教育机构，始于唐时、兴于宋朝，至南宋时渐趋成熟。有宋一代，上承五代十国下启元朝，历18个

皇帝，享国 391 载，是中国历史上商品经济、文化教育、科学创新高度繁荣的时代，因此，方有所谓“华夏民族文化……选极于赵宋之世”的说法。书院经元、明、清至近代演进为学堂。

千百年来，书院作为中国传统文化的继承者、研究者、发扬者，继往昔、开来学、启时局，对于中华文化的演进与弘扬起着重大的作用，在培育时代精英方面功不可没。

在长江流域的江西九江，有着被时人称为“海内第一书院”的江西白鹿洞书院，为何称其为“白鹿洞”？据说唐代诗人李渤在庐山五老峰南麓隐居读书，伴他读书的有白鹿，故时人称之为“白鹿洞”。南唐(公元 937-942 年)升元年间，朝廷于此建“白鹿国学”。200 多年以后的南宋淳熙年间，大儒朱熹任南康知军，他修复早已衰败的“国学”书院，并自任洞主，制定各项制度学规，遍邀各地名家聚徒讲学。由此，“白鹿洞”书院声名鹊起、名扬天下。

长沙岳麓书院的历史有 1000 多年，从北宋开宝九年(公元 976 年)潭州太守朱洞在此设“讲堂五间”始，岳麓书院始终立足学术前沿，朱熹曾在此讲学，与南宋著名学者张栻研讨“太极”与“中和”问题，留下书院“朱张会讲”的佳话，开书院历史上不同学派会讲之先河。明中叶，王阳明至岳麓书院讲学传道，明末，思想家王夫之也曾在这里研习。岳麓书院人才辈出，正如其山门上所悬“惟楚有材，于斯为盛”的对联那样，展示出当仁不让的自信、自豪、自标。仅以近代为例，魏源、曾国藩、左宗棠等均出自岳麓书院，真可谓“中兴将相，十九湖湘”。

衡阳有著名的石鼓书院。1000 多年以前，唐刺史吕温造访在石鼓山读书的唐代名士李宽，并将此处名为“寻真观”。学界从此将该“观”视为石鼓书院的前身，并发展成为文人、学者的研习讲学之所。随着石鼓山渐成湖湘学子和学术精英的汇聚之所，该书院声隆一时。加之，幸运频至，宋太宗(977—997 年)、宋仁宗(1023—1063 年)先后两次赐匾；朱熹曾作《石鼓书院记》，倡导书院要以义理之学讲学授徒，书院的教学理念务要穷理而笃行，《石鼓书院记》的核心内容、朱熹的书院办学理念为全国书院所一致接受，并被推崇为书院的办学宗旨和教学原则。这些事件的叠加效应使得衡阳石鼓书院一度红极，成为书院楷模。

二

书院是中国封建社会高度发展的产物，它的产生与发展对当时的社会乃至当今的文化产生着巨大的作用，可谓功不可没。

首先，书院在当时的历史局限内，为社会培养和输送人才。它向学生传授知识，提高学生的思辨能力，担当着“育人”“育才”的功能，教导学生相对于“国家兴亡，匹夫有责”，中国的知识分子要有更高的担当，即“修身齐家治国平天下”。知识分子要培养这种能力，达到如此的境界，务必要苦练内修，“吾日三省吾身”，严格要求自己，不断反思自己。为了培养学生们的思辨能力，湖南岳麓书院保有宋代传袭下来“朱张会讲”的学术争辩传统，有时讲堂上摆两把椅子，请两位持不同观点的师长同时坐于其上，各抒己见，争辩是非，下面的学生坐在那里听、辩、思，看哪位老师讲得更有道理。

其次，在培养学生的同时，书院对中华文化的发展作用还表现在对长江文化发展的推动。两宋时期，尤其是南宋以后，历经元、明、清，长江流域书院的存在推动了长江流域学术的蓬勃发展，长江流域书院与理学的紧密互动导致宋代理学的发展与核心地位的确立；明代王学，是指王阳明其后学所形成的学派，该学派的发展实借力于长江流域的诸书院，王阳明因在长江流域的各书院讲学，其弟子遍于江南，这些弟子又多在长江流域创办或主持书院，由此形成了明代“王学”的多家门派，如浙中王门、江右王门、南中王门、楚中王门等流派；明清之际，无锡的东林书院容涵了一批学者活跃于学术思想界，他们听“风声雨声读书声”，关心“家事国事天下事”，坚守着学术正义、传衍着长江文化。

再次，宏大的书院对文化有积累功能。这种积累表现在3个方面。第一，典籍著述。许多学术大师的著作是在书院中完成的，从宋代朱熹的《朱子语类》，到清代的《紫阳书院课艺》《尊经书院初集》《诂经精舍文集》等，均是长江流域书院积累的学术文化成果。第二，刊刻出版各类书籍。长江流域的江、浙、赣、皖、湘、鄂、川等地书院大量刊刻书院山长等主持者的著作、讲稿、语录、书院志、同门录及各类经、史、子、集等。上述各类中，有许多图书因校勘严谨、质地精良而被称为"书院本"。明、清以降，又有许多长江流域书院开设书局，为地方刊刻出版书籍。第三，文化传播功能。长江流域蓬勃的书院群极大地推动着当地的文化传播，肩负着教化的功能。书院将古代精英化的教育与普及化的教育结合起来，以经学、文史等作为教学内容主体，保存、梳理、辐射、传播着中华传统文化和各地的特色文化，如巴蜀文化、湖湘文化、徽学与徽文化等。

最后，书院在文化方面对亚洲邻国有辐射和带动功能。书院在中国有悠久的历史，它的文化传承与积累作用，随着中国文化的繁荣而传至亚洲邻国以至海外。1439 年，朝鲜李代王朝引入了中国书院的教育模式、文化制度之后，日本、越南、马来西亚、新加坡、印尼、欧美等国先后受到直接或辐射影响，书院实则起到文化传递桥梁的功能。

1901 年，清政府迫于时势，逐渐将各地的书院改制为学堂，省级书院改为大学堂，府、厅、州书院改为中学堂，县书院改为小学堂。如，1903 年，岳麓书院改为湖南高等学堂，开设经学、史学、国文、舆地、算学、物理、化学、生理、英文、体操等课。1926 年，于岳麓书院旧址成立省立湖南大学，1937 年升格为国立湖南大学。1910 年，白鹿洞书院发展为江西高等林业学堂。

三

中华人民共和国成立后，尤其是改革开放以后，长江流域教育事业迅猛发展，仅湖北武汉汇聚的高等院校就有 60 多所，她们绚丽多彩、竞相绽放，呈现出多层次、广门类、多学科、宽口径等诸多特点，湖北也因此当之无愧地据有了高等教育资源大省的优势。除武汉外，放眼观之长江流域的重庆、长沙、合肥、芜湖、南昌、南京、杭州、上海等城市所拥有的高等院校数量，占全国高校总量的一半以上。她们将承继旧时长江流域的书院，在继承、阐发、研究、创新中国传统文化方面发挥出巨大的作用。笔者就珍藏着华中理工大学出版社(今华中科技大学出版社)出版的一本《社科名人演讲集》，闲暇时，拿来读读，看大家文章、与名家谈心、愉悦心情且获取知识、得到启发。华中理工大学虽为理工名校，技术科研殿堂，但十分重视社会科学的发展与传扬，并以此武装自己的学生，在20世纪80年代，杨叔子院士掌华中理工大学时，定期或不定期举办社科名家讲坛，他认为，只有那些具备广博社科知识、有深厚人文修养的人方有可能成为优秀的自然科学家和高级理工专家。

中南财经政法大学是一所依偎于长江蛇山之麓的人文社科名校，“她”从战争中走来，有着辉煌的历史，正在争创“双一流”的道路上争取更大的辉煌。这所学校的明确目标是为实现“两个一百年”奋斗目标和中华民族伟大复兴培养更多人才、积累更多人力资本、提供更强人力支撑，总之，是“立德树人”。围绕着“立德树人”，学校重视并竭力推动中国优秀传统文化进校园、进课堂、进头脑。一年一度、至今已举办十九届的师生共同诵读的“声之韵”活动，就是众多形式之一。“立德”是第一位的，北宋的大哲学家、湖南人周敦颐就强调，圣人模仿“太极”而创“人极”，“人极”即诚，“诚”是“纯粹至善”的“五常之本，百行之源也”，是道德的最高境界。

举目望去，华中师范大学、湖北经济学院等高校与湖北研究弘扬中华传统文化的重要机构——湖北省炎黄文化研究会联手合作，在各自校内打造优秀传统文化讲坛，请传统文化的相关专家升坛开讲，演讲的对象是各所大学的年轻学子。清华大学的著名艺术家、教授，中央美术学院前院长常沙娜，在“人文清华讲坛”说：“有一样东西，我觉得始终不能忘，那就是绝对不要忘掉我们中华民族的特色，我们的文脉、我们的血脉，这些是中华民族的历史传承。”朴素的话语揭示着颠扑不破的真理。如果我们不好好研究流传下来的好东西，我们民族原有的那些好东西就可能慢慢衰落。长江流域的大学，不，是全国的大学，都应为此做出有益的贡献和真诚的努力！

青年兴则国家兴，青年强则国家强。建成社会主义现代化强国，实现中华民族伟大复兴，是一场接力马拉松；创造历史、深化改革的接力棒必定要一代人一代人地传承下去，青年人应当担当中华复兴大任。人的全面发展是马克思主义的最高价值追求和崇高理想，青年要立爱国、爱民之大德；要树诚实守信、争公好义、勇于奉献之公德；要有崇科学、求真理、勇创新之美德，要培养和锻造青年人勇于传承、弘扬中华传统文化的责任和能力。唯有中国年轻的一代人有理想、有本事、有韧性、有担当、有奉献，国家才有前途，民族才有希望！

中华文化孕育了刚健有为、奋发进取的自强精神——“天行健，居子以自强不息”的奋斗精神，成为中华民族生存、自立、繁衍、发展的不竭动力，激励无数中华儿女变革创新，破旧图强。历代口口相传的执着精神——“精卫填海”“愚公移山”“发愤忘食、乐以忘忧”；辈辈不忘的越王勾践卧薪尝胆、汉使苏武塞北饮雪食草、文王拘而演周易、屈原逐而赋《离骚》，这些不胜枚举的励志传说和前人壮举体现出中华民族的刚毅性格、奋斗精神乃至世代承续的中华文化本质内涵。中华优秀传统文化曾经创造了五千年灿烂文明，造就了泱泱大国的历史地位，我们必须注重中华优秀传统文化的传承与发展，乘深化改革扩大开放的大好东风，为实现中国两个一百年奋斗目标提供强大的精神动力；为中华民族伟大复兴创造良好文化氛围，为将一个发展的中国、开放的中国、文明的中国、民主的中国、礼仪的中国、和平的中国、美丽的中国展示给全世界而贡献中国力量。

大学在传承、研究、弘扬中华优秀传统文化时，不能泥古不化，从目的上来说，研究中国传统文化追求的不应是传统的学术形态与旧式方法，而是寻找新的、时代的、世界性的中国传统文化的本质，发扬其人道的、善良的、向上的优秀一面。从方法和路径方面来说，要用新方法、另辟蹊径，要广征博引、中西融会。国学大师王国维就认为，中西二学盛则俱盛，衰则俱衰，风气既开，互相推动。“居今日之世，讲今日之学，未有西学不兴，而中学能兴者，亦未有中学不兴，而西学能兴者。”弘扬中国优秀传统文化意在育人、兴邦、强国，“非为某一校造就师资，乃为中国培养通才硕学”。梁启超就十分强调“现在的大学都注重在知识方面，却忽略了知识以外之事”，大学不应“只是一个贩卖知识的地方”，应该重视学生的“修养人格锻炼身体”，这里的“修养”是包含了中华传统文化的。

日月无穷已，江山待后人。回溯古昔先贤五千年上下求索，谱写出中华文化的光辉篇章，展望当今国人在共产党的领导下人类命运共同体的建设与推进，必能描绘更加美好、更为壮丽的时代华章。

（作者为湖北省炎黄文化研究会常务理事，中南财经政法大学教授、博士生导师）

略述《淮南子》有关思想理念对长江经济带建设的启示

杨 昶

习近平主席在2019年中国北京世界园艺博览会开幕式上的讲话中发出号召："我们要像保护自己的眼睛一样保护生态环境，像对待生命一样对待生态环境，同筑生态文明之基，同走绿色发展之路！"并以洞察人类文明发展规律的胆识，明确提出同筑生态文明之基、同走绿色发展之路的五点主张；讲话把握顺应自然、保护生态的发展大势，彰显了尊重自然、崇尚绿色的中国智慧，为人类共谋绿色生活、共建美丽家园贡献了中国方案；其中，"共谋""共建""同筑""同走"的理念，也为长江经济带协同发展指明了方向。而中国古代重要文献《淮南子》，则能够为此提供不少有益的思想文化因子。

《淮南子》是汉高祖刘邦之孙刘安主编的一部巨著，其中许多理念均源自古代长江流域贤哲的睿智。刘安受封淮南王，学以综统百家自居；景帝时，刘安与门客苏飞（亦作非）、李尚、左吴、田由、雷被、毛被、伍被、晋昌，及诸儒大山、小山之徒，杂采百家诸子之说，著成此编；而全书之指导思想的奠立和基本结构的确定，则非刘安莫属。刘安其学以阴阳五行和道家天道自然之论立说，杂糅儒、法、刑名诸家。唐颜师古言《淮南子》"内篇论道，外篇杂说"；当代著名国学大师张舜徽则以为："内篇议论详博，实集道家学说之大成，本可列入道家。"所集思想资料虽较为庞杂，但亦经一定的加工改造，足以反映作者的宇宙观、历史观和政治思想。由是观之，《淮南子》深深地烙上了长江文化的印记，它继承并改造了长江流域荆楚文化体系中《老子》《庄子》的思想观念，化道家的消极观点为积极因素，在社会经济协同发展和生态文明思想理念方面有所建树。

一

《淮南子》认为，世间万物是一个有机整体，万物的运动变化都是相互关联且相互影响的，万物、人类之间互相作用，不可分割；唯有和谐共处，才能最终实现共赢。如《天文训》载："阴阳和合而万物生"；《修务训》载："循理而举事，因资而立[功]，权自然之势"；《原道训》强调：行顺应自然合于道，言朴实无华合于德，包容万物合于天性。这一和谐共赢的价值观思想同现代哲学的系统论观点很相近。①

系统论将整体性、关联性、等级结构性、动态平衡性、时序性等视为所有系统共同的基本特征，它的核心观点是整体论。整体论的思想认为，世间万事万物均以系统的方式而存在，系统是由多种要素经过相互联系、相互作用而构成的具有特定功能的有机整体；系统的整体性既不为要素单独存在时所具有，也不为各个要素机械叠加时所具有，它只能在相互联系中存在，在有机结合中产生，在动态过程中发展。

长江经济带的诸多区域的整体性、关联性和动态平衡性等，决定了它们是以系统的方式而存在的，是相互联系、相互作用而构成的具有特定区位功能的有机整体，在全中国社会经济发展的总的版图中地位重要，彼此密不可分。多年以来，长江经济带的各个区域之间的协同发展已经逐渐取得巨大成就，人们在理论和实践方面不断地深化着协同发展的进程。如持续多年的"长江论坛"以"共同建设长江经济带"为宗旨，

① 王剑锋：《〈淮南子〉的和谐价值观初探》，见《淮南子研究》第 5 卷，时代出版传媒股份有限公司 2012 年版。

通过长江经济带各省的政产学研及中外智库等各方面的对话交流，倡导“共谋共建”“和谐共赢”，起到了非常积极的作用。

2019年5月31日，由湖北省政府办公厅承办的“2019年长江论坛”在武汉召开，沿江11个省市140余人与会，论坛以“推动长江经济带高质量发展”为主题，研讨生态优先推动绿色发展、多式联动构筑交通走廊、区域统筹推动协同发展、对外开放助推“一带一路”等专题，在“正确把握五大关系(即2018年4月习近平主席在武汉主持深入推动长江经济带发展座谈会提出的：整体推进和重点突破的关系、生态环境保护和经济发展的关系、总体谋划和久久为功的关系、破除旧动能和培育新动能的关系、自身发展和协同发展的关系)，以长江经济带发展推动经济高质量发展”理念的引领下，“牢记习近平总书记殷殷嘱托，着力高奏长江经济带绿色发展‘主旋律’，着力构建综合立体交通走廊‘新干线’，着力合奏区域协同发展‘协奏曲’，着力打造内陆对外开放‘新高地’，唱响新时代高质量发展‘长江之歌’”；“同筑生态文明之基，共建美丽地球家园”；重点讨论了“推动长江中游城市群协同发展，将其打造成我国经济增长与转型升级的重要引擎”的相关举措。

二

《淮南子》包含诸多生态文明思想因子，依据“循理而举事”“因资而立功”的指导思想，高度重视人类在生态环境的保护与促进自然生态可持续发展的积极能动作用，就是其中之一。

《淮南子》对《老子》《庄子》的“无为”作了新的诠释，从而改造并深化了先秦道家的生态管理思想，这是其在生态文明理念方面的主要贡献。何谓“无为”？《淮南子·原道训》曰：“所谓无为者，不先物为也。”是说，“无为”指的是“不先物为”。“不先物为”，是指不超越事物所显露出来的法则去为，只要物显露出了发展的自然趋势，人类是可以积极作为的。后文又说：“所谓无不为者，因物之所为。”这是说，在

“因物之所为”的条件下，人们什么事都可以去做、去为。因此，《淮南子》的作者反对把“无为”视为“寂然无声，漠然不动”的消极静待，如《修务训》指出：“或曰‘无为者寂然无声，漠然不动，引之不来，推之不往。如此者，乃得道之象’。吾以为不然。”“吾以为不然”一语，坚决否定了将“无为”诠释为消极静待式的不作不为。《淮南子》的作者还以神农、尧、舜、禹、汤等“五圣”及若干“布衣徒步之人”为例，说明他们都是有作有为的，强调：“故自天子以下至于庶人，四肢不动，思虑不用，事治求澹者，未之闻也。”(《修务训》)这就从理论与实践的结合上，论证了“无为”不是“四肢不动，思虑不用”的消极被动和无所作为。

《淮南子》主张，正确的“无为”应是在顺应自然法则的前提下，发挥人的聪明才智，尽力而为。如《主术训》说：“禹决江疏河，以为天下兴利，而不能使水西流……岂其人事不至哉？其势不可也。”表明自然对人类的实践活动具有决定性的影响和作用，人类并不能违反自然规律。《修务训》指出：“夫地势水东流，人必事焉，然后水潦得谷行；禾稼春生，人必加功焉，故五谷得遂长。听其自流，待其自生，则鲧禹之功不立，而后稷之智不用。”这就告诉人们，照客观规律办事，如按水流之势疏导流水，使之滋润谷物生长；按“禾稼春生”的法则，去务农事，使“五谷得遂长”，都是合理的作为，不能取消。因此，“无为”不是消极株守式的什么也不做。《修务训》还指出：“若吾所谓无为者，私志不得入公道，嗜欲不得枉正术；循理而举事，因资而立功；权自然之势，而曲故不得容者；事成而身弗伐，功立而名弗有。非谓其感而不应，公而不动者。”它向人们宣示，《淮南子》所指的“无为”，是“不以私志”去冒充“公道”，不以“嗜欲”去冲击“正术”。而是表现出“循理而举事”“因资而立功”，使“曲故”(巧伪)无所容其身。显然，这样的“无为”是在遵循自然规律条件下的有所作为。显然《淮南子》使得《老子》《庄子》的消极“无为”获取了积极的新意。

与此同时，《修务训》还对传统的“有为”概念作了新的诠释，提出：

“若夫以火熯井，以淮灌山，此用己而背自然，故谓之有为。若夫水之用舟，沙之用鸠，泥之用輴，山之用蔂，夏渎而冬陂，因高为田，因下为池，此非吾之所谓为之。”这就对传统的“有为”理念作了超越性的提升，若将其观念用于生态环境的管理，无疑有利于深化和拓展《老子》《庄子》的生态管理理念。

先秦《老子》《庄子》“法自然”或“无为”的生态管理理念，对于告诫人们不要干预生态万物的自由发展，不要去人为地破坏生态环境，曾起到一定的积极作用。但是，它的致命弱点就是忽视了人类对于推进生态发展的能动作用，以致使“鲧禹之功不立”“后稷之智不用”，极大地限制了人们对生态环境实施的积极有为的建设和改造。而按照《淮南子》的理念，人们就可以“循理而举事”“因资而立功”。用这样的观念进行生态管理，就可以发挥人们类似“鲧禹之功”“后稷之智”的主观能动性，在保护和建设自然环境的过程中起到重要的作用。

今天，国家加强长江流域的生态环境管理，建立江苏盐城大丰湿地和湖北石首天鹅洲麋鹿保护区，安徽宣城4县和芜湖5区扬子鳄自然保护区，安徽安庆江豚和铜陵淡水豚保护区；又为了大熊猫的生存和发展，在长江流域规划出了大熊猫的保护区，建立一些大熊猫繁衍基地，用人工方法和自然交配的方法促进大熊猫种族的扩大。又根据大熊猫喜欢吃竹子的特性，专门栽种它们喜欢吃的箭竹，以适应大批大熊猫生存的需要，改善流域的生态平衡状况。

不久前，国际财经杂志《走进比利时》总编辑弗朗索瓦·曼森说：“这两年，我走访了中国许多地方。我看到四川和贵州的山上郁郁葱葱，河水清澈见底；在很多城市，绿色出行和简约生活正成为时尚，空气质量相比以前有明显改善。”它对中国生态环境的改善做出了中肯的评价。

凡此种种，都体现了人类的能动作用，与《淮南子》所倡导的理念高度契合，印证了它的理论价值。因此，《淮南子》值得今人好好发掘、借鉴，以指导保护生态环境的实践活动。

三

《淮南子》在绿色经济与可持续发展思想方面亦有所涉及。如《时则训》根据自然界生物的生长、发育的规律，阐发了一年12个月的生产活动与保护生态的具体措施。

《淮南子》则主张大力优化生态、繁殖百物，促进"群生遂长"永续利用。如《主术训》强调："人君者，上因天时，下尽地财，中用人力，是以群生遂长，五谷繁殖；教民养六畜，以时种树，务修田畴，滋植桑麻"；"斤陵坂险，不生五谷者，以树竹木"。不难看出，这些针对"人君"提出的建议中，还寓有教育人类实现"群生遂长"的一些重要举措：藩养"六畜"、播种"五谷"、种树修田、滋植桑麻等，通过这一系列活动，有力地促进了生态环境的保护与发展。

在提倡"群生遂长"的基础上，《淮南子》还注重把物种资源的利用和保护结合起来的工作。如《主术训》提出"春伐枯槁，夏取果蓏，秋畜疏食，冬伐新蒸"的原则，强调："故先王之法，畋不掩（'掩'，尽也。）群，不取麛夭；不涸泽而渔，不焚林而猎；豺未祭兽，罝罦不得布于野；獭未祭鱼，网罟不得入于水；鹰隼未挚，罗网不得张于溪谷；草木未落，斤斧不得入山林；昆虫未蛰，不得以火烧田；孕育不得杀，鷇卵不得采；鱼不长尺，不得取；彘不期年，不得食。是故草木之发若蒸气，禽兽之归若流泉，飞鸟之归若烟云……"这些论述要求人们对动植物的生长和环境一定要采取保护措施。不杀成群之兽、不竭泽而渔、不焚林而猎、不到秋冬不得网兽捕鱼、不得杀怀孕之母兽、不得采受孕之"鷇卵"、鱼未长到尺长不能捕、彘不期年不得食，就是说，当草木在开花结果时，就不能允许进入山林砍伐树木，使树木的生长不中途夭折，不断绝它的繁殖生长。只有做到这样，才能形成"故草木之发若蒸汽，禽兽之归若流泉，飞鸟之归若烟云"的生态繁荣景象，最终达到协调人与生态环境的关系，很好地利用和保护生态环境，从而做到在保护中利用、在利用中保护的双重效果。

正是在《淮南子》等古代典籍指导下，古代先民实施了许多行之有效的办法，指导人类的生产与生活，协调好天人关系。如当水中的各种鱼类产卵时，渔网和毒药不许投入水泽，为的是不使各种水生动物中途死亡，不断绝它的后代生长；春耕、夏耘、秋收、冬藏，不失时机地做这四件事，五谷就会源源不断地获得丰收，老百姓家中就会存有余粮；各种大小不同的鱼塘，在繁殖时节严禁捕捞，鱼鳖就会非常多，老百姓的食用也就有余了；砍伐木材与培育山林都不失时机，山林就不会荒芜，老百姓就会有多余的木材使用。这些理论和实践，在当今社会也具有非常重要的参考、借鉴价值。

四

《淮南子》有关世间万物是一个有机整体、生态文明思想理念和保护资源环境的主张启示今人，人与自然是相互依存的，各个区域是相互依存的统一整体，要处理好部分与整体的关系。自然界有其自身发展的客观规律，人类改造自然的活动若违反这一客观规律，就将威胁到人类自身的生存和发展。

在宏观上，有必要把“循理而举事”“因资而立功”的理念运用于长江中游经济带各个区域的协同发展，及促进长江中游城市群经济社会和文化的协同发展，努力把长江中游经济带提升为我国经济增长与转型升级的重要引擎。

我们在长江中游经济带协同发展、改造自然的具体实践活动中，要“不以私志”去冒充“公道”，不能以邻为壑，不以“嗜欲”去冲击“正术”；应在顺应自然法则的前提下，发挥人的聪明才智，尽力而为；应始终把区域之间的关联、人与自然的统一作为一个整体来考虑，把各个省市协调共建、和谐共赢来统筹谋划，用适当的“度”来发挥主观能动性，走绿色发展之路，让良好生态源源不断创造综合效益，实现经济社会可持续发展。

人与自然共存共生，人类应该关心爱护自然。自然虽处于客体的地位，但人类不可以一味地向自然索取生产和生活资料，而不顾及任何后果，否则人与自然之间的关系将严重失衡。人类为了自身的生存和发展向自然索取生产、生活资料是不可避免的，但是人类必须“循理而举事”“因资而立功”。向自然索取之“度”是极难把握的，当人们过度地向大自然索取时，是否考虑过自身和后代的生存正在遭受着严重的威胁。倘若每个人都能热爱自然、维护生态系统的良性循环，不仅可以使我们摆脱目前生存环境恶化的危机，而且可以造福子孙后代。

社会经济发展要依赖自然资源和环境的支持，故对资源的开发利用是不可避免的。但是，人们应该学会在生态效益和经济效益间寻找平衡，提倡“群生遂长”，而不是竭泽而渔、杀鸡取卵，超越资源环境的承载极限。许多自然资源是稀缺性的，甚至是不可再生的，而人类的需求则往往是无止境的。正是这种矛盾的存在，使得合理配置资源、实现自然资源永续供给显得更为重要。

不久前，习近平主席在北京世界园艺博览会开幕式上发表重要讲话时说，“生态兴则文明兴，生态衰则文明衰”，体现了长远的发展眼光。深入阐明建设生态文明、建设美丽中国的理念与实践，深刻揭示生态文明建设关乎人类未来发展，明确提出了同筑生态文明之基、同走绿色发展之路的主张。

在今天的中国，环境保护已经是政策优先事项。中国政府制定了更加严格的环境保护法律法规，并拿出了更大的决心执行。随着“绿水青山就是金山银山”观念的深入人心，人们对于生态保护的重要性体验得更加深刻。现实生活告诉我们，工业生产的发展在客观上带来废气、废水、废物对空气、水质、土地等生态环境的污染。治理污染，既是经济可持续发展的需要，更是保护人类赖以生存的地球环境以及保护人类自己的需要。这是关系子孙后代长远利益的大事，一定要引起全人类的高度重视。

《淮南子》在生态理念方面留下了许多十分珍贵的遗产。其中，许多生态文明思想因子不仅在古代产生过积极影响，而且在当今社会仍有着不可忽略的价值。随着科学发展观深入人心，人们更加明白生态保护在保障社会进步、提高人民生活水平方面的重要作用。作为现当代人的思想理念，“生态文明”最本质的含义在于，通过阐明人与自然关系的重要性，寻求人类经济活动合乎理性的正确途径，实现人类社会与生态环境之间的良性互动，其突出标志则是资源的永续利用和良好的生态系统。

古今中外的无数事例昭示，发展经济往往会付出沉重的代价，即生态环境的逆转和破坏。面对各种惨痛的教训，人们不得不重新审视自己走过的道路。《淮南子》的生态文明观念为人们正确认识和处理人与自然的关系、解决当前人类面临的生态环境问题、促进资源节约型和环境友好型社会的建设、实现可持续发展提供了宝贵的借鉴，具有很大的启迪意义。

（作者为湖北省炎黄文化研究会常务理事、华中师范大学教授）

长江经济带城市文化产业发展方略
——以武汉、杭州动漫产业为例

姚伟钧

千百年来，长江流域以水为纽带，连接上下游、左右岸、干支流，形成经济社会大系统，今天仍然是连接丝绸之路经济带和21世纪海上丝绸之路的重要纽带。改革开放以来，长江流域经济社会迅猛发展，综合实力快速提升，是我国经济重心之所在、活力之所在。最近，中央提出要推动长江经济带继续发展，必须坚持生态优先、绿色发展的战略定位，这不仅是对自然规律的尊重，也是对经济规律、社会规律的尊重。这也从生态文明体系构建的角度，进一步丰富和完善长江生态文明先行示范带的科学内涵，创新其实现路径，要求在长江经济带建设中，必须转变增长方式，大力推进文化建设，而文化产业是文化的重要载体，文化产业已然成为当前长江经济带产业实力强、示范作用大的重要一极，但其发展并不平衡，潜力有待进一步释放。因此，发展文化产业是长江经济带建设的重要使命。

一、长江经济带动漫产业发展概况

动漫产业是最具创造力、感召力、带动力和影响力的21世纪知识经济的核心产业之一，是继IT产业之后最具广阔市场前景和巨大发展潜力的新兴产业。它集资金密集、科技密集、知识密集、人才密集于一体，具有消费群体广、市场需求大、生命周期长、附加价值高、带动作用大、节能环保等特点，是文化产业重要增长点。大力发展动漫产业，对于满足人民群众精神文化生活需求、传播先进文化、促进青少年健康成长，对于调整优化产业结构、转变经济发展方式都具有重要意义。在当今经济全球化过程中，动漫产业发挥着越来越重要的作用，日益成为城市综合竞争力和可持续发展能力的关键。

2012 年，国家首次发布了《“十二五”时期国家动漫产业发展规划》，中国动漫产业终于确定了自己的战略地位、发展目标及实现途径，开启了我国“从动漫大国向动漫强国跨越发展”的伟大进程。武汉、杭州市委、市政府都高度重视发展动漫产业，将动漫产业纳入两市战略性新兴产业振兴计划、文化产业发展规划和国家文化科技融合示范园区建设重要内容，出台促进政策，实施示范工程，引导动漫产业健康快速发展。武汉市、杭州市成为长江流域动漫产业发展的两个最有代表性的城市。

杭州市作为长三角南翼中心城市，其经济总量连续多年居全国省会城市第二位，城市综合实力在国内同类城市中名列前茅。随着人民精神文化需求的日益增长和经济的快速发展，杭州市委、市政府开始认识到文化产业的发展对于经济增长的重要意义。21 世纪初，杭州市委、市政府根据城市的定位及杭州在人才、创意、策划、组织、技术、设备、资金、经营方式等方面的优势，倡导发展“创意、休闲”产业，同时把动画产品列入杭州市文化精品工程，每年安排专项奖励基金，培育动画品牌，让动漫产业成为杭州市新的经济增长点。

从杭州市动漫产业发展来看，杭州市动漫产业萌芽于 20 世纪 80 年代，最早是为海外动漫产品做加工，2005 年初，杭州市在北京、上海、广州等 8 个强有力的竞争对手中脱颖而出，一举夺得中国首届国际动漫节的举办权，他们开始着力打造中国“动漫之都”。2005 年 6 月，杭州市成功举办了首届中国国际动漫节，在短短 5 天展期内，参加会展的观众突破12万人次，现场销售额1370万元，合同成交额30亿元，达成的合作交易项目有500余项。2006年4月28日至5月3日，杭州市成功举办了国家级、国际性、专业化的第二届中国国际动漫节，参加会展观众达28万人次，成交(含合同)金额37.6亿元人民币。2006年8月，经国家广电总局批准，中国国际动漫节固定在浙江杭州举办。到2016年，杭州举办动漫节的十年，也是当地动漫企业飞速发展的十年。在家门口举办动漫节，对杭州动漫企业的成长和发展不无裨益。动漫节把国际上最优秀的动漫企业和资源带到杭州，给了杭州本土企业近距离学习的机会。可以说，动漫节既是平台，又是瞭望窗口。

杭州动漫企业不仅生产动漫的数量众多，其质量也获得国内外认可。比如，杭州盛世图龙动画有限公司制作的动画电影《梦回金沙城》，入围第83届奥斯卡最佳动画长片评选。2014年，杭州玄机科技有限公司制作的《秦时明月之龙腾万里》，在中国动画电影市场上取得了6000多万元的票房收入。

作为21世纪最被看好的朝阳产业，武汉动漫游戏产业自2000年起步，已走过了十多年的发展历程，带动了衍生产品等多条产业链的发展。武汉动漫游戏产业与整个行业的发展基本同步，也走到了一个“拐点”，一些企业退出了，另外一些企业加入了。总的来看，武汉动漫游戏产业正在经历从数量规模型增长向质量效益型增长转型的阵痛。无论是从制作水准、商业模式，还是从效益上看，武汉动漫产业都日趋成熟。

截至2015年，武汉市动漫游戏行业总产值接近50亿元，9部汉产电视动画剧集和新媒体动画作品分别在央视、全国地方电视频道及新媒体平台播放，其中4部电视动画剧集登陆央视，在央视播出的“汉产动画”总数达到30余部。11部动画作品预定在2016年完成制作，进入播放市场。武汉动漫期刊、绘本等少儿出版物发行总量继续引领全国，2015年销售总收入近10亿元。

新媒体动漫实现新突破，全年实现销售收入近1亿元。网络和手机游戏全年完成开发制作10余部，均进入推广运营渠道，其中汉产VR游戏实现零的突破，游戏电竞产业全年实现销售收入近1亿元。服务外包规模开始回升，全年产值达到6537万元。工程动画实现稳步增长，产值达2000余万元；虚拟技术应用在城市规划、工程建设、模拟仿真、数字教育和数字娱乐等领域得到广泛应用，全年产值预计超过5亿元。武汉影视动漫专业音频服务全年完成配音、配乐、混音作品10部，成为武汉动漫产业链条上的一个亮点。截至2015年底，武汉动漫游戏行业已拥有国家动画产业基地1家，国家文化产业示范基地4家，国家重点动漫企业2家，国家级动漫企业23家，湖北省文化产业示范基地及园区33家，武汉市文化和科技融合示范企业和园区19家。武汉动漫游戏行业"新三板"上市企业累计达4家，实现资本市场融资2亿多元，成为武汉动漫游戏产业创新发展的有力支撑。

截至目前，武汉市共有动漫从业人员近万人，初步形成了以影视动画为核心，原创漫画为依托，新媒体动漫为先导，网络游戏、应用动漫、服务外包及衍生产销为支撑的产业生态发展新格局；《天上掉下个猪八戒》《饼干警长》《小戒，别淘气》《木奇灵》等动漫作品在全国收到了很好的播放效果。值得一提的是，2016年6月9日，《木奇灵2》在湖北剧院推出舞台剧，三维舞台效果互动性比较强，取得了很好的社会效果，首演完后，被选上了2016年湖北剧院暑期档的嘉年华。此外，光和能源(武汉)有限公司总经理、迪斯尼影视动漫公司制片导演张少甫，于2016年3月入选武汉市首批60名"城市合伙人"。武汉动漫企业尤其是原创方面在全国属于"第一方阵"。

武汉地处荆楚腹地，具有鲜明地域特色的荆楚文化拥有巨大的经济文化开发价值，为武汉动漫产业的发展提供了丰富的文化资源，成为开发以弘扬民族精神为宗旨的国产动画不可或缺的珍贵宝藏。如何将富有武汉韵味的特色文化元素运用到动漫设计中，实现地方风韵与现代设计的完美融合，让动漫作品兼具时代感与地方现代气质，是时下推动武汉原创动漫产业发展亟待解决的问题。

二、武汉动漫游戏产业发展存在的问题

武汉动漫产业发展虽然起步较早，但是与杭州、上海等城市相比较还存在一定的差距，主要表现在以下几方面。

一是动漫产业发展组织机构不健全。杭州市于 2007 年专门成立了局级事业单位——杭州市文创办，作为文创产业及动漫产业的行业主管单位，负责动漫产业政策和规划的制定与实施，产业基地、园区建设的指导协调和重大项目的组织与推进。目前，武汉市还没有类似的动漫产业发展组织机构，有待尽快建立健全。

二是对动漫产业龙头企业的支持力度不够。以江通动漫公司为例，这家国内最早一批起步发展的动漫企业，为武汉动漫产业发展做出了重大的贡献，该公司制作的红色经典动画系列片《中国共产党的故事》投资 1. 8 亿元，但是由于项目不以营利为目标，公司负责人提议希望政府在发展政策上给予更多的倾斜。诸如此类的问题需要引起重视，并尽快给予一定的支持。

三是对原创动漫作品的支持力度不够。杭州市政府自 2005 年起每年安排 5000 万元专项资金，2010 年又增至 7000 万元，用以资助和奖励优秀原创动漫项目。第一届动漫节成功举办后，杭州市政府出台了《关于鼓励和扶持动漫游戏产业发展的若干意见》，对动漫企业的各项补助奖励作明文规定，比如规定，凡在本市申报、国家广电总局批准的原创动画片、经评审的优秀作品，在地方级以上电视台播出的，每分钟奖励企业 500 元；在中央台播出的，每分钟奖励企业 1000 元；在境外主流媒体播出的，每分钟奖励企业 1500 元，播出奖励有效增加了动漫企业的盈利，一定程度上冲抵了投入与产出之间的不平衡。在产业发展初期，动漫企业的盈利模式还没有建立起来时，这种支持具有非常重要的意义。此外，滨江、西湖、拱墅、江干、萧山、余杭等杭州各城区也出台动漫游戏产业扶持政策。市、区两级财政的共同扶持、合力推动，

进一步加快了杭州动漫产业发展。这些成功的做法都值得武汉市借鉴和学习。

四是对动漫游戏产业的知识产权保护工作不到位。动漫游戏产业是原创性的知识性服务产业，需要强大的知识产权保护体系作为法律支撑，但是，武汉动漫游戏产业对于知识产权保护工作关注、支持还不够，产业政策尚不清晰。

五是汉产动漫的产业链还没有完善。由于汉产动漫缺少盈利模式、投资回报率低，愿意涉足的投资方较少，导致社会各相关职能单位都没有形成面向动漫服务的渠道和体制，资源的分散导致汉产动漫企业孤军奋战、各自为政。

此外，随着大众文艺娱乐日趋多元化以及数码特效技术的持续创新，以漫画、卡通、动画、游戏以及多媒体内容产品等为代表的动漫产业迎来了新的发展机遇。在传统二、三维动画的基础上，新媒体动画、全息动画等崭新的动漫表现形式出现，并逐步发展成为主流的文化形式。这些新变化也需要我们高度重视、随时跟进，并保持领先。

三、加快武汉动漫之都建设的对策建议

近年来，随着互联网等新一代信息技术创新发展和广泛应用，动漫游戏产业呈现新趋势，原创优质 IP 价值越来越大，VR/AR(虚拟现实/增强现实)成为风口，游戏直播平台引领全民直播时代已经到来。这种质增阶段的到来，需要我们有更精准的发展方略。为了发展、推进和提升武汉动漫产业，我们认为，当前武汉动漫产业发展尤其需要建立科学的机制，找到适合城市特色的发展模式。现提出几点对策建议。

(一)大力扶持动漫原创精品

进一步提高动漫企业原创能力和技术研发能力，扩大基于民族文化传播和传承原创产品的生产，提高行业领先的关键技术研发市场份额。

调整动漫产业布局，实行区域策略发展和行业批次发展，优先支持国家级动漫产业基地建设，优先发展动漫互联网和移动网络游戏，重点发展影视动画产业。利用国家动漫精品工程、动漫品牌建设和保护计划、社会主义核心价值观动漫扶持计划、民族原创动漫形象奖励扶持等政策，支持原创内容的生产创作。

要深入挖掘荆楚民族文化，提升动漫剧本原创能力。在文化艺术方面，越是民族的就越具有生命力、越具有世界性。当《花木兰》《功夫熊猫》这样的优秀动画满含木兰从军的故事、道教禅理、功夫等典型民族文化元素出现在人们的视线中时，这样一部以中国元素、中国文化为招牌的动画片却不是源于己手，不免让人感到遗憾，发人深省。我国动漫要在多元化发展的全球动漫界立足，就需要大力挖掘传统民族文化，发扬民族特色。同样，汉产动漫要在全国占有一席之地，也需充分利用武汉元素，打造地区特色文化。这种特色主要体现在动漫作品的原创能力上，包括剧本取材、人物角色、地理环境、历史背景等。湖北作为楚文化的发祥地，文化资源丰富，底蕴深厚，具有鲜明的地域特色和巨大的经济文化开发价值。炎帝神农文化、楚国历史文化、秦汉三国文化、清江巴土文化、长江三峡文化、江城文化、现代革命文化等，这些题材都是开发以弘扬民族精神为宗旨的汉产动漫产品不可缺少的宝藏。武汉动漫的发展应当充分运用这一得天独厚的资源优势，以武汉元素为创作素材，把它们作为一种文化的精髓融入汉产动漫作品。

(二)大力支持动漫龙头企业发展

要着力培育一批动漫品牌和领军龙头企业。强化品牌建设，探索有效盈利模式，不断做大做强，形成一批国家级重点动漫企业集群。对江通等重点企业实行一事一议、一企一策、特事特办，在重大项目实施、推进自主创新、企业项目融资、创新平台建设、开拓国内外市场等方面，进行全方位服务和重点支持；加大对企业上市和“新三板”后备企业的培育和支持力度，对具有一定创新能力的成长性企业，从创业投资和信贷融资、基础研发、成果转化、开拓市场、项目工程等方面给予针对性支持，促进企业快速成长，加强动漫企业整体营销，促进国际合作，搭建动漫企业交易服务和外贸平台，推动动漫企业出口和传播，推动动漫产业中小企业在大平台上实现集合发展。

(三)搭建动漫产业发展投融资平台

政府设立一定规模的动漫产业专项资金，用以资助和奖励优秀原创动漫项目，同时，有效解决动漫产业龙头企业因资金短缺等原因影响作品创作和制作进度等突出问题。政府建立动漫企业贷款风险补偿基金，扶持中小企业尤其是创作研发类企业。建议加大财政资金的扶持力度和文化产业引导资金向动漫企业倾斜，可考虑建立动漫游戏产业扶持基金，放大财政资金的使用效益，加大间接扶持资金的比例。扩大动漫产业的融资渠道，政府对此类贷款实行低息或者给予贷款贴息。对动漫产品的开发创作单位予以税收减免，鼓励原创单位的发展。对动漫产品的出口和版权贸易给予出口补贴，建立出口退税制度。进一步完善动漫产业的投融资服务平台，积极鼓励金融机构创新产品，引导其他资本进入，为中小动漫游戏企业提供科学化服务。

(四)培养吸引动漫产业文化创意人才

武汉动漫产业在发展过程中需要建立一个属于自己的完整的人才培养体系。其建立的首要条件是需要武汉艺术类高校加强对学生专业性知识和能力的培养，对于那些具有艺术、技术和经营三方面能力的复合型的学生进行重点培训，使他们成为未来武汉动漫产业的主力军。另一方面，武汉市政府可以出台积极的就业政策，来吸引优秀的国内外动漫人才来武汉发展，重点引进一批国内外有较高原创水平和既懂动漫又懂经营管理的复合型人才，为他们提供更多可靠的就业岗位，努力打造武汉动漫产业竞相迸发的舞台。同时，大力建设动漫企业人才实训基地，为武汉动漫产业发展培养多方面的人才。

（五）构建一个完整的动漫产业生态链，带动武汉动漫产业的结构升级

在动漫产业基地或动漫产业园区建立完整的动漫产业链。将一些受到大众消费者欢迎的动漫作品，开发动漫衍生产品并进行规模生产，将盈利重心转移到动漫衍生产品上，并且可以通过国际动漫节庆活动进行试点销售。武汉动漫企业可以积极配合武汉市政府的政策工作，加快动漫企业自身的产业结构升级，努力开创一条适合动漫企业自身发展的产业链。

（六）加强对知识产权的管理和保护，提升整个动漫市场的知识产权保护意识

市政府应该继续加大对动漫产业知识产权的保护力度，严厉打击盗版商的违法行为，为武汉动漫产业营造一个良好的运营环境。其次，武汉动漫企业应加强对知识产权的自我保护意识，认真做好对其下属动漫产品和形象的专利申请、商标注册等工作。同时，搭建“武汉动漫创意公共技术平台”，支持建立以动漫龙头企业为核心、产学研一体化技术集成的知识产权创新联盟，以实现行业自主创新的可持续发展。

总之，武汉动漫产业虽然取得了一定的突破，获得了可喜的成绩。但要真正在长江经济带文化产业中占据一席之地，整个行业还需不断努力。只有深入挖掘荆楚文化，运用科技手段促进动漫设计与中国文化元素与荆楚文化元素的充分融合，才有可能创造出既有荆楚民风、民俗，又具时代精神的好作品，武汉原创动漫产业才能真正实现飞跃发展。

参考文献

[1] 谈国新、张立龙：《汉产动漫中的武汉元素与设计》，见《2015 武汉文化创意产业发展报告》，社会科学文献出版社 2015 年版。

[2] 孙智君、李响：《长江经济带文化产业集聚水平测度及影响因素研

究》，载《学习与实践》2015 年第 4 期。

[3] 倪伟杰：《从加工走向原创——杭州动漫产业的嬗变之路》，载《支点》2015 年第 6 期。

[4] 赵慧、施岚、姚伟钧等：《建设中国动漫之都，武汉需找准发力点》，载《武汉宣传》2016 年第 8 期。

[5] 姚伟钧：《文化资源学》，清华大学出版社 2015 年版。

（作者为湖北省炎黄文化研究会常务理事，华中师范大学教授、博士生导师）

范蠡的治国思想与长江文化

刘韶军

范蠡的为人与处世在历史上素有高评，但在现代史学和哲学史上，却很少有人研究他的活动与思想，更没有人把他的活动和思想与长江文化联系加以考察。本文根据相关历史文献的记载，分析范蠡的相关活动及其中所表现出来的思想，由此窥探他的行动与思想与长江文化的关系。

中国古代的思想强调知行合一，即思想与行动或实践要紧密结合。既知之，则行之，不能仅仅停留在“知”的层次，更要在“知”的基础上付诸行动和实践。就范蠡而言，这种特点非常突出，而这也可以说是长江文化的一个特色。如属于长江文化范畴的庄子，他提出的思想就非常注意自己的亲身践行，而范蠡也是在实际的行动中实践自己的思想，或者说是把自己的思想与智慧落实到自己的实际活动中。

春秋时期，楚材晋用是引人注目的现象，许多楚国的人才出于各种原因逃到晋国，为晋国出力，来对付自己的母国楚国，这就是“楚材晋用”。不过范蠡却是“楚材越用”的典型范例。范蠡因助越灭吴而垂名青史，吴与越不属于楚文化，范蠡却是道地的楚人，范蠡为越国尽力，这是“楚材越用”。虽然也是为异国效力，但他不是帮助别的国家来对付自己的母国，这比那些只顾自己而不顾母国的人，更值得尊重。

据史书记载，范蠡，字少伯，楚国宛县三户人，他没有入仕做官，但也不是一个普通平民，他为人佯狂倜傥，所作所为完全与俗人不同。

当时的宛县县令文种听说范蠡与众不同，不仅不觉得怪异，反而认为："士有贤俊之姿，必有佯狂之讥，内怀独见之明，外有不知之毁。"(《史记·越世家》"张守"节《正义》引《会稽典录》)他深知这种人不能按一般人的标准来衡量。文种如此看重范蠡，表明他了解范蠡采取反俗行为背后的特定思想，可谓知音相赏。

文种亲自来找范蠡，二人一见如故，"抵掌而谈"。(《史记·越世家》"张守"节《正义》引《会稽典录》)。文种的随从对他们的玄妙谈话无法理解，不知所云，表明二人所谈相当高妙，远远超出普通人常识。二人经过深谈，文种当即辞去县令，与范蠡离开楚国，前往吴、越，要运用自己的思想辅佐外国的君主成就一番事业。范蠡和文种最终挑选了越国作为实践自己思想的目的地，这一选择一定经过了深思熟虑。

越国有一个势均力敌的对手之国，即与之毗邻的吴国。越、吴是世代仇国，几代人攻伐不已，互有胜负，却又不相上下，谁也未能吃掉谁。这种局面，在范蠡看来，不是双方客观上不具备消灭对方的可能性，而是由于双方的国君不具备实现这种可能性的主观能力。若是有人用一种高明的思想指导他们，就能把这种可能性转化为现实。

范蠡所以这样断定，是在仔细分析了越、吴两国的实际形势后得出的结论。因为越、吴两国的国土、人口、文化、政治、经济、军事各方面的情况都大体相当，又相邻而居，正是天生的一对敌国。若是其中一国国力太强，一国太弱，就不能成为敌手之国，谁胜谁负，可以一目了然，不须他人帮助，自可走向一个可以预料的结局。而越、吴两国不是这样，所以经过长期的相争而至于僵持，必须有外人来参与其中，才能打破僵局，实现突破。从另一个方面看，像楚国与秦国、秦国与齐国，都是相当大的国家，相互间国土并不紧邻，不能简单地像越、吴一样打破均势，取得突破性胜负。所以，范蠡选择了越国来实践自己的思想，帮助这个国家取得决定性的胜利，以完成历史性突破。文种只是跟随范蠡而去，并非他自己有这样的认识，后来文种不能像范蠡一样成功而退，也证明了这一点。

本来范、文二人准备前往吴国，但得知楚国的伍子胥已先期到达吴国，且受到重用，范蠡知道一山不容二虎，于是去吴至越。这表明他当初并不是对越或吴的任何一方怀有偏见，只是认为这两国正是实现自己思想的理想之地而已，至于选择哪一国来采取行动，都无关紧要。

范蠡和文种辅佐越王勾践，不是靠武功博取功名，而是用特定的思想指导越王勾践的政治和军事行动，同时，也是借此实现自己的思想。这表明他们的思想是以行动或实践为重要特色的。

任何一种思想，如果只停留在口头上，局限在书斋里，就不是具有行动性或实践性的思想。这样的思想，不管构思得多么完满与成熟，意义都不大。马克思曾强调，马克思主义的根本特点在于：以往的思想只是为了解释世界，而马克思主义则是要改变世界。因此，马克思主义是必须付诸实践的思想，是创造历史、改造历史的思想武器。要让广大人民使用马克思主义作为思想武器，来进行武器的批判，而不是仅仅为人们提供一种批判的武器。马克思如此强调思想的行动性和实践性，在世界思想史上是前所未有的，因而对世界历史产生了无可比拟的重要意义。

范蠡的思想，当然不可能达到马克思主义的高度，但他确有应用思想于现实，以求获得实际效果的意图，这就体现了其思想的行动性特色，这种特色可以说是长江文化的一个鲜明特色，而范蠡的历史实践，就证明了这一点。

范蠡的思想分两个方面，一是用于国家，一是用于个人，这是中国古代思想的共同特色。如儒家思想，常被人归纳为修身治国平天下，分析起来，就是国家与个人两方面的内容。道家思想，一般认为是退隐的，不关心国家社会，只注意个人的修身养性。其实，老子的思想也像儒家一样，是以修身治国平天下为基本思路的，只是它设想的具体方法途径与儒家不同。道家的思想也同儒家一样，包含国家与个人两方面的内容。法家思想以关心国家之事为主，但也有关于个人如何处世与自律的内容，只不过它的内容与儒家和道家又有所不同。

中国古代思想的这种鲜明特色，古人早就予以明确指出了。汉代史学家司马迁之父司马谈，在撰述史学巨著《史记》时，对秦汉以前的各家思想做过精彩总结，形成一篇著名的文章，即《论六家要旨》，其中“《易·大传》曰：‘天下一致而百虑，同归而殊涂。’夫阴阳、儒、墨、名、法、道德，此务为治者也，直所从言之异路，有省不省耳”①。

可知，不管是哪一家的思想，其中心思想都是关于国家的事情，即所谓“务为治”，然后才有与之相关的关于个人的思想。这两个方面紧密相关，体现了中国古代思想以人为本、以人群为本的人文特色。范蠡也不例外，他的思想不会超出中国古代思想的这一共同思路，只不过其具体内容有着更为注重实践性的特色。

一、治国思想的三原则：持盈、定倾、节事

范蠡没有自己的著作，所以人们没有注意他是属于哪一家的人物，但据他治理国家的论述可看出其基本的思想倾向。

春秋晚期，越国与吴国为东南地区势均力敌的两个国家，都想消灭对方，称霸一方。越国君主勾践重用范蠡和文种两个来自楚国的人才，想尽快在与吴国的争战中取胜制霸，受这一功利性目的的影响，不免急功近利。范蠡为他分析形势时，阐述了治国的三原则：“夫国家之事，有持盈，有定倾，有节事。持盈者与天，定倾者与人，节事者与地。”②

“持盈”，用于形势大好时，目的是让国家长久保持盈满强盛而不走向衰败。“定倾”，用于形势危殆时，以挽狂澜于既倒，稳定即将倾覆的局势。“节事”，用于转危为安、转败为胜时，用来发展生产，积蓄实力，等待时机，以求反攻。

范蠡认为“持盈”就是遵照“天道”的基本原则：“天道盈而不溢，盛

① 司马迁：《史记》卷一百三十《太史公自序》。
② 《国语·越语》。

而不骄，劳而不矜其功。”①所谓“持盈者与天”，就是按照“天道”的这些准则行事。

在范蠡看来，天道的根本精神就是“不溢”“不骄”“不矜”。古人认为天有四时变化，万物因此不断生长消亡，使自然界永远保持兴盛，生生不息。但天又是无意志的，从来不对这种伟业有任何骄矜之心，所以能让自然界万物的兴盛永远持续下去。与天相比，人在成功和盛满之际容易产生溢、骄、矜的心态，这就使人不能保持成功与兴盛，由盛变衰。

君主能否按照“持盈”的准则治理国家，对国家的命运来说至关重要。国家兴盛时，君主要按照天道“不矜其功”，不把功劳记在自己头上而居功自傲，这是“盈而不溢，盛而不骄”的基础。君主只要有一丝矜功之心，就会肇开溢骄之端，一发不可收拾，导致盛衰之变。在国势兴盛时，君主能否不骄不矜，直接关系到国势能否长久兴盛。能做到这一点的君主少之又少，所以范蠡把它列为治国的首要原则。

越王没有做好充分准备就急于进攻吴国，违背了“持盈”原则。当时越国还谈不上兴盛，急于进攻就更是溢、骄、矜。范蠡说，此时进攻吴国，是“逆于天而不和于人”的妄动，如果采取这样的行动，结果只能是“妨于国家，靡王躬身”。勾践急于消灭吴国，认为只需一战即可从根本上解决问题，听不进劝谏，执意出兵攻吴。结果战于太湖而大败，只能退守会稽山，四面被围，越王及其国家危在旦夕。

此时，范蠡向越王说明了治国的第二项原则“定倾”，即想办法挽救危局，挽救倾覆。范蠡说：“定倾者与人。”所谓“与人”，就是让越王“卑辞尊礼，玩好女乐，尊之以名。如此不已，又身与之市”。可知“与人”是在形势危急时，向对方(人)暂时屈服，以示弱的姿态来与敌人媾和，以换取生存的余地，再图后计。“与人”的目的是让对方(人)满意放心，让对方不彻底灭亡自己的国家。

---

① 《国语·越语》。

越王于是派文种去见吴王，“请以士女女于士，大夫女女于大夫，随之以国家之重器”，乃至“请委管籥属国家，以身随之，君王制之”。同时又用离间计等，让吴王杀掉冷静而理智的辅臣伍子胥。这都是“定倾与人”的具体内容。

在“定倾”之后，要进一步自救，这就是治国的第三项原则“节事”。“节事”的要点是“与地”，“唯地能包万物以为一，其事不失，生万物，容畜禽兽，然后受其名而兼其利。美恶皆成，以养其生”。

古代生产力水平低，人们只有依靠土地生存，因为土地能容纳万物，为万物提供生存生长的空间，并且对万物一视同仁，无偏无爱，使万物各自生长而各有其用。越王勾践要东山再起，反攻吴国，一定要利用土地获得充足的物资。使用土地生产各种物资的方法是：“时不至，不可强生。事不究，不可强成。自若以处，以度天下，待其来者而正之，因时之所宜而定之。”

大地生长万物有一定的“时”和“事”，“时”是大地生长万物的时节与秩序，“事”是人利用土地生产各种物资的相关活动。“事”与“时”必须相配，就是“节”。既不能“逆天时”，急功近利，揠苗助长，又不可时节已到还不从事生产，这就是“其事不失”。将这些内容合起来就称为“节事”，由此而与土地结合起来，就可以“兼其利”“以养其生”。

此外，还要注意“同男女之功，除民之害，以避天殃”，这也是“事”的必要内容，即充分发挥人民的力量，除害避殃，以求“其利”，具体来说，就是“田野开辟，府仓实，民众殷。无旷其众，以为乱梯”。

这里特别要注意“旷其众”的问题。生活一旦富裕，民众往往不再专心从事生产，这就是所谓“旷其众”。不从事生产的人多了，就会造成许多纷乱，治国者一定要注意随时避免“旷其众”现象出现，消除“乱梯”。

“事”还有一项内容就是“抚民保教”，即对国民进行安抚、保护、教育。生产各种物资是外在的准备，“抚民保教”则是内在的准备，即从国民质素上进行准备。其前提是“事无间”。范蠡说：“时将有反，事将有间，必有以知天地之恒制，乃可以有天下之成利。事无间，则抚民保教以须之。”“间”是指事情的间隙，即采取某种行动的机会。时势的发展终会走向它的反面，吴、越的力量对比会在一定的时势下发生反向转化，于是事情就会有“有间”和“无间”。双方力量发生变化，这是“时”的变化，在此情况下，发动进攻就会“有间”，如果还没“有间”，就要“抚民保教”以等待“间”的出现。可知这是“事”的一部分，做这种事也需要“节”，即注意时节的变化。时势总会变化，间隙总会出现，这是天地之恒制，了解时势的变化以及间隙的出现而行“事”，“乃可以有天下之成利”。“节事”原则就包含这种内容。

“事”还把治国分成内、外两类。国内的“事”是“四封之内，百姓之事”，对此要“时节三乐，不乱民功，不逆天时，五谷睦熟，民乃蕃滋，君臣上下交得其志”。国外的“事”是与异国打交道，“四封之外，敌国之制，立断之事”。处理好国外的“事”要“因阴阳之恒，顺天地之常，柔而不屈，强而不刚。德虐之行，因以为常”。

与别的国家打交道时，其原则是“因”“顺”“阴阳”“天地”的“恒”“常”之道，具体而言就是既要“柔”，又要“刚”，既有“德”，又有“虐”。“柔”与“德”是阴，“刚”与“虐”是阳，它们的恒常之道就是各自适度，都不过分，这也就是“节事”的“节”。在与别的国家打交道时，能把“刚”“柔”“德”“虐”分别做得适度得当而不过分，确实是很难的事，所以，范蠡认为，只有圣人能把这些事做得有“节”：“死生因天地之刑，天因人，圣人因天，人自生之，天地形之，圣人因而成之。”圣人因而成之，就是因顺阴阳天道而把相关的事情办成做好，范蠡在处理越、吴二国关系时就是按照这种思想来做的，而且确实做得非常成功。

二、范蠡治国思想与《老子》思想

以范蠡的治国思想与《老子》思想相比，二者有许多相通之处，其都属于长江文化的范畴。

第一，范蠡“持盈”思想与《老子》思想有渊源。《老子》第九章：“持而盈之，不如其已。富贵而骄，自遗其咎。功遂身退，天之道。”范蠡的“持盈”来自《老子》的“持而盈之”。《老子》第十五章：“保此道者不欲盈。”其主张是“不欲盈”，所以说与其“持而盈之，不如其已”。富贵而骄是“持而盈之”的一种表现，结果是自遗其咎，故是错误的做法，功遂身退则是不欲盈的正确做法，符合天之道，不会自遗其咎，所以要“不欲盈”，而不要持而盈之。范蠡的“持盈”是说，如何在盈盛的状态时保持正确的做法，使己方不会由盛转衰，避免败亡。其根据也是“天道盈而不溢，盛而不骄，劳而不矜其功”。这与《老子》根据天之道而不欲盈的思想是一致的，范蠡与《老子》的目的都是要在盈、盛的状态下保持不骄、不溢、不矜的态度，防止自遗其咎的恶果。

范蠡“持盈”思想又主张“天时不作而先为人客，人事不起而创为之始，此逆于天而不和于人”，所以不仅要不骄、不溢、不矜，还要注意采取行动时不先于天时而作、不先于人事而始，而要与天时、人事相合，不能在天时未至、人事未起的时候抢先采取某种行动，否则就是逆天而不和于人，其结果必然是失败。《老子》第六十七章：“不敢为天下先，故能成器长”，“不敢为主而为客，不敢进寸而退尺……祸莫大于轻敌，轻敌几丧吾宝”。其强调不敢为人先、不敢为主、不敢轻敌，否则就会有祸而丧吾宝。将范蠡的说法与《老子》相比较，就可看出《老子》之所以不敢为先、为主、进寸等，其根据正是天时未作、人事未起，正是为了不逆于天而和于人。因此，可以肯定范蠡与《老子》在这一点上也是相通和一致的。

范蠡“持盈”思想正是基于以上两层含义，要求君主不要好大喜功，不要轻易地抢先发动战争，不能狂妄地追求过分的利益。越王急于复仇而抢先与吴国开战，范蠡告诫他说：“勇者，逆德也；兵者，凶器也；争者，事之末也。阴谋逆德，好用凶器，始于人者，人之所卒也。淫佚之事，上帝之禁也。”这里所说的勇和争，就是骄、溢、矜的表现，就是抢先用兵开战，就是敢为天下先、敢为主、敢进寸，就是轻敌，就是逆天而不和于人，是淫佚之事，是上帝所要禁止的。先于人而最终被人卒之(结束他的生命)，即最终被人打败消灭。这样的思想在《老子》中也有相应的表述，如《老子》第三十章：“以道佐人主者，不以兵强天下。其事好还。”第三十一章：“夫兵者不祥之器，物或恶之，故有道者不处”，“故兵者非君子之器”。其都是主张兵为凶器、不祥之器，逞强用勇、用兵相争都属于有道者不处的事，也就是上帝所要禁止的事。而“其事好还”与“始于人者，人之所卒”的意思也完全相同。

范蠡“持盈”思想主张“不矜其功”，这种思想在《老子》中则有更多的表述。如《老子》第二章：“圣人处无为之事，生而弗有，为而弗恃，功成而弗居。”第十章：“生之畜之，生而不有，为而不恃，长而不宰。”第十七章：“功成事遂，百姓皆谓我自然。”第二十四章：“自伐者无功，自矜者不长。”第七十七章：“是以圣人为而不恃，功成而不居。”均是“不矜其功”的思想。《老子》所说的“不矜其功”，是为了保持其功、其长，而使自己长久处于圣人或侯王的优势地位。范蠡要越王“不矜其功”，也是为了让越王保持谨慎的态度，不至于做出危害自身的妄行，最终仍然是要使越王在与吴王的竞争中处于优势地位，以确保最后的胜利。这与《老子》功成弗居的思想是完全一致的。它们的相同点就在于，通过不居功而保证最后的成功，也就是《老子》所说的“功成事遂”，这才是它最后的目的，而不居功只是实现这个最后目的的手段。范蠡在这一点上与《老子》一致，即求得对吴国作战的最后胜利。

范蠡的“定倾”思想，是在形势不利时通过“卑辞尊礼”“尊之以名”一类的示弱，在危急形势下求得机会以生存，由此再来谋求最后的胜利。这正是《老子》第三十六章所说的“将欲弱之，必固强之，将欲取之，必固与之”方法的具体应用。第六十八章也说：“善用人者为之下。”“为之下”就是向对方示弱，甘愿处于卑下的地位。第七十三章又说：“勇于敢则杀，勇于不敢则活。天之道，不争而善胜。”在形势危急之时，“勇于敢”就会被对方杀掉，只有“勇于不敢”反抗才是求得生存的方法，所以示弱是唯一的办法。范蠡对此体会很深，所以教越王在此时用卑辞向吴王表示尊礼，不惜用各种美名尊之，这样才能有存活的机会。这是在形势不利时采取不争的办法而获得存活的机会，才有办法取得最终的胜利。范蠡让越王向吴王卑辞尊礼，目的正是这样。所以《老子》第四十章说："反者道之动，弱者道之用"，把示弱视为道的灵活应用，范蠡可以说在这方面已是运用之妙存乎一心了。

向对方示弱、自取卑顺，范蠡说这是"柔而不屈，强而不刚"，认为表现的或暂时的示弱、柔弱，并不是真正的屈服，而是要谋求长远的生存与最终的胜利。这与《老子》的思想又是一致的。如第七十六章："人之生也柔弱，其死也坚强。草木之生也柔脆，其死也枯槁。故坚强者死之徒，柔弱者生之徒。是以兵强则灭，木强则折，强大居下，柔弱居上。"这是说柔弱才能保证生存，刚强却会导向死亡。对敌国用强就会灭亡，向敌国示弱才能在最终处于居上的地位。范蠡让越王示弱取柔，正是遵循《老子》这一思想而采取的适时的正确措施。第七十八章又说："天下莫柔弱于水，而攻坚强者莫之能胜。弱之胜强，柔之胜刚。是以圣人云：受国之垢，是谓社稷主，受国不祥，是为天下王。"以示弱取柔、为国家蒙受污垢耻辱和不祥之事，是暂时的后退，目的是下一步的进取，最终是保证自己能够成为社稷主、天下王。范蠡让勾践示弱取卑，不是让越国永远处于卑弱而当吴国的奴婢，而是由此换取目前的生存机会，以后才有可能生存、取胜、居上、为社稷主、为天下王，可知这是对《老子》思想的实际应用。

范蠡的"节事"思想，提出"时将有反"，要求等待事情向反面转化，这是对《老子》"反者道之动"思想的具体应用。"反者道之动"是说事物发展变化到一定情况下就必然会向反面转化，

范蠡说："时不至，不可强生。事不究，不可强成。自若以处，以度天下，待其来者而正之，因时之所宜而定之。"这是根据"时将有反"提出的主张，"不可强生""不可强成"是要等待客观的"时"势的到"来"和适"宜"，这又与《老子》顺其自然的思想相通，如《老子》第十七章说："功成事遂，百姓皆谓我自然。"第二十五章说："道法自然。"第六

十四章说："以辅万物自然而不敢为。"这些说法都包含事情不可强生、不可强成的意思，一切顺其自然则时势、事态自会有所变化，等其时至，则事情自可正之、定之、生之、成之，这正是《老子》所说的"以辅万物自然而不敢为"，万物自有其发生发展变化的自然趋势，人的作为是不要违背这种自然趋势，而不是不顾万物的自然趋势而妄为。

范蠡的"节事"，重点在"节"，而"节"与"时"又密切相关，否则也不能说是"节"。《老子》的无为而无不为，就是顺其自然的结果，并不是毫不作为，而是不违背事物发生发展的自然趋势。《老子》第十六章说："不知常，妄作凶。"所谓的常，即是万物的自然趋势，这是永远不以人们的意志为转移的，人类的一切妄为都是"不知"而违背了这个"常"，所以结果必然是"凶"。范蠡不可强生强成的思想与《老子》顺乎万物之自然的思想，可以说都是为了避免这种妄作之凶。

范蠡论治外之事时说："因阴阳之恒，顺天地之常，柔而不屈，强而不刚……天因人，圣人因天……圣人因而成之。"这与司马谈《论六家要旨》所说的道家思想非常相似："道家……因阴阳之大顺……与时迁移，应物变化，立俗施事，无所不宜，指约而易操，事少而功多……圣人不朽，时变是守……因者君之纲也。"所强调的就是"因""顺"，而"因""顺"阴阳、天地、时势等，正是道家与《老子》思想的重点之一，是顺乎万物自然趋势的表现之一，范蠡把它应用到治外之事上，可以说是对道家《老子》思想的一个证明。

范蠡对祸福的看法也与《老子》相同。当越王被吴国大军困于会稽山之时，他喟然叹道："吾终于此乎？"文种开导他："汤系夏台，文王囚羑里，晋重耳奔翟，齐小白奔莒，其卒王霸。由是观之，何遽不为福乎？"此即《老子》第五十八章的"祸兮福所倚，福兮祸所伏"的思想。文种、范蠡二人的思想接近，不可否认，范蠡也应有此种看法。范蠡的节事思想中提出了"除民之害，以避天殃"的说法，避天殃就是避祸。勾践被围于会稽山时，是祸，其中则有向福转化的契机。其后，勾践回国实行十年生养的政策，国家充满生机，此时与困于会稽山相比则是福，范蠡告诫说这时要除民害以避天殃，则是在处于福的状态时不要忘了可能会带来的祸。所以，文种与范蠡都有《老子》这种祸福转化的思想，可谓是非常合理的事实。

在除民害以避天殃时，范蠡提出“无旷其众”，“旷其众”是在国家生产生活走上顺利发展道路时可能会出现的一种祸，要有预见而防止它的出现。另一方面，“无旷其众”的思想又与《老子》第三章所说的“不见可欲，使民心不乱，圣人之治，虚其心，实其腹，弱其志，强其骨”以及第十二章“五色令人目盲，五音令人耳聋，五味令人口爽，驰骋畋猎，令人心发狂，难得之货令人行妨。是以圣人为腹不为目，故去彼取此”的思想也有相通之处。前面说过，“旷其众”是指众人荒废农业生产而耽于玩乐，之所以会出现这种情况，正是有可欲之物之事而使民心发生混乱的结果，有了可欲之物之事，就会令人目盲、耳聋、口爽、心发狂、行妨，这样的话，人们就不会专心农业生产，而耽于玩乐，这就是范蠡所说的“旷其众”。可知“无旷其众”，就是要按《老子》所说的不见可欲，不让人们目、耳、口、心、行发狂等，因此可知，在这一点，范蠡与《老子》思想相通。

范蠡的治国思想，是从天、地、人三方面来考虑的，但不是三者并列，而是以人为中心、为根本，人是其思想中的主体，天和地，归根结底是为人的事情服务的客观因素。但这里所谓的人，是指特定的人，即国王、君主、侯王这一类人。范蠡在说明了其治国思想的三原则之后，直接点明了这种思想的主体：“圣人随时以行，是谓守时。”“圣人”，既指掌握了这种治国思想的人，又指有条件来实践这种思想的人。范蠡当然是掌握这种思想的人，但他不能直接运用这种思想于国家之事，只有越王才能将它付诸实施。可知他所说的人，是特指的人，即国王、君主、侯王一类人，而将天、地、人中的人限定为君主这种特定的人，这一思想也与《老子》思想一致。

《老子》所设想的圣人，是治理国家的圣人。《老子》书中有关的说法非常多，如第三章：“圣人之治……常使民无知无欲，使夫智者不敢为也，为无为，则无不治。”第十七章：“太上，不知有之……百姓皆谓我自然。”第十九章：“绝圣弃智，民利百倍，绝仁弃义，民复孝慈，绝巧弃利，盗贼无有。”第三十五章：“执大象，天下往，往而不害，安平太。”第三十七章：“道常无为而无不为，侯王若能守之，万物将自化……不欲以静，天下将自定。”第四十八章：“无为而无不为，取天下常以无事。”第五十七章：“圣人云：我无为而民自化，我好静而民自正，我无事而民自富，我无欲而民自朴。”第六十章：“治大国若烹小鲜，以道莅天下。”第六十五章：“以智治国，国之贼，不以智治国，国之福。”第六十六章：“是以圣人处上而民不重，处前而民不害，是以天下乐推而不厌，以其不争，故天下莫能与之争。”第七十八章：“是以圣人云：受国之垢，是为社稷主，受国不祥，是为天下王。”

根据这些说法，可以看出《老子》所说的“圣人”就是治民之人，是在民之上、治理民众的人，这就是《老子》所说的“侯王”，可知在《老子》里，圣人与侯王完全是同一种人，书中所说的自然无为等思想，全都是为了侯王与圣人二位一体的特定之人而提出的一套治国、治天下的理论。而范蠡的思想也正是以越王勾践这一君主为对象的，所以说范蠡与《老子》的思想都是以侯王君主为其对象的。

以君主作为思想学说的对象和主体，是中国古代各家思想的一个共同特点，即《论六家要旨》中所说的“务为治者”。范蠡与《老子》在这一点上也完全符合《论六家要旨》的这一见解。

范蠡在灭吴之后辞官而去，成功不居，更是《老子》“成功而弗居”思想的体现。据史书记载，范蠡在灭吴之后，乃喟然叹曰：“计然之策七，越用其五而得意。既已施于国，吾欲用之家。”①“用之家”，就是用于个人，于是他向越王告辞后，遂乘轻舟浮于五湖，莫知其所终极。

范蠡之所以遵行《老子》“成功而弗居”的思想，是因为他知道“大名

---

① 司马迁：《史记·货殖列传》。

之下，难以久居”，再者，而且他也清楚地了解越王“可与同患，难与处安”。① 他当时写信给文种，劝他也尽快离开越国，因为“飞鸟尽，良弓藏，狡兔死，走狗烹。越王为人长颈鸟喙，可与共患难，不可与共乐”。② 我们应该把范蠡此时的行动与言论看成对《老子》“成功而弗居”思想的一种阐释。可惜文种不听范蠡的劝告，最后被越王害死。

范蠡离开越国后经商，多次成功，齐国人曾聘他为相，范蠡说：“居家则致千金，居官则至卿相，此布衣之极也，久受尊名，不祥。”③于是辞去官职，尽散其财，其后在陶经商，“十九年之中三致千金，再分散与贫交疏昆弟”④。不以钱财为意，全都散给朋友亲戚，这又是《老子》第四十四章“名与身孰亲？身与货孰多？得与亡孰病？是故甚爱必大费，多藏必厚亡。知足不辱，知止不殆，可以长久”思想的体现。中国商人以范蠡为始祖，却不懂得他的这种思想与胸怀，所以绝大多数人的结果都是甚爱必大费，多藏必厚亡，没有知足而受辱，不懂知止而自招危殆，财富并不能保证身家性命以及家族幸福的长久。

战国时的蔡泽曾说文种“功成不去”，终受杀身之祸，是“所谓伸而不能屈，往而不能返”。而“范蠡知之，超然辟世，长为陶朱公”⑤。这说明文种对《老子》思想的理解不如范蠡深刻，因此，两个人的结局完全不同。太史公对范蠡也评论说：“月满则亏，物盛则衰，天地之常也。知进而不知退，久乘富贵，祸积为祟。故范蠡之去越，辞不受官位，名传后世，万岁不忘，岂可及哉！”⑥范蠡的不可及，正是由于他对《老子》思想认识得深刻，践行得彻底，这也从一个侧面说明了范蠡思想与《老子》思想的相通之深。

---

① 司马迁：《史记·越世家》。
② 司马迁：《史记·越世家》。
③ 司马迁：《史记·越世家》。
④ 司马迁：《史记·货殖列传》。
⑤ 司马迁：《史记·蔡泽列传》。
⑥ 司马迁：《史记·田叔列传》。

本文根据历史文献中的资料分析了范蠡在历史上的活动及其中所反映出来的思想，并与《老子》的思想做了比较，由此说明二者的思想都是长江文化的代表。而他们的共同特点，又可反映长江文化的特色，即注意思想与实践的密切关系，而不是把思想束之高阁，成为一种玄想或妙论，这是一；又注意对现实情况的全面分析，使思想成为分析现实情况以找出最佳对策的有力武器，而不是使思想成为文辞华丽的言谈和只看到现实中的片面情况，而这正是保证思想成为指导现实的有力武器的坚实基础，这是二；使思想成为上可治国平天下的有力工具，下可保身立命的人生实践之金针，而且根据实际情况随时调整与运用，表明了这种思想的灵活特色与现实性，这是三。从长江文化的角度看，它的一大特色就是如水一样灵活与多变，而水的灵活与多变，又是根据它所处临的不同地势而决定的，这就决定了长江文化的特色是灵活性与现实性及其有机的结合。从范蠡的实际活动与思想层面看，正反映了长江文化的这一特色。

（作者为湖北省炎黄文化研究会理事，华中师范大学教授、博士生导师）

永恒与过客：长江永远在这儿

陈　晴　段春香

谁是永恒存在的？谁是匆匆过往的？这样简单明了的问题，似乎人们并没有从根本上或本质上搞清楚，也没有人真真切切地去历史地辩证地进行考究。钟轩理于2018年11月26日在《人民日报》撰文《自信的中国永远在这儿》，阐释习近平总书记在首届中国国际进口博览会开幕式上的主旨演讲，向世界传递一种清晰的信号与态度：从容淡定的中国自信。习近平指出："经历了5000多年的艰难困苦，中国依旧在这儿！面向未来，中国将永远在这儿！"那么，笔者借助伟人之名言，将其"移植"到今天我们研究的主题上，以"长江永远在这儿"为论题，探讨长江与人类社会共生共存共进的融合关系，提醒或警示人类能做什么，不能做什么，而且做不了什么？从文化学视域对过客的人类与永恒的长江进行简述。

一、永恒的长江就在这儿

"滚滚长江东逝水，浪花淘尽英雄。"毫无疑问，永恒者长江也，过客者人类也，这是人们显而易见而又明白无误的生活常识，然而面对名利牵引时，面对人类冲动时，这些常识性的道理似乎又被人们无情地抛弃了。长江还是那条长江，而某个时段，那江、那水却不是原来那江、那水了，人类受利益驱使而人为地改变了那江、那水及其周边生态。笔者试图从长江的原始性、广阔性、坚韧性阐述它的永恒性。

(一)长江的原始性

据史料记载，远古时代，长江流域绝大部分被海水覆盖。距今2亿年前的三叠纪，长江流域西部仍被古地中海(特提斯海)所占据，西藏、青海南部、云南中西部、贵州西部还是茫茫大海。四川盆地和湖北西部是古地中海向东突出的一片广阔的海湾，海湾一直延伸到今日长江三峡的中部。长江中下游的南半部同样浸没于海底，中下游的北部和华北、西北属于亚欧古大陆的东部，地势较高。距今1.8亿年前的三叠纪末期的印支造山运动，开始出现系列山系，长江中下游南半部隆起成为陆地，云贵高原开始呈现。这时，在横断山脉、秦岭和云贵高原之间形成断陷盆地和槽状凹地。这个时期，云梦泽、巴蜀湖、西昌湖、滇湖等相互串通，经过云南西部的南涧海峡流入地中海，水的流向由东向西，这是古长江的雏形。在距今1.4亿年前的侏罗纪时的燕山运动，长江上游形成了唐古拉山脉，青藏高原缓缓抬升，褶皱成一些高山深谷、洼地和裂谷。长江中下游的大别山、川鄂间的巫山等山脉隆起，四川盆地拗陷，古地中海慢慢向西退缩。距今1亿年前的白垩纪时期，四川盆地缓慢均衡上升，夷平作用发展，云梦和洞庭湖继续下沉。据今3000万~4000万年前的始新世，发生喜马拉雅运动，青藏高原隆起，古地中海消失，长江流域普遍间歇上升，东部缓和而西部急剧，逐步形成了西高东低的地势。伴随地形地势变化，原来西流的江水也顺势东流。距今300万年前，喜马拉雅山剧烈隆起，长江上游进一步抬高。从湖北伸向四川盆地的古长江溯源侵蚀作用加快，切穿巫山，使东西古长江顺利贯通，流入东海。这就是今日长江的形成过程。

我们追溯长江史，着意告诫人们，在人类出现之前，长江已经经过了漫长的形成过程，在我们的先民出现之前，它已经成型了，已经在这里了。

(二)长江的广阔性

长江是中国第一大河。首先是干流长、流域广、流经地域广博。它发源于青藏高原唐古拉山脉主峰各拉丹冬雪山的西南侧，源头冰川末端海拔5400余米。长江干流流经青海、西藏、四川、云南、重庆、湖北、湖南、江西、安徽、江苏、上海等11个省市自治区，在崇明岛以东注入东海。其支流覆盖了甘肃、陕西、贵州、河南、浙江、广西、福建、广东等8个省自治区。长江干流全长6300余公里，长度居世界第三位，流域面积180余万平方公里。其次是物种丰富。由于长江流域处于暖温带到热带的过渡带，除具有亚热带本身所特有的植物种类外，还汇集了暖温带、亚热带及其青藏高原高寒区植物种类的相当部分，植物、动物种类极其丰富。在中国植物3980个属近3万种种子植物中，长江流域的植物约占中国所有植物属的2/3和种的1/2。长江流域还保存有许多世界著名的古老残存孑遗植物和珍稀树种，如水杉、银杏、珙桐、银杉、百山祖冷杉、水松、香果树等，主要分布于川东、鄂西和湘西山区。再次是动物资源更丰富。动物区跨越三个系属：古北界的青藏区包括青藏和川西，东洋界的西南区和华中区。动物区系中出现与针叶林或高山灌丛和高山草甸有关的成分，如白唇鹿、原羚、盘羊、牦牛、雪豹及雪雉、马鸡、鹑类等。高原沼泽湖泊从多，夏季水禽于湖沼中岛滩繁殖，数量繁多。国家保护野生动物如大熊猫、金丝猴、羚牛及白唇鹿等活动于横断山脉一线，还有小熊猫、梅花鹿、水鹿、马鹿、云豹、猕猴、角雉、黑鹤、白腹锦鸡等活跃在这个区域。还有濒临灭绝的特有保护动物白暨豚、中华鲟及扬子鳄、大鲵、华南虎等均生活在长江流域。长江流域的农作物以水稻种植为主，是祖国的粮仓，特别是有被誉为“鱼米之乡”的湖北，被誉为“天府之国”的四川，还有富庶的江、浙。

由此可见，长江流域不但历史悠久，而且地域广博跨度大，物产丰富多样，它孕育和滋养了流域内的各族人民，记载了历史的变迁更替和人类活动的历史轨迹。

(三)长江的坚韧性

南朝人范云曾有诗《巫山高》曰:“巫山高不极,白日隐光辉。霭霭朝云去,溟溟暮雨归。岩悬兽无迹,林暗鸟疑飞。枕席竟谁荐?相望空依依。”这只是万里长江的一个缩影!长江之流穿越于崇山峻岭和丘壑峡谷之中,以滴水穿石的勇气韧劲一往无前,势不可当,奔腾至海。长江中上游几乎穿于高山峡谷之中,“两岸猿声啼不住,轻舟已过万重山”就是真实写照。从西向东贯穿的山脉的高度从西部的五六千米,中部的二三千米,东部的五百至一千米,直到东海。从沿海向上游追源,长江流域山地形态类型齐全,由低山、中山、高山直到终年积雪的皑皑高山,山脉分布具有明显的地域性、定向性和阶梯性。随着山势地势的变化,长江穿越其中,时而汹涌澎湃,穿山越谷,时而平稳缓和,优雅东流。“君不见长江之水天上来,奔流到海不复回。”君不见长江之水汹滔滔,高山丘陵挡不住。

那么,长江流域又有多少历史文化遗址、遗迹、名城呢?无文化不长江,长江和黄河孕育了中华文明和炎黄子孙,创造了历史悠久而又灿烂辉煌的中华文明,被誉为中华民族的母亲河!就历史文化名城而言,国务院公布了两批国家历史文化名城,共62座。第一批公布的历史文化名城有南京、苏州、扬州、杭州、景德镇、江陵、长沙、成都、遵义、昆明;第二批公布的历史文化名城有上海、武汉、南昌、重庆、镇江、常熟、南阳、襄阳、阆中、宜宾、自贡、镇远、丽江。其中,长江流域有23座,湖北有3座,分布于长江及其支流汉江沿岸。这些历史文化名城有帝王都城、交通枢纽、军事重镇、少数民族聚居地,还有著名的瓷都、盐都、恐龙之乡和近代科技文化中心、国际港口城市。他们以后来者和旁观者的姿态,审视和验证着长江的发展演进历史,阅尽长江四季景色,也见证着一江春水向东流的豪迈气概。

二、身为过客的人们的人性弱点

人们在不断地拷问：人是什么？人性是什么？人的本质是什么？无论你是理性或是感性思考，相对于永恒运动的包括长江在内的自然界，我们人类在貌似强大的外表下其实是十分脆弱和短暂的。为了与永恒的长江形成对应关系，我们采用对应比较的方法阐释过客人类的有限性、局限性和脆弱性，以警示人类敬畏自然，和谐共享，传递后代。

(一)生命的有限性

“人生自古谁无死，留得丹心照汗青。”毛泽东同志在《为人民服务》中指出：人总是要死的，但死的意义有不同。中国古时候有个文学家叫作司马迁的说过：“人固有一死，或重于泰山，或轻于鸿毛。”他曾留下诸多阐发革命豪情而又凸显生命有限的诗句，例如，“多少事，从来急。天地转，光阴迫。一万年太久，只争朝夕”，“自信人生二百年，会当水击三万里”，“往事越千年，魏武挥鞭”，“江山如此多娇，引无数英雄竞折腰”，“人生易老天难老，岁岁重阳”，“三十八年过去，弹指一挥间”。伟大领袖毛泽东的诸多表述，既彰显其大无畏的革命情怀，同时也暗喻生命的有限和人生的无奈。

在中国古代典籍中同样记述了圣贤们关于生命有限性的表述。孔子提出“未知生焉知死”的生死观和“尽人事，知天命”的天命观。孟子则认为：“生，亦我所欲也；义，亦我所欲也。”如果二者不可兼得，则舍生取义。道家提出“道法自然”的生命观。老子认为“我命在我，不属天地”的逍遥派思想。《道德经》中特别褒扬“上善若水”的恩泽情怀，“人法地，地法天，天法道，道法自然。上善若水，水善利万物而不争”。在这里，我们在古代典籍中查阅到与“水”相关的记载，一是说生命有限，即法地法天法道法自然，顺势而为；二是“水”利万物，江河为水之源之通道，江河孕育万物。

(二)人生的局限性

我们有限的人生相对于永恒的江河和山脉而言，无疑存在诸多局限性，比如生理的局限性、心理的局限性、实践的局限性、认识的局限性、职业的局限性、学业的局限性、时间的局限性、空间的局限性等，直接制约了人们对理论与实践探索的局限性。所以，毛泽东同志就撰写了《矛盾论》和《实践论》等名篇教育国民和世人。他在《矛盾论》中指出：没有矛盾就没有世界。他在《实践论》中说："人的认识，主要地依赖于物质的生产活动，逐渐地了解自然的现象、自然的性质、自然的规律性、人与自然的关系；而且经过生产活动，也在各种不同程度上逐渐地认识了人和人的一定的相互关系。"也就是说，人类需要生存，生存需要物质和物质资料的生产，物质资料需要从自然界获取，人就必须认知自然和适应自然规律。

然而，历史或事实并不是直线推进或朝着理想目标发展的。正是由于人类自身的各种局限性，在适应自然规律的过程中存在其渐进性、合理性或者冲动性、盲目性。例如，中华民族对母亲河长江的认识，就存在一个敬畏阶段、顺应阶段、应用阶段、盲目开发乃至是破坏阶段、厘定阶段、适应共享阶段，人们有时为了索取个体或组织需求，就会违背和谐规律，变得特别感性或者不择手段，人性的弱点或局限性就会暴露无遗，反过来又会对滋养我们的自然界和江河造成创伤和破坏。破坏容易而修复难，当代人的不当作为或破坏需要长时间的恢复，对包括长江在内的自然界的破坏，不但毁坏了我们生存的根基，还会给子孙后代留下永久性的遗患。在这方面我们已经有了深刻的教训！

(三)人性的脆弱性

当我们反思人与自然的关系时，虽然偶尔也以"人定胜天"来鼓舞士气或增强自信，但是冷静理性思考时，又难免使人感到自身的脆弱性和无奈性。经典四书之《中庸》赞美天地之道："天地之道，可一言而尽也：其为物不贰，则其生物不测。”释义为：天地的法则，可以用一句话进行概括：它作为天地，至诚纯一，它化育万物，不可测量。在《中庸》第二十五章，作者以“诚”而论天、地、山、水，颂扬其“博也，厚也，高也，明也，悠也，久也”。譬如水：“今夫水，一勺之多，及其不测，鼋鼍、蛟龙、鱼鳖生焉，货财殖焉”。今译为：以水而论，在一处，只一勺儿罢了，积累到无底无涯，鼋鳖、鼍鳄、蛟龙在那里产生长大，不少的财富货物也取自那里。如若我们借此文来赞颂我们的母亲河长江和黄河，她们不正是这样默默无语而又川流不息以恩泽万代苍生吗?!

我们直面自然界的天地和山水，我们自愧人类的渺小和脆弱，这不但是显然易见的，而且也是难以抗拒的。在《人是什么》中揭示：人是自然生成物，人又是社会生成物，他是自然生成物与社会生成物的融合体。在人的身上既显示出生物性，也同时显示出人性。人类在繁衍和走向文明的进程中，展现出人性真善美和知情意的阳光面，同时也暴露出人性自私、懒惰、贪婪、虚荣、争斗的阴暗面。为此，法国著名编剧、导演、文学大师卡里埃尔依据自己的经历感受，编辑出版《与脆弱同行》文集，揭示人性的脆弱性，“哭泣的心、看不见的创伤、莫名的恐惧、难眠的忧虑、执着的疯狂”等，他以文学艺术的视角解读人生。要之，人性的脆弱真的是无处不在。孔子就指出：“愚而好自用，贱而好自专。”越是愚蠢的人，偏要自以为是；能力越差的人，偏要专断独行。在处理与自然和江河的关系时，越是智者越是顺势而行，越是愚者越是胆大妄为。这是时代给我们敲响的警钟，也是给当代人的警示。

三、与永恒的长江共存共享

习近平总书记针对长江治理问题指出：“当前和今后相当长一个时期，要把修复长江生态环境摆在压倒性位置，共抓大保护，不搞大开发。”总书记讲话中把“修复长江生态环境”“共抓大保护”“不搞大开发”

“相当长一个时期”作为关键词，寓意深远而深刻，其目的就是让远古走来的母亲河，继续滋润孕育我们的子孙后代，“永远清澈干净而奔流不息地就在这儿”，成为炎黄文化和中华血脉的有形载体，不要因为主观的或人为的因素而招致改变或破坏。为此，笔者围绕主题，以文化学视角，予以简略评述。

(一)物质层面：合理利用与获得

物质是人类生存和延续的基础，这是毋庸置疑的。人性中包含贪婪、虚荣、攀比等诸多弱点，这也是客观存在的。这里我们需要借鉴圣人的为人之道，孔子说：“饭疏食饮水，曲肱而枕之，乐亦在其中矣。不义而富且贵，与我如浮云。”他赞扬学生颜回生活清苦而不改其志：“贤哉，回也！一箪食，一瓢饮，在陋巷，人不堪其忧，回也不改其乐。贤哉，回也!”这里，我们不是刻意追求或赞颂清贫生活，而是警示人们不要被物质所驱使，变成物欲主义的奴隶。同时，我们还要借鉴马斯洛的需要层次论，自觉提升自己的需要层次，追求有质量有品质的生活和生活方式。

习近平在2001年给父亲的信中说：“爸爸平生一贯崇尚节俭，有时几近苛刻。家教的严格，是众所周知的。我们从小就是在您的这种教育下，养成勤俭持家习惯的。”习近平同志在良好的家风陶冶下，养成了节约勤俭的习惯，以至于推至他的治国理政思想。我们无论是对长江的利用或获取，乃至对自然界的索取或利用，必须克服人性中的弱点和缺陷，坚持合理、适度、和谐、久远性基本原则。坚决克服急功近利、感性冲动的非理性行为。

(二)精神层面：前置敬畏与保护

物质变精神，精神变物质；物质是基础，精神作引领。2018 年 4 月，习近平同志亲临长江并沿江考察，指出：“长江是中华民族的母亲河，一定要保护好。”面对长江的无序开发和环境破坏问题，他指出："修复长江生态环境，是新时代赋予我们的艰巨任务，也是人民群众的热切期盼。当务之急是刹住无序开发，限制排污总量，依法从严从快打击非法排污、非法采砂等破坏沿岸生态行为。决不允许长江生态环境在我们这一代人手上继续恶化下去，一定要给子孙后代留下一条清洁美丽的万里长江！"当我们面对长江时，要铭记总书记教诲，把敬畏保护放在第一位，必须置于首位，决不能存在疑虑和随意调换主题或关键词。其关键词就是：敬畏长江，保护长江，修复长江，永久长江。

精神是指人的意识、思维活动和一般心理状态。依据习近平总书记的论述，唤起长江流经区域各族人民乃至全国各族人民的高度重视和自觉的思想意识，在意识领域形成国家意识和全民意识，从领会深处体会到长江与我们中华民族源远流长的"血缘关系"，以及长江生命的永恒性与我们人类活动的阶段性关系，自觉摆正自己的立足点和历史位置。面对母亲河，首先是敬畏和感恩，长江、黄河是孕育和滋生养育我们中华民族的母亲河，必须感恩华夏民族的母亲。其次是尊敬和保护，保护母亲和我们的母亲河是华夏儿女义不容辞的责任和使命。

(三)制度层面：全面立法与治理

在《论语》"为政篇"中，孔子指出："道之以死，齐之以刑，民免而无耻；道之以德，齐之以礼，有耻且格。"就是说治理国家既要法治也要德治，德治优于法治，法治先于德治。鉴于长江流域涉及范围广和跨越省区市多，人员结构复杂和区域差异，认识不一、举措各异，所以在保护和修复长江的过程中，从制度层面来说就必须健全法规制度，依法依规治理，避免各自为政，条块分割，自以为是，削弱治理效能。

习近平总书记要求"依法从严从快打击非法排污、非法采砂等破坏沿岸生态行为"，这就要求依法打击，前提是必须健全立法体系和执法程序。立法必须贯彻“创新、协调、绿色、开放、共享”理念，在“绿色”和“共享”上做文章。2018 年 9 月 20 日，长江水利委员会与农业农村部长江流域渔政监察管理办公室在武汉签署《共抓长江生态保护力推美丽长江建设行动方案(2018—2022 年)》，尽快推进一批重大水生态修复项目。随后推出《长江经济带发展规划纲要》，提出建立健全长江经济带生态环境保护法律制度，抓紧制定长江保护法，联动修订水法、航道法等。长江水利委员会 2006 年向水利部提交《长江法(立法建议)》，要求尽快审议通过。国务院发展研究中心的常纪文撰文指出：首先定位为“保护”法，其次是以综合调整为主。其立法地位应与《水法》《水土保持法》《农业法》《水污染防治法》《森林法》等专项法律一样，属于一般性法律，以《宪法》为依据，以相关法律为支撑。可见，在高层领导的统领和力促下，长江综合治理的立法进入快车道，期盼早日出台长江治理的法规体系和实施措施。

(四)行为层面：规范行为与自觉

据《民主与法制时报》2018 年 10 月 27 日专题报道《长江》指出：“然而，在经济发展的进程中，长江病了，需要休养生息。”为此，“习近平总书记在武汉召开的深入推进长江经济带发展座谈会上，为长江‘治病’开出良方”。在世间一切事物中，就主观而言，人的因素起决定作用。从行为层面而言，需要人们全覆盖、全方位、全过程地处理好人与包括长江在内的自然、人与社会、人与自身的和谐关系，规范人类行为，构建起自觉、自治、自律的行为方式和互生共享的生活方式，以实际行动护理好一江碧水和蓝天白云，对民族未来和我们的子孙后代担负起责任与使命。

怎样正确处理这些关系呢？首先，以全覆盖的战略部署，处理好人与自然的关系。“不搞大开发”，就是做减法，走一条与自然和谐共生的发展道路。习近平同志说：“我讲过‘长江病了’，而且病得还不轻。治好‘长江病’，要科学运用中医整体观，追根溯源、诊断病因、找准病根、分类施策、系统治疗。”①治疗长江病，就要顺天时、顺地理、顺自然，敬畏感恩自然，节制人欲，遵循自然规律，按规律办事。其次，以全方位的宏观视野，处理好人与社会的关系。社会经济要发展，但是不能以牺牲包括长江在内的自然环境为代价而换取短暂的发展。长江是祖宗和先烈留下来的宝贵财富和遗产，更是我们子孙后代赖以生存的地理资源基础。所以，长江是我们的，也是前人的，更是我们子孙后代的，我们没有理由不去保护关爱她！为此，对于长江的大保护，必须全方位、全流域和全社会齐抓共管。再次，以全过程的行为方式，自我革新、自我革命。长江是历史的，也是现实的，更是未来的和永恒的，相对而言，我们人类只是匆匆过客！有限的人生面对无限江河自然，从我做起，从自己做起，从现在做起，约束或制约我们的行为和改进我们的行为方式，克服、克制人性的不足与弱点，培养自觉、自治、自理、自律的人生修养，学会与自然界和平相处，共生、共进、共享。

最后，我们以 20 世纪 80 年代的大型电视纪录片《话说长江》的主题歌作为结束语：“你从雪山走来，春潮是你的风采；你向东海奔去，惊涛是你的气概。你用甘甜的乳汁，哺育各族儿女，你用健美的臂膀，挽起高山大海。”

（作者分别为湖北省炎黄文化研究会常务理事，武汉体育学院教授；武汉体育学院副教授）

① 习近平：《在深入推动长江经济带发展座谈会上的讲话》，新华社 2018 年 6 月 13 日。

长江经济带的生态保护要从娃娃抓起
——以湖北宜昌为例

杨尚聘

2018年4月底，习近平总书记在视察湖北期间做出重要指示："生态环境保护要从娃娃抓起。宜昌开展的'生态小公民'教育活动，是一个好的探索，要坚持下去。"

接着，《人民日报》三次推介宜昌开展"生态小公民"教育活动的做法。在《"生态小公民"有大力量(今日谈)》一文中，作者李洪兴写道：宜昌当地学校以《生态小公民》课程为平台，开展了生态环保教育，上一节环保课、学一门小技能、落实一项硬举措，让环保理念教育从课堂里走向生活，"小公民"焕发出强大的环保正能量。

一、宜 昌 探 索

党的十八大以来，以习近平同志为核心的党中央站在实现中华民族永续发展的高度，擘画长江经济带战略，把生态修复列为长江经济带建设的首要课题，使中华民族母亲河永葆生机活力有了路线图、总抓手。

宜昌是长江中上游的分界点，三峡工程所在地，保护长江生态使命重大，推进长江大保护和生态修复治理任务很重。在贯彻落实习总书记"共抓大保护，不搞大开发"和在湖北考察时的重要指示精神时，宜昌市委提出，生态环保是必答题、不是选择题。必须始终从政治和全局的高度，本着对人民群众高度负责的精神来审视和解答好这道“必答题”，以压倒性力度狠抓长江大保护。

经过几年真抓实干，宜昌沿长江一公里红线正全面形成，长江、清江网箱养殖全部“清零”，生态修复初见成效。初步破解化工产业转型和污染治理难题，人民群众期盼的蓝天白云、绿水青山、鱼翔浅底景象正逐步重现峡江大地。

在抓好生态保护和修复的同时，宜昌把保持常态和确保长效提到议事日程，强化全民教育，开展“生态小公民”教育活动便是其中之一。

“生态小公民”教育活动源于宜昌市近年来一直开设的“长在宜昌”地方课程，在“长在宜昌”课程中，有关于生态文明方面的知识。从2015年起，为了强化生态教育，夷陵区、西陵区分别在此基础上，组织人员编写了《生态小公民》《生态好市民》读本，并开展教育试点。

夷陵区和西陵区的做法很快得到宜昌市委、市政府的重视，决定将生态文明教育纳入宜昌市地方课程。2018年，宜昌市党政主要负责人牵头，宜昌市教育局联合环保、规划等16个部门共同编写了《生态小公民》读本，在专家指导下，分幼儿园、小学、中学3个学段编写。与此同时，宜昌市教育局出台《进一步加强全市中小学(幼儿园)生态文明教育的实施意见》。

《生态小公民》读本在中国三峡出版社和三峡电子音像出版社出版后，2018年“六一”国际儿童节前夕，湖北省委常委、宜昌市委书记周霁，宜昌市委副书记、市长张家胜在看望慰问少年儿童时，将其作为“特殊礼物”送给了孩子们。

针对不同年级，“生态小公民”课程内容也各不相同。幼儿园读本以6个绘本形式呈现，侧重进行基本生态文明行为习惯启蒙和养成教育，以集体教学、区角活动和游戏为主。各校以“生态小公民”课程为平台，以上一节环保课、学一门小技能、落实一项硬举措为抓手，让环境教育从课堂走向生活，激发环保正能量。

宜昌市教育局要求，中小学每学年完成不少于8个课时的教学内容，其中，知识传授2课时、综合实践6课时。为此，还建立完善了学生综合素质评价指标体系，将学生文明行为习惯和参与生态环保活动情况纳入评价内容，评价结果折合20分计入中考总分。

一系列的教育实践活动，让生态意识在孩子心中悄悄发芽，全市涌现了一批保护生态的好少年。

宜昌探索得到习近平总书记的肯定，明确指出“生态环境保护要从娃娃抓起”。《人民日报》作出这样的评介：守护绿水青山，需要生态文明教育，湖北宜昌探索的步子格外灵动：设立生态文明课程，编发系列读本，开展环保实践活动……从幼儿园到高中，从课堂教学到课外实践，从志愿讲解到生活点滴，宜昌这群“生态小公民”已成为城市新“名片”，也将唤起更多人践行环保的自觉。

二、一点启示

宜昌“生态小公民”教育活动已在全国各地推广。这项活动给我们一个重要启示：“生态小公民”可以形成环保大力量。

首先，“小公民”就是未来的国家主人，是生态保护可持续性的基本保障。我们这一代人费尽千辛万苦，在长江大保护中取得了一些成效。到了下一代，如果还是重复我们曾经犯过的错误，就会形成治理—破坏—再治理的恶性循环。现在，让“小公民”们知道环境与人类的关系，让“小公民”们知道如何自觉保护环境，将环保的种子种进“小公民”的心中，就是为将来的环境培育了一批保护人。从社会和经济效益上讲，这是最有价值的投入。

其次，培养一个“环保小公民”，就会带动一个环保小家庭，从而形成大力量，影响全社会。宜昌一位“小公民”说：“对我们来说，管好我们家的下水池，就管好了长江。”小朋友的生态自觉来源于生态意识的培养，通过生态保护意识的注入，使小朋友们从小就明白管好家里洗衣机的排水管，要求爸爸妈妈用无磷洗衣粉，减少磷的排放就是保护长江。“生态小公民”长大的过程，是与家庭共同成长的过程。对小朋友来说，环保教育强化的是意识，落实到家庭就是细节。小朋友注重环保的言行举止，也将带动家长、社会更加关注生态、崇尚绿色，进而将生态理念播撒到每个人的心田。

其三，“生态小公民”融入社会，形成“小手拉大手，大手牵小手”共同保护生态环境的良好风气。2018 年宜昌市“三峡蚁工”生态环保志愿者协会发起人李年邦上了中央文明办“助人为乐”类中国好人榜。“三峡蚁工”志愿者组织成立近 2 年，参与志愿活动的市民就超过 2 万人次，捡拾垃圾总量近 700 吨。“生态小公民”教育活动开始后，一批“生态小公民”成为“三峡蚁工”的新成员，每逢节假日就自觉参加捡拾垃圾。“小公民”的行动影响着他们的亲人，学生的行动得到家长们的热情支持和主动配合。学生张建国的母亲高贵菊，主动承担起活动的组织工作。她为每个同学配备了可重复使用的手套。学生曾笑宇的母亲在武汉进修，周末特意赶回宜昌，和孩子一起做“蚁工”；方凯的父亲牺牲做生意的时间，与儿子共同参加活动。外地游客看到后纷纷点赞，说这是活跃在长江边上“小手拉大手，大手帮小手”的环保新气象，是宜昌滨江又一道靓丽的风景。

其四，将生态教育与其他学科相配合，让生态教育在娃娃们头脑中扎根。宜昌注重处理好生态教育和其他学科的关系，把生态内容融入教学的过程。2019 年中考，数学一科就有 3 道题、21 分涉及生态文明。英语、物理、化学、地理等学科试题中，也有大量生态环保内容。宜昌还将学生的文明行为习惯和参与生态环保活动情况纳入学生综合素质评价，评价结果折合 20 分计入中考总分。

长江生态保护是一项系统工程，也是一项长远工程，必须一代一代做下去，套用一句俗语说就是“永远在路上”。宜昌开展“生态小公民”教育活动，正如习近平总书记所说，“是一个好的探索，要坚持下去”。

三、两点建议

第一，采取措施，把“生态小公民”教育活动推向全国。

《生态小公民》由中国三峡出版社、三峡电子音像出版社出版后，出版方认为，目前宜昌编写的《生态小公民》系列读本地方性很强，各地可以根据情况进行修订，开设生态教育活动，把“生态小公民”教育活动推向全国。首先要在长江流域特别是中下游推广，作为共同开展长江大保护的措施之一。

同时，还可以进行一些城际交流活动，让“生态小公民”活动在全国、全流域形成一种新的风气。2015 年起，每年暑假，上海静安区和宜昌夷陵区开展“三峡孩子看上海”和“上海孩子看三峡”夏令营活动。近年来，将生态环境教育列为重要内容，两地孩子牵手，一起践行“共饮长江水，守护母亲河”的生态环保理念，引导孩子们争做“生态小公民”，取得很好的效果。

第二，“生态小公民”教育活动的内容应包括文化生态保护。

1972 年联合国教科文组织与世界文化遗产古迹遗址理事会缔结了《保护世界文化和自然遗产公约》。1976 年又成立“世界遗产委员会”。《保护世界文化和自然遗产公约》充分体现出人类对文化生态与自然生态的重视。在进行“生态小公民”教育活动中，除自然生态保护外，还应包括文化生态的保护。

文化生态保护重点是文化遗产保护。在“生态小公民”教育活动中，可以增加对本地包括非物质文化遗产在内的文化遗产的内容，让学生从小就知道文化遗产是什么，哪些是文化遗产，这些文化遗产有什么意义，为什么要保护和如何保护它们。让文化遗产进入孩子们心中，等他们长大了，无论做什么工作，在什么岗位上，都会自觉做自然生态的保护人，做传统文化的传承人。

（作者为湖北省炎黄文化研究会常务理事、宜昌市炎黄文化研究会副会长、《宜昌三峡日报》原社长）

长江经济带建设背景下长江中游道教文化旅游的开发与区域融合研究

张金霞

引　言

长江经济带建设是国家的一项重大战略决策，它覆盖上海、江苏、浙江、安徽、江西、湖北、湖南、重庆、四川、云南、贵州等11个省市，面积约205万平方公里，人口和生产总值均超过全国总人口和生产总值的40%。长江中游地区主要指湖北宜昌至江西湖口之间的长江主干道及其支流覆盖的区域，包括湖北、湖南和江西三省。

长江经济带建设离不开长江文化带的建设，长江文化带拥有国家级历史文化名城53个，占全国国家级历史文化名城总数的43%，包括山水文化、民族文化、宗教文化、书院文化、民俗文化、商业文化、红色文化等，其中长江中游文化多姿多彩，道教文化更是源远流长、博大精深，因独特的地理条件和人文环境，神仙风物密布，道家精神遍存，由此成为道教文化资源富集区，它在中国道教文化中占有重要地位，对整个中华文化产生了重要的影响。然而，长江中游地区道教文化旅游资源大都面临合理开发与区域融合等问题，如何突破困境、寻找出路，是摆在我们面前的重要课题，同时也是长江中游经济社会可持续发展的重要内容。

一、发展道教文化旅游在长江中游经济带建设中的意义

(一)道教文化是长江中游经济带的重要文化支撑

经济与文化紧密相连，它们相互渗透、相互作用、相互促进，日益成为一个整体。① 文化在经济发展中的作用越来越大，没有文化的支撑，经济难以持续健康发展。因此，发展长江中游经济带需要文化的支撑，而长江中游文化博大精深、丰富多彩，其中道教文化独树一帜，在长江经济带建设的大背景下，重视长江中游文化中道教文化资源的整理和发展，可为长江中游经济带发展提供有力的文化支撑。

(二)道教文化旅游的高质量发展为长江中游经济可持续发展带来新动力

旅游产业具有联动性强、跨界性强、融合性强的特点，是一个能够创造新动力的产业。② “旅游+文化”可以为文化产业带来更多盈利点，并且形成长江中游经济发展的主导力和引擎力。道教文化资源是长江中游经济发展的重要资源和资本，而高质量发展道教文化旅游带来的新动力是绿色的、无污染的和可持续的，发展道教文化旅游有助于道教文化资源的保护与传承，也有助于旅游目的地的大保护，也是长江中游经济

① 王耀、涂文学：《为长江经济带发展提供有力文化支撑(人民要论)》，载《人民日报》2018 年 8 月 23 日，第 7 版。

② 《奇创旅游规划：从长江经济带看旅游产业发展的新动能》，见网址 http://www.sohu.com/a/230179875_168681. 2018-05-02。

可持续的重要保障。

三、长江中游道教文化旅游开发与区域融合的优势

(一)道教文化内涵深厚

作为道教文化的发源地之一，长江中游具有丰富的道教文化资源，包括物质性文化遗产和非物质性文化遗产。

1. 物质性文化遗产

(1)道教名山

长江中游道教名山众多，其中湖北省有武当山、木兰山、九宫山等；湖南省有张家界、衡山等；江西省有龙虎山、三清山、阁皂山、麻姑山等，这些道教文化名山已成为长江中游旅游业高质量发展的重要组成部分。

(2)道教宫观

长江中游道观或宫观很多，比较著名的见表1，它们既是重要的宗教场所，也是著名的旅游景点。

2. 非物质性文化遗产

(1)民俗节庆活动

具有道教色彩的民俗活动很多，比如春节家家贴门神、放鞭炮、贴春联，三月三悬挂艾蒲，都是道教驱邪避鬼、祈福来年的体现。清明节人们扫墓祭祖、踏青戴柳；端午节与祭祀水神或龙神有关；中秋节有祭月、拜月、吃月饼之俗；重阳节有出游登高、赏菊、插茱萸、放风筝、饮菊花酒、吃重阳糕的习俗等。这些中国世俗节日或者习俗都与道教有关。

表1　长江中游部分道教宫观

省名	清代宫观数	现存主要宫观
湖北	40	武汉长春观，武当山紫霄宫、南岩宫等道教宫观，黄陂木兰山道观，麻城五脑山道观，仙桃玄妙观，咸宁太乙观，宜昌石门洞道观，江陵金殿，通山九宫山道观，长阳中武当道观，黄梅关王庙，石首南岳山道观等
湖南	54	湘潭东岳庙，张家界紫霞观，茶陵南岳宫，长沙岳麓山云麓宫，岳阳吕仙观，大云山玄阳宫，衡阳市东岳观，衡山南岳大庙，南岳玄都观、三元宫、黄庭观，益阳城隍庙，芷江天后宫，桃源九龙观等
江西	103	赣州玉虚观、三清古观，南昌万寿宫等，九江仙人洞道观，新建万寿宫，铅山葛仙祠，龙虎山天师府、上清宫，三清山三清宫，阁皂山大万寿崇真宫，萍乡纯阳观等

注：根据卢世菊的《长江流域道教文化遗产与旅游开发》整理。①

(2)文学

在道教1800多年的悠悠历史中，出现了大量的文学作品，包括散文、小说、戏曲和诗词，它们在中国古典文学中占有重要地位。比如冯梦龙的《喻世明言》《醒世恒言》《警世通言》反映了道教生活，表现了道教思想，《西游记》的素材主要来自中国固有的巫术、神仙、道教，《封神演义》更是道教小说的代表。

(3)美术

道教美术作品主要包括道教塑像和绘画。道教是多神教，信仰的神

① 卢世菊：《长江流域道教文化遗产与旅游开发》，中国社会科学出版社2012年版，第144~145页。

灵很多，所造塑像要求神形兼备，有神性与神的威严。例如，武当山各宫观供奉了数千尊神仙塑像，它们体现了古代雕塑艺术的发展水平和时代特色，是中国古代造像艺术的精华和瑰宝，其中真武大帝坐像表现出一种宁静超然、威严睿智、雍容大度的神圣气度。武当山也有很多壁画，紫霄宫内的《八仙降福图》《太子修仙图》等构图严谨、色彩艳丽、造型生动、笔力遒劲。而磨针井祖师殿内的《真武修真图》更是构图巧妙、人物形象古朴、鸟兽灵动，是道教壁画的佳作。①

(4)音乐

道教音乐是配合法事中各种仪式所使用的音乐。它以音乐的形式来宣扬道教信仰，传播道教教义，表达人们祈盼神仙赐福、降妖驱魔、消灾祛祸的感情，并起到使整个斋醮科仪的仪式显得更加庄严、肃穆、神圣的作用。例如，武当山在明代时就配置有400名乐舞生，中华人民共和国成立前夕仍有80余人。1980年，经湖北省文化厅和武汉音乐学院的抢救、挖掘和整理，出版了《中国武当山道教音乐》一书，还录制了磁带，使武当道教音乐得以保存。②

(5)建筑艺术

道教建筑文化在道教文化资源中占有重要地位，它总体上体现了道教顺应自然、与自然比美、天人合一的审美情趣和道教文化思维。

以武当山古建筑群为例，它是皇家建筑群与宗教建筑群相结合的杰出范例，是以回归自然态势作为布局的基础，以道教崇尚自然与人工相融合的思想为指导，就地选址，灵活布局，依山就势，见水修桥，因高为殿，以天柱峰金殿为主体，许多宫观由跨越峰峦的轴线连接，使建筑群在视觉上彼此联系，互相照应，呈现出一种宽松而又精确的

① 卢世菊：《长江流域道教文化遗产与旅游开发》，中国社会科学出版社2012年版，第144~145页。

② 卢世菊：《长江流域道教文化遗产与旅游开发》，中国社会科学出版社2012年版，第144~145页。

气氛。①

(6)养生术(道教养生文化资源)

道教养生文化资源是道教创建、承传的核心，也是道教文化区别其他宗教文化的标志之一，最具有代表性的养生理论和方法有：道教服食养生、道教精神养生、道教运动养生。其中，气功疗病，动功健身，静功养性，药食延龄，以及高深的外丹、内丹、老庄哲学等，就是道教的养生修炼学，是道教的核心内涵，是道教的精神所在。例如，由道人张三丰创造的武当内家拳，把导引和武术相结合，提倡内气修炼，以静带动，以柔克刚，就是为了祛病延年，长寿成仙。

(7)医学

伴随着道教的发展，道士们也研究医道，为人诊治，创造出了独特而自成体系的道教医药学，例如，江西阁皂山以道医著称，葛洪是我国著名道人和道医，他广泛收集民间的医疗经验，编撰成《玉函方》和《肘后备急方》，其中，用青蒿治疗疟疾就是特效疗法，至今仍在使用，而获得诺贝尔医学奖的屠呦呦就是受此启发而提取了青蒿素。

(二)政府重视道教文化旅游的开发与保护

道教文化是重要的旅游资源，也是文化旅游的重要支撑，道教文化旅游的开发与保护一直受到政府的重视。

近几年来，中央和各级旅游部门十分重视文化与旅游的融合发展，推动文化和旅游融合发展是以习近平同志为核心的党中央作出的重要决策，通过文化和旅游的融合发展，使文化更有活力，使旅游更有魅力。特别是2018年文化与旅游部的成立，更是从顶层设计对文化旅游的发展提供了制度保证。政府还确定了每年的6月8日为“文化和自然遗产日”，以进一步提高人民群众文化遗产的保护意识，传承、弘扬中华优

---

① 杨立志：《武当文化概论》，社会科学文献出版社2008年版，第164页。

秀传统文化，营造文化和自然遗产保护的良好社会氛围。

(三)道教文化景区旅游发展比较成熟

长江中游道教圣地头顶多项桂冠，都已开辟为景区，大多为5A级景区，部分为4A级景区，在旅游者心目中树立了良好的旅游形象，每年吸引了大量香客和游客前来膜拜或旅游，见表2。

表2　长江中游部分道教名山

省名	主要道教名山	主要桂冠	知名品牌与精彩广告词
湖北	武当山	世界文化遗产；国家森林公园；中国十大避暑名山；海峡两岸交流基地；国家地质公园；全国重点文物保护单位；国家5A级旅游景区	“亘古无双胜境，天下第一仙山”；“天下武当，精彩独‘道’”；“北有少林，南有武当”
	木兰山	国家地质公园；省级风景名胜区；省级自然保护区；国家5A级旅游景区	“木兰故里，宗教圣地”；“问道木兰山，养心更健康”
	九宫山	国家级风景名胜区；国家级自然保护区；国家级地质公园；国家4A级旅游景区	“三伏炎蒸人欲死，到此清凉顿成仙”
湖南	张家界	中国第一个国家森林公园；国家重点风景名胜区；世界自然遗产；世界地质公园；国家5A级旅游景区	“神界仙界张家界”；“世界遗产地，绝美张家界”；“张家界，令人叹为观止的地方”
	衡山	国家级重点风景名胜区；国家级自然保护区；国家自然与文化双遗产；国家5A级旅游景区	“第三洞天”；“福如东海，寿比南山”

续表

省名	主要道教名山	主要桂冠	知名品牌与精彩广告词
江西	龙虎山	世界自然遗产；世界地质公园；国家自然文化双遗产地；全国重点文物保护单位；国家5A级旅游景区	“世界道教的祖庭”；“正一祖庭”；“南张北孔”；“中国道都”；“中国的龙虎山，世界的道教源”
	三清山	世界自然遗产地；世界地质公园；国家5A级旅游景区	“江南第一福地”；“揽胜遍五岳，绝景在三清”；“江南第一仙峰，天下无双福地”；“道非道，山非山，人外有人，山外有山，不到三清山，不算游过山!”
	阁皂山	国家级森林公园；国家4A级旅游景区	“天下第三十六福地”；“灵宝基地”
	庐山	世界文化遗产；世界地质公园；国家重点风景名胜区；全国重点文物保护单位；中华十大名山；中国四大避暑胜地；首批全国文明风景旅游区示范点；国家5A级旅游景区	“一山藏六教，走遍天下找不到”；“匡庐奇秀甲天下”

(四)交通发达，旅游服务设施比较完备

目前，长江中游道教文化旅游景区的交通和旅游服务设施比较完备，通达性好。以龙虎山风景名胜区为例，它距鹰潭市18公里，而鹰潭市是江南重要的交通枢纽，浙赣、鹰厦、皖赣三大铁路干线在此交汇，320、206两条国道在境内呈“十”字形骨架，与之配合有6条省干道，而沪昆高速、济广高速两条高速公路也穿过本区，它们共同构成了

本区辐射四面八方的交通网络。

四、长江中游道教文化旅游开发与区域融合中存在的问题

(一)长江中游地区缺少融合道教文化旅游开发和保护的机制

长江中游主要涉及三省，它们在开发利用道教文化资源时，往往是各自为政、各自为战，一般都是按行政区划对单体遗产进行开发，如湖北树立“武当仙山，养生天堂”的形象，而江西龙虎山则打出“天师世家”的旗号。与此同时，对某一单体道教遗产的开发也存在着体制分散、多头管理等问题，涉及民族宗教事务局、文物局、道教协会、园林部门、旅游部门等多部门管理，而且管理水平参差不齐，他们为了各自利益最大化，多方利益博弈，互相掣肘。由此可见，由于长江中游各省区之间缺乏融合开发机制，缺乏统筹协调，制约了道教文化旅游的进一步开发与保护。

(二)长江中游地区缺乏道教文化旅游开发与保护规划

如前所述，长江中游地区道教文化资源十分丰富，如武当山、龙虎山、三清山等都是世界级的道教圣地，是旅游的热点地区，但是公众对长江中游整体道教文化资源的认识不足，他们大多“只见树木，不见森林”。对长江中游道教文化在中国的重要地位认识不足，对区域内道教文化资源整合不足，原因之一是各地热衷于自己的旅游发展规划，却缺乏区域整体的道教文化旅游开发与保护规划。

(三)道教文化旅游产品单一，缺乏体验式旅游产品

长江中游的道教旅游景区不仅有景色旖旎的自然风光，更有深厚的

中国道教文化，但道教文化资源没有被充分挖掘，旅游发展水平参差不齐，旅游形象有待提高。大多景区的旅游产品以简单的生态观光游览和单一的道观烧香祈福为主。在游客越来越关注旅游体验和文化内涵的新形势下，体验式旅游已成为一种新的符合市场需求的旅游形式。单一的烧香祈福供奉活动使长江中游道教文化旅游难以吸引游客长时间停留增加消费，带来的经济价值极其有限，与其道教历史地位及深厚的道教文化价值不匹配。

以武当山为例，目前的旅游方式主要是一日游，一般早上八九点上山，下午四五点下山，当天离开，其中只有不到20%的游客，由于到达武当山时已经下午，没有办法上山才会选择住宿，第二天上山后离开。这种旅游模式大大降低了武当山的旅游收入和文化传播能力，因为游客在武当山住宿一晚，至少可以多出100元旅游消费，这样，武当山才有机会发展旅游特色餐饮，才有可能让游客对武当山道教文化深入了解，进而产生良好的文化传播。

(四)道教文化研究不足，从业人员缺乏道教文化修养

道教文化研究不足，具有道教文化素养的专业人员缺乏是制约道教文化旅游发展的重要因素之一，主要表现为以下几方面。

一方面，各地对道教文化整理与研究不足，大多由道观负责道教宗教事务和道教文化研究，既缺乏一支专业的学术研究队伍，也缺乏系统性研究，展现给游人的只是一些道教文化的碎片化知识，一些道教文化景区开发明显与道教教义、周围景观、历史机理不相协调，不能让游客感受道教文化的原真性，也不能让游客感受到道教文化的魅力。

另一方面，景区工作人员或导游是道教文化和景点介绍的主力军，但是其专业素养良莠不齐，没有进行规范化的岗位培训和教育，自身对道教文化的内涵理解得不够透彻，很难为游客进行深入浅出的讲解，也不能很好地传播道教文化。

五、长江经济带建设背景下长江中游道教文化旅游区域融合发展的对策

总体上看，长江中游道教文化资源丰富，各有亮点，但是如何融合是我们面临的重要课题。笔者认为，应从以下几方面着手。

(一)树立全域旅游观念，建立长江中游三省道教文化遗产合作开发与保护机制

长江中游道教文化资源范围广、空间大，需要一个跨省的合作组织来进行管理和协调，而出于对文化遗产的保护以及吸纳民众的广泛参与方面考虑，也需要跨省的合作组织来进行管理和协调，因此，建立长江中游三省道教文化遗产合作开发与保护机制十分必要。为此，应树立全域旅游观念，成立长江中游道教文化开发与保护专业机构，协调各省开发保护中的各种关系，一方面加强长江中游各省间协作联合，另一方面加强与长江上游、长江下游之间的协作联合，落实和监督该区域旅游开发与保护工作等。

(二)摸清道教文化资源，编制长江中游道教文化旅游规划

编制规划首先要摸清资源，进行资源调查。现在各道教文化景区都有自己的规划，如武当山编制了《太极湖生态文化旅游区总体规划》和《武当山文物保护总体规划》等，未来就是要把各地的资源整合起来，共同编制《长江中游道教文化旅游总体规划》，以及《长江中游物质性文化遗产开发与保护规划》《长江中游非物质性文化遗产开发与保护规划》等。

同时，按照多规合一的理念，要做好与长江经济带国土空间规划、土地利用规划、城乡规划、交通规划、环保规划等对接工作。

(三)整合道教文化资源，开发具有体验性的道教文化旅游产品

1. 各省应深度开发道教文化专线游

长江中游各省应发挥各自优势，开发各具特色的体验性道教文化旅游产品，无论是武当山道教之旅，还是龙虎山道教之旅、江西道教胜迹专线游，都应该挖掘道教的深层文化内涵，形成体验性道教文化旅游产品，让游客吃的是素菜斋饭、野菜药膳，住的是宫观式酒店，看到的是辉煌道教建筑、神像雕塑、壁画彩饰和道人们修炼的场景，听到的是道士们的诵经奏乐。

以武当山为例，通过开发体验性旅游项目，让游客在武当山从一日游变成多日游，既可增加旅游收益，又可增加道教文化传播率。具体来看，建议开发以下项目。

①开发道教节庆旅游项目，邀请善男信女和有兴趣的游客到宫观参加祈祷庆祝活动。

②增加趣味性旅游项目，比如出租仙侠的服装，采用游客上山穿戴照相，下山归还的模式，让游客体验仙风、仙人的感觉。

③建立武当山武术体验馆，利用半天时间学习体验武术，照相/视频留念，让游客在武术上体验到一定成就感。

④增加可视性道家技艺演出，从山下到山上，让游客融入其中，感受演员炼丹、比武等，甚至是街头卖艺的场景，体验进入仙山修炼的快感。

⑤开展道教研习旅游项目，让游客研习道教医药、道教音乐、道教美术、道教书法、气功等。针对成年人可开展做一天“道人”、吃一天斋饭的旅游体验项目；而针对少儿或学龄前儿童，可进行一天或半天培训，也就是进行一天道家体验课，从小培养孩子对道教传统文化的认识与理解。

2. 共同开发长江中游道教文化之旅

长江中游各省应整合道教文化资源，共同开发长江中游道教文化之旅，应包括世界文化遗产道教专线游、长江中游道教风景区文物古迹游、长江中游风光道教胜迹游等。长江中游道教文化是一个整体，各省只有加强合作、共同开发，才能形成长江中游道教文化之旅或“道教文化旅游走廊”这个大品牌，才能提升道教文化的影响力与震撼力。

3. 共同举办道教文化节庆活动

整合原有的各地道教文化节，共同举办长江道教文化旅游节、长江道教文化研讨会、长江道教文化发展论坛、长江道教文化博览会等，助推长江中游各区域间开展良性的合作和深度互惠交流，从而提升长江中游旅游的整体形象。

(四)区域联合，共同培养道教人才

长江中游道教文化博大精深，必须加强道教人才的培训，这里也包括景区工作人员和导游人员的培训，使他们不仅能介绍一般的道教内容，还应该能对道教的深刻内涵作出生动的解说。同时，也应该培训道教中人充当导游解说员，只有他们才能更生动地进行道教文化的解说，更有利于道教文化的弘扬与传播。在这方面，青海省西宁市东关清真大寺有一位阿訇几十年如一日坚守在寺内进行讲解工作，这既是他的本职工作，同时向游客宣传了真正的穆斯林是爱好和平的，这种宣传教义的方式值得借鉴。

总之，道教文化遗产是长江中游地区宝贵的财富，其在延续文化、繁荣经济、促进旅游发展方面具有重要意义。整合、开发和保护长江中游道教文化遗产，使其在社会发展中发挥更大的作用，是长江中游地区每位建设者不可推卸的职责。

（作者为湖北省炎黄文化研究会理事、江汉大学教授）

试论长江经济带建设背景下的清江生态经济带构建

曹诗图

一、清江生态经济带构建的背景与意义分析

长江是中华民族的母亲河，湖北省是我国长江流程最长的省份，推动长江经济带建设发展是党中央的重大战略决策。长江经济带覆盖沪、苏、浙、皖、赣、鄂、湘、渝、川、云、贵等11个省市，横跨中国东、中、西三大经济地带，具有独特经济地理优势和巨大发展潜力。改革开放以来，长江经济带已发展成为我国综合实力最强、战略支撑作用最大的经济区域之一。2016年9月《长江经济带发展规划纲要》正式印发，确立了长江经济带“一轴、两翼、三极、多点”的发展新格局。2018年11月中共中央、国务院明确要求充分发挥长江经济带横跨东、中、西三大板块的区位优势，以共抓大保护、不搞大开发为导向，以生态优先、绿色发展为引领，依托长江黄金水道，推动长江上、中、下游地区协调发展和沿江地区社会经济高质量发展。长江沿线各省份应根据自身条件积极配合长江经济带的建设。

根据区域经济点轴扩散理论，清江是长江经济带主轴的重要二级发展轴，是长江经济发展轴带的重要次级轴带。清江是长江一级支流，发源于湖北西部齐岳山，流经利川、恩施、宣恩、建始、巴东、长阳、宜

都等7个县市，在宜都陆城汇入长江，全长423公里。清江流域面积1.67万平方公里，人口约500万，干支流涉及利川、咸丰、恩施、宣恩、建始、巴东、鹤峰、五峰、长阳、宜都10个县市。① 清江流域生态优越、资源丰富、自然与人文名胜众多，是湖北省生态经济和旅游业发展的重要地区。这里是国家重要的生态宝库，也是湖北省精准脱贫的主要战场，建设发展任务艰巨。由于清江流域内大部分地区是鄂西南老、少、边、穷地区，经济发展仍以粗放型、内向型为主，基础设施建设不足、城镇化水平不高，种种因素制约清江流域经济发展。杜寰雨在《清江流域经济可持续发展战略研究》一文中分析指出了清江流域特殊的区域地位："清江流域不仅属于武陵山片区(除宜都外)，也属于国家连片扶贫攻坚区。同时，流域大部分区域还属于'生态环境敏感—经济发展滞后—区位功能重要'三位一体的国家重点生态功能区。"②清江生态经济带建设任重道远。宜都市委书记罗联峰分析认为，"清江资源丰富，是连接恩施和宜昌的一条生态走廊，建议尽快把清江流域绿色生态经济带建设上升为省级战略"。笔者非常赞同罗联峰书记的这一建议。清江是湖北东部产业优势向西部推进和西部资源向东扩散的重要桥梁和纽带，构建清江生态经济带，既是保护清江流域生态环境的必然选择，也是推动鄂西地区社会经济发展的战略需要。构建清江生态经济带对于促进长江经济带的大保护和振兴湖北西部经济、促进湖北社会经济高质量、平衡发展均有着重要的战略意义。

二、清江生态经济带构建的优势条件

清江生态经济带的构建，拥有区位、资源、交通等多方面的优势条件。

清江生态经济带区位优越，其位于重庆和武汉两大都市辐射圈的交

① 姜华：《保护清江生态环境　建设流域绿水青山》，载《世纪行》2016年第3期，第41~43页。

② 杜寰雨：《清江流域经济可持续发展战略研究》，湖北民族学院，2017年。

接融合地带，具有连接我国中部与西部两大经济带的桥梁与枢纽作用。

清江生态经济带资源丰富。从生态资源上看，清江流域是湖北重要的生态廊道和生物宝库，是鄂西重要生态安全保护屏障和生态建设的重要载体和依托。

从水资源上看，清江水质清澈、水利水能资源丰富，是湖北重要的水源涵养和水源补给区以及水电能源区，是充满活力的河流生态系统。

从旅游资源上看，清江流域拥有丰富多彩、品位较高的旅游资源，① 山奇水秀景美，康养环境优越（恩施被誉为"世界硒都""仙居之地"），自然山水资源在全国享有盛誉。土家族民俗文化、名人文化（屈原、王昭君、杨守敬等）、历史文化（建始直立人距今约215万年，是目前我国发现最早的古人类文化遗址）等人文旅游资源在湖北乃至全国占有重要地位，主要旅游名胜有恩施大峡谷、腾龙洞、野三峡、地心谷（石门河）、清江画廊、天龙湾国家级湿地公园、杨守敬书院、建始直立人遗址、长阳人遗址、隔河岩水利枢纽等，旅游业发达。

从交通上看，宜万铁路、沪蓉西高速公路、318国道、209国道、清江水运航道、恩施机场等现代交通运输比较发达，是贯通我国大西南地区与华中地区的重要交通廊道。

总之，清江流域在生态、经济、水电、旅游、文化、交通等方面都在我国区域经济格局特别是在长江经济带中占有重要位置，具有构建清江生态经济带的突出优势条件。

三、清江生态经济带构建的对策建议

（一）大力发展生态产业、旅游产业、康养产业等绿色生态经济与特色经济

在宏观经济布局上，清江流域应大力转变和优化产业结构，加快第

① 曹诗图、杨丽斌：《清江流域旅游环境的水污染综合治理研究》，载《生态经济》2015年第4期，第141~144页。

一产业内部调整步伐，构建特色鲜明、优势突出的第二产业，优先发展带动性强的第三产业。① 其重点是大力发展生态产业(生态农业、生态工业、生态服务业)、旅游产业、康养产业等绿色生态经济与特色经济。

生态产业是按生态经济原理和知识经济规律，以生态学理论为指导，基于生态系统承载能力，在社会生产活动中应用生态工程的方法，突出整体预防、生态效率、环境战略、全生命周期等重要概念，模拟自然生态系统建立的一种高效的产业体系。通过自然生态系统形成物流和能量的转化，形成自然生态系统、人工生态系统、产业生态系统之间共生的网络。生态产业横跨初级生产部门、次级生产部门、服务部门，包括生态工业、生态农业、生态服务业(第三产业)。从地理环境和自然资源等方面看，清江流域发展生态产业具有明显的优势，今后应大力“实施产业生态化战略”②。

清江流域发展生态产业、旅游产业、康养产业在湖北乃至全国都具有得天独厚的优势。今后应进一步贯彻因地制宜、生态优先、绿色引领、文旅融合、康旅融合等区域经济发展思想，充分发挥资源优势，大力发展生态产业、旅游产业、康养产业，将其做大做强，形成产业品牌，将清江流域打造成湖北省重要的生态绿廊、旅游画廊、康养长廊。

清江康养产业试验区建设目前正在实施中。2016 年 7 月 24 日，清江(宜昌)康养产业国家实验区首次研讨会在湖北宜都召开。宜都市人民政府与中国健康管理协会签订战略合作协议，并举行授牌仪式，共同打造清江国家级康养产业实验区。全国经济百强县市宜都市将依托秀美清江山水，有机融合生态农业、休闲工业、旅游观光、文化娱乐、体育健身等产业，以生态休闲、生态农业体验、生态旅游服务等综合康养服务设施建设为重点，着力打造全国一流的集生态、休闲、养生、旅游于

① 齐民：《清江流域经济发展研究》，华中科技大学，2002 年。

② 杜寰雨：《清江流域经济可持续发展战略研究》，湖北民族学院，2017 年。

一体的互动式康养产业园。宜都市党代会七届五次会议提出了建设“中部地区康养中心”的发展目标。在生态旅游发展上，规划投资 160 亿元打造清江康养与湿地文化休闲度假区，全力打造全国绿色健康产业清江示范带和国家级康养产业实验区，塑造“宜人康都”品牌。恩施州的利川、恩施、建始等县市的地理气候条件更是优越，发展生态产业、旅游产业、文化产业、康养产业等绿色生态经济与特色经济大有可为。生态环境质量是清江流域生态经济带的生命线，应加强生态环境保护，制定出台湖北省清江流域保护条例，将清江流域生态环境保护法制化，① 加强对污染企业的治理力度，加快城镇与乡村生活用水与垃圾设施建设，促进城乡生态文明建设，② 为构建清江流域生态经济带创造良好的发展环境。

建议国家将清江经济带建设列入长江经济带建设内容，把清江流域绿色生态经济项目列入各级长江经济带发展的综合及专项规划。建议国家和湖北省加大对清江流域生态产业、旅游产业、康养产业等绿色生态经济与特色经济发展的支持力度，同时加大对清江流域各县市的生态补偿力度。

（二）构建清江经济增长极，发挥点轴扩散效应

经济增长极是构建经济带的重要支撑条件，它一般是地理位置优越、交通条件较好并极具一定经济实力的城市。从空间布局上看，恩施（恩施市城区）、宜都（陆城镇）两个经济实力较强的城市分别位于清江生态经济带的西端与东端的枢纽位置，可以将这两个城市作为清江生态经济带构建的增长极，依托交通干线发挥点轴扩散、对流辐射效应，带动整个生态经济带的发展。

① 姜华：《保护清江生态环境　建设流域绿水青山》，载《世纪行》2016 年第 3 期，第 41~43 页。

② 曹诗图、杨丽斌：《清江流域旅游环境的水污染综合治理研究》，载《生态经济》2015 年第 4 期，第 141~144 页。

(三) 建设清江高等级公路，形成沿江经济大通道

清江流域地形复杂、道路崎岖，清江沿江陆路连通性很差，极大地影响了清江流域的人流、物流与经济发展。建议修建一条由恩施至宜都的清江沿线高等级公路或沿江大通道，联通两个发展极，起到“一脉贯通、全域盘活”的重大作用。

(四) 构建“一轴、两翼、两极、多点”的发展格局

一轴：构建沿江水路—陆路经济发展轴，形成清江生态经济带的主动脉。

两翼：形成西翼恩施板块、东翼宜昌板块的“蝶舞清江”的经济发展格局。

两极：构建恩施、宜都两个经济增长极，形成清江生态经济带的两个支撑点与辐射极。

多点：将清江干支流涉及的利川、咸丰、恩施、宣恩、建始、巴东、鹤峰、五峰、长阳、宜都等 10 个县市的地域中心城镇作为次级经济增长极，形成各具特色的区域经济次中心，通过多点战略布局建设，促进清江流域经济的平衡发展。

(五) 树立共生观念，加强区域合作

共生理论强调共生单元的协同与合作，在协同中激活各方，在合作中进化发展，为经济共生体的打造提供了理论基础①。清江生态经济带是一个覆盖利川、咸丰、恩施、宣恩、建始、巴东、鹤峰、五峰、长阳、宜都 10 个县市的区域经济共生系统，具备良好的共生关系构成条件。在构建的过程中，“要以树立共生观念为主导，以加强资源多元化

① 邓小艳：《基于共生理论视角探讨恩施州“清江山水旅游走廊”的构建》，载《湖北社会科学》2010 年第 1 期，第 73~76 页。

整合为核心，以培育共生机制和优化共生环境为两个基本点，实现优势互补，联动发展，共存共荣”①。建议由宜昌市和恩施州联合牵头，定期召开清江流域的利川、咸丰、恩施、宣恩、建始、巴东、鹤峰、五峰、长阳、宜都10个县市主要领导的联席会议，制定建设清江生态经济带区域合作具体措施，为构建清江生态经济带提供组织上的保障。

（作者为湖北省炎黄文化研究会理事，武汉科技大学教授）

① 邓小艳：《基于共生理论视角探讨恩施州“清江山水旅游走廊”的构建》，载《湖北社会科学》2010年第1期，第73~76页。

早期长江文明的“活化石”
——《大洪山锣鼓》(《涢山祭祀歌》)里的中华古史探微

刘永国

流传于湖北省大洪山地区的《大洪山锣鼓》(《涢山祭祀歌》)，是唱颂鸿蒙、混沌、盘古、女娲等文化英雄创世和炎帝神农等三皇五帝治世的叙事长诗，其中保存了大量中华古史元素，是中华民族宝贵的历史文化资源，抽丝剥茧，从中可以觅见长江文明起源与发端的史迹，堪称史诗。

一、《大洪山锣鼓》的内容

《大洪山锣鼓》的精华是唱词。在长期的演唱实践中，《大洪山锣鼓》的演唱形成了一整套程序，如念词(相当于开场白和自我介绍)、争令(歌师相互挑战或戏谑)、唱书(分类别的演唱)、贺喜(对主家的贺喜和祝福)等程式，主体是唱书，其内容包括以下几方面。

一是创世唱颂。《大洪山锣鼓》唱词的主要篇幅，是关于天地的形成和创世初祖们的世代传承，其内容刷新了以往的认知，其场面瑰伟浪漫、险奇冷峻，超自然的力量、速度让沉重的历史进程举重若轻，两棒鼓三通锣四杯茶，五千年前创世的史诗如同乡村辛苦劳作后的点心，成为袅袅炊烟中难得的文化消费。

《大洪山锣鼓》唱词中关于史前创世传说的有《西方古祖二十四代》

《东方古祖三十代》《洪水泡天》《三次养天育地》《三支神笔和六个月亮》《混沌初分》《浪荡子吞天》《盘古开天辟地》《太阳姓唐月亮姓申》《盘申划山水田》等，这些题目(专题)的唱词分工明确、互不重复，但互有交集与衔接，从无天无地、浮尘淫水、洪水泡天到混沌初分、养天育地，再到盘古开天、女娲补天、神农出世，基本上勾画了一个史前创世过程的粗线条。

这里，“西方古祖”“东方古祖”的“西方”“东方”，是中华地域方位的西与东：“西”指昆仑山；“东”指东土，即黄河流域、长江流域。西祖与东祖不是同时并在的东、西两支，而是前后传承、衔接的主干。合起来，中华创世初祖唱词罗列了前后 54 代，从鸿蒙到混沌和七巧是西祖 24 代，七巧生莲聲后，自莲聲始东祖 30 代走上创世的历史舞台。他们前后衔接，前赴后继，在浮尘和淫水间挣扎、奋斗，先后推进了养天育地、混沌初开、日月运行等重大创世项目，为盘古的出生、盘古巨斧开天地奠定了基础。

《大洪山锣鼓》唱创世，歌创世，铺排其艰难困苦，其实是在唱创业、歌创业，不厌其烦地播撒中华民族薪火相传的文明火种。

二是英雄唱颂。《大洪山锣鼓》唱词的第二大内容就是英雄唱颂。这方面的内容，如《鸿蒙出世》《西祖赠宝》《混沌东行》《混沌初分》《盘瓠出世》《盘古开天》《天皇出世》《女娲与伏羲》《女娲补天》《神农出世》《轩辕》《三皇治天地人》等篇目，这些篇目的唱词勾画的是大历史，是中华民族创世至三皇五帝的历史。历史的支架是人的活动，特别是杰出人物，它们中的代表人物是中华民族早期的开拓者代表——文化英雄。

《大洪山锣鼓》唱词对先祖的唱颂可分两个阶段，第一阶段是盘古开天地以前，在历数从鸿蒙至盘古之前 54 代先祖家门及传承的基础上，挑出了鸿蒙、混沌、盘古等地位重要或贡献巨大的人物单设专题唱词，唱赞其澄清玉宇、养天育地、开天辟地的功绩。如关于盘古开天，唱词说：“盘古匆忙东土走，不周山下见宝珍。原来是把开天斧，攥在手上用力抡，劈开东方甲乙木，劈开南方火丙丁，劈开北方壬癸水，劈开西方庚辛金，劈开中央戊己土，天升地落两边分。自从盘古开天地，三皇五帝治乾坤。”①

在《大洪山锣鼓》唱词里，盘古开天之后，日月行天，江河归流，水患平息，天地玄黄有了基本秩序，伏羲、女娲、炎帝神农氏、黄帝轩辕氏，方次第而出，在历史总管那里各领使命，次第登台。这是中华创世史的第二阶段。

在《大洪山锣鼓》唱词里，第一阶段的文化英雄鸿蒙、混沌、盘古等的创世活动，主要是天地格局、运行秩序的调理；第二阶段的文化英雄如伏羲、女娲、炎帝神农氏、黄帝轩辕氏等的创世活动，则主要是“补天”与治人，是关于社会格局、运行秩序的创立与治理。

二、《大洪山锣鼓》产生的土壤和歌唱形式

《大洪山锣鼓》流传在随州市西南的大洪山区，涉及随州市曾都区和随县的长岗、三里岗、柳林、洛阳、何店、均川、洪山等乡镇和京山市、钟祥市、宜城市靠近大洪山的部分乡镇，它是民间的一种轻便易行的说唱文艺形式，一鼓数锣，少则二人，多则三至四五人，打锣击鼓而唱，应用于小孩做三朝、过周岁、过十岁和老人做寿等家庭庆生活动。因演唱配有打锣击鼓的伴奏形式，民间称之为“打锣鼓”。20 世纪 80 年代，湖北省群众艺术馆研究馆员冯本林、江云搜集整理大洪山“打锣鼓”的唱词时，则称之为“善歌锣鼓”，还以《善歌锣鼓集》为名出了书，内部发行；随州市群众艺术馆研究馆员刘大业搜集整理的大洪山“打锣鼓”唱词，出版时名为《涢山祭祀歌》。

《大洪山锣鼓》一直生存在民间，会打会唱的艺人有数十人甚至上百人，其水平较高的师傅称为“歌师”。歌师带徒，世代传承，带徒时不仅要传艺（演奏与歌唱的形式），还要传本（文字抄本或口传记忆）。

① 刘大业：《涢山祭祀歌》，中国电影出版社 2003 年版，第 69 页。

无“本”者成不了歌师，拥有一个完整的、无错讹的抄本，且能离本演唱者就有可能成为“师父”“师爷爷”。

追寻《大洪山锣鼓》的源头，资深的歌师说，“打锣鼓”起源很早，炎帝神农时有“蜡祭庆丰年”，后世从中受到启发，唱古话庆生贺寿，用打击乐伴奏，就形成了“打锣鼓”。“打锣鼓”的唱词是一代代歌师口耳相传传下来的。

据资深的歌师忆及“打锣鼓”的历史，发现“打锣鼓”的形式也曾用于祭祀及葬仪，尤其用于葬仪说，是受庄子“鼓盆而歌”的启示，这也是刘大业本称《涢山祭祀歌》的来由。其实，“打锣鼓”这种形式用于祭祀与葬仪，在近现代随州未见实例，原因可能是“打锣鼓”这种“小规模慢节奏”的形式不为现代生活所接受，其叙事古老得比盘古还古的唱词，人们已失去了细嚼慢咽的耐心。

《大洪山锣鼓》的源头是否能与炎帝神农时代的“蜡祭庆丰年”发生直接联系，并不特别重要，重要的是同一地域产生了以炎帝神农为代表的农耕文明发祥地，也产生了与这种文明相谐的艺术形式和古史叙述。

以炎帝神农为代表的农耕文明发端，迎来了长江文明的“早晨”，《大洪山锣鼓》是这个“早晨”的一支晨曲。

《大洪山锣鼓》的产生、延续、发展，需要男耕女织、悠闲自在的农耕生活，需要小有温饱、节奏缓慢的乡村社会，有炎帝神农文化氛围的大洪山区刚好提供了这种土壤。大洪山区的相对封闭与文化自信、自傲保护了这种“活化石”。

三、《大洪山锣鼓》创世“记忆”中的“水”偏好

《大洪山锣鼓》的精华是唱词，唱词勾画的历史是大历史，其中中华民族的先贤，不是从炎帝神农唱起，也不是从开天辟地的盘古唱起，而是从鸿蒙老祖唱起。

唱词中描绘鸿蒙出世“历源渊远无纪年，气尘浮联无地天”①，这是地球尚未完全形成时的状态。鸿蒙之后历经24代浮沉，混沌方出世。鸿蒙至混沌之间24代的名称大多带水，如鸿蒙、浦堤、罗泡、汗清、滇汝、江泡、泗油、农汝、泽沸、洞沦、混沌等19世的名字，都是带水的，有的一个字带水，有的两个字带水，基本上是水的世系，只有玄承、利负、干癸、醍醐、童犴等5世的名字未带水。

从混沌到盘古，半蒙昧状态的祖先还有30代的路程，这30代先贤的名字，带“女”字偏旁的多了起来，带水的也仍不少，如玉清、波滇、波阳、沸消、乙泫、涧埂、浪荡子、乙洹等，一共有11世，带“水”的名字主要在前期，带“女”字偏旁的主要在30代的后期。

这些名字古朴而近怪诞，似为先民对上古历史的形象记忆，从这些记忆断片中，我们可以获取这样一些信息。

其一，洪水泡天的创世历程。中外神话传说都有史前大洪水的故事，留存着人类对史前“黑暗时期”的记忆。《大洪山锣鼓》中，从鸿蒙到混沌再到盘古开天地，54世老祖处于尘浮浮、水漫漫的环境状态，历经5次“洪水泡天”，死死生生，沉沉浮浮，艰难向前。在大洪水中保存生命的种子，希腊神话中有挪亚方舟，《大洪山锣鼓》中则有“昆仑舟”，② 其反复出现，借以托举生命。五次大洪水或消退，或被具有神力的老祖张口“吸干”，一时间风雨不扰，方赢得混沌初开。“谁知天地合一起，才有盘古斧开天。”③

其二，水乡泽国的长江印记。读《大洪山锣鼓》唱词，有一个比较强烈的感觉，54世创世老祖活动环境的地域氛围比较明显，仿佛一直奔忙在河湖密布的长江流域，再就是与具有神秘力量的昆仑山发生联系。在唱词中，老祖们活动的踪影多有湖、湖水、荡、湖荡、莲、莲叶、荷花、荷花池、荷花洲相伴，给人的印象是，老祖们创世活动的天

① 刘大业：《涢山祭祀歌》，中国电影出版社2003年版，第31页。
② 刘大业：《涢山祭祀歌》，中国电影出版社2003年版，第75页。
③ 刘大业：《涢山祭祀歌》，中国电影出版社2003年版，第63页。

地是在长江流域。唱到"三次养天育地"，唱词说是"三次湖荡育地天"。①

怎样养天育地呢？且看"鸿蒙叫去混沌祖"，命他去养天育地。

混沌怎样操作呢？唱词云："手捧两颗甘露丹，一粒莲子做基础。养天育地生三光(指日月星，古称"三光")，一跃千里来东土。急忙来到荷花池，种莲生叶放甘露，甘露滚滚似珍珠，上面又用荷叶扣……"接着的唱词点明了养育天地的地点和"两颗甘露"的分工："给他两颗甘露水，荷花荡中去抚养。其中一颗成天地，另外一颗成三光。"②养天育地即创世纪。在"荷花荡"里种莲子，长荷叶，在两片荷叶间用两颗甘露养出天地与日月星，这是神话也是寓言——劳动和智慧创造世界。我们要注意到的是，这里的"荷花荡"意味着什么。它应该是南方而不是北方的地理标志物。湖北省群众艺术馆副馆长、研究馆员江云也认为："以上种种与水有关的神话传说，我认为只有江汉纵横、千湖列阵、大泽居中的荆楚水乡初民才能创造得出。"③由此推想，《大洪山锣鼓》在这里讲的是南方始自莲藕种植的开发史，是长江文明在混沌世纪的孕育。《大洪山锣鼓》的"混沌世纪"相当于《黑暗传》的"黑暗世纪"，这个时候，莲藕是长江文明的"嫩芽"；星移斗转，炎帝神农出世后，教民耕种，水稻成为长江文明农耕源头的标志物。

四、《大洪山锣鼓》与《黑暗传》

《大洪山锣鼓》发现于汉水中游东部的大洪山区，《黑暗传》发现于汉水中上游西部的神农架，二者都产生与流传于封闭和比较封闭的山区，都受到了汉水的滋养与灌溉，都在20世纪80年代为群众文化工作

① 刘大业：《涢山祭祀歌》，中国电影出版社2003年版，第61页。
② 刘大业：《涢山祭祀歌》，中国电影出版社2003年版，第61页。
③ 《善歌锣鼓集》，湖北省群众艺术馆1988年编印，第7页。

者所发现和搜集整理，这是二者的第一个相同处。

《大洪山锣鼓》是民间的锣鼓伴奏"歌唱"文艺形式，历史上可能参与过祭祀仪式，近现代主要用于庆生、祝寿，其唱词的主干是创世史，歌师在唱史的开场与收场时也可现场编词起承转合，互相"打擂"；《黑暗传》也是用打击乐伴奏的民间文艺形式，主要出现在祭祀、丧礼上，歌师唱史诗当"孝歌"，用民族开天辟地的奋斗史追悼逝者。打击乐、唱历史、小规模的民间文艺形式，这是二者的第二个相同处。

《大洪山锣鼓》《黑暗传》的唱词都唱创世史，唱创世的领袖人物。在两种唱词中，洪水泡天、盘古开天、女娲补天、三皇五帝治乾坤等创世、开天、治乾坤，都是分量很重的专题，这表明了两者宇宙观、治世观、英雄观和文化价值取向的一致性。但两者也有明显的差异。其差异在于，《黑暗传》唱词溯古，从盘古上溯到了混沌；《大洪山锣鼓》唱词的溯古，上溯到了鸿蒙，比混沌古老了老大一截子。《大洪山锣鼓》给盘古以前的祖宗，分西祖 24 代、东祖 30 代排了世序，在这个世序里，混沌老祖和妹妹七巧属第 24 代，也就是《大洪山锣鼓》唱词比《黑暗传》多出了 23 代古祖，不仅多出了 23 代古祖的浮尘岁月（地球尚未凝结形成），而且十分令人震撼地排列出了 54 代古祖的世序。这个世序起自鸿蒙老祖，止于"姮"。第 53 世的"姁嫔"或第 54 世的"姮"生盘瓠,①盘瓠生盘古，盘古担当了用巨斧劈开天地的重任。鸿蒙至盘古的世系不可考，但天荒地老、山海沧桑有痕迹，《大洪山锣鼓》产生与成长的大洪山就是山海沧桑之地，它曾经是古云梦泽的一部分。大洪水退去，大洪山出，古水潴留，形成山中数湖，故又名"大湖山"。大洪山来得突兀，古人惊呼"天上掉下来的"，称之为陨山，陨山水多，后世聪明人以为陨山为涢山之误，书为涢山。涢山东、西发源汉水两大支流，一为涢水，一为富水。涢山、大洪山的传奇经历，是山中人对远古创世故事

① 刘大业：《涢山祭祀歌》，中国电影出版社 2003 年版，第 68~69 页。

世代口耳相传的记忆支点；涢山、涢水与汉水、与长江的水乳联系，又让山中人展开了视野，放开了想象的翅膀。

两相比较，《大洪山锣鼓》唱词中的创世故事，上溯得更古远一些，创世文化英雄的队列更长一些。借用《湖北日报》2005 年报道《涢山祭祀歌》的说法："有关专家称，《涢山祭祀歌》与在神农架搜集整理的《黑暗传》相比，所载历史向前推进了几千年。"①

五、《大洪山锣鼓》与炎帝神农传说相呼应

《大洪山锣鼓》传播的主区域在湖北省随州市。随州市相传是炎帝神农故里、发祥之地，民间流传着很多炎帝神农的传说故事，传扬其制耒耜、殖五谷、尝百草、制陶作琴、相土造屋、日中为市的业绩，赞扬其开拓进取、顽强拼搏的精神品质。《大洪山锣鼓》设《神农出世》《人皇治人》两个专章唱颂炎帝神农，长度为 50 行诗，逊于鸿蒙、混沌、盘古的篇幅，但超过了 54 名古祖大多数人的长度。

《大洪山锣鼓》对炎帝神农的唱颂主要集中在教民耕种、尝草疗疾等两个方面。如"鸿蒙老祖发下令，专派人皇兴人伦。烈山古洞出世早，三磨九难把位登。教民耕地种五谷，口尝百草医万民……坐位不在金銮殿，走遍四面和八方……人间第一真君子，就是人皇神农君"②。

两个专章之外，还有其他篇章里提到炎帝神农，《大洪山锣鼓》里有"三皇"之称，但这"三皇"不是指华夏人文史上先后顺序的"三皇"，而是天皇、地皇、人皇，是空间层次上的"三皇"，上有天，下有地，炎帝神农在天地之间的中华大地上当人皇，做"仁德君"。较之黄帝轩辕氏，《大洪山锣鼓》对炎帝神农族系表现得更热心一些。

---

① 载《湖北日报》2005 年 11 月 4 日，第 5 版。

② 刘大业：《涢山祭祀歌》，中国电影出版社 2003 年版，第 84 页。

六、结语：《大洪山锣鼓》可称“汉民族神话史诗”

结语之一：《大洪山锣鼓》具有“汉民族神话创世史诗”的特质与价值。《大洪山锣鼓》唱词，目前成书的有两个版本，其中《大洪山锣鼓·涢山祭祀歌》搜集整理的唱词6000余行，《善歌锣鼓集》近5000行，内容大同小异。两书中的唱词以长江流域为基点，用神话和传说演绎连缀成长篇歌诗，以民间打锣鼓的形式传唱养天育地、开天辟地、补天治人的创世历程，主干清晰，主要事件即“养天—开天—补天—治人(世)”贯穿首尾，叙事完整，具有“汉民族神话创世史诗”的特质与价值。民间文学专家、湖北省群众艺术馆韩致中先生称：“《大洪山锣鼓·涢山祭祀歌》是人类史前史的一部化石，是继《黑暗传》后又一部史诗，比《黑暗传》记述的历史更远、内容更丰富。”

史诗是叙述英雄传说或重大历史事件的古代叙事长诗，多以古代英雄歌谣为基础，经集体编创而成，反映人类童年时期具有重大意义的历史事件或者神话传说。史诗是人类最早的精神产品，对我们了解早期人类社会具有重大意义。《大洪山锣鼓·涢山祭祀歌》具备以上特质。

结语之二：《大洪山锣鼓》是早期长江文明孕育期的“活化石”。《大洪山锣鼓》生长于长江流域，流传于长江流域，以打锣鼓这样一种独特的民间艺术形式，传唱从鸿蒙至混沌、盘古、女娲的创世传奇和三皇五帝的治世传说，其本身就是长江文明土壤与人文结出的奇葩。同时，《大洪山锣鼓》信息量丰富，其中南方长江流域的元素明显，从中可以窥见史前长江流域的山川人文动态，唱词中反复出现的湖、湖水、荡、湖荡、莲、莲叶、荷花、荷花池、荷花洲，是长江中下游生态地理的映现；混沌老祖在湖中种莲、用荷叶养育天地的情节，应是长江中下游早期人文活动的折射。由此，可以说《大洪山锣鼓》是早期长江文明孕育期的“活化石”，在长江文明孕育与发端史研究和华夏创世史探索上具有重要价值。

结语之三：《大洪山锣鼓》的研究尚待加强。2005 年，《大洪山锣鼓·涢山祭祀歌》已确定为湖北省第二批民族民间文化保护项目。其抄本、口述资料尚需进一步挖掘、整理、研究，扶持资助传承人、建立文化生态保护区、进行动态的持续性保护等工作，也需加大力度。在社会生态发生变化的今天和未来，大洪山地区打锣鼓是否还能打下去，正面临考验。

（作者为随州市炎黄文化研究会副会长、中共随州市委宣传部原副部长）

论炎黄文化与长江经济带发展战略的内在一致性

熊燕红

自从黄帝统一当时的万国民族，建立统一的中华民族版图以来，长江流域的经济和民生就是中华民族发展的重要部分，炎黄文化的形成和发展，也和长江流域的建设发展息息相关。2014 年 9 月，国务院印发《关于依托黄金水道推动长江经济带发展的指导意见》，部署将长江经济带建设成为具有全球影响力的内河经济带、东中西互动合作的协调发展带、沿海沿江沿边全面推进的对内对外开放带和生态文明建设的先行示范带。2016 年 9 月，《长江经济带发展规划纲要》正式印发，确立了长江经济带“一轴、两翼、三极、多点”的发展新格局。由此可见，长江经济带的发展已经成为党中央、国务院的重点关注对象。本文考察研究了炎黄文化和长江经济带发展战略的内在一致性，为更好地理解长江经济带的发展提供了历史视角；同时从文化和经济发展的相互关系中可以看到，坚持炎黄文化的传承和发扬，对推进长江经济带的发展具有重要的意义。

一、两者都是以创新发展作为基本驱动力

在炎帝、黄帝时代，中华版图上还是分散着大大小小的民族部落，并没有形成统一的民族格局。黄帝民族部落之所以能够结炎帝、战蚩

尤，统一万国部落，靠的是创新发展的驱动。在农业生产工具和生产方式上，黄帝进行了大量的创新发明，大大改善了部落的生产力，相比其他氏族有了巨大的进步，黄帝所在部落的实力也因此远远超过了其他部落，最后达到统一所有部族，建立起中华民族的伟大成就。在中华民族的统一国度建立之后，这种创新精神依然存在并继续发展，整个民族在这种精神的推动下，出现了积极的创新发展浪潮。在天文、历法、音乐、文字、医药等包含所有衣、食、住、行各方面，涌现了许多发明创造。发明的器具不仅种类繁多，在质量上也有很大的提高。生产力的发展也推进了社会分工的成熟，渔猎、种植、养蚕、制陶的手工作坊比比皆是。

正如台湾学者柏杨所说："黄帝发明了人们希望的一切东西，大至社会制度，小至日常使用的零星物件，黄帝王朝大概是一个发明狂的时代，几乎人人都会随时发明一些什么，譬如仓颉造字等等。"以创新求发展成了炎黄文化重要的内在精神，一直激励着中华民族的儿女们，出现了站在世界前沿的四大发明，使中国成为伟大的文明古国之一。

创新发展也是长江经济带实现高质量发展的基本要求，国务院关于长江经济带发展的重要文件，都提到了创新的重要性。《国家创新驱动发展战略纲要》指出："提升长江经济带等国家战略区域科技创新能力。"《长江经济带创新驱动产业转型升级方案》强调了"推动长江经济带发展是党中央、国务院做出的重大战略部署，以创新驱动促进产业转型升级是长江经济带实现经济提质增效和绿色发展的重要任务"。方案明确了几个方面的重点任务：增强创新能力，完善区域创新体系，推动产业技术创新平台建设，加快科技创新成果转移转化，激发社会创新创业活力；打造工业新优势，大力发展战略性新兴产业，加快改造提升传统产业。

长江经济带是我国经济高质量发展的新引擎，然而，传统落后产能体量大、沿袭传统发展模式的惯性强、"化工围江"问题突出，这种局面压得整个长江地区的经济发展都不轻松。目前，长江经济带在发展中存在的一些问题，大多留有体制不完善、机制不健全的印记。要想推动长江经济带绿色发展，必须用创新的思维和改革的办法来补齐短板，激活发展动力。长江经济带创新发展应从微观和宏观层面入手，发挥市场机制创新、认识理念创新和机制体制创新的作用，同时以科技创新促进传统产业改造升级。

二、两者都坚持制度的约束是重要保障

黄帝奠定天下后，制定了国家的职官制度，如以云为名的中央职官，管宗族事务的称青云，管军事的称缙云，又设置了左、右大监，负责监督天下诸部落。风后、力牧、常先、大鸿被任命为治民的大臣。黄帝通过建立有效而稳定的制度来管理万国氏族，使所有人和平共处，共同发展。《史记·五帝本纪》记载，黄帝“置左右大监，监于万国，万国和”。黄帝创建的有熊帝国，在中华版图上第一次把所有民族统一在一起。在当时，人们并没有一起共处的经验和历史，各民族和氏族部落都有许多不一致和冲突。黄帝通过制度的约束，使得所有部落能够和谐地相处，这是非常伟大的创举。春秋管仲评价：“黄帝之治天下也，其民不引而来，不推而往，不使而成，不禁而止。故黄帝之治也，置法而不变，使民安其法者也，所谓仁义礼乐也，皆出于法，此先圣所以一民者也。”其法治已经深入人心，百姓愿意在这样的法治约束的国家里生活，享受制度的好处，也主动维护制度，最终使所有人达到一致的认同，共同合作，和谐相处。

构建科学、合理的区域合作制度是推动长江流域经济一体化发展的重要前提，必须要强化法律保障，深入贯彻全面依法治国战略部署，建立健全长江经济带生态环境保护法律体系，规范和约束各类利用自然资源的行为，使长江生态环境保护有更严格的法律保障。开发长江经济带需要同时健全支持保障机制，严守生态红线，积极探索市场化生态补偿制度。强化长江生态环境保护执法主体责任和法治监督，强化绿色发展

法治保障。对于长江经济带发展协调性不足等问题，应该加快推进重点领域、关键环节的体制机制改革。要坚持长江经济带“生态优先、绿色发展”战略定位不动摇，建立共抓大保护体制机制；完善体现生态文明和绿色发展要求的目标体系、考核办法、奖惩体制，把资源消耗、环境损害纳入环评体系；改变对重点生态功能区实施生态补偿多以财政转移支付为主、补偿标准低、可持续性不强的现状，探索生态产品价值化实现机制，构建可持续市场化生态补偿制度。2017 年环境保护部、发展改革委、水利部联合印发了《长江经济带生态环境保护规划》(环规财[2017]88 号)，对贯彻实施五大发展理念、保护长江经济带生态环境作出了具体安排。该规划尤其强调完善环境法治，加大环境执法监督力度。这为长江经济带生态环境保护法律机制的科学构建提供了更为直接的政策导向，进一步夯实了制度建设中理论依据的实践落点。

三、两者都发挥了轴心的重要作用

炎黄文化是以时间为轴，所有人虽然都在为自己的区域文化努力，最终都会回到中华民族这个统一的架构上。从发展过程来看，中华民族是以炎黄部族为主干，融合了众多部族集团而形成的，中华民族在血缘上并不是某一特定族群的延续，而是以中原地区为其共同的地区，由不同血缘关系的人们组成的一个“文化共同体”，黄帝是族群大融合最主要的促成者。据《史记·五帝本纪》记载，黄帝之时，天下未定，“诸侯相侵伐，暴虐百姓”，于是黄帝“修德振兵”，先与炎帝战于阪泉之野，“三战，然后得其志”，后又“征师诸侯，与蚩尤战于涿鹿之野，遂禽杀蚩尤”。打败炎帝、擒杀蚩尤之后，“诸侯咸尊轩辕为天子”，黄帝由此成为“天下共主”。黄帝以战促和，以德报怨，成功推动了中国历史上第一次族群大融合，也开启了中华民族的“共同体”之路。中华儿女在姓氏来源上对炎、黄二帝的“认祖归宗”，亦是炎黄文化促进民族认同、民族凝聚的一个重要方面。在中华民族形成和发展的过程中，炎黄文化、炎黄精神的内涵也都在不断地丰富和发展。经过炎黄子孙一代又一代的传承和弘扬，最终凝练、升华为中华民族特有的文化传统与民族精神，渗透进每一个中国人的血液。

长江经济带发展以空间为轴，是全方位、多层次的，最终达到区域协调，共推一体化发展。长江经济带是一个有机整体，“共抓大保护，不搞大开发”是新常态下长江经济带的发展主题，为了增强“共抓大保护”的合力，我国不断创新协同发展机制体制，推动长江经济带协同发展。长江经济带各省市经济、社会各方面协同发展，才能称之为高质量发展。区域协调发展必须消除各种交界区域的行政壁垒、市场壁垒，构建一体化市场。

长江经济带空间效应正在形成，实体经济的发展相互之间有正向溢出效应。自国家提出长江经济带发展战略以来，长江经济带之间的相互协作在不断加强，相邻省市实体经济的发展依存度逐年增加，长江经济带区域内本省市实体经济的发展都会拉动整个区域相邻省市实体经济的发展。

四、两者对实现中华民族伟大复兴的中国梦都有重大的意义

文化是人类创造的，是人类精神世界的产物，又反作用于人类，影响人类改造自然和人类自身的实践过程。文化的价值和功能，一方面，可以通过人们的劳动和创造，不断地传承、丰富和发展这些劳动和创造成果；另一方面，也可以感动人、陶冶人，使人的精神境界得以不断地提升和进步，从而产生出更加强大的改造自然、改造社会的精神动力，鼓舞人们去创造更加美好的新生活。炎黄文化孕育了中华民族固有的一种精神，这种民族精神不断地传承、发扬和弘扬，不断地丰富扩展和完善，形成以社会主义核心价值观体系为中心内容的、充满新时代特色的思想伦理体系。炎黄文化对中华民族的生存和发展具有至关重要的作

用，这种作用就体现为，炎黄文化是中华民族的精神支柱，是中华民族的凝聚力和向心力的源泉，推动着中华民族伟大复兴的中国梦的实现。

长江经济带覆盖 11 个省市，面积约 205 万平方公里，占全国国土总面积的 21%，人口和经济总量均超过全国人口和经济总量的 40%。这里生态地位重要、综合实力较强、发展潜力巨大，经济增速持续高于全国平均水平，经济带动作用强、辐射范围广，是全球重要的内河经济带，在我国发展大局中具有举足轻重的战略地位。长江经济带高质量发展内涵丰富、意义重大。习近平总书记关于长江经济带高质量发展的重要讲话精神是对中华民族永续发展的深邃思考和历史担当，是对生态文明规律的深度揭示和深刻把握，是对中国经济大局的科学运筹和深远谋略，彰显了全面深化改革开放的中国视野和世界眼光。推动长江经济带发展有利于走出一条生态优先、绿色发展之路，让中华民族母亲河永葆生机活力，真正使黄金水道产生黄金效益；有利于挖掘中上游广阔腹地蕴含的巨大内需潜力，促进经济增长空间从沿海向沿江内陆拓展，形成上中下游优势互补、协作互动格局，缩小东、中、西部发展差距；有利于打破行政分割和市场壁垒，推动经济要素有序自由流动、资源高效配置、市场统一融合，促进区域经济协同发展；有利于优化沿江产业结构和城镇化布局，建设陆海双向对外开放新走廊，培育国际经济合作竞争新优势，促进经济提质增效升级，对于实现“两个一百年”奋斗目标和中华民族伟大复兴的中国梦，具有重大现实意义和深远历史意义。

综上所述，传承了五千年的炎黄文化，其文化精神和新时代的国家建设是密切相连的，与党中央、国务院制定的长江经济带发展战略也有高度的内在一致性。五千年以来，我们国家的人民靠着这种文化精神，建设发展我们的家园，抵御外敌入侵，吸收融合了历史发展中的新事物、新变化。我们的文化是先进的，有巨大的生命力。同样的，长江经济带的发展战略也具有共同的精神内涵，是党和国家制定的重要决策，能够通过长江经济带的发展带动中国经济大局的改善。在长江经济带发展战略的实施过程中，弘扬和传播炎黄文化，能够加深对政策精神的解读，统一思想，激发民族精神，不只是看到自身的短期利益，而是能够考虑到中华民族永续发展的大格局。

参考文献

[1]汪发元、郑军：《科技创新、金融发展与实体经济增长——基于长江经济带的动态空间模型分析》载《经济经纬》2019 年第 4 期，第 157~164 页。

[2]张婷、路斐：《长江经济带生态环境保护法律机制构建的学理基础》载《重庆行政》2019 年第 4 期，第 55~58 页。

（作者为湖北省炎黄文化研究会理事、长江职业学院副教授）

清江文明是长江文明的重要组成部分

覃世清　胡士国

清江是一条文化河流，属于长江在湖北境内的第二大支流，是长江文明的重要组成部分，对中华文明的影响至深。

一、清江是人类文明起源的摇篮

（一）1956年在清江长阳钟家湾发现人“长阳人”化石，首次证明长江流域也是人类文明起源的摇篮

1956年暑假期间，正在乡下调查收集古生物化石的长阳一中生物教师陈明智，在听说大堰乡农民搞副业，在钟家湾的“龙骨洞”挖掘出大量龙骨时，忧心忡忡，担心古生物化石被破坏，于是立即和另一位生物教师潘秀堂一起，赶到大堰黄家埫钟家湾一带实地查看，并在社员挖掘和供销社收购的龙骨堆中寻找化石标本。陈明智在钟家湾一队长家新挖的古脊椎动物化石中，发现了一块古人类左上颌骨化石，上面附着两枚臼齿。他一方面立即给县、地区、省里打紧急报告，要求迅速采取保护措施；另一方面，将自己收集到的几大箱化石标本邮寄到中国科学院古人类研究所。陈明智教师的行动得到各级领导和相关部门的高度重视。湖北省文化局电告长阳要严加保护，防止再次破坏，并派湖北省文管会毛在善紧急赶赴长阳督办落实。中国社会科学院历史研究所专家荣孟源、张振鹍，北京历史博物馆专家陈佩馨、王黎晖，湖北省博物馆馆

长李振凡等一行 7 人，专程前来长阳，重点调查钟家湾人头骨化石。1957 年 3 月，中国科学院古脊椎动物研究所著名古人类学家贾兰坡、古生物学家翟人杰、古地质学家黄万波等一行 3 人组成的联合调查组，到达长阳大堰黄家埫钟家湾，对龙骨洞遗址进行了为期 20 多天的发掘，挖掘出一枚古人类牙齿化石，并最终鉴定命名为"长阳人"。后经碳-14 年代测定法测定，"长阳人"化石距今 19.5 万年，属于早期智人化石，地质年代为更新世晚期。

在"长阳人"化石洞发现与其共存的还有豪猪、竹鼠、大熊猫、斑鼠狗、东方剑齿象、巨貘、虎、獾、鹿、牛、中国犀等大批南方常见的古脊椎动物化石。

"长阳人"化石包括 1 件残损的、保留有第一前臼齿和第一臼齿的左上颌骨，以及一颗单独的左下第二前臼齿。专家研究认为，"长阳人"的化石特征为：牙齿相当大，咬合面纹理复杂，齿冠较低，齿根较长，下第二前臼齿的齿根有两个分枝，上颌骨保留了若干原始性质，如犬齿隆突显著，梨状孔的下部较宽，鼻腔底壁不如现代人那样凹，与猿人(直立人)较接近，但也有许多与现代人相近的进步特征，如颌的倾斜度没有北京直立人那么显著，鼻棘较窄而向前，上颌窦前壁向前扩展超过第一前臼齿，腭面凹凸不平等。从总体看，"长阳人"所具有的进步性质比原始性质多，明显的比北京直立人进步。

"长阳人"的发现与研究，解决了以下一些重大学术课题。

一是，改写了第四纪地质学以往的研究结论。过去，学术界曾把"大熊猫—剑齿象动物群"的时代限定在中更新世，同北京直立人的时代相当。由于"长阳人"化石与该动物群化石共存，而"长阳人"又具有比北京直立人较进步的体质特征，从而证明这一动物群的时代可延续到晚更新世。

二是，解决了长江各阶地形成的时代问题。关于长江中、下游阶地形成的时代，以往没有化石可以借鉴，一直未能解决。"长阳人"及其动物群的发现，提供了洞穴和阶地的对比资料，解决了长江各阶地形成的时代问题，为南方的地层划分提供了依据。

三是，重新描绘了人类起源学的运行轨迹。在“长阳人”未被发现以前，在人类起源说占统治地位的是非洲起源说。当时，虽然中国多数学者依据19世纪90年代在印度尼西亚爪哇岛发现的距今70万~50万年的中更新世“爪哇人”，以及20世纪20年代发现的距今70万~20万年的北京直立人，即“北京猿人”，建立起了亚洲起源之说，但总感觉材料单薄，难于冲破世界单一非洲起源学的桎梏。尤其是在广大的中国南方以及重要的长江流域，尚无古人类的化石发现。恰在这个重要当口，在中国南方、长江流域、清江长阳，“长阳人”化石的出土与闪亮登场，如石破天惊，轰动了世界考古界，以化石证据首次证明长江流域也是人类文明起源的摇篮，有力地改写了传统的人类起源学说。正如贾兰坡教授所指出的：“长江流域的早期智人化石……以‘长阳人’为最重要。‘长阳人’……为距今19万余年，刚好是紧接着较晚的直立人而发展起来的一种智人，也是我国已发现的化石智人的重要代表之一，比直立人聪明进步，属早期智人阶段。特别是‘长阳人’地处我国长江中游地区，又位于我国华中腹地及南岭与秦岭之间，地理位置非常重要。从古人类发展演化的漫长轨迹看，‘长阳人’界于直立人和晚期智人之间，处于承上启下的中间传承阶段……这就更具有其重要的研究价值。”

四是，证明了中国和亚洲也是现代有色人种的起源地之一。“长阳人”在中国南方长江中游地区发现，属于最有代表性的早期智人，此阶段恰逢人类有色人种开始分野和逐步形成白、黄、棕黑色人种等的重要时期，由此证明了，清江—长江—中国—亚洲是地球上现代有色人种的起源地之一。

“长阳人”的发现，在远古人类发展演化和地质地层古生物的研究上，是极为重要的。“长阳人”化石被写入《辞海》和中学历史教科书，其化石产地已被列入国家重点文物保护名录。

（二）清江“建始人”的发现，将中华与亚洲文明的源头向前延伸到200多万年前

建始位于清江的中上游。“建始人”的化石产地，与“长阳人”的化石产地相距大约200公里。“建始人”的发现是在20世纪末，由中国科学院古脊椎动物与古人类研究所组建的“鄂西—秦巴课题组”研究完成的。古地磁法检测确定，“建始人”距今215万~195万年，从年代久远上来说，完全可与非洲发现的古人类相媲美。因“建始人”的发现，在中国，在亚洲，证明了中国和亚洲也是人类的起源地之一，打破了过去人类单一地区起源学说，即不再是单一“非洲起源”的一元论，而是多元了。在“建始人”的周边地区，有渝东“巫山人”，距今204万年；有鄂西北“郧县人”，距今100万年。

建始县高坪龙骨洞，早在20世纪70年代就曾发现5枚巨猿牙齿化石和3枚似人似猿的牙齿化石。当时这一发现，给考古界提出了这里是仅仅生存过古猿，还是又有古猿又有早期的人，如果是人，其时代会有多老，会否超过距今170万年的云南“元谋人”，是否意味着早期的人类和他的近亲巨猿都共生在同一地点而互相竞争，最终导致了巨猿的灭绝等疑问。

最终的研究成果证明，首先在洞穴堆积中大量石制品和骨制品的发现，证实了该时该地已经有了能制造和使用工具的人的出现。加上3枚似人牙齿化石的发现，证明该龙骨洞中曾经生存过一种名叫“魁人”的原始人类，属于旧石器年代最早的直立人。该洞中还发现了87种哺乳动物化石，分属8目34科70属，其中，有5个新种是首次发现。尤其是28枚巨猿牙齿化石的发现，这种与人类共生的巨猿，特别引起人类学界的研究兴趣。

建始直立人的年代较早。专家们认为，“巫山人”“郧县人”等直立人年代较晚，都应由“建始人”传承而来。正如早在60年前，我国著名古人类学家、中国科学院院士裴文中教授提出的：“我们现称北京猿人

(即北京直立人)是我们的老祖宗，但北京猿人的老祖宗又在哪里呢?我觉得根据湖北地区的情况看，北京猿人的老祖宗，应到鄂西长江三峡一带去找，将来很可能在这一带地方找到北京猿人的老祖宗，因这一带地方多石灰岩山洞，适合于远古人类居住。”“建始人”的研究成果，严丝合缝地证明了裴文中教授的猜想与判断准确无误。我国考古界现已基本形成共识：我国各地发明的云南元谋直立人、陕西蓝田直立人、北京直立人、山东济源直立人、安徽和县直立人、江苏南京直立人等，均由清江建始直立人传承而来。

(三)大量的文化遗址和出土文物证实，清江流域，尤其是在以长阳为核心区的地域上，从远古到现在，人类文明的篝火始终不熄

早在 1984 年 10 月，中国科学院院士、著名古人类考古学家贾兰坡教授，在为长阳人题词时指出：“长阳人不可能单独存在，附近还会有更多的材料，应进行大量的调查研究工作。”就在贾兰坡教授题词后不久，为配合长阳清江隔河岩水利枢纽工程开发，湖北省文物考古研究所组成了以资深研究员、著名考古学家王善才教授为领队的清江文物考古队，深入长阳清江沿岸，共历时近 30 年，对数十处重点文化遗址进行了抢救性发掘，先后在离“长阳人”化石洞西北方不到 30 公里的清江南岸的鲢鱼山，发现了距今 12 万~9 万年旧时期中期人类的用火遗迹；在离“长阳人”化石洞西 100 公里左右的清江北岸渔峡口龙池，发现了距今 13 万年旧石器中期伴峡小洞遗址和距今 2. 7 万年旧石器晚期榨洞遗址；在离“长阳人”化石洞西 20 多公里的清江南岸武落钟离山不远的峡洞岩，发现了距今 10 万年旧石器中期文化遗址；在离“长阳人”化石洞西北 100 公里左右的清江南岸桅杆坪，发现了距今 1 万年左右的新石器初期文化遗址；在离“长阳人”化石洞西边往东北 100 公里左右的清江南岸西寺坪，发现了距今 6000 年左右的大溪文化遗址等。

最值得重视的是，从 1983 年开始，直到 1989 年发掘结束的涵盖

夏、商、周时期的长阳香炉石早期巴文化遗址。

二、巴文明是长江文明不可或缺的一个组成部分

(一)巴人是一个古老、强悍而有影响的族群

巴人的历史非常悠久，可以追溯到青铜时代，上接原始社会末期。巴人的文化传说与巴人的事迹功业，为古老的中华民族历史谱写了光辉的一页，并对后世的人们产生了深远的影响。《山海经·海内南经》记载："巴蛇食象，三岁而出其骨。"有学者解释为：巴蛇部落曾吞并以象为图腾的部落。《太平寰宇》记载："昔羿屠巴蛇于洞庭，其骨若陵，故曰巴陵。"中国著名民族学泰斗潘光旦先生研究后解释为：汉与巴人大战于洞庭，巴人战败，汉一个叫后羿的将军海量屠杀战败的巴人，垒骨为丘，是名巴丘；垒骨若陵，是名巴陵。《山海经·海内经》记载："西南有巴国。"《华阳国志·巴志》记载："帝禹……会诸侯于会稽，执玉帛万国，巴、蜀往焉。""周武王伐纣……巴师勇锐，歌舞以凌，殷人前徒倒戈。"

(二)巴国极强时期版图覆盖鄂、湘、渝、黔、川、陕、豫

据湖北著名考古学家王善才先生研究认为："巴国最强盛时期，应在西周时期，版图地域范围应涉及今鄂、湘、渝、川、黔、陕、豫七个省、市相连地带。"

到春秋战国时，由于北方秦、楚两国的崛起、扩张，巴国的生存空间受到严重挤压，巴国的势力范围日趋衰落。此时巴国所能管辖的势力范围已大为缩小，东至鱼腹，西至僰道，北接汉中，南极黔涪。但巴人实际活动的地区还有鄂西、湘西、江汉平原等广大区域。战国中期，即公元前 361 年，楚国侵占了巴国的黔中、汉中二郡，对巴国形成了夹击之势。故巴、楚在交界处的清江长阳巴山置捍关、长江涪陵置轩阳关、

汉水西乡置沔关。

(三)巴国曾是春秋战国时期长江中上游存活最久的诸侯国之一

有研究资料显示，春秋战国末期，秦国迅速强大，最后由秦始皇扫清六合，一匡天下。公元前316年，秦国在消灭蜀国的同时，吞并了巴国。秦灭巴后，封巴王为君长，用巴制蜀。秦惠王灭巴后6年，即公元前222年，便灭掉了楚国。

(四)巴文化对蜀文化、楚文化的影响至深

巴蜀文化、巴楚文化都离不开一个巴，而且巴位居前，可见巴文化的影响力至深、至远、至久。巴人的早期物质文化，曾几乎被历史遗亡。随着近几十年的考古发现，尤其是王善才教授的清江长阳香炉石早期巴文化遗址的重大考古发现，使得早期巴文化得以重现。巴部落曾是一个以渔猎经济为主的族群，勇敢强悍、能歌善舞。王善才教授研究认为，大量的考古发现，从七八千年前的城背溪文化、到五六千年前的大溪文化、再到三四千年前的夏、商、西周时的早期巴文化，其物质文化的某些特征，几乎是一脉相承的。从香炉石出土的巴人陶印章的印文符号确证，巴人曾经有过自己的文字符号。古老的巴人乃至今天的土家族，在漫长的历史河流中，创造了自己独特的渔猎、制盐、尚武、宗教、丧葬、饮食、服饰、居住、婚嫁文化与文学艺术。

古代巴、蜀两个民族，曾在今四川、重庆地区共同发展起来，成为姊妹型地域文化。巴重点活动区域位于重庆及以东的广大地区，蜀重点活动区域位于四川及以西的平原地区。两种文化在长期的接触发展中相互影响、渗透乃至融合，以致很多东西都难以分辨孰巴孰蜀，史学家只得以巴蜀文化统称。

古时荆地的土著民族称百濮，但主要是巴人。在楚国强大并称雄长

江中下游之前，荆地的巴楚关系密切，文化相互交流渗透，以巴为主。楚强大后，荆地为楚国占领和控制，楚文化取代巴文化成为主流。这种既蕴含巴文化又富有楚文化的特殊文化，被称为巴楚文化。有专家研究，古荆为地名，与楚人起源无关。早期的荆山之名，与崇虎的荆族有关。荆乃虎形，荆即虎或虎方，而非楚，原与楚无涉。荆族为百濮之一支，即巴人。到楚控荆地后，这一地区的巴人沦为楚民。但楚不是荆，更不是巴，楚乃是夏的一个支系。楚的始祖在今河南东北的濮阳。楚人入荆，是在周成王之后。楚的强盛是在巴楚结合的基础上发展起来的。最早时期的巴人，至迟与黄帝同时，甚至比黄帝还早。夏后启之臣孟涂，司神于巴。楚强大后，曾经的巴人荆地成了楚国的版图。楚国占有巴地和巴人，是其强大的重要原因。巴人的参与，共同创造了博大精深的巴楚文化。巴人对楚文化的影响是多方面的，出土的陶器、骨器、青铜器、漆器等，无不显示这种影响的存在。还有巴人的图腾、风俗、占卜以及神话故事，都对楚文化产生了至深的影响。图腾如虎座凤架鼓，虎是巴人的文化元素，凤是楚人的文化元素，虎座凤架堪称完满融合。风俗方面，巴人崇巫，楚人信鬼神。有人研究，楚文化中的巫山神女故事，原本是巴人盐水神女故事的翻版。

三、长阳是巴人和土家族的发祥地

(一)长阳是巴人始祖廪君的发祥地

据《后汉书·南蛮西南夷列传》记载："巴郡南君蛮，本有五姓：巴氏、樊氏、瞫氏、相氏、郑氏，皆出于武落钟离山。其山有赤、黑二穴，巴氏之子生于赤穴，四姓之子皆生于黑穴，未有君长，俱事鬼神，乃共掷剑于石穴，约能中者，奉以为君。巴氏子务相乃独中之，众皆叹。又令各乘土船，约能浮者，当以为君。余姓皆沉，唯务相独浮，因共立之，是为廪君。乃乘土船从夷水至盐阳。盐水有神女，谓廪君曰：

‘此地广大，鱼盐所出，愿留共居。’廪君不许，盐神暮辄来取宿，旦即化为虫，与诸虫齐飞，掩蔽日光，天地晦瞑。积十余日，廪君伺其便，因射杀之，天乃开明。廪君于是君乎夷城，四姓皆臣之。廪君死，魂魄世为白虎。巴人以虎饮人血，遂以人祠焉。”

据《山海经》《水经注》《后汉书》等众多古文献记载，以及当今众多历史学家、民族学家、地理学家、地名学家、考古学家等共同研究定论，古之夷水，即今之清江；古之武落钟离山，即今之长阳佷山；古之夷城，即今之长阳香炉石；古之白虎垅，即今之长阳渔峡口东村；古之盐阳，即今之长阳招徕河与盐池温泉一带。

早在 1956 年，中央民族大学著名教授、民族学家泰斗潘光旦先生，亲自拄拐长阳，深入长阳调查研究，根据大量古文献有关记载与长阳实际地望基本相符，足可断定长阳就是巴人始祖廪君的发祥地，即土家族之源。特别是随着湖北省文物考古研究所资深研究员王善才教授，在长阳清江考古 30 余年，发掘文化遗址数十处，出土地下文物数万件，尤其是香炉石早期巴文化遗址的定论，为长阳是巴人始祖发祥地即土家之源，找到了实物证据。

巴氏之子务相，在长阳武落钟离山通过浮舟、掷剑，便立为五姓盟主即廪君后，然后率队沿清江西上拓土开疆，在征服盐水神女部落后，于长阳渔峡口香炉石建立了巴国第一个首都——夷城。廪君死后进城葬在长阳渔峡口东村的白虎垅。在此后的数百年间，随着巴国的不断强盛与拓土开疆，而使巴人成为中国上古时代西南最旺盛、最强悍、最传奇的族群和方国之一。

在长阳，因古代巴人活动而遗存下来带巴的地名还很多，如巴山、巴山峡、巴山坳、巴山湾、巴山坡、巴岩子、巴王洞、巴王沱等。巴王廪君原名务相，后误相王为向王。在长江清江沿岸，曾有数十座向王庙，庙里供奉廪君和德济娘娘(盐水神女)。长阳清代土家族学者、著名诗人彭秋潭的《竹枝词》曰：“土船夷水射盐神，巴姓君王有旧闻。向王何许称天子，务相当年号廪君。”

(二)长阳出土的大量文物证实巴人在陶艺、渔猎、制盐、青铜、印符等方面都不输于当时的其他方国

数十年来，在长阳清江流域这块神奇的土地上，先后出土了大量的石器、陶器、骨器、青铜器、漆器等数以万计的珍贵文物，全面反映和证实了长阳就是远古巴人的发祥地。这里仅举长阳出土的三件国宝级文物为例。一是，早在20世纪80代，在长阳磨市出土的巴人军乐器——虎钮錞于。该錞于所处历史年代属于战国时期，其上有完整虎钮，下部残损，残高56.6厘米，残重15.4公斤，属于中国目前已知出土最重的虎钮錞于。二是，在长阳香炉石遗址早期巴人墓地出土的早商时期大型卜骨。该卜骨长达42厘米，系牛的肩胛骨制作而成，部分钻孔有烧灼痕，是中国目前已知考古出土文物中最大而完整的卜骨。三是，在长阳香炉石早期巴文化遗址发现了两枚商末周初时期的陶印章。陶印章符号至今仍未被破解，是中国目前已知出土最早的印章。

(三)今天的土家族是巴人的后裔，全面继承了老祖宗的优秀传统

巴国灭亡后，曾有一部分外迁的巴人，流入黔中地区，称五溪蛮；有一部分迁入川西平原，称五丁力士。

西汉时期，高祖为汉王，发夷人还伐三秦。秦地既定，乃遣还巴中……世号板盾蛮夷。

南北朝时期，长江中游一带山区的蛮夷还逐步向江汉地区以东扩展。到达西阳的巴水、圻水、浠水、赤亭水、西归水一带，谓之五溪蛮。

唐宋以后，巴人多数已融入汉族，但还有的居住在湘、鄂、川、渝、黔交界地区，即清江流域。澧水中上游，长江三峡地区等的这部分巴人，因受外界冲击较少，便以本地土人、土丁、土兵、土军的身份出现，并受当地土司的管理，从而保留了古老巴人生产、生活及浓烈优秀的文化习俗，始为今天的土家族。

土家族名的来历，源于 20 世纪 50 年代，中华人民共和国成立后不久，湘西的少数民族代表田心桃女士前往北京参加全国的两会。会间，田心桃女士找到时任总理的周恩来，反映自己的民族成分不应为苗族，要求中央派人调查。周恩来听取田心桃女代表的汇报后，便安排由中央民族大学著名民族学教授潘光旦先生负责此事。会后，潘光旦先生亲自带队，先后前往湘西、鄂西、长阳等地深入调查研究后认为，田心桃所提出的民族成分，名称应认定为土家族，属于古老巴人的后裔，主要聚居于湘、鄂、渝、川、黔等毗连地区，于是向中央提交了关于土家族的学术考察报告，并得到中央的批准，被正式命名为“土家族”。据 2010 年第六次全国人口普查显示，土家族人口 8353912 人，在中国 55 个少数民族中排名第 7 位。国家已经批准认定的土家族自治区域：鄂西、湘西等 2 个自治州，长阳、五峰、石柱、酉阳、秀山、彭水、沿河、印江等 8 个自治县。

综合所述，清江是人类文明起源的母亲河，在漫长的历史岁月中，积淀了厚重的文化层积，是长江文明、中华文明乃至世界文明大百科全书中不可或缺的重要元素。尤其是其中的“建始人”“长阳人”以及巴土文化，简直就是镶嵌在长江文明画卷上的一颗颗耀眼明珠。清江文明值得高度重视与研究。

参考文献

[1]王善才编著：《建始人、长阳人、巴人、土家人在历史长河中传承》，湖北人民出版社 2018 年版。

[2]王善才编著：《巴人始祖在长阳》，湖北人民出版社 2018 年版。

[3]潘光旦：《潘光旦文集》，北京大学出版社 2000 年版。

[4]张祖道：《1956，潘光旦调查行脚》，上海锦绣文章出版社 2008 年版。

[5]郑子华：《巴地沧桑》，武汉出版社 2012 年版。

[6]彭秋潭：《长阳竹枝词五十首》。
[7]郦道元：《水经注》。
[8]陈金祥总纂：《长阳文化简史》，中国文史出版社 2017 年版。
[9]《山海经》。

（作者分别为长阳县民族文化研究会秘书长，湖北省炎黄文化研究会理事、长阳县人大常委会原副主任）

长江文化必须与时俱进才能更好地服务新时代

——浅谈如何去传承和发扬地域文化

吴旺金

中华民族之所以生生不息，并能不断地繁衍昌盛，靠的就是源远流长、博大精深的炎黄文化的乳汁滋润和哺育，才使得中国在其他文明古国消失与湮灭时，仍然屹立在世界民族之林。古埃及的文明、古巴比伦的文明、古印度的文明，都已是历史长河中的浪花——湮灭在历史的尘埃中了。中华文明的源头生发于易道文化，易道是中华民族祖先恩赐于我们特有的精神财富的宝藏，是百经之首，是文化之根，是智慧之源，她哺育了一代代中华儿女，同时，人们通过日常生活中探索实践和总结，又提升并丰富、发展着炎黄文化（中华文化就是炎黄文化）。炎黄文化是一代代圣贤先哲探索、实践并总结出来的智慧结晶，是推动和促进社会文明进步不可或缺的营养“乳汁”。

诚然，文化的形成和发展是有其功用性、时代性、局限性与地域性的。炎黄文化，在促进社会文明进步方面，依据社会的功能意义，又发展为道家文化、儒家文化、佛家文化，其各自的宗义都是服务社会，推动和促进人类文明进步发展需要，都有各自的现实意义。当然，不管什么流派，都属于中华民族的传统文化。传统文化有着强劲、厚重的文化底蕴，不仅博大精深、源远流长，而且有生机勃勃的生命力，随着社会进步的发展，地域间各自乡土风情的不同、南北气候的差异，又逐渐繁衍出各种文化支流。如长江文化、黄河文化等，丰富并繁荣和发展着炎黄文化，使中华文化的“大树”更加枝繁叶茂。

是的，地域文化的形成，都源自炎黄文化这棵“大树”根脉的孕育，又根据人们日常生活和当时社会的需要，出于地域不同的特点，如乡土风情、生活习性等诸多元素，由此，逐步地发展而形成了各自的地方特色文化。譬如北方草原的粗犷剽悍的马背文化，南方水乡长江流域的性情细腻、热情仗义的茶道文化……明显各自都带着地域特色与时代的烙印。说到底，文化的形成就是规范社会彰显倾向流俗，催生公序良俗建立的应用。而这些公序良俗的建立，都是服务于当时社会的，都是人们生活需要的，都是社会形态的彰显。所以说，文化具有其时代性、时效性和局限性。就拿长江文化来说吧，古代先人包括中华人民共和国成立之前，由于科技不发达、生产力水平低下、陆上交通闭塞，南来北往各种出行、货物的流通，商贾的交易等诸多社会活动极不方便，只有也唯有(大多是依仗水路)靠水路，从古到今，多少文人骚客留下了无数有关水(长江)的佳作诗篇。如张继的《枫桥夜泊》：“月落乌啼霜满天，江枫渔火对愁眠。姑苏城外寒山寺，夜半钟声到客船。”李白的《送孟浩然之广陵》：“故人西辞黄鹤楼，烟花三月下扬州。孤帆远影碧空尽，惟见长江天际流。”又《下江陵》：“朝辞白帝彩云间，千里江陵一日还。两岸猿声啼不住，轻舟已过万重山。”韦应物的《赋得暮雨送李曹》：“楚江微雨里，建业暮钟时。漠漠帆来重，冥冥鸟去迟。海门深不见，浦树远含滋。相送情无限，沾襟比散丝。”范仲淹的《江上渔者》：“江上往来人，但爱鲈鱼美。君看一叶舟，出没风波里。”等有关长江的诗篇与记载，真是汗牛充栋，从中折射出长江与人们日常生活、社会活动是密不可分、息息相关的。大到朝廷官府的管理层面，如政治、军事、文化、经济等，小到民间个人，贸易商贾、亲朋好友串门往来、渔民的生计等，都与长江有着千丝万缕的联系！于是乎，官方的各种邮差驿站，形形色色的功能机构，民间的码头、会馆的设立，各类社会活动与场所，星罗棋布，无处不有。南来北往出行的人们从中便利交易、交流，各种人文与生活习俗不同的切磋、碰撞，依据当时社会现实的需要，在相互融合中又逐渐同化而得以提升，从而形成了影响和规范人们的公序良俗——长江文化(地域文化)。

地域文化的形成，是个渐进式丰富发展的过程，是由当时的生产力和法律制度与社会生态决定的。如中华人民共和国成立以前，军阀混战，土匪、盗贼四起，社会治安极差，人身安全难以得到保障，各省在外地都设立了会馆、码头。这些会馆、码头都是出门在外的异乡人寻找依靠、庇护的“娘家”，外省人或各帮会的人在外都会找自己的会馆、码头。拉帮结派在那个时代是为了生存、生计必须适应的需要，也是一种社会生活的时尚，这种时尚是在同一地域社会环境下逐渐形成的流俗，而这些流俗又约定成诸多各自的“游戏规则”，一旦形成社会倾向性、代表性，就产生了一种文化。地域文化也是一种优势资源，利用发挥得好，对改变时势、推动社会文明进步发展能起到相当重要的作用。

社会在发展，时代在进步，在进入“实现中华民族伟大复兴”新时代的今天，对传统文化(地域文化)，我们将如何去看待和处置呢？不可否认，有的文化在历史的长河中已延续了几千年，对推动和促进社会文明进步产生过积极、深远，甚至巨大的影响，有的经过一代代人们的继承、提升，得以不断地发扬光大，已融入人们的基因血液，并打上了深深的烙印，在中华民族经受了重重的灾难洗礼、朝代的更迭、社会的变迁，却还依然生生不息，生命力超强地得以传承发扬，足以验证并充分说明，这才是中华民族优秀的传统文化(包括地域文化)。

是的，在今天的新时代，优秀的传统文化，我们不可丢失了！习近平总书记早就语重心长地告诫我们：优秀的传统文化，不但不能丢失，而且要在传承的基础上，不断地去丰富、提升并发扬光大，为当代社会服务，为“实现中华民族伟大复兴”助力。毛泽东同志说得好：对传统的东西，要带批判性地传承学习，去其糟粕，取其精华，古为今用，推陈出新。是的，任何文化的形成与流行，都带有时代性与局限性，所以，文化的传承必须要与时俱进，摒弃过时、陈腐的糟粕，从中汲取与社会主义核心价值观相符、相融的文化精髓，去服务当代社会，并不断地丰富、提升并发扬光大(如忠、孝、礼、智、信，救危济困，助人为乐等传统美德)。在长江文化中，有拜把子结帮派的江湖义气，在那时治安混乱的社会里，为了生存、生计更有保障，便形成了“好汉要三个帮，好篱笆有三个桩”的“江湖文化”，而在和谐、安定社会主义的今天，这些就属于需要摒弃的“糟粕”了。

因此，文化的传承是有选择性的。地域文化涵盖了方方面面，涉及人们的日常生活，影响着人与社会的各种行为活动。毫无疑问，在新时代的今天，对传统的东西就更要认真去对待，有关职能部门要全面地进行梳理、整理，哪些是陈腐过时必须摒弃的，哪些是能助力社会文明进步发展的，能与“富强、民主、文明、和谐、自由、平等、公正、法治、爱国、敬业、诚信、友善”的社会主义核心价值观相符、相融而并行不悖的文化，从中收集整理，并还要去丰富、提升，形成文字书册，在全社会大张旗鼓去宣传、倡扬，通过推陈出新、古为今用的努力，将使传统的地域文化焕发新的生命力，从而树立起新时代的社会新时尚，彰扬社会主义的道德新风范，让长江文化(地域文化)在为“实现中华民族伟大复兴”中绽放新的光彩。

(作者为江西省鹰潭市月湖区道教协会副秘书长)

呵护绿水青山，留住诗情画意

——例谈长江经济带生态环境保护

胡祖荣

长江经济带覆盖贵州、云南、四川、重庆、湖南、湖北、江西、安徽、浙江、江苏、上海等 11 个省市，面积约 205 万平方公里，占全国陆地总面积的 21%，人口和经济总量均超过全国人口和经济总量的 40%。长江经济带既是内河经济带、东中西互动合作的协调发展带、沿海沿江沿边全面推进的对内对外开放带，也是生态文明建设的先行示范带。

长江中下游的湖南、湖北、江西、安徽、浙江、江苏、上海六省一市，历史上称为江南，素有“鱼米之乡”的美誉。历朝历代都有歌咏长江壮阔、江南秀美的诗篇。“星垂平野阔，月涌大江流”(杜甫《旅游抒怀》)，“天门中断楚江开，碧水东流至此回”(李白《望天门山》)，“长江一帆远，落日五湖春”(刘长卿《饯别王十一南游》)，江山何其壮哉!“好是日斜风定后，半江红树卖鲈鱼”(王士祯《真州绝句》)，“江头落日照平沙，潮退渔船阁岸斜”(戴复古《江村晚眺》)，“浓云春云淡似烟，参差绿到大江边”(纪昀《富春至严陵山水甚佳》)，风光何其美哉!

江南也是诗意的栖息地，是诗人们向往、留恋的理想家园。白居易在《忆江南·江南好》写道：“江南好，风景旧曾谙。日出江花红胜火，春来江水绿如蓝，能不忆江南?”江南美景让诗人难以忘怀。储光羲在《相和歌辞·采菱曲》中写道：“浦口多渔家，相与邀我船。饭稻以终日，羹莼将永年。”江南的生活令人向往。韦庄的《菩萨蛮·人人尽说江南好》云：“人人都道江南好，游人只合江南老。春水碧于天，画船听雨眠。垆边人似月，皓腕凝霜雪。未老莫还乡，还乡须断肠。”江南的景、江南的人使诗人留恋不已。

但是，人类的过度开发，特别是近几十年来城镇化的快速发展，使长江经济带的生态环境破坏严重，中下游的生态环境也遭到不同程度的破坏。

鹰潭市是江西省的一个直辖市，是长江中游城市群的重要成员。本人仅以鹰潭市为例，就长江经济带的生态现状、治理及前景，谈一点粗浅的看法。

鹰潭市位于赣东北，地处武夷山脉向鄱阳湖平原过渡的交接地带，境内山峦高低起伏，河流纵横交错。最高的山峰阳际坑，海拔 1540.9 米，山上树木葱绿，植被丰富。境内河道属长江流域鄱阳湖水系，一级河信江贯穿全境，境内流长 72 千米，是鄱阳湖水系五大河流之一；白塔河、罗塘河、白露河等二级河 12 条，总长 425 千米。鹰潭市处于信江中下游，山清水秀，风光旖旎，拥有典型的江南生态美景。特别是世界自然遗产、世界地质公园龙虎山风景区，既是国家自然文化双遗产地，又是国家森林公园，丹霞绝美，山水相依；参天古树林立，奇花异草遍地，被道教誉为第 15 小洞天、第 32 福地，堪称人间仙境。

鹰潭市的生态环境也有一定程度的破坏，现状不容乐观。其生态环境破坏主要表现在三个方面：一是洪水泛滥，枯水期延长；二是土壤和水质污染；三是野生动植物种类减少。

导致洪水泛滥、枯水期延长的原因主要有 3 个。一是 20 世纪 50 年代末到 70 年代初 20 多年间，大多数山区成立了林垦场，林垦场为响应国家号召，开山育林，大量成片地砍伐山上原生态的阔叶乔木、灌木，种植针状叶树、湿地松等经济林木。但杉树、湿地松的针状叶经济林木不易腐烂，吸水性差，山体蓄水量减少，每当雨季，常常造成山上水土流失，给河流造成排洪压力。二是沿河两岸的湖泊、沼泽、湿地等天然泄洪蓄水区域被填没改作良田，导致雨季无处泄洪，旱季没有积水。三是为水利工程修建的拦河坝，抬高了拦河坝上游的水位，减少了下游的流水量，导致雨季时拦河坝上游易发洪涝灾害，旱季时拦河坝下游枯水甚至断流。

导致土壤水质污染的原因主要有两个：一是工业污染；二是农业污染。鹰潭市是世界铜都，江西省铜业公司贵溪冶炼厂距信江河仅5公里左右，而多家铜产品加工企业工业污水处理不达标，造成区域内部水土重金属超标。位于信江下游的余江区中童、潢溪、锦江等乡镇，2018年水稻重金属铬严重超标，农民收割上来的稻谷被国家粮食储备库、浙江和福建的粮食加工企业拒收。在农业方面，过度使用农药和化肥导致土壤沙化结板。今天的乡村几乎没有耕牛，也很少有农户养猪，不种红花草，稻草就地焚烧，田里几乎没有有机肥。因为土壤、河流及地下水资源受到污染，导致饮用水失去安全保障，粮食、瓜果、蔬菜存在安全隐患。

生物多样性减少主要表现在两个方面。一是山上的本土野生植物种类逐渐减少。譬如野生猕猴桃，1983—1987年，笔者在余江县高公寨中学工作期间，每年中秋节前后，学校周边的山谷、山腰都可以采摘到猕猴桃，多的一棵树就能采摘到三四十斤，味道比人工种植的要香甜，可现在就是到深山老林都难找到。还有被当地村民称作野花生、牛卵袋的野果，现在几乎绝迹。另外，一些名贵中草药材，如治疗蛇伤的七叶一枝花，据采草药的山民讲，现在也几乎找不到了。造成本土野生植物种类减少的原因，一是人工造林，破坏了一些植物赖以生存的原生态环境；二是一些山地承包者为了经济利益，将山地原有植物全部砍伐掉，连根清除，种上茶树、油茶树或果树，直接灭绝了一些野生植物。水生动物减少主要有两个方面的原因：一是滥用农药、化肥，毒鱼、电鱼，直接害死了水中的一些生物；二是田头水渠用砖砌流水面，并铺上水泥，破坏了水生动物的生存环境。30年前，乡村屋前、屋后的小溪、小沟里常有野生鲫鱼、鲦鱼在水里游弋，稻田里有泥鳅、黄鳝在泥水里出没，而今天，小溪中几乎看不到游鱼，稻田里挖不到泥鳅。荷塘里如果没有养鱼，根本就观赏不到“鱼戏莲叶间”的情景。水生动物在减少，两栖动物如野生青蛙也在减少。“稻花香里说丰年，听取蛙声一片。”如果有一天只有稻花飘香，而没有了那一片蛙声，读者如何品味辛弃疾这词句的意境？

近10年来，鹰潭市政府高度重视生态保护，采取了一系列行之有效的保护生态环境的措施。

2012年9月29日，鹰潭市人民政府出台《关于开展“森林城乡、绿色鹰潭”建设的实施意见》。该意见提出，要突出城区绿化、乡村绿化、通道绿化、景区绿化、园区绿化、山地绿化六方面重点，努力建成富有生机和活力的城市绿化体系，“村在林中、林在村中”的乡村绿化格局，集景观效益、生态效益、经济效益和社会效益于一体的绿色走廊，绿树成荫、鸟语花香、景观秀美的风景旅游区，绿树成荫不见土、清洁生产无污染的绿色园区以及林木结构合理的森林系统。要求各地各有关部门加强领导、明确责任，加强协作、形成合力，多方筹资、保障经费，加强督查、严格考核，确保“森林城乡、绿色鹰潭”建设各项工作顺利推进。力争到2015年，鹰潭市森林覆盖率达到58%，中心城区建成区绿化覆盖率达到45%以上，乡(镇、场)所在地绿化覆盖率达到35%以上，自然村绿化覆盖率达到30%以上，工业园区绿化覆盖率达到35%以上；高速公路、国省道可绿化地段绿化率达到100%，县、乡公路可绿化地段绿化率达到85%以上，河流可绿化地段绿化率达到80%以上。

2015年推行山长制、河长制、湖长制，市、县、乡镇各级党政领导齐抓共管，责任到人，具体落实，每一座山、每一河段的生态环境都有党政领导负责。经过几年的努力，全市村庄绿化率在30%以上，农田林网绿化率达到80%以上，通道绿化率达到90%以上，水岸绿化率达到85.17%，基本形成了以乡镇、村屯绿化为点，通道、水岸绿化为线，山上绿化、平原绿化为面的“森林围城”格局。2016年9月19日，在陕西延安召开的“2016森林城市建设”会上，鹰潭市荣获“国家森林城市"称号。

为了保护好优美的生态环境，鹰潭市非常注重生态产业的发展，先后出台了推进竹产业、油茶产业、铁皮石斛产业发展的5个实施意见，对相关产业发展实行奖补，扶持林下经济，让好生态变成"摇钱树"。同时，开展生态旅游产业，重点打造森林旅游精品线路，推出了氧吧洗肺游、避暑养生游、徒步健身游、休闲采摘游、生态文化体验游等多种新型森林生态旅游，每年吸引游客1800万人，建成省级以上乡村旅游示范点18个，综合旅游收入达16亿元。如贵溪市的双圳林场，森林覆盖率高达91.5%，海拔1000多米，是天然的"森林氧吧"，林场将森林资源变为旅游资源，开辟了生态休闲、游览观光、野外探险等生态旅游项目，年接待游客达3万多人次。

"两岸风光看未尽，烟霞已在万山中。"因为呵护了绿水青山，优化了生态环境，留住了诗情画意，山水江南、秀美鹰潭，这座年轻的省级历史文化名城，已经成为江西省最具幸福感的城市。鹰潭的生态环境虽然还存在一些问题，但前景是美好的。

（作者为江西省鹰潭市炎黄文化研究会副会长、余江区第一中学高级教师）

如何做好长江流域生态保护与开发工作

易　凡

一、长江流域生态环境保护要突出重点

长江的总长度达6397公里。以宜昌南津关和江西湖口为界，万里长江被分为上、中、下游三段，中游段全长955公里，全部在湖北境内(占比达14.8%)。2018年4月26日，习近平总书记在湖北省会武汉市主持召开深入推动长江经济带发展座谈会。随后，2018年5月18日召开了全国生态环境保护大会，会上提出了生态环境保护要坚持人与自然和谐共生，坚持节约优先、保护优先、自然恢复为主的原则，要坚持绿水青山就是金山银山，贯彻创新、协调、绿色、开放、共享的发展理念，要坚持山、水、林、田、湖、草是生命共同体等原则。

“重化工围江”一直是长江流域生态环境治理的难点和重点，直接影响长江经济带生态环境。为此，要把整治排查重化工企业作为长江流域生态环境保护的重要切入点。

随着经济大开发，强烈的利益驱动导致一些重化工企业竭尽所能利用物流、排污等方面的便利，集聚在长江沿岸地区，其所排放的污染物，已在不同区域超出了环境承载力，给整个长江生态环境系统带来长期慢性的、难以评估的潜在环境风险。各地抓经济效益有余，抓环境保护不足，不同区域之间，甚至侥幸利用长江的环境容量来稀释排污物，

但当所产生的污染物叠加在一起的时候，整体上就会给长江流域的环境造成较大影响。因此，整治“重化工围江”问题，必须在长江流域上下一盘棋，统一规划、统一标准、统一考核。否则，污染企业就会从环境管控比较严格的中、下游区域向其他上游区域转移，最终污染物还是流到下游地区。那么，如何重拳出击，解决“重化工围江”问题？

（一）充分发挥各级党委政府的主体作用

生态环境问题已经列入最新党章总纲，写进党的十九大报告：“中国共产党领导人民建设社会主义生态文明。树立尊重自然、顺应自然、保护自然的生态文明理念，增强绿水青山就是金山银山的意识。”长江沿岸省市政府要高度重视生态环境保护工作，认真贯彻落实党中央对推动长江经济带发展的总体部署和工作安排，加强组织领导，当好第一责任人，为实施好长江经济带发展战略唱好主角。

目前，各地党政领导对长江生态环境保护问题日益重视，以铁的手腕刮起了一股治污之风。例如，长江中游流域的湖北省委、省政府长期重视长江污染问题，多次重拳出击，关停并转了一批排污不达标的企业，2018 年更是多次召开专题会议，出台一系列治污措施。宜昌市委、市政府闻风而动。2018 年痛下决心，“关”了 134 家化工企业，压减磷矿开采量 300 万吨，壮士断腕，取缔非法码头 216 个，叫停沿江排污口 26 个，同时引导化工企业搬进宜都、枝江 2 个专业精细循环化工园进行集约发展，推进工矿企业、居民搬离饮用水源地、自然保护区等生态敏感区。企业搬迁后，在新地方进行绿色环保开发，保护了好山水，发展了好企业，过上了好日子。湖北宜昌市委、市政府的经验值得推广。

（二）调动各级人大和政协的监督作用

生态保护是一项重大的民生工程。近年来，长江沿岸各级人民代表大会频频组织对长江径流生态环境的视察调研活动，有力地促进了长江沿岸水资源的保护工作。长江中游的湖北省广水市人大常委会锲而不舍

“九年问水”。他们自2012年就开展水资源专题询问工作，由常委会组织委员和人大代表，深入各水库以及水资源周边化工企业进行多次实地察看与调研。针对长江径流水质数量日益减少，水质量逐渐变差，工业企业污染日益严重，市民谈水色变、望水心忧、饮水心烦的问题，广水市人大常委会对水利局、环保局、农业局等10个相关职能部门开展了水资源安全保障专题询问。10个部门的“大考”，交出了一份比较满意的成绩。广水市人大常委会专题询问生态环境水资源的经验活动在2012年的《人民代表报》上以《你和你单位用的什么水》全文登载。

此后，针对长江径流水资源生态问题，广水市人大作为长效机制年年列入督办项目，常委会审议意见强调：“要用最严格的监管，最严厉的惩处，最严肃的问责，始终对水环境生态安全进行高压控制。”引起广水各相关单位对水资源生态问题的高度重视，杜绝了饮用水水源地水库重化肥养鱼的问题，取缔了饮用水周边不达标排放企业等。

同时，各级政协也在积极行动。在长江水资源保护与开发问题上，广水市政协也积极作为，在流向汉水、长江的水资源生态问题上高度关注。面对“青分楚豫”，即湖北广水与河南信阳在绿化山岭方面有较大差距的现象，广水市实施精准灭荒，绿化荒山，在水资源源头上做文章，为绿水青山保驾护航。针对总书记视察长江的讲话精神，广水市政协以持续改善生态环境为中心，扎实推进源头治理、荒山修复、水资源保护的政治协商督办作用。

通过发挥人大、政协等部门的督办作用，可以配合各级党委政府齐抓共管抓好生态环境保护工作。这份合力用好了，可以事半功倍。

(三)制定科学的治理与开发方案

重化工企业沿江密集的态势不是一天形成的。如何有序、科学地解决“重化工围江”问题，需要考虑多方面的约束条件，综合考量社会经济环境影响，形成科学的具有可操作性整治方案。实际操作的时候会面临很多具体困难，如转化化工企业人员安置、社会维稳的成本问题，其遗留的风险(如污染场地)如何管控？各级政府须提前谋划，需要编制“一市一策”，甚至“一企一策”，建立合理的整治优先顺序，按照科学的时间节点、进度、对象、手段、资源投入、应对预案等开展系统性工作。既要把握好政策，政策法律规定必须要搬迁、关停的，一律优先执行，测算补偿资金。对改造、入园企业要进行效益匡算，结合投入成本，科学评估出整治手段与效率最高的方案。同时，综合考虑对地方经济、企业发展、社会稳定、民生等多方面的综合影响程度、短期和长期社会经济环境影响程度。

可先行进行试点工作。根据城市规模、产业类型、园区特点、上中下游区位等选择不同类型的城市进行试点。一是可以选择污染情况比较严重的区域进行试点，整治效果明显；二是选择整治开发条件相对成熟的城市，进行快捷试点；三是对老百姓呼声高的地区，进行试点，其整治与开发的实施效果会有较好的政治、社会、经济和环境综合效应。保护生态环境是为了更好地发展，这个发展必须是绿色发展、低碳发展。

二、长江生态保护，立法要先行

为了更好地保护长江经济带，还需要对长江生态进行立法保护。“长江病了，而且病得还不轻。”这是习近平总书记对长江生态环境作出的科学诊断。为此，习近平总书记在全国生态环境保护大会上强调要用最严格的制度、最严密的法治保护生态环境，加快制度创新，强化制度执行，让制度成为刚性的约束和不可触碰的高压线。习近平总书记关于保护长江的重要讲话，为制定长江保护法提供了科学指引，是长江保护法立法工作的根本宗旨。全国人大常委会对长江保护法立法高度重视，已列入 2019 年立法计划。

“长江病了”主要病在长江生态破坏上，立法应首先着眼于生态治理，其次才是开发。

（一）制定“长江保护法”是贯彻落实中央精神的具体举措

党的十八大以来，以习近平同志为核心的党中央高度重视生态环境保护工作，坚持绿色发展，实行最严格的环境保护制度和生态管理制度，强调集中力量优先解决损害群众健康的突出环境问题。在习近平总书记考察长江经济带之后，长江流域各省对长江沿岸生态文明建设提出了新的更高的要求。制定“长江保护法”，是贯彻落实中央精神的具体体现。

（二）制定“长江保护法”是建设美丽乡村活动成果的内在要求

认真贯彻落实中央决策部署，要在长江生态环境保护的整体规划、监控管理和综合整治等方面采取一系列措施，打组合拳，系统推进生态环境专项活动，将资源环境保护方面的好做法、好经验上升为普遍适用的行为规范，是确保美丽乡村建设持续有效推进的必然要求。

（三）制定“长江保护法”是回应广大人民群众期盼的实际措施

长江生态环境保护是人类生存的基本条件。随着经济社会的发展和人民生活水平的提高，城乡居民对生态环境的要求越来越高，制定“长江保护法”是回应广大人民群众享受美好生活的实际行动。

（四）制定“长江保护法”要有针对性

那么，如何发挥立法的导向作用呢？针对一些江河湖泊水质变差，部分城市生态环境恶化、抗风险能力薄弱的现象，我们曾用《中华人民共和国环境保护法》《中华人民共和国水污染防治法》和《中华人民共和国水法》三部法律在长江生态保护上进行执法。但是这三部法律的保护规定比较宏观、原则，且有交叉与“打架”现象。多部门监管最后是无部门负责。要解决“多龙治水”的难题，就必须出台有针对性的“长江保护法”，来廓清具体到长江流域保护范畴与国家机构改革之后，农业、资源、环保、水利、交通、规划等部门责任明细与监管分工。一些地方政府再也不能搞地方保护主义以及存有侥幸思想。针对一些地方监管手段弱、处罚依据不足等问题(如县级市生态环境局、水利局力量弱、执法权限小，很难协调其他部门，经常需要省级以上执法机构协调)，要通过“长江保护法”立法，来建立长江生态保护体系，健全长江生态法律制度，完善长江生态保护工作长效机制，制定生态保护责任，明确各级生态保护机制、保护措施，拟定违约责任，承担法定损失等。

基于此，这部法律若能尽早颁布实施，可以有效避免长江生态环境进一步恶化，对业已遭受破坏的生态必须进行抢救性修复，对正在破坏生态的行为予以严厉制止与打击，对整个生态系统实施有效的保护与绿色开发，全面落实“共抓大保护，不搞大开发”。“长江保护法”立法实施后，全国人大常委会及其地方各级人大常委会要对国务院、长江流域省份贯彻实施“长江保护法”工作情况进行视察与督办。

(五)健全完善长江保护机构

世界各国建立了不同类型的水生态管理机构。20 世纪 60~70 年代，美、英、法等国曾设有国家级水资源委员会，一些国际性水域，如莱茵河、多瑙河及北美五大湖都成立了相应的水资源保护组织。美国将全国划分为 22 个水资源管理区。英国成立了 10 个地区性水务管理局，对供水、排水、污水处理、水利工程、渔业及水上娱乐等水务实行统一管理，使英国在较短时间内改善水体环境质量，在保护水资源方面取得了显著成效，对我国长江生态保护工作具有很好的借鉴意义。湖北一直有长江规划设计委员会，过去是重在规划，今后要加强治理与保护的工作职责，其他省份亦应如此。

三、正确处理好保护与开发的关系

习近平总书记在会上明确提出，以长江经济带发展推动经济高质量发展需要正确把握五个关系，他所强调的第二个关系，就是正确把握生态环境保护和经济发展的关系，即保护和开发的关系。习近平总书记进一步作出“生态环境保护和经济发展不是矛盾对立的关系，而是辩证统一的关系”的重要论断，为我们正确处理保护与开发的关系指明了方向、提供了指南。

(一)保护是为了更好地开发

近几十年来，由于经济的高速发展、人口的不断增长以及粗放的经济增长方式、局部无序的开发利用，加上生态环境保护资金投入不足等原因，引发了长江流域湖泊萎缩、湿地减少、部分水域水体严重污染、源头区水源涵养功能下降、上中游地区水土流失严重、少数支流河段季节性断流干涸、局部地下水超采、森林植被破坏、渔业资源衰退、珍稀水生野生动物濒危程度加剧、水域生态荒漠化趋势日益明显等一系列环境问题，对长江流域生态系统造成了不同程度的损伤。以牺牲环境、破坏生态获得的发展，不是长远、持续、健康、和谐的发展，这样的开发利用无异于饮鸩止渴。由此，保护生态环境就变得尤为重要。

然而，保护并不意味着不开发、不发展，而是在坚持习近平新时代中国特色社会主义思想、“五位一体”总体布局和“创新、协调、绿色、开放、共享”五大发展理念的前提下，秉承“生态优先、绿色发展”原则，科学、有序、高质量地开发，实现绿色、循环、高品质的发展。对于资源的开发利用，要把握科学、有序、绿色、循环原则，形成可持续发展模式。缺乏先进理念指导和科学技术保障的“野蛮式”“粗犷式”的开发利用，是对资源的浪费和对生态环境的破坏。过度开发、不当利用的结果就是资源的萎缩，不可再生，甚至枯竭。资源一旦枯竭，开发利用将无从谈起；环境一旦破坏，发展意义将本末倒置。必须高度重视开发利用可能对环境生态带来的负面影响，既不能因噎废食，停止建设和发展步伐，也不能破坏环境，留下隐患。

（二）开发是为了更好地保护

我国作为世界上最大的发展中国家，改革开放以来，长期实行主要依赖增加投资和物质投入的粗放型经济增长方式，虽然经济社会高速发展，人民生活质量和生活水平显著提高，但发展中对资源的大量消耗和浪费、对环境的忽视和破坏，同时也让我国的生态面临非常严峻的挑战。进入21世纪，党和政府也意识到尊重和维护生态环境的重要性，党的十七届五中全会明确要求“树立绿色、低碳发展理念”。“绿色发展”被明确写入“十二五”规划并独立成篇，表明了我国走绿色发展道路的决心和信心。党的十八大提出经济建设、政治建设、文化建设、社会建设、生态文明建设的“五位一体”总体布局，我国由此进入了经济发展与生态环境保护并重的历史新阶段。

长江流域作为我国经济社会发展的重要区域，沿江多地探索利用发展的成果反哺生态环境保护，如探索建立生态补偿机制等。2018年，湖北省召开了“湖北省内流域横向生态补偿机制工作推进会”，选择20个县市区实施试点，上、下游地方政府协商确定补偿，金额每年不低于300万元。同时，浙江在省内八大水系源头地区全部建立上、下游的生态横向补偿机制，补偿标准由上、下游县（市、区）在500万元至1000万元范围内自主协商确定。以经济发展成果反哺生态环境保护，走上一条绿色可持续健康发展之路。

（三）保护、开发是辩证统一的

一方面，生态环境保护得好，自然资源再生能力就强，经济发展就可持续；另一方面，经济发展又能为生态补偿、生态治理修复提供坚实的物质保障。长江流域资源丰富，水土、水能、水运、渔业等资源开发潜力较大。长江流域面积不足全国陆地总面积的1/5，却养育了全国1/3的人口，生产了全国1/3的粮食，创造了全国1/3的GDP。长江经济带是中国最宽广、最有发展潜力的经济带。

长江流域淡水资源总量、可开发水能资源、内河通航里程分别占全国的36.5%、48%和52.5%，是全国水电开发的主基地、南水北调水资源配置的战略水源地、连接东西部的“黄金水道”、重要经济鱼类资源和珍稀濒危水生野生动物的天然宝库。进一步合理开发利用长江、促进流域经济社会可持续发展、构建和谐社会，是流域内人民的共同期盼，是社会主义经济发展的必由之路。正确把握保护和开发的关系，探索协同推进生态优先和绿色发展新路子，这不仅是实现可持续发展的内在要求，而且是推进现代化建设的重大原则。生态环境保护的成败归根到底取决于经济结构和经济发展方式。要坚持“在发展中保护、在保护中发展”，不能把生态环境保护和经济发展割裂开来，更不能对立起来。要坚持“共抓大保护、不搞大开发”，“不搞大开发”不是不要开发，而是不搞破坏性开发。要走“生态优先、绿色发展”之路，最终实现生态环境保护和经济发展和谐统一。让美丽长江永远充满诗意，永远精神焕发！

（作者为随州市炎黄文化研究会常务理事、广水市人大教科文工作委员会主任）

长江文明推进鄂东古代名医群形成浅析

韩进林

长江是中华民族的母亲河。长江文明是中华文明的酵母、中华文化的摇篮，孕育了巴蜀文化、荆楚文化、吴越文化、岭南文化等多种文化，并将中华医学文化不断地至臻至精，哺育了一代又一代杏林圣杰、橘井精英。以巴蛮六水的鄂东为例，中华医学史上的功勋人物层出不穷，福祉人类的医学著述举不胜举，形成了在荆楚大地乃至中华大地拥有显赫地位的巨擘名医群体。

所谓名医群体，不是鄂东人的故步自封和自吹自擂，而是历史文献的记载及当代医学界的传承与认定。

国医大师李今庸在 20 世纪 80 年代编纂的《湖北医学史稿》中记载了湖北历史医家 700 人，其中鄂东黄冈占了 200 余人；在人物大传的 7 名“医坛英杰”中，有 3 人为黄冈籍，另有 2 人的医名、医著与鄂东黄州息息相关。

河南南阳医圣祠中华名医廊中的 50 位历史名医中，有王叔和(201—280)、庞安时(1042—1099)、万密斋(1499—1582)、李时珍(1518—1593)四位来自鄂东。20 世纪 70 年代出版的《中国分省医籍考》显示，鄂东黄冈人参加的入选的医籍医著 300 多部。

20 世纪 90 年代末，湖北人民出版社出版了《鄂东四大名医》。2016 年出版的《湖北文化简史》将鄂东历史上的“四大名医”更名为“五大名医”。新增名医为中华方书之祖张仲景《伤寒论》的纂辑者、《脉经》的著者曹魏太医令王叔和。

国家“八五”规划重点图书项目的中国明清30位名医全书中，鄂东李时珍、万密斋的医著名列其中，且一版再版，影响深远。

鄂东地区为什么历史上名医成群，誉满杏林？成因多多，但以下三点是重要的原因。

一、长江的舟畅水楫，成为鄂东医家寓居落籍的首选之地

鄂东地区北依巍巍大别山，南临滔滔扬子江，独无二异的江山联袂、六水西流之区位，备受医家青睐。以王叔和、庞安时、万密斋、李时珍、杨际泰鄂东五大历史名医为例，每一位都是奔鄂东江环水绕之地而落籍。

魏晋名医王叔和，出生于兖州山阳郡高平县(今山东省济宁邹城市)郭里镇独山村。5岁时，王叔和被过继给在山西上党做贸迁生意的大伯父王斌，徙于山西上党生活。故而，山西高平将王叔和列为高平籍。15岁时，王叔和跟随族叔、建安七子之一的大文豪王粲进入荆州府治襄阳，在襄阳开医寓药堂12年，善用艾蒿防疾除疫而闻名。27岁时，经司马懿、曹真、和洽等军中大腕举荐，王叔和入京师太医院。32岁时，王叔和被魏明帝曹叡破例擢升为太医令，编纂其师张仲景因战乱散佚于民间的《伤寒杂病论》为《伤寒论》《金匮要略》而传世。

公元241年前后，王叔和辞去太医令，寓居于弋阳郡西阳地四望山前的举水河畔，即今天麻城市阎家河镇古城村。当时的举水河，属鄂东六大西流水的最大水系，通江连湖，拥有1400多条支流。王叔和在此开医堂、药行，收弟子传医术、医道，并在此完成了世界第一部集脉学之大成的中医诊断学专著《脉经》。80岁(280年)时，王叔和殁葬于白果老爷山(今称药王山)。其子孙繁衍于鄂东及江西、山西等地。

被《宋史》称为“北宋医王”的鄂东名医庞安时，蕲州蕲水(浠水)

人，表字安常，自号蕲水道人，祖籍湖北襄阳。其曾祖父庞慥于公元1000年前后，因位于襄阳山区的庞家屡遭山匪洗劫，举家迁于舟楫之上，顺江而下，徙至长江边散花洲(今黄石市对面浠水散花镇)，寓居大半年后，选中蕲州府蕲州县(今黄冈市浠水县)蕲水河边龙虎山正式定居行医。庞安时祖父庞震、父亲庞庆皆以悬壶名世。庞安时幼承家学，熟读岐黄经典，10岁时因故致双耳失聪，父亲庞庆认为他不适望、闻、问、切，孰料，庞安时仍痴迷杏林不弃，30岁时医名誉及江淮荆楚。

明代著名临症医学家万密斋，其祖父万杏坡，父亲万筐，皆是江西人氏。万密斋在其《幼科发挥》自序中曰："先祖杏坡翁，豫章人，以幼科鸣。第一世早卒。原居江西南昌府进贤县杨家山万家塆。显考菊仙翁，孤，继其志而述之。成化庚子客于罗，娶显妣陈氏，生不肖，乃家焉，其术大行。远近闻而颂之万氏小儿科为二世。"

依据万密斋医案考证，万密斋的父亲万筐，生于明英宗朱祁镇正统十二年(1447年)。33岁那年，即明成化十六年庚子(公元1480年)万筐跟随父亲万杏坡从江西进贤县迁徙至罗田九资河。九资河为鄂东西流水系巴水之干流，通江连海，十分便利。万氏祖孙三代行医于此，名盛于长江上下。

一代人杰、万古医圣李时珍，公元1518年出生于湖广蕲州东门外瓦硝坝(今湖北蕲春县蕲州镇东长街)。《李时珍家传》载，李时珍祖父李晓山为走乡串户的乡村医生(古称"铃医")，原籍江西饶州鄱阳瓦屑坝，即今天江西上饶市鄱阳县莲湖乡。当时的鄱阳十年九淹，水患连年，致大肚子病(血吸虫病)蔓延。作为走乡串村的郎中，李晓山便领着全家顺江而上，相中了江山联袂的蕲州。

蕲州为明朝藩王朱荆王的封地。明英宗朱祁镇正统十年(公元1445)，荆王朱瞻堈因就藩地江西抚州南城县的王府常有蟒蛇出入，而迁入蕲州。李时珍的父亲李言闻于明成化二十一年(公元1585年)正月初八出生于蕲州。此时，荆王府徙蕲州已有40年了。足以可见，李时珍祖父李晓山是很有远见的。蕲州地处长江之滨，又是王府藩地，达海通衢大码头，是行医传岐的最佳选地。李晓山的心血没有白费，李时珍就是最好的例证。

清代戒毒神医杨际泰，是鄂东五大历史名医中唯一一位道地的鄂东籍医家。杨际泰祖籍广济横岗山百园杨家塆，那是一处山区。公元1800年，28岁的杨际泰放弃科举，承其父杨炜璧(字值千，号连城)岐黄术业之后，先是将医馆迁至山下广济县治之地梅川(今武穴市梅川镇)。几年后，又将医堂扩迁到长江边的武穴(今黄冈武穴市治所在地)。武穴对面为江西瑞昌县的码头镇，溯江之上与田家镇码头毗邻，顺江之下与小池口码头毗邻。临江四大码头为杨际泰医馆的扬名如风鼓帆，甚为快捷。

公元1822年，杨际泰研制的“戒毒除瘾”神方誉满鄂东，声名大振后，汉口商贾段芜在汉口韩家墩创康复堂，延请杨际泰定期到堂坐诊，名播三镇。道光十四年(1834年)，62岁的杨际泰在朋友资助下，在汉口韩家墩祥云里饶家棚开设“平阶医寓”(杨际泰，字平阶)。汉口乃长江、汉江交汇之处，杨际泰的医名凭借长江之畅、汉水之悠而名扬天下。

二、长江水系辽繁广浩，一江两岸成为求医者择医疗疾的方便之地

朝辞白帝彩云间，千里江陵一日还。
两岸猿声啼不住，轻舟已过万重山。

1280多年前的诗仙李白的《早发白帝城》，用夸张手法描写了舟行长江的快捷与惬意。

古代的长江类似今天的高速铁路，舟船如同今天的“和谐”号、“复

兴”号高铁，一江两岸的大小码头形似今天的大城小市，是拥有医疗资源最多最好的地方。故有“大凡名医，必居码头”“车行三日，不如船行一昼”之俚语。求医祛疾者，与今天一样，根据自己的经济条件来寻医择药。沿江码头，是求医者的首选之地。鄂东地区有近 300 公里的长江岸线，沿途分布的大小码头几十处。从上游数起，粗略有新洲、阳逻、葛店、三江口、团风、叶路(露)洲、华容、鄂州、樊口、金口、桂口、黄州、临皋、牯牛洲、下巴河、兰溪口、燕矶、散花洲、石灰窑(今黄石市)、茅山、岚头矶、胜口、蕲河口、蕲州、苇源口、银山口、富池口、武穴、码头、沽口、龙坪、雷池口、小池口。这些大小码头，皆分布着大小医堂无数。

清乾隆时期的《蕲州志》记载，明朝蕲州城，医堂遍布，知名的堂号就有 30 多处，求医者成群结队。“州城医堂，多在城内杏雨巷，三十余所，声名远应。每遇春瘟夏疫，候诊求药者，朝至暮不止。濒湖堂、春生堂、杏春堂常人满亦患也。”

“候诊求药”“人满亦患”，这种现象与今天的湖北省武汉同济医院、协和医院、武大人民医院的求诊阵营何其相似。

除了一江两岸的大小码头医堂遍布外，与长江联航通舟的鄂东六大西流水域的大埠小坝(亦称“漕坝”)也皆是药堂医馆的首选之地。六大水域的埠口多达几十处，分别是张渡口、叶公嘴、赤亭、宋埠、三河口、中驿、蔡大垸、黄家垸、三洲埠、六溪口、九资河口、大溪口、小溪口、白莲口、金鸡圩、野鸭滩、余壶口、银壶口、落雁口、巴河口、绿杨河、元丰口、易家河、西河驿、李窑口、卢窑口、瓮罈口、管家窑、望江口、望天口、刘公河、两河口、磁湖口、大畈洲、野塘咀、蕲口、湖口等。

南宋陆游的《入蜀记》记载蕲口(今蕲春县八里湖与岚头矶之间)的药市盛况曰：“千门万户悬菖艾，出城十里闻药香。”

清末杂记《巴蛮杂兀》书中，对鄂东滨江码头、河湖水埠的医堂药店林立繁荣，用四句话刻画了其生动：

杏幡插水边，竿头葫芦悬。
牖中两膏贴，帘上草药鲜。

鄂东五大历史名医，无一不在码头水埠开堂布店。魏晋名医王叔和的“三不”医堂，还有他的弟子厍充、康泰、徐和等，都在举水河沿线的赤亭、三河口、黄柏山开有医馆。北宋著名医王庞安时有30多位弟子的堂、店都开在长江沿线的码头埠口。为了方便求诊病人，庞安时还首开留病人住院先河，在水边设专门房舍留路远且病重者入住。《宋史·庞安时传》载：“安常为人治病，率十愈八九。踵门求诊者，为辟邸舍居之，亲视药物，必愈而后遣。其不可为者，必实告之。不复为治，活人为要。病家持金帛来谢，不尽取之。”

万密斋、李时珍、杨际泰等名医的弟子们，所选择的行医治所如出一辙，无水岸不开店，既方便了求医者，又减轻了自身出诊的车马劳顿及患者负担。

《中国古代交通工具史话》之“舟船序例”曰：“长江文明，推进了一江两岸文明文化的大繁荣，舟船诞生，催生了港埠建设。交通工具的改善，有力地促进了流域的社会发展。以船取轿，以舟代步，大大减轻了人们的繁重体力，改变了生产力的全新转换。”

鄂东地区的庶民百姓，寻医问药多以自制的竹排、竹筏、撑舟、摇橹。达贵显贵们寻医侍诊用的是官舫花船。《庞安时故事》载，医王庞安时名噪江淮金陵。某达官显贵倾巨资万余，专门为庞安时建造了一艘雕龙画凤的官舫杏舟。凡请庞安时到南京出诊，必用此舫接送。官舫杏舟设施齐全，日用生活之具应有尽有。庞安时每次出诊，“杏幡遍插于舫上，乐鼓笙歌悦耳，顺江而下，招摇过市，声动两岸”。

庞安时的得意弟子江州(今九江)人李百全，曾多次随舟侍诊。他在侍诊医录中写道：“随舟诊脉，一举数得。江风拂面，轻涛浅拍，揽胜两岸，身心俱悦……丁巳日，舫停舒州(笔者注，今安徽省安庆市)

师尊下船给周大人望闻开方。盛宴毕，文人骚客铺纸泼墨。周大人屡请师尊留墨，且一口一个医王不绝入耳。师尊着毫一笑而挥：没有岐黄，焉有医王；没有长江，焉有安常。”

三、长江通州达海，成为鄂东医家的医术、医著、医名流播快捷之福地

任何文化的流播传承，离不开承先启后、继往开来的接力。名医的医术、医著、医名亦如此。鄂东医学形成流派体系，皆是近水楼台先得月。

魏晋名医王叔和纂《伤寒》撰《脉经》，开医堂，授徒传岐，福祉群黎。他的医德、医术、医名对鄂东医家有深远的影响。当时的《伤寒论》《金匮玉涵方》(宋代林亿等医官奉旨改为《金匮要略》)由朝廷刊刻，印数有极限，但王叔和必有一套。《脉经》成书后，由山涛奉诏指定太医院刊刻，其印数当然也不多。但这两套中华医学史上的扛鼎之著，王叔和是断然少不了的，他的弟子又多，传抄传播甚广。鄂东医家自然是获知便易。北宋医王庞安时率先承启王叔和医学源流，编撰成《伤寒论》穷理广释之著《伤寒总病论》。

王叔和的《脉经》，是中华医学诊断学集大成中的开山之作，首次确立了三部脉法和脏腑分候定位，即中医寸口诊脉的基本体系；首次确立了脉象指下标准；首次奠定脉名种类基础；首次总结了脉象临床意义；首开脉象鉴别先河。李时珍在熟读王叔和《脉经》的基础上，结合自己多年的临证实践，撰写了《濒湖脉学》。《濒湖脉学》将脉象的甄别施辨，用朗朗爽口的诗歌体裁，化繁为简，易记易传，成为医家推崇备至的脉学经典，而漂洋过海，至今仍成为传统医家研习诊断学的必读之著。

王叔和除了纂《伤寒》著《脉经》之外，在医学上还有一大功绩与创举，即摄生(养生)之论断。记载王叔和善摄(养)生创举的人，乃东晋

时代的玄学代表人物张湛。张湛的《养生论》比他的《列子注》要知名得多。《隋书·经籍志》载，张湛有《养生集》十卷，书中多次引用王叔和有关养生的观点和举例。宋代医官林亿依据《太平御览》第七百二十卷中的张湛《养生论》的记载，对王叔和“好摄生”一说进行了详释：“王叔和，高平人也，博好经方，洞识摄生之道，尝谓人曰，物不欲杂，杂则戒有所犯，当时或无灾患，积久为人作疾。寻常饮食，每令所得，多餐令人彭(膨)享短气或至暴疾。夏至秋分，少食肥腻饼刀霍(肉羹也)之属，此物与酒食瓜果相仿，当时不必即病，入秋节变，阳消阴息，寒气锐至，多至暴卒，良由涉夏，取冷太过，饮食不节故也。”

王叔和对摄生的总结，首由鄂东医家研习传承而传世。明代罗田万密斋，除了继承家传的小儿痘疹、妇科、幼科外，对王叔和的养生大论深悉细究，著成《养生四要》而传之天下。万密斋首次公开倡导“人之健体，首在养生，养生当四要”，且将“四要”专论以《养生四要》之著刊刻行世，被后世医家誉为以专著倡导养生原理第一人。

鄂东名医群的形成，关键是医术、医著、医名的高端传播。而这种高端传播，皆依托长江的便利广浩，而被世人所知、所熟、所认、所崇、所不朽。

王叔和医著、医名的传播，得益于吴国建都城于武昌(今天鄂州市)，后又随吴末帝孙皓迁都于南京。还有陆逊曾率五万大军攻占赤亭，建水师大营，留三万大军驻赤亭五载有余。这也是王叔和医名、医著传承不朽的重要途径。因赤亭通江连海，仍然是长江功不可没。

万密斋的医著《痘疹心要》《育婴家秘》《片玉心书》等，经浠水黄廉剽窃改名，交安徽休宁名医孙一奎刊刻传播至安庆、芜湖、合肥、苏州、江阴、丹阳、扬州、南京，再至京城，此后，又复传入荆襄闽洛岭南之间。

杨际泰的《医学述要》经武穴流传至汉口，再经汉口传至安庆、芜湖、南京后传入广州。

李时珍的《本草纲目》在南京(时称金陵)刊刻成书后，漂洋过海传入日本，风行四海五洲。这一切，都离不开长江水运的推波助澜。

长江文明对推动中华医学的发展和鄂东历史名医群的形成有重要作用，此非笔者一家之言。国外研究中医汉学的专家也多有关注研究。

日本学者、著名的汉医学家丹波元胤与其弟丹波元坚合著的《中国医籍考》中，对中国医籍的流播传承作了这样的归纳："纵观中国医籍的流布，南方鲜比北方多。自古北方称中原大地，是中国文化首善地、精英区，而南方称蛮瘴地。南方医著繁盛，非医家比北方高明，实为流播途径差异殊悬。南方医家医著的流播，赖有长江流域的快达之优，远播之利，北方医家望尘莫及。故而，医籍之有不及南方，异在无有长江流播。"

以中医文献和本草研究著称世界的日本学者冈西为人，在 1933 年出版的《汉医学概说》中，就中国医籍的搜集整理，直言拜上，中国医籍的宏富浩繁，功在万里长江。

"搜整类分中国医籍，是一件很有趣的事。医籍作者的域地之分，南域胜比北域三倍以上。再以南域细究，吴越荆楚又遥领其先。深究其奥，原来吴越荆楚有地利长江。长江是华族母亲河，吴越荆楚拥有两岸水网，医籍流播它域绝逊色长江。"

鄂东地处吴头楚尾，乃荆楚门户，南拥长江之阔，怀盈六水之秀。综上二论，鄂东能成为荆楚乃至全国名医辈出的卓异之地，就不足为奇了。

（作者为黄冈市鄂东文化研究会执行会长兼秘书长）

炎黄文化生态思想和长江经济带生态文明与八吉府的生态文明实践分析

张建勇

长江，从青藏高原的涓涓细流，出千峡、纳万川，汇集成波涛滚滚的大江，滔滔东去的江水横贯中华大地，万千姿态、雄伟壮观。她浇灌着神州华夏，养育着炎黄子孙。随着长江流域生态环境保护和经济发展的矛盾日益严重，发展的可持续性面临严峻挑战。2016 年 1 月 5 日，习近平总书记在重庆市召开推动长江经济带发展座谈会并发表重要讲话，强调“推动长江经济带发展必须从中华民族长远利益考虑，走生态优先、绿色发展之路，使绿水青山产生巨大生态效益、经济效益、社会效益，使母亲河永葆生机活力”。2018 年 4 月 26 日，习近平总书记在武汉主持召开深入推动长江经济带发展座谈会并发表重要讲话。他强调，“长江病了”，而且病得还不轻。治好“长江病”，要科学运用中医整体观，追根溯源、诊断病因、找准病根、分类施策、系统治疗，这要作为长江经济带共抓大保护、不搞大开发的先手棋。

中华文明包含着丰富的保护生态平衡的思想，在中国传统的农业生产中有着突出的表现。如农业的撂荒、休耕、轮作等，都是用养结合、维护农业生态平衡的重要措施。中国历朝历代，都有生态保护的相关律令，都注意防止滥捕、滥伐、滥杀。据《礼记 · 月令》记载，每年的春季，当草木繁茂生长之时，要求“祀山林川泽，牺牲无用牝。禁止伐木，无覆巢，无杀孩虫胎夭飞鸟”，“无竭川泽，无漉陂地，无焚山林”，以此保护生态环境。炎黄文化作为中国主要的传统文化，在处理人与自然、人与社会、人与人的关系上，具有历史悠久的生态思维和思想。如道法自然、天人合一，按照自然天气的变化耕种收获的自然生态观等。这些生态思维、生态思想值得我们去深入探寻挖掘，来指导当今的生态文明建设和生态文明实践。

一、炎黄文化的生态思想分析

炎黄文化在处理人与自然、人与社会、人与人的关系上认为，人与自然具有亲密关系、人与社会具有亲和关系、人与人具有亲善关系，其基本精神与生态文明的内在要求具有高度的一致性，这使我们有可能率先反思并超越当下的“物化文明”“物质主义”“消费主义”等思想，成为生态文明的率先响应和实践者。

(一)人与自然的亲密关系

炎帝，人们称之为“神农”，以发明农耕而著称，是农业经济的创造者。炎帝经过长期的观察和实验，培育了粟谷，发明了农具，改进了耕作方法，并教民种植农作物，彻底改变了人们的生活方式，不断从蒙昧时代走向文明时代。炎帝发明农业，在古籍中多有记载。《太平御览》卷一引《周书》：“神农之时，天雨粟，神农耕而种之。”《易·系辞下》载：“庖牺氏末，神农氏作，斫木为耜，揉木为耒，耒耨之利，以教天下，盖取诸《益》。”《管子·形势解》载：“神农教耕生谷，以致民利。”《绎史》卷四引《周书》：“神农之时……为耒耜、鉏、耨，以垦草莽，然后五谷兴助，百果藏食。”据文献记载，黄帝对农业文明诞生贡献很大。《史记·五帝本纪》说黄帝：“艺五种”，“佐五谷，养民人”，“时播百谷草木”。“五种”，指“黍、稷、菽、麦、稻”五谷。《周易》写道：“有天地然后有万物，有万物然后有男女，有男女然后有夫妇，有夫妇然后有父子，有父子然后有君臣，有君臣然后有上下，有上下然后礼义有所措。”这是说，先有自然发展史，然后才有社会发展史，人类从自然界产生，本属自然界的一部分，应如爱护母亲一样爱护大自然、顺从大自然，绝不可颠倒关系、胆大妄为。明确“天地与我并生，万物与我为一”，“民吾同胞，物吾与(伙伴)也”，绝不可将“万物之灵”的人类凌驾于自然之上。

从炎黄时代的“以农立族”到夏商周以降的“以农立国”，人们逐渐认识到，农业的发展与气候、水等自然环境有着密不可分的关系，所以应该保护自然，维护生态平衡，构建人与自然的亲和关系。只有这样，农业才能免遭自然灾害，取得收成，保障氏族部落的生存。农业在历朝历代经济社会中，都最为重要。历代皇帝以“籍田”之礼祭祀炎帝就是一例。如在古代，周人在频繁的祭祀(“吉礼”)活动中，把对日月星辰、山林川泽等自然物象的祭祀与对列祖列宗的祭祀同等看待。虽说这种祭祀带有神灵“敬畏”之意，但也说明“自然”在人们心目中的崇高地位。农业对生态环境的依赖性很强。这就要求人们善待自然，与自然亲和相处。强调人与自然的协调统一，既改造自然，又顺应自然；既不屈从自然，又不破坏自然。人既不是大自然的主宰，也不是大自然的奴隶，而是大自然的朋友，“天地与我并生，万物与我为一”。传统文化主张，明确人是自然界的一部分、大自然是人类的母亲。

(二)人和社会的亲和关系

炎帝除了发明农业外，还发明了医药、交易、纺织、陶器、音乐、房屋等。尤其是文献记载，炎帝为了解除族民时时被各种疾病的困扰，“始味草木之滋，察其寒、温、平、热之性，尝一日而遇七十毒，神而化之，遂作《方书》以疗疾而医道自此始矣。”炎帝“尝味草木，宣药疗疾”的传说在《帝王世纪》《史记·补三皇本纪》等书中也有记载。据记载，黄帝时期始有礼仪法度，“黄帝治天下……别男女，异雌雄，明上下，等贵贱”。在文化、礼乐建设方面，黄帝时代产生了文字，有了彩陶和绘画、音乐和舞蹈艺术，有了宗教祭祀，有了嫁娶和丧葬礼制等。

以此可知，黄帝在“抚万民，度四方”，同时，也开始重视与人需求相适应的社会的发展。所以“诸侯咸尊轩辕为天子”，出现“万国和”的局面。《淮南子·主术训》云：“其民朴重端悫，不忿争而财足，不劳形而功成。因天地之资而与之和同。是故威厉而不杀，刑错而不用，法省而不烦，故其化如神。”《庄子·盗跖》云：“卧则居居，起则于于……与麋鹿共处，耕而食，织而衣，无有相害之心，此至德之隆也。”《商君书·画册》亦云：“行政不用而治，甲兵不起而王。”这些记载都表明，炎黄时代社会不断发展进步，人和社会的关系相当和谐。

(三)人和人的亲善关系

《淮南子·览冥训》记载：“昔者黄帝治天下，而力牧、太山稽辅之，以治日月之行律，治阴阳之气；节四时之度，正律历之数；别男女，异雌雄；明上下，等贵贱；使强不掩弱，众不暴寡，人民保命而不夭，岁时孰而不凶；百官正而无私，上下调而无尤；法令明而不暗，辅佐公而不阿；田者不侵畔，渔者不争隈；道不拾遗，市不豫贾；城郭不关，邑无盗贼；鄙旅之人相让以财；狗彘吐菽粟于路，而无忿争之心。于是日月精明，星辰不失其行；风雨时节，五谷登孰；虎狼不妄噬，鸷鸟不墊博，凤皇翔于庭，麒麟游于郊；青龙进驾，飞黄伏皂；诸北、儋耳之国，莫不献其贡职……”

《鬻子》说：“黄帝年十岁，知神农之非而改其政。”黄帝与炎帝一样，是一位敢为人先的有为者、实干者。其从小就树立了要发展社会、治理天下、建功立业的远大志向。等到长大，他看到各个部落生产能力低下，族民生活困难、相互抢劫、争斗不断，便立下建立联盟、统一天下、让百姓安居乐业之大志。于是，他首先从自身做起，推行德治，通过与炎帝部落和蚩尤部落联盟。黄帝统一天下后，先民们过着定居的农耕生活确是不争的事实。这也被大量出土的仰韶中晚期的各类文化遗存所证明。正如中国歌曲之祖的先秦《击壤歌》记载：日出而作，日入而息。凿井而饮，耕田而食。帝力于我何有哉！这是一首远古先民咏赞美好生活的歌谣。这首歌谣用极口语化的表述方式，吟唱出了生动的田园风景诗。太阳出来起来劳动，太阳下山休息养生，打一口井用以饮水，整理田地种出五谷丰登。歌谣般的吟诵之中，仿佛听到了一个苍老而健硕的农人在田地中对着无垠田畴悠扬地咏颂。这是他们怡然于俭朴生活的自足的歌声，展现出了农耕时代上古先民的幸福生活场景，诠释出原始的自由安闲和自给自足的简单快乐，人和人之间和善友好，自然中见淳美，朴拙中见太平。

二、长江经济带的生态文明分析

据统计，长江经济带面积约205万平方公里，覆盖湖北、湖南、重庆、四川、云南、贵州、上海、江苏、浙江、安徽等11个省市，人口和经济总量均超过全国总量的40%；长江经济带沿线11省市，2018年共实现生产总值402985.24万亿。当前，长江经济带正处于培育经济发展新动能的关键阶段，在加快发展的同时，强化生态约束，势必面临保护与发展的双重压力。如何探索出一条有别于传统“先污染后治理”的绿色发展新路径，实现经济发展和生态保护双赢，长江经济带面临较大挑战。长江经济带生态保护和绿色发展的战略定位，就是要坚持生态优先、绿色发展理念，加强生态文明建设、促进绿色转型发展，同步实现生态效益、经济效益、社会效益，把长江经济带建设成为中国的绿色“脊梁”。

(一)坚持生态效益优先

长江拥有独特的生态系统，是我国重要的生态宝库。当前和今后相当长一个时期，长江经济带要把修复长江生态环境摆在压倒性位置，“共抓大保护，不搞大开发”，确保一江清水绵延后世、永续利用。大力推进生态文明建设，既是长江经济带“共抓大保护，不搞大开发”方针的基础与保障，也是环境治理的必然要求，更代表了经济社会的发展方向，是和谐平衡发展的“抓手”。推进生态文明建设，需要政府、企业、社会和公民等多角色的协同发力，需要经济、文化、教育、科技、社会等手段协同作用。应当坚定不移地推进供给侧结构性改革，淘汰落后产能、整合重复产能，建立环境友好的经济增长模式，并通过政策、法规、舆论、监督等手段，使企业担负起应有的环保责任；在生态环境保护方面，应当坚持环境治理与修复在生态文明建设中的核心地位，大力开展生态整治，实行重点治理和全面治理并重的治理策略，要统筹江河、湖泊丰富多样的生态要素，以长江干流和支流为经脉，以山水林田湖为有机整体，构建出人水相互和谐、生态流量充足、水土保持有效、生物多样性保护的生态效益优先格局。

(二)坚持经济效益支撑

长江是中华民族的发源地之一，是中华民族的摇篮。坚持生态优先，并不是不发展经济；坚持大保护，也不是不发展经济。而是要依托长江黄金水道，统筹岸上、水上，自觉推动绿色循环低碳发展。长江经济带要坚定不移地走绿色发展道路，发展绿色经济，建设绿色城市，构建绿色交通，倡导绿色生活。应当大力推动科技创新，并将高新技术引入工业和制造(业)产业的升级改造，通过技术革新与合理竞争，在落后与过剩的产能上做“减法”，在自然资源的利用效率上做“加法”，追求更加清洁、高效的经济增长方式。应当重点培育节能环保的尖端产能，重视第三产业的地位，提高整体竞争力，为长江经济带的未来发展奠定基础。应当深入贯彻落实最严格水资源管理制度，提高水资源利用的效率，遏制污染和浪费，约束水资源乃至其他自然资源的利用行为。应当改革管理模式，精简与撤并职能部门，强化流域管理机构职能，打破部门分割与行政壁垒，提高行政效率与水平，加强开发与保护的统筹协调，提高行政效率和水平。

(三)坚持社会效益统筹

经济社会的跨越式发展引起了长江经济带严峻的资源、生态和社会难题。为了破解生态困局，平衡开发与保护的矛盾，促进长江经济带的稳定发展，必须解放思想，坚持“共抓大保护，不搞大开发”的发展基调，以和谐发展为目标，理顺开发与保护的辩证关系，将生态环境保护作为未来工作的重心，鼓励科技进步与创新，坚定不移地推进供给侧结构性改革，要把大力保护长江文化资源与改善生态环境、改善民生结合起来，探索顺应自然、尊重历史、保持山水脉络、留下民族记忆的创新发展模式。通过对科技创新、技术研究、发展模式、空间规划、生态文明建设、执法管理、政策法规、调控手段等方面系统推进，统筹社会效益作用，推进生态文明社会建设。通过开发与保护的有机结合与相互支持，全面改善长江经济带的自然环境，促进经济社会发展模式的转变，走出一条适合长江经济带自身特色的和谐平衡发展之路，使长江经济带在中国特色社会主义建设过程中发挥更大的作用。

三、八吉府的生态实践分析

八吉府街是武汉市青山区(武汉化学工业区)一个办事处，其东、北紧邻长江，南接东湖高新区左岭镇和花山街，与武汉市江岸区、新洲区隔江相望。辖区内以核心项目乙烯为主导产业，配套布局下游产品加工园区、武汉新港物流园区以及生产性服务中心等，拥有 17.2 公里长江岸线和武汉市最大的江滩湿地公园等多个全省街道办事处之最。由于历史的原因，八吉府街面临着繁重而复杂的污染防治任务和长江河湖保护任务。

习近平总书记指出：“良好生态环境是最普惠的民生福祉。”“环境就是民生，青山就是美丽，蓝天也是幸福。”“像保护眼睛一样保护生态环境，像对待生命一样对待生态环境，推动形成绿色发展方式和生活方式……”近几年来，特别是 2017 年青山区、化工区融合发展后，武汉市、青山区决策在八吉府建设长江北湖生态绿色发展示范区，谋划推进长江湿地、长江森林、大地花海等大批生态项目建设。2018 年，长江北湖生态绿色发展示范区上升为国家战略。同时，包括八吉府范围在内，武汉与宝武钢铁集团联手共建北湖产业生态新城，为我们规划了美好蓝图。未来很美好，但是面临的现实情况很残酷。污染防治任务重、难度大、代价高，生态环保也处于压力叠加、负重前行的关键期，未来与现实之间的距离很大。随着群众生活水平不断提高，人们对干净的水、清新的空气、优美的环境等要求也越来越高。

八吉府街坚决贯彻中央和上级关于长江大保护决策和部署，从传统文化和炎黄文化中汲取生态思维、生态思想，坚持贯彻长江经济带生态文明建设的总体要求，坚持实现生态效益、经济效益、社会效益，相继开展了一系列卓有成效的保护蓝天、碧水、绿地行动。打好环境保护攻坚战的一场又一场大仗、硬仗、苦仗，为八吉府的明天而战，还蓝天、还碧水、还绿地，坚持不懈，久久为功，治理和保护好生态环境，尽快实现八吉府的美好规划蓝图，实现八吉府的生态文明建设目标。

(一)蓝天行动让天更蓝

自 2018 年 6 月青山区(化工区)东部地区环境综合整治行动开展以来，我们始终坚信整治“散乱污”企业不仅是落实区委、区政府要求的工作任务，对八吉府地区来讲，更是改善自身环境、实现未来发展脱胎换骨的一次自救。面对整治任务重、历史问题多、村民顾虑大、稳定压力突出的困难，八吉府街以抓铁留痕的信念、刮骨疗毒的勇气，统一思想认识、明确整治要求、限定工作时限、坚持不懈向前推进。2018 年，八吉府街整治关停搬迁 207 家“散乱污”企业，2019 年，整治关停搬迁 103 家“散乱污”企业。面对关停一家“散乱污”企业，村集体就损失一笔收入的现实，青山区没有只算经济账，而是从大局出发，从长远发展看整治，主动壮士断腕，将污染大的企业搬迁，加快经济转型，腾笼换鸟，引进新的环保型或无污染型企业，将整治工作的损失降至最低点。

(二)碧水行动让水更碧

为捍卫我们的青山绿水，近两年来，我们开展了长江岸线码头整治、武惠堤工业港民垸和新集码头堆放物清理、长江“清四乱”整治等系列治水治污行动，积极推动建设长江沿岸绿化造林和长江森林工程项目。2018 年 5 月，在国家生态环境部直接领导下开展“清废行动 2018”，对武惠堤外滩堆放固废问题进行挂牌督办，累计清理各类物料近 21 万吨。2019 年开展河湖“清四乱”工作，任务重、问题多，特别是历史遗留问题多，涉及需要清理的房屋、牛棚、鱼棚、猪场、粪池及坟地等各类问题 37 处，占全区任务总量的 55%。

(三)绿地行动让地更绿

2019 年，我们结合世界第七次军人运动会进行环境综合整治，以让家园环境更美好为目标，在沿长江和高速公路沿线涉及的村湾开展绿地行动，大力拆除各类影响环境和绿地建设的建筑物、构筑物，拆除沿线 66 处构筑物，拆除总建筑面积达 1.53 万平方米，完成 216 栋约 7 万平方米房屋立面整治工作；清理暴露垃圾 113 吨、建筑垃圾数百吨；通过复土、松土、土地平整修复后播种草木，完成 2.53 万平方米土地覆绿工作。

生态兴则文明兴，生态衰则文明衰。美丽长江关乎国家富强、民族复兴，关乎中华民族永续发展和世界人类文明传承。习近平总书记在推动长江经济带发展座谈会上指出：“长江拥有独特的生态系统，是我国重要的生态宝库。当前和今后相当长一个时期，要把修复长江生态环境摆在压倒性位置，共抓大保护，不搞大开发。”生态文明建设最根本和最迫切需要解决的问题，是认识和协调人与自然、人与自身、人与社会之间的相互关系，恰恰在此意义上，中国传统文化和炎黄文化丰富的生态智慧构成了弥足珍贵的思想基础。中国传统文化和炎黄文化包含的生态智慧不仅要求人与自然处在和谐一体的过程，同时也要求去改变那些不和谐的环境，让生态与环境成为一体。这些智慧不仅在理念和方法上为我们现今的环境和生态的保护提供了理解问题的视野和途径，还在保护环境、生态建设的实践方面为我们提供了启示和借鉴。这些思想值得我们珍视、值得我们借鉴、值得我们大胆探索、值得我们勇于实践，对当今长江经济带建设生态家园有着同样重要的启示与榜样的作用，从而大力开展生态教育、大力修复生态环境、大力发展绿色产业，推动长江经济带绿色发展，建设美丽长江。

参 考 文 献

[1] 余谋昌、王耀先：《环境伦理学》，高等教育出版社 2004 年版。

[2] 李慧、龙军：《长江经济带 生态优先 绿色发展》，载《光明日报》2019 年 3 月 10 日。

[3] 李琳：《推动长江经济带绿色发展》，载《光明日报》2019 年 7 月 4 日。

[4] 乔清举：《继承传统文化智慧——推进生态文明建设》，载《光明日报》2015 年 8 月 1 日。

[5] 郑明桥、柳洁：《湖北推进长江经济带生态保护与绿色发展纪实》，载《经济日报》2019 年 4 月 22 日。

[6] 杜超：《生态文明与中国传统文化中的生态智慧》，载《江西社会科学》2008 年第 5 期，第 183~188 页。

[7] 唐明邦：《论传统文化与生态文明》，载《市场论坛》2012 年第 7 期，第 16~17 页。

[8] 翟媛：《中国传统文化中的生态智慧》，载《西部学刊》2018 年第 3 期，第 38~41 页。

[9] 肖建平：《中国传统文化中生态文明的思想资源探析》，载《湖北省社会主义学院学报》2015 年第 5 期，第 69~72 页。

[10] 任先国：《中国传统文化对构建现代生态伦理的启示》，载《经济

研究导刊》2011 年第 25 期，第 241~242 页。
[11] 霍彦儒：《试论炎黄精神及其当代价值》，载《信阳师范学院学报（哲学社会科学版）》2018 年第 5 期，第 21~27 页。

（作者为武汉市青山区八吉府街办事处主任）

从良渚古城遗址申遗成功看长江文明的意义

赵燕午

2019年7月6日，良渚古城遗址被联合国教科文组织世界遗产委员会列入《世界遗产名录》，申遗成功。

良渚古城的年代，大约距今5300～4300年。良渚申遗成功，意味着中国人常说的中华上下五千年的文明史得到了联合国教科文组织和国际主流学术界的认可。

对于中国是五千年文明还是三千年文明，中外学者有过激烈的争论。欧美学者普遍认为，中国只有三千年文明，也就是从商朝开始，不承认夏朝的存在，而中国学者则普遍倾向于五千年文明，认为夏朝是存在的，虽然中国搞了夏商周断代工程，期间二里头遗址的发掘也有了突破，但始终没有确凿的证据证明夏朝的存在，也就没法证明中国有五千年文明。

良渚古城遗址申遗的成功，不仅代表中国世界遗产数量跃居世界第一位，更意味着良渚文明获得了世界的认可，这意味着中国文明起源和国家形成于距今5000年前，终于得到了国际承认，也就是说中国五千年文明"实锤"了。当然，位于浙江的良渚古城遗址跟在河南的夏朝没有关联，不能证明夏朝的存在，但是中国五千年文明得到了世界的认可。所以说，良渚文化是中华五千年文明的实证。

良渚文化是中国新石器时代长江下游地区最重要的考古学文化，自

20 世纪 80 年代以来，良渚遗址就以其种类齐全、规模宏大的遗址类型和数量众多，大量材质精美的玉器、陶器、漆器等文物，共同勾勒出了良渚文化鼎盛时期的社会面貌和社会形态，引起了世界性的轰动，逐渐改变了以往人们对中华文明起源的时间、方式、途径等重大学术问题的认识。长江上游的三星堆文化—中游的石家河文化—下游的良渚文化，已形成三个各具独立特色的文明中心，构成有别于黄河文明的长江文明谱系，从而成为长江文明是形成中华文明的又一主流，是中华文明多元一体起源的重要实证。

一、长江文明在中华文明中的地位

考古界过去到现在，有少数学者认为长江流域文化在历史上一向落后于中原文化，以为新石器文化起源于黄河中下游，后来才传到南方。考古学证实，长江流域新石器时期早、中时代的农业文明最为突出，水平很高。后来，考古发现良渚文化的“玉器王国”、石家河文化的“众星聚落”、三星堆文化的“青铜极峰”，诸多奇特的独立文化形成各自能代表中华文明的特色。我们可以这样认为：长江流域、黄河流域都是中华民族文明的摇篮。

长江流域古文明的起源，有别于黄河流域文明，新石器时期早、中时代的农业文明最为突出，水平很高。从历代考古学对长江流域农业文明的发现，证明长江流域文明起源是以农业文明为坚实基础的。以浙江河姆渡、罗家角为代表，湖南彭头山和源北城背溪、江西仙人洞种植水稻有着悠久的历史，时间为公元前 5000—公元前 10000 年以上，这就把中华文明史大大推进了几千年。早在公元前 1 万年左右，长江流域的先民已具备了天文知识、水土知识、灌溉技术和种植技术，聚落稳定，组织分工严密，有这些条件才能完成大面积的农业耕种。长江流域农业文明以特色的水稻为主，早于黄河流域农业文明的粟 4000 年左右，河姆渡出土的农业工具骨制耒耜，比半坡农业工具石铲先进，河姆渡人住干栏式榫卯精致的房屋，优越于半坡的半穴居，河姆渡文化比半坡仰韶文化早1100年。

所以说，长江流域的农业文明，不但在中国史前文明中，而且在人类史前文明中也是突出的、辉煌的。

长江流域古文明“满天星斗”，繁花似锦，有别于黄河古文明的连续发展，长江流域古文明的断续再生形成了各自的特色。长江流域史前文明古文物遗址众多，有3个中心，上游的三星堆文明、中游的石家河文明、下游的良渚文明。这三个中心都有独立起源的发展序列，创造了一个史前辉煌的文明时代。

在长江中游地区发展起来的屈家岭—石家河文化是公元前3000年古文明起源的一个中心，曾极为繁荣，发展到很高程度。屈家岭—石家河文化拥有发达的农业和手工业、精湛的制陶工艺、精美的艺术品和规模宏大的城池，在其鼎盛时期，屈家岭文化的影响超过了北方的中原文化系统。任式楠先生发表的《长江中游文明起源探索》一文，通过考证屈家岭和石家河文化得出结论：“长江中游地区，特别从公元3000年起，私有制成分日趋增长，持续强烈地冲击着原始氏族公有制社会结构。在经历了一段时间，经济得到显著发展，社会产生重大演变，以及战争激烈震荡之后，最终原始社会土崩瓦解，迈入了文明的门槛。”屈家岭文化可以说是新石器时代长江文明的第一个高峰。

长江下游的良渚文化，曾发展到极高的程度，被称为“文明的曙光”。良渚先民创造了辉煌灿烂的玉器文化，是中国古代文明的杰出成就。良渚玉器文化达到了中国史前文化之高峰，其数量之众、品种之丰富、雕琢之精湛、宗教礼制之高度在同时期的古代文化中无出其右，创造了人类文化的奇迹。由良渚文化诸多遗址构成的“良渚王国”，由宫城、王城、外郭城、外围水利工程构成的良渚古城宏大的格局，已经不逊色于同时期古埃及等古代文明，甚至可说是有过之而无不及。而且玉琮等器物是良渚文化的标志性器物，在广东、山西、陕西、甘肃等地都有发现，这在一定程度上说明，4000年前，良渚文化以其强大的辐射力影响了大半个中国。良渚文化之后，夏、商、周三代文化兴起，在夏、商、周三代文化中，也经常能发现良渚文化典型器物的踪影。由此可见，良渚文化对中国古文化、中华文明都产生了深远的影响。高度发达的良渚文化，尤其是良渚的晚期，是新石器时代长江文明的第二个高峰。

长江上游的广汉三星堆文化，大多学者认为在距今5500年左右，代表长江文明的源头。青铜文明发展到了极峰，出土的青铜器数量之多、技艺之高、意义之深刻，达到了人类无与伦比的境界。新石器时代的三星堆先民，从城邑建筑的设计水平、青铜工业的技艺、宗法思想的高度、刻画符号的意义等方面，创造了一个辉煌全盛的时代，也许是人类文明的未解之谜。三星堆文化高度发达的青铜文化、神奇的文化面貌，完全颠覆了人们对长江上游地区文明的认识，是20世纪最重大的考古发现之一。目前，考古界大多数学者认为，三星堆文化具备了文明的五要素，是世界史前无与伦比的“古城古国古文化”遗址，进入了史前文明的早期大国。这是新石器时代长江文明的第三个高峰。

由上可知，上古时期，长江上游的三星堆文化—中游的石家河文化—下游的良渚文化，此伏彼起，先后辉映，形成三个各具独立特色的文明中心，构成有别于黄河文明的长江文明谱系，是上古时期中华文明的重要组成部分，为中华文明的形成与发展作出了重要的贡献。

到了东周时期，楚国和楚文化在长江中游地区兴起，吴越两国和吴越文化在长江下游地区兴起，巴蜀文化在长江上游地区兴起，长江流域的三大板块皆发展到极高水平，荆楚文化、吴越文化和巴蜀文化区先后形成，奠定了长江流域区域文化的基础。长江流域的这三大区域文化足与北方的秦陇文化、三晋文化和齐鲁文化相媲美。长江、黄河两大流域的上、中、下游发展到基本相当的水平，构成了中国文化的基本区域或者说核心区域。可以说，东周时期是长江文明的第二个高峰期。

秦汉大一统之后，虽然政治、经济和文化的重心在北方中原地区，但经济与文化的重心则渐次南移，宋以后，以长江流域为主体的南方地区成为经济、文化的重心。长江文明进入了一个新的高峰期，即第三个高峰期。

到了近代，长江流域在近代化转型过程中，仍保持了经济与文化的领先地位，近代工商业首先在长江流域出现。曾国藩办安庆军械所，为中国最早的兵工厂，李鸿章又在上海、南京等地兴办军工业，随后，张之洞兴办汉阳铁厂和汉阳兵工厂，中国近代工业由此开始。在这一过程中，上海得近代化风气之先，成为近代以来中国最重要的经济中心。

可见，长江流域的文明成就足以与黄河流域文明相媲美。长江、黄河都是中华民族文明的摇篮。

二、长江文明在中华文明、世界文明中的意义

认清中华文明的由来，才能从中华文明的历史中获得自信。在世界文明史上，中国古代文明得以与美索不达米亚文明、古埃及文明、古印度文明、爱琴文明和玛雅文明等六大古代文明并驾齐驱，但在过去较长一段时期里，国际学术界一些专家认为，中国只有从殷商起步的文明史。良渚的存在使中华文明有了一块可以与古埃及、美索不达米亚、古印度文明遗址并列的文明高地。

在其他五大古代文明一个个衰落以后，唯有中国文明巍然独立、睥睨世界，延续发展数千年而至今，成为人类文明史上唯一历史未曾中断的古代文明。古老的农业文明为什么能够延续数千年而至今？对此，不同的历史学家有不同的解释、猜测和假说。撇开东方文明生存的自然环境，撇开儒家文化“和而不同”、有容乃大的特质，我们认为主要原因就在于，早在起源阶段，中华文明已经取精用宏，兼收并蓄了黄河、长江两大流域各种新石器时代文化的血脉精华，从而为后来文明的发展延续奠定了坚实的历史根基，凝聚了丰厚的文明底蕴，创造了以汉字、汉语为传播媒介的伟大的文化传统。正是这种江河兼济、南北汇聚的兼容性特质，决定了中国文明得以在与异域和异族文明的交流、冲突和碰撞

中兼收并蓄，从容地“拿来”对手的观念、制度和器具为己所用，不断地保持着文明的青春活力，成功地经受大动荡、大混乱和大分裂，以至于发生异族入侵，最后也以一个又一个的异族从文化、习惯到血肉躯体全方位地融入汉族和儒家文明而告终。

中华文明汲取了黄河、长江文化的精华而诞生、发展壮大、繁荣昌盛，而长江文明对汉唐以后中华文明总体特质的陶铸作出了巨大的贡献。一部中华文明的发展史，其实就是在江河相济、南北互补中铸造辉煌的历史。历史地看，正是因为有了长江和长江文明，有了长江文明与黄河文明的互动和融合，以儒家文化为主体、道家和佛家相辅相成的大一统中华文明才得以薪火相传、延续辉煌。

三、以良渚申遗成功为契机，不断把长江文明的研究推向深入

习近平 2006 年为《浙江文化研究工程成果文库》作的总序中写道：“源远流长的文脉，必有滋养当代文明的能力；文化自信的潮声，必能激发亿万人民的共鸣。良渚之‘重’，不仅重在它实证中华泱泱五千年文明，更重在它是中华儿女回望五千年历史的一个极为重要的精神依托。”守护住历史，就是守护住了文脉，守护住了民族的根和魂。

我们以严肃的科学态度，梳理长江文明的发展序列、古文明发展的多元化，经考古学材料、文献、史料可以证明：长江文明和黄河文明一样，是中华文明源头的并蒂莲，开放着灿烂夺目的文明之花！

我们现在研究长江文明，并非单纯地陶醉于先人所创造的灿烂文化，而是旨在发掘文化遗产，探索人类社会发展的规律，推动当今时代的发展；旨在坚持先进文化的前进方向，继承人类优秀文化成果，立足现实，不断开拓创新；旨在扬其所强，古为今用，做到外有形象、内有神韵，服务社会主义文明建设，为增强国家软实力作出贡献。

我们在研究、发掘和弘扬、利用长江文明优秀文化遗产，推进当今

时代的发展，服务社会主义文明建设中，一定要服务于经济建设中心，正确处理好文化与经济的关系，推动长江经济带的发展，从而为发掘利用祖国优秀文化遗产提供经济基础，为推进社会主义文化和社会主义文明建设服务。

在推进长江文明研究中，我们要加强合作交流。首先，主动与长江流域各省市加强合作，在长江文明的研究上形成合力；其次，长江文明研究要多学科进行，各学科之间要加强协作，从综合研究的角度来推进长江文明的研究；再次，要尽力加强长江流域与其他文明区的研究，有比较才有鉴别，比较研究也是极为重要的；最后，要加强信息的交流与共享，开阔视野，不断开拓研究新领域、选择新视角，不断提高研究水平，从而不断把长江文明的研究推向深入。

参考文献

[1] 苏秉琦：《中国文明起源新探》，辽宁人民出版社 2009 年版。

[2] 陈剩勇：《礼的起源——兼论良渚文化与文明起源》，载《汉学研究》1999 年第 17 卷第 1 期(总第 33 号)。

[3] 陈剩勇：《中国第一王朝的崛起——中华文明与国家起源之谜破译》，湖南人民出版社 2002 年版。

(作者为武汉市钢都中学历史教师)

新时代炎黄文化研究的三重逻辑

师永伟

习近平总书记在十九大报告中说："经过长期努力，中国特色社会主义进入了新时代，这是我国发展新的历史方位。"①在此背景下，作为中华民族共同文化、中华优秀传统文化的起始文化与龙头文化的炎黄文化也进入了新时代，这就对炎黄文化研究提出了新的要求。本文拟就从理论逻辑、现实逻辑及实践逻辑三重维度对此进行探讨。

一、理论逻辑

在理论逻辑层面讲新时代背景下的炎黄文化研究，主要是从以下几个方面展开：炎黄学、公共阐释理论、公众史学理论。

(一)炎黄学

炎黄学是学术界新近提出的研究概念，顾名思义，就是对炎黄文化的专门性研究。从文化研究到"学"的确立，不仅是名称的变化，更为重要的是这个学术话语的生成是中华民族思维及观念不断升华的结果。由炎黄文化在中华文化中的地位可以看出，炎黄学并非一般意

---

① 《党的十九大文件汇编》，党建读物出版社2017年版，第7页。

义上的学问，可谓为是“源头之学、统领之学、国家之学”①，炎黄学的提出是炎黄文化发展到新阶段的必然产物。炎黄学作为专门的学问，有自己的研究对象、研究方法以及学科建设，唯有如此方能称之为“学”。

首先是关于研究对象。从整体上来说，炎黄学研究的是中华文明，实质上是国家问题；具体地说，炎黄学的研究对象主要涵盖以下 5 个方面：一是，对以炎帝和黄帝为代表的炎黄时代及其相关的历史文化进行研究，其中，炎帝、黄帝是炎黄学的基本学科对象；二是，对以炎黄为代表的中华人文始祖群体进行研究，通过研究，弄清楚“炎黄二帝是什么时候开始成为华夏民族的共同祖先的，是怎样成为我们华夏民族的共同祖先的”；三是，对炎黄后裔的代表性文化进行研究，包括炎黄文化与孔子思想的关联性，炎黄文化与中华文化、炎黄文化与传统文化的关系；四是，对以炎黄为核心的价值理念的研究，这一层面的研究不仅要厘清中华民族的发展脉络，即从炎黄到华夏到汉族再到中华民族，是怎样血脉贯通、绵延发展的，更要关注炎黄精神是如何成为中华精神的核心并影响中华民族的；五是，炎黄文化的当代价值和实践应用研究，炎黄学能否推动炎黄文化研究于当代实现创造性转化、创新性发展，主要看能不能回应时代的需求和挑战。② 其次是研究方法，炎黄学是一门交叉学科，涉及考古学、历史学、人类学、社会学、民族学、文学、民俗学等领域，对它的研究也应是以分类法、综合分析法和历史的人类学研究法为主，对历史文献、神话传说、考古发现、田野调查等资料进行综合性研究，在此过程中必须坚持长时段研究。最后是学科建设。由于炎黄学“兼具科学与人文双重特征和跨学科特征”，是炎黄文化研究的当代表达，故在学科建设过程中要坚持科学理性与时代性相结合。所谓科

① 周洪宇：《论炎黄学的学术定位、研究对象与构建原则》，载《江汉论坛》2018 年第 11 期。

② 沈文慧、朱国伟：《炎黄学：中国传统文化的龙头学科》，载《光明日报》2018 年 1 月 20 日，第 11 版。

学理性，是指学科建设必须具有科学性，切勿盲目，以基本史实为依据，有一说一；所谓时代性，是指学科建设要跟随时代步伐，利用现代学科发展特点，使炎黄学的学科建设与国家富强相契合。

(二)公共阐释理论

公共阐释理论是张江教授提出的全新的学术命题，他认为，公共阐释是："阐释者以普遍的历史前提为基点，以文本为意义对象，以公共理性生产为边界约束，且可公度的有效阐释。"①这一理论一经出现就引起了学术界的广泛关注，与各个方面的结合也越来越紧密，成为哲学社会科学领域新的学术热点。以公共阐释理论为依据，对文化进行公共阐释已经有了一些有益探索，② 此理论也当成为新时代炎黄文化研究的理论支撑之一。

公共阐释理论视域下的炎黄文化就是对炎黄文化实现公共阐释，使炎黄文化走向大众，把炎黄文化中的实干精神、创造精神、务实精神、开拓精神、和合精神、奉献精神、廉洁精神、俱进精神等文化内涵充分挖掘出来，进而对这些精神内涵进行公共阐释，使炎黄文化内化于人民心中，变为社会进步、国家繁荣、民族富强的强大精神力量。在现实条件下，我们可以看出，炎黄文化公共阐释已经具备了坚实的基础：一是，炎黄文化研究出现了大量的学术著作，同时也有诸多面向大众的阐释性作品；二是，炎黄文化研究机构大量出现，国家层面成立的中华炎黄文化研究会、各省成立的省级炎黄文化研究会以及海外的炎黄文化研究会，对炎黄文化的阐释作出了重要贡献；三是，炎黄文化研究热潮的兴起，尤其是民间学者对此起到了巨大的推动作用，他们积极挖掘本地的文化资源，为整体性研究夯实了根基。

---

① 张江：《公共阐释论纲》，载《学术研究》2017 年第 6 期。

② 师永伟：《中原文化公共阐释论》，载《郑州航空工业管理学院学报 · 社会科学版》2019 年第 2 期；师永伟：《君子文化的大众走向：公共阐释作为一种选择》，载《中国社会科学报》2019 年 4 月 2 日，第 2 版。

我们需要注意的是，在具体的阐释过程中要坚持以下6个方面的原则：一是理性原则，无论任何阐释都要以理性为根据和约束，阐释在生成、流传、演化过程中要保持理性，这是阐释最基本的要求，也是阐释科学性的基本保证；二是澄明性原则，阐释的目的就是实现“澄明”，使公众难以理解和接受的文本加以转化，向公众敞开，建构一个可以共享的精神场域，实现文本存在的价值和意义；三是超越性原则，所谓超越性原则，主要是针对公共阐释和个体阐释而言的，就是要在个体阐释的基础上实现超越，形成公共阐释；四是建构性原则，公共阐释的形成不仅是个体阐释的升华过程，还是对个体阐释的逐渐修正，其要义就是在阐释中找到最大公约数，并提升公共理性；五是公度性原则，公度性是指阐释与对象、对象与接受、接受与接受之间是可共通的，他们之间具有一定的通约性，公共视域的存在是公共阐释得以公度的基础；六是反思性原则，公共阐释是与文本之间的对话与交流，在阐释文本意义的过程中不强制对象以己意，不断反求诸己，此外，还要汲取个体阐释中的合理成分，以此形成新的公共阐释。

在具体的操作层面上，要做到超越文本自身，既不简单地进行文本阐释，也不对当下生活进行直接阐释，而是做到二者的相互映照，“一切实践的最终含义就是超越实践本身”①；认识和承认个体间存在的差异，利用自媒体技术超越个体与公共间的鸿沟，这就既要避免公共对个体的抹杀，也要避免个体对公共空间的挤压，在两者之间找到平衡点。自上而下或自下而上都不是唯一渠道，多主体的配合才是最佳机制，最理想的状态是实现个体、学界、国家三者间的互动与融合，即不断增强个体进行理性阐释的能动性与自觉性，提升学界向公众普及专业知识的责任意识，增强国家培育现代公共阐释的能力，唯如此，炎黄文化公共阐释才能更好、更快地实现。

---

① ［德］伽达默尔：《赞美理论——伽达默尔选集》，夏镇平译，三联书店1988年版，第46页。

（三）公众史学理论

"公众史学"（public history）兴起于美国，罗伯特·凯利（Robert Kelly）于1978年发表的《关于公众史学的起源、本质与发展》一文标志着公众史学的创立。公众史学作为新的史学发展领域与新的史学形态，其诞生之后逐渐发展成为一种社会运动，并向全球推广。一般认为，公众史学主要包含6个分支：公众历史书写、公众口述史学、公众影像史学、公众历史档案、公众文化遗产、通俗普及史学。① 公众是公众史学的参与主体与服务对象，同时传达出这样一种信号：史学并不遥远，历史就在我们身边，每个人都有参与历史书写、历史解释及历史消费的权利，公众在历史话语权面前并不是"失语群体"，他们与专业历史学者相比只是拥有程度上的高低之分而已。此外，"公众史学的勃兴，并不影响专家治史学"，二者之间是一种"相得益彰"的良性互动关系，② 即是说，公众史学并不排斥专业史学，专业史学家也可以参与到公众史学之中。公众史学作为一种新的史学形态，在连接公众与专业史家、沟通历史知识与实际应用、融合过去与现在等方面具有独特的优势，从公众史学的角度探讨炎黄文化的研究不失为一种新的尝试。

首先，以公众史学为导向，重点探讨炎黄文化研究的新格局。公众史学侧重公众的主体性和为公众服务的目的性，其过程重点培育创新精神，着重突出学术研究的实际作用。公众史学是一项人人均可参与的历史性活动，增强了公众的存在感与荣誉感，使其更具有吸引力。炎黄文化研究需要人们广泛地献策献智，积极参与到研究中来，也即是说要寻找智慧的最大公约数。公众史学就是引导公众参与公共空间开发的有力方法。其次，炎黄文化研究与中华文化的大发展、大繁荣保持同步，积极开展前瞻性研究，把历史资源优势转化为产业优势，进而转化为民生

① 钱茂伟：《中国公众史学通论》，中国社会科学出版社2015年版，第1页。

② 姜义华：《大数据催生史学大变革》，载《中国社会科学报》2015年4月29日，第5版。

福利优势。最后，以跨文化交流为视野，建构国际性的炎黄文化研究。这就需要处理好两个方面的关系：一是，炎黄文化研究具有的国际学术视野，站在更高的层面上推动炎黄文化在研究理论、方法、领域、内容上的进一步拓展；二是，炎黄文化与域外文化之间的互动关系，通过“请进来”与“走出去”两条途径加深炎黄文化的国际范。

二、现实逻辑

炎黄文化是炎、黄二帝在创造中华文明、缔造中华民族进程中凝聚而成的。炎帝代表的是农耕文明，黄帝则是礼制文明的象征，二者共同构成的是中华文明的最初质点，以此为起始，中华文明不断向前迈进，又形成了三个文化圈层：第一个文化圈层是诸子之学；第二个文化圈层是从汉学到宋学的思想体系；第三个文化圈层是中华民族文化的复兴时期。可以说，炎、黄是中华人文始祖，炎黄文化是中华优秀传统文化中的源与根。新时代炎黄文化研究的现实逻辑即是从炎黄文化与中华民族伟大复兴的关系、炎黄文化的创造性转化与创新性发展、炎黄文化研究的现实困境三个方面来说的。

(一)炎黄文化与中华民族伟大复兴

炎黄时代被称为中国古史的传说时代，这时中国境内分布着华夏、东夷和苗蛮三大部族集团，随着三大部落集团融合以及夏王朝的建立，以王朝国家为框架凝聚成了最初的华夏民族，可以说炎黄时期是中华文明的初创时期，也是中华民族的起源时期。公元前221年，秦朝完成了统一中国的大业后，炎、黄二帝及其所蕴含的厚重文化在历代都备受推崇，如汉高祖刘邦起兵时“祠黄帝，祭蚩尤于沛庭”。王莽曾下诏曰：“予以不德，托于皇初祖考黄帝之后，皇始祖考虞帝之苗裔。”北魏道武帝“幸桥山，遣有司祀黄帝”，隋炀帝“亲御戎服，禡祭黄帝”，唐玄宗“亲祀神农于东郊”以及“移黄帝坛于子城内坤地”，宋真宗下诏“崇饰诸州黄帝祠庙”，元泰定皇帝曾颁旨给陕西行省保护黄帝陵，朱元璋遣使谒祭炎帝陵、黄帝陵，清朝除宣统皇帝溥仪外，皆派官员祭祀过炎帝陵、黄帝陵，次数之多，冠绝历朝。

及至近现代，中华民族处于千年未有之大变局，炎黄文化成为抵御外侮、振兴民族的巨大精神力量，如在抗日战争时期，炎、黄二帝就成为号召海内外中华儿女共同抗战的精神旗帜，国共两党曾同祭黄帝陵，炎黄文化成为促进两党再度合作的文化黏合剂。中华人民共和国成立后，炎黄文化得以重构与勃兴，进一步激发了中华民族伟大复兴的强大动力，1979年《告台湾同胞书》发表，其中就有这样的说法："如果我们还不尽快结束目前这种分裂局面，早日实现祖国的统一，我们何以告慰于列祖列宗？人同此心，心同此理，凡属黄帝子孙，谁愿成为民族的千古罪人？"可见，炎黄文化已经成为国家统一的精神推动力。同时，由政府主持的祭扫黄帝陵、炎帝陵的活动也先后恢复，并不断走向高潮。可见，炎黄文化的滥觞与形成期正逢中华民族的雏形期、炎黄文化的勃兴与重构期适逢中华民族的危机与抗争期、炎黄文化的复兴期正值中华民族的复兴期。① 炎黄文化经过长期的积淀与发展，日益成为中华民族独特的精神标识，它"对于海内外中华儿女的民族认同和增强凝聚力、向心力发挥了巨大作用"②。"中华民族认同，从本质上讲，就是以炎黄精神为核心的文化认同。"③同时，炎黄文化也与社会主义核心价值观、中国梦、文化自信等现代议题紧密地联系在一起。

(二)炎黄文化的创造性转化与创新性发展

2017年，《关于实施中华优秀传统文化传承发展工程的意见》下发，

---

① 高强：《近30年炎黄文化研究的成就与展望》，载《宝鸡文理学院学报(社会科学版)》2010年第4期。

② 费孝通：《弘扬炎黄文化　振奋民族精神》，载《光明日报》2002年4月9日，第6版。

③ 李俊：《炎黄文化与民族认同》，载《光明日报》2019年6月1日，第11版。

要求“坚持中华优秀传统文化创造性转化和创新性发展”，而作为中华优秀传统文化基本组成部分的炎黄文化，也必须实现创造性转化和创新性发展，这一点可以从以下几个方面加以把握。

一是，加强理论创新，在坚持马克思唯物史观的前提下，积极运用其他学科的先进理论，对炎黄文化进行创造性研究与阐释；二是，把炎黄文化与百姓日常生活联系起来，认清二者的契合点，使炎黄文化“飞入寻常百姓家”，变为人民的日用之学；三是，构建中华文化课程和教材体系，把炎黄文化融入国民教育全过程，这是一项需要长期坚持的工作；四是，加强运用现代科技手段，使炎黄文化研究既在基础研究领域取得新进展，同时也在现代表达方面出现新突破；五是，谋划系统工程，推出精品力作，推进新时代炎黄文化研究的创新性发展。

(三)炎黄文化研究的现实困境

学者通过一项关于炎黄文化感知的调查，发现“不同社会亚文化特征的被调查对象对炎黄文化感知的差异并不十分显著”①，这也就是说，炎黄记忆是全民族的共同记忆，加强研究与宣传是全民族的诉求。但实际上，炎黄文化研究也存在着自己的困境，这个困境主要是结构性的，如科研与运用相脱离，成果不能及时转化为实际之学；科研是散点式的，缺乏总体规划，很多研究成果无法得到系统性的总结，也无法将不同研究成果内在地联系成一个整体；重复性研究居多，浪费了诸多文化资源，创新性研究缺乏。多年来，这些问题在炎黄文化旧有的研究模式与框架下只会反复出现，不断重演。② 这个现实问题也是炎黄文化研究在新时代亟待解决的问题，也许新近出现的炎黄学可以有效解决这一

① 高强、赵建昌：《基于中华民族凝聚力的炎黄文化感知调查研究》，载《重庆文理学院学报(社会科学版)》2017 年第 1 期。

② 王震中：《炎黄学：炎黄文化研究的创造性转化与创新性发展》，载《信阳师范学院学报(哲学社会科学版)》2018 年第 3 期。

问题。

三、实践逻辑

新时代炎黄文化研究的发展在实践层面来说主要是要处理好以下几个问题。

(一)开展国家层面的炎黄祭祀

祭祀是人类特有的文化现象，中国自古就重礼崇祭，“国之大事，在祀与戎”。《礼记·祭统》有言曰：“凡治之道，莫急于礼。礼有五经，莫重于祭。”炎、黄二帝“因有大功于世，自古至今多方享祭，形成传统”①。自古以来，炎黄祭祀作为国家大事，就不曾中断，一直发展到今天。现今炎黄祭祀主要包括炎帝祭典和黄帝祭典。炎帝祭典包括湖南炎陵县炎帝陵祭典、湖北随州市神农祭典、陕西宝鸡市炎帝祭典；黄帝祭典则包括陕西黄陵县黄帝陵祭典、河南新郑市黄帝故里拜祖祭典、浙江缙云县轩辕祭典。

炎黄祭祀可以也应该上升为国家祭祀的层面，这主要是因为：将炎黄祭祀确定为国家拜祭，对进一步增强民族文化认同、形成合力实现中国梦、提升在世界上的文化影响力都大有裨益。首先，炎、黄二帝在中华民族的文化中已超越了具体人或神的形象，而是作为时代的象征，这一时代是中华文明和中华民族形成的时代，炎黄文化也在事实上成为中华文明的灵魂、标识、旗帜和象征，从国家层面祭祀炎黄可以进一步增强民族文化认同。其次，炎黄文化是提升中华民族凝聚力、向心力和团结力，奋力实现中华民族伟大复兴中国梦的重要精神推动力量，在国家层面祭祀炎黄，是对炎黄文化的肯定，更是对人们精神信仰的尊重，这也终将激发人们建设富强、民主、文明、和谐、美丽的社会主义现代化

① 曲英杰：《炎黄汇典·祭祀卷》，吉林人民出版社2002年版，第1页。

强国的积极性。最后，炎黄文化是中华民族的文化象征，是中华文化影响力和文化软实力的主要载体，国家祭祀炎黄是扩大共识、强化影响、提升实力的重要举措，可以更好地使中华文化屹立于世界民族文化之林。

国家主持炎黄祭祀是建构国家级信仰仪式的基本措施，符合国际通例；从我国的历史传统看，从国家层面祭祀炎黄祭体现了“中华统绪，绝不断线”的道统和治统。在现有的条件下，不需要很大投入就可以搭建合格的祭祀平台，湖北的炎帝祭祀、陕西的黄帝祭祀、河南的黄帝祭拜等都是很好的平台。关于国祭炎黄还需要构建炎黄国家祭祀活动系统，完善国家祭祀礼仪系统并争取国家级拜祭炎黄的礼仪典范法规化。①

(二)建设炎黄文化协同创新联盟

全国各省都十分重视炎黄文化研究，在国家层面成立了中华炎黄文化研究会，各省也纷纷成立了省级炎黄文化研究会。自中华炎黄文化研究会1991年在人民大会堂成立，29年来，研究会做了许多促进炎黄文化研究的事情，如先后出版发行了100卷《中华文化通志》、8卷本《炎黄汇典》，创办了《炎黄文化研究》丛刊等。各地的炎黄文化研究会也开展了许多有意义的活动，如方兴未艾的寻根热潮，这些成果在凝聚海内外华人的民族认同方面发挥着十分积极的作用。

尽管如此，成立炎黄文化协同创新联盟还是十分有必要的。一是适应当前中华优秀传统文化的复兴，为增强文化自信奠定基础；二是满足人民对炎黄文化的精神需求，实现对炎黄文化的创新性研究；三是建设炎黄学的现实需要，炎黄学的建设需要多方共同努力，如《炎黄学概论》的编写，设置专业的炎黄学课程，教授炎黄文化等工作，② 最终使

① 参见周洪宇、王文虎：《炎黄国祭论》，载《湖北社会科学》2016年第8期。

② 尹全海：《炎黄记忆传统的当代表达——炎黄学叙论》，载《信阳师范学院学报(哲学社会科学版)》2018年第3期。

炎黄文化研究形成具有中国特色的学科体系、学术体系、话语体系；四是解决研究中存在的实现问题，区域研究与整体把握相结合，避免“只见树木，不见森林”现象，也就是要在炎黄文化研究过程中避免碎片化倾向；五是炎黄文化研究是跨学科的综合性研究，囊括考古学、历史学、文献学、民族学、人类学等多个学科，以上这些学科各有各的优势，也各有各的局限，需要实现资源互享与整合。

炎黄文化协同创新联盟主要是从宏观的视角把握全国性的炎黄文化研究，作出顶层设计，同时也起到联络各地炎黄文化研究机构、学会、学者等力量的作用，集中力量联合攻关，在各地炎黄文化研究繁荣发展的基础上，推出系列性的、创新性的、满足时代需求的精品力作。

(三)展示数字化的炎黄文化

随着现代信息技术的发展，尤其是互联网技术和大数据技术的飞速前进，以及数据库建设蔚然成风，人文科学研究也面临着新的挑战。就炎黄文化研究来说，一方面是传统的研究材料与网络时代不适应，另一方面是传统的研究方法与现代研究需求不适应，这二者都要求炎黄文化研究积极适应现代社会的发展步伐。炎黄文化对数字化时代的适应可以从以下 3 个方面努力：一是建设专门的数据库，涵盖历代有关炎黄二帝的文献记载、出土器物(甲骨、青铜器、简帛等有关炎黄二帝的记载)、明清以来的方志文献、碑刻等，实现研究资料的数字化与共享，提高研究的效率；二是利用现代科技手段，创新研究方法，鼓励研究者在各自的领域内开展具有突破性的研究，从而取得具有时代意义的新成果，同时利用现代化的技术手段，在第一时间向公众展示研究成果；三是建设立体化、可观性强、参与性强的炎黄文化展示场所，使人们可以近距离感观物像化、仪式化的炎黄文化，使文化的熏陶作用不再局限于特定场域。

(四)推进炎黄文化走向海外

炎黄文化是整个中华民族的特色文化，新时代推进炎黄文化的发展，不仅是使炎黄文化在国内大发展、大繁荣，推进炎黄文化走向海外也是应有之义。根据针对对象的不同，推进炎黄文化走向海外包含两层含义：一是针对海外华人，进一步增强他们的文化认同与民族认同；二是针对外国人，使他们领略中华文化的独特魅力。

推动炎黄文化在海外的发展，可以抓住以下几个关键点：一是，着力培养翻译人才以及鼓励华裔研究者从事翻译工作，推动炎黄文化经典著作的翻译，更多地向海外介绍中华优秀文化，开拓他们了解中华文化的渠道；二是，以国内炎黄文化研究会为平台，不断开展海外联谊工作，如在河南新郑成立的中华炎黄文化研究会海外拜祖委员会等，向外传播心系祖国的爱国之情；三是，在海外积极成立推介炎黄文化的组织机构，更好地实现炎黄文化“走出去”，如已成立的意大利中华炎黄文化研究会等，同时也可成立专业的展示团体，如意大利炎黄文化艺术团等。

（作者为河南省社会科学院历史与考古研究所助理研究员）

茶之为饮，发乎神农氏

黄贵庭

在欧亚大陆上始于18世纪初并延续约两个半世纪的一条重要国际商道——万里茶道，从福建起，途经江西、湖南、湖北、河南、山西、河北、内蒙古等7省区，经库伦(现蒙古国首都乌兰巴托)到达中俄边境的通商口岸恰克图，全程约4760公里。

晋商开辟的这条“茶叶之路”，从南方到北方最重要的中转站，竟然是晋城！晋城地处太行要道，南方的货物北上，蒙古和北方的货物南下，走晋城路途最短、成本低，两头不易放空，驼行盛况空前。直到20世纪初，晋城仍是这条“茶马之路”不可或缺的角色。当时晋城泽州县流行的一句话是南来“烟酒糖布茶”、北来“牛羊骆驼马”。晋城当时处在一个货物交换点上，而从河南常平到晋城的太行驿道，可以说是一条太行山上的“茶马古道”。

一、茶之源头

激浊扬清，学无止境。《神农本草经》是神农氏的主要著作之一，书中所载“本草”，发现最多的地区是太行山及周边地区。说明兹山为属，神农之本，寻找茶之源头。

早在西晋时，山西高平城北办事处王寺村出了一位有名的大医学家，在神农尝百草的地方，沿着神农考察过的本草线路，以传统的采食实践治疗法进行系统研究。他就是历史上著名的“中国四大医圣”之一——王叔和。在最权威的《药性赋》中记载：“本草之作，肇始炎皇，肇始也。炎皇神农氏也，本草之为书，由神农尝百草，一日而七十毒，始兴医药，相救为之本草。”

著名高级中医师李玉振先生对《神农本草经辑注》也进行过多年的研究。他认为，1959 年 4 月第一次出版的《神农本草经辑注》，全书共收录 365 味中草药，其中，产地在高平发鸠山、羊头山、王屋山、景山、炎帝岭等地的中草药，有 107 种之多，占收录总数的 29. 3%。其中，上品有 40 种、中品有 33 种、下品有 34 种。足可见，神农氏高平羊头山尝百草的神话，并非空穴来风，事实胜于雄辩。

据研究表明，仅上党安泽县黄花岭中药材品种多达 280 多种。如猪苓、黄芩、柴胡、知母、党参、沙参、苍术、黄柏、葛根、藿香、红花、苍耳、射干、薄荷、瓜篓、桔梗、五倍子、五加皮、透骨草、车前籽、益母草、郁李仁、荆芥穗、山菊花、野枸杞、王不留等，可见神农氏发明本草的便捷条件源于这块肥沃的圣土。

“茶”，本草之有，源于神农本草之尝，解毒之利也。

中国最早记写茶史的人物，莫过于唐代茶仙鼻祖陆羽。在《茶经 · 卷下 · 六茶之饮》中记载：“茶之为饮，发乎神农氏。闻于鲁周公，齐有晏婴，汉有扬雄、司马相如，吴有韦曜，晋有刘琨、张载、远祖纳、谢安、左思之徒，皆饮焉。”

寥寥几笔，为我们勾勒出历史的出处和重要的人物故事，最终还是这些由人物点缀茶的普及知识和茶的益处。陆羽被称为“茶仙圣祖”，其《茶经》为天下人所接受，他是中国古代研究概括茶史文化的第一人。通读《茶经》知之所然，其“茶之为饮，发乎神农氏”的决定性论语，源自《神农本草经》记载：“农尝百草，日遇七十二毒，得茶而解之。”与西晋太医令王叔和的《药性赋》所载：“本草之作，肇始炎皇，肇始也。炎皇神农氏也，本草之为书，由神农尝百草，一日而七十毒，始兴医药，相救为之本草”同出一辙。说明“茶”真是一服很好的解毒良药，数千年来被人们传颂、赞美，并实用于民间百姓。

二、荼茶之末

我们今天所使用的“茶”字，与古有别，古代的说法，“荼”即“茶”字，如火如荼。“荼”，古书上原意是一种苦菜和茅草的白花。我们透过“荼”字看“茶”，“茶”本意就是一种苦味植物。“茶”，蜀人之谓也。《尔雅·释木》记载：“槚，树小如栀子，冬生叶，可煮作羹饮。今呼早采者为荼，晚取者为茗，一名荈，蜀人名之苦荼。槚，苦荼。蔎，香草也。茶含香，故名蔎。茗蔎，皆茶之晚采者也。茗又为款客之上需也。”《载敬堂集》记载：“茶，或归于瑶草，或归于嘉木，为植物中珍品。稽古分名，槚蔎茗荈。”

在原始社会可能还没有分理治疗的说法，只有“食疗合一”和“吃啥补啥，喝啥补啥”之说。茶类植物油的止渴、清神、消食、除瘴、利便等药用功能，不难为人们发现它的价值。东汉，华佗著《食经》记载：“苦茶久食，益意思。”所以，古有“夜饮茶，益思欲，而不眠”的说法。然而，古人早就将一般性的药用价值利用到了极致，作为一种常态化食疗法进行长饮常治的保健食品。

“食疗”是常见的方法之一，有平常预防和治疗的作用。太行山泽潞地区，现在仍传承着一种习俗，在正月十五，要吃“茶饭”，意在除寒。用火燥玉米面，或者黍米面和生姜等，再煮沸食之，补充热量。到春天，吃苦菜、挖蒲公英根解毒开胃。到春夏之交，煮绿豆汤、喝黄芩茶、连翘茶来下火驱温。秋后，喝山楂茶、大黄梨水等，这种简单实用的乡土办法，似乎就是远古时期流传下来的“茶习”和对“泡茶”的沿用。明代李时珍的《本草纲目》记载：“茶苦而寒，最能降火，又兼解酒食之毒，使人神思爽，不昏不睡。虚寒及血弱之人，饮之既久，则脾胃恶寒，元气暗损……”

至于太行山人有茶饮的习俗，众说纷纭。北宋王安石《义茶法》记载：“夫茶之为用，等于米盐，不可一日以无。”是对每天喝茶的一种评介。但太行山人所饮用的茶，名称基本一致，品种比较多，没有普遍的口味和定性的名堂。

在泽州县晋庙铺镇小口村东的碗子城山顶东侧，有一道石垒长城，非常有名。至于其年代问题，争议不休。有说是战国至西汉、三国大魏之物，也有说是梁晋之物。笔者登山览之，无意中发现在一块精雕过的青石上，刻有“茶池”二字。此石刻与长城的年代肯定不符，应当是元明代之前，依水起建，供士兵饮茶而息的地方。在一个荒凉的大山之上有“茶池”铭刻，也足以让人兴奋一时。

要说与茶有关的石刻，在泽潞地区少之又少，在这里发现“茶池”，无疑证明是战争守卫者饥渴的栖息地之一。经查古志，羊肠坂道还有一个名字，叫“饮马古道”，充分说明，这里地势险要，过往马车、登山负力汗流浃背，在此需要补充水分，喝茶而解。

泽州县孔匝村，清康熙六十年(1721 年)《堆金会添灯请香买茶碑记》记载：“尝闻因修劫累，果熟时香，春耕耘于南陇，秋收粟于北场，岂不从培滋中得来者哉？兹为玉皇上帝面前悬灯列鼎，设晨昏之旺气，张长久之光明……众皆慨然，欣作堆金之会，每岁收利，灌油买茶，上增神前之辉，中解各主之渴。”

晋城城区茶园村，清康熙三十四(1695 年)《茶店镇创修茶房三间碑记》记载：“修盖茶房，施银六两三钱六分。”《重修茶元社普照寺碑记》记载：“勒碑年代不祥，存茶园村。”

珏山山顶，清顺治十三年(1656 年)《创建茶厦石井碑记》记载：“时届桃月，春归暑临。人多望井思源，盖杯茶济渴，能费几许？只此功德，十不见一。倏有陵川县积善村高应斗、高三乐陡起善念，创建茶厦二间，石井一圆，募化吉土数人，共成茶缘美事，铭兹石碑永垂不朽矣。”

青莲寺大雄殿，清康熙元年(1662 年)《煮茶供饮碑记》记载：“于是会众等发慈悲心，结弘誓愿，各捐赀财，向青莲寺东廊下结庐安灶，躬为烹点。焙之以三昧炎，煮之以方便铛，贮之以甘露盐，既效烹煎之制，兼陈果物之资，以供十方善士渴饮所需，使步履者顿忘神力疲倦，烦何者不觉清凉生心焉？”

珏山南顶，乾隆十六年（1751年）《恳祈捐金修葺茶房碑记》记载：“前贤善士在顶上坨腰修双茶房共众。兹因年深日久，风雨摧残，劝为修葺。”道光元年（1821年）《重修茶亭碑记》记载：“茶亭之建，不知创自何时，考诸古碑，康熙御世曾经重修。至今百余年间，风雨飘摇，又就颓毁。后志之追念前志，不忍坐视，捐金鸠工，再光补葺。一时乐观厥成，故书以为记。”

大阳镇茶棚岭，清康熙二十七年（1688年）《碑子岭增补茶棚记》记载：“斯岭旧无茶棚，有之，自康熙壬子岁始，善士王老人必所创也。特两楹耳，而行者憩，渴者饮。至今几二十年，皆称老人之善也。而此地为阳、陵、泫氏之几道，往来者众。古人言：人有善心，神必佑之；神有灵显，必赖人以辅佑之。”民国二十四年（1935年）《补修北茶棚记》记载：“大阳镇茶棚岭，吾镇四邻旧有茶棚数所，迄今完整者，则首推此处。其修葺各年月俱有碑不可考，兹不赘述。”

三、上党茶叶

神农氏炎帝发明茶叶，大家共认之，与世无争。在清康熙三十七年（1698年）《创建关帝庙碑记》记载：“泽州南二十五里，地名道口，右有茶庵所，采山茶，汲泉水，以济行人之渴。”一句“采山茶”之语，帮我们道破天机，说明太行山有自己的“山茶”，为过路者服务和提供的“茶”不是外来“茶叶”。

综上所述，太行山人也并非不喝茶，既然喝茶，喝的是什么品种的“茶”呢？太行山地区产茶吗？产的是什么茶？笔者为一系列的问题所打动，用心察之与探索，认为太行山人有自己的茶文化，而且有可能就是神农发现的早期药茶。如黄芩茶、连翘茶、桑叶茶、山楂茶（红果茶)、苦荞茶等，都是本土惯用的名茶精品。西晋并州刺史刘琨《与兄子南兖州刺史演书》云：“前得安州干姜一斤，桂一斤，黄岑一斤，皆所须也。吾体中溃闷，常仰真茶，汝可致之。”说明“黄芩茶”在西晋时仍是山西人常饮用的主茶之一。《旧唐书·李玉传》记载：“茶为食物，无异米盐，于人所资，远近同俗，既怯竭乏，难舍斯须，田闾之间，嗜好尤甚。”

追溯太行山之茶，为数者不少。近年，笔者数十次走访泽潞县区老人，追溯太行山人茶饮。太行山第一茶是黄芩茶，第二茶是连翘茶，第三茶是苦荞茶。

民国之前，晋东南人最追崇的茶叶品种并不多，主要是黄芩茶、连翘茶、大叶茶、苦荞茶、山楂茶、花茶、红茶。黄芩茶、连翘茶主要流行于太行山地区；大叶茶主要流行于屯留、长子、安泽、沁源县地区；苦荞茶流行于武乡以北地区；山楂茶盛行于泽潞地区太行山东南。中华人民共和国成立后，山西人流行喝菊花茶、花茶、龙井茶、红茶。

改革开放后，山西引进铁观音茶、毛尖茶，2000年之后有了普洱茶、苦茶等，繁盛茶世。泡水泊茶、煮茶为饮之人日盛，太行山自生产的茶饮几乎殆尽，云南普洱茶销售网点林立，外来茶占据了泽潞地区主要市场。

唐代陆羽《茶经·一之源》记载：“茶之为用，味至寒，为饮最宜。精行俭德之人，若热渴、凝闷、脑疼、目涩、四肢烦、百节不舒，聊四五啜，与醍醐、甘露抗衡也。采不时，造不精，杂以卉莽，饮之成疾。茶为累也，亦犹人参。上者生上党，中者生百济、新罗，下者生高丽。有生泽州、易州、幽州、檀州者，为药无效，况非此者！设服荠苨使六疾不疗。知人参为累，则茶累尽矣。”明代医学家龚廷贤在《药性歌括四百味》记载：“人参味甘，大补元气，止渴生津，调荣养卫。党参甘平，补中益气，止渴生津。”

从陆羽记载的内容来讲，茶的上等品，生于泽潞地区，尤其是“党参”，更是佳品。然“党参”名贵，饮用者只能是达官贵人。《太平寰宇记·潞州·上党县》记载：“《紫团山·地理志》云，此山出人参柴草。”唐代，韩翃在《送客之潞府》诗云：“官柳青青匹马嘶，回风墓雨入铜鞮。佳期别在青山里，应是人参五叶齐。”清初，汪认菴《增补本草备要》记载：“人参向以上党为贵。”清代，毕振姬《四州文献·九域志》记载：“唐宋元时，上党潞州、泽州、沁州、辽州，每年皇贡党参重负。仅宋时潞州上党郡贡人参一千斤。”

四、茶史备要

唐代陆羽《茶经·六之饮》记载：“茶之为饮，发乎神农氏。”将神农的历史推举到一个原始起发之源。又在《茶经·七之事》记载：《神农食经》云“茶茗久服，令人有力悦志”。《晏子春秋》记载：“婴相齐景公时，食脱粟之饭，炙三戈、五卵茗菜而已。”西晋，并州刺史刘琨《与兄子南兖州刺史演书》云：“前得安州干姜一斤，桂一斤，黄芩一斤，皆所须也。吾体中溃闷，常仰真茶，汝可致之。”华佗《食论》记载：“苦茶久食，益意思。”《本草·木部》记载：“茗，苦茶，味甘苦，微寒，无毒，主瘘疮，利小便，去痰渴热，令人少睡。秋采之苦，主下气消食。《注》云：春采之。”

《神农百草经》记载：“神农尝百草，日遇七十二毒，得茶而解之。”成为研究茶文化的开路先锋和时代里程碑。一组考古数据让人叹服不已，考古学家认为，茶的历史始于河姆渡文化时期，在浙江余姚田螺山遗址就发现出土了6000年前的古茶树。目前为止，这里也是我国茶叶行业最为发达的地区之一。说到“茶树”二字，笔者走访过多人，对“茶树”并不太认可，并非只有“茶树”才能生茶。北方黄芩茶，就不是“茶树”之列，一样长茶。就连翘茶而言，也不为“茶树”，当地人称“树不落”，也为“迎春花”。古诗云：茶树本是神农栽，朵朵白花叶间开。栽时不畏云和雾，长时不怕风雨来。嫩叶做茶解百毒，每家每户都喜爱。

在周代时期，中原人几次大迁徙，将茶带入四川、云南一带。

我国现存最早的完整记载茶学文化的历史资料，莫过于汉宣帝神爵三年(公元前 59 年)正月十五日，西汉王褒著《僮约》，是在陆羽《茶经》之前已有的一部历史专著，为茶学史上最重要的文献之一。《僮约》记有"烹茶尽具"和"武阳买茶"的文字，说明在四川一带已有茶叶商品的存在，是茶叶进行商贸活动的最早文字记载。从考古求实学上讲，笔者在山西泽潞地区多次见过出土的战汉青铜茶具，印证了王褒之记并无虚言。

东汉《桐君录》记载："南方有瓜芦木，亦似茗，至苦涩，取为屑茶饮，亦可通夜不眠，煮盐人但资此饮。"《三国志 · 吴志 · 曜传》记载，吴国孙权之后，孙皓君王有"密赐茶荼以代酒"的文献资料。唐广德年间，唐太宗大历五年(770 年)开始在浙江长兴县顾渚山建贡茶院，以"龙团茶"进贡皇家，延续至明洪武八年(1375 年)。在唐德宗建中元年(780 年)开始征收"茶税"，同期，陆羽《茶经》问世。唐顺宗永贞元年(805 年)日本僧人最澄大师感到珍奇，带茶籽茶树回国种植成功。因此，茶叶被引入日本。在宋太宗太平兴国年间(976 年)，开始在今福建建瓯(建安)设宫焙，专造北苑贡茶。从此，"龙团茶"有了更大的发展空间。在大观元年间(1107 年)，宋徽宗赵佶著《大观茶开》一书，以帝王之尊，倡导茶学文化，弘扬茶之精髓。明太祖洪武六年(1373 年)，专设茶司马，从事司茶活动。洪武二十四年(1391 年)九月发布诏令，废除团茶，兴起叶茶。从此，"龙团茶"(饼茶)改为散叶芽茶，对炒青叶茶的发展起到了决定性作用。

其实，中国的茶叶在明代已经远渡重洋销往欧洲市场。明万历三十八年(1610 年)，荷兰人自澳门贩茶，转入欧洲。明万历四十六年(1618 年)，皇朝派钦差大臣入俄，并向俄皇馈赠茶叶。清顺治十四年(1657 年)，中国茶叶在法国市场已有销售。康熙八年(1669 年)，英国东印度公司开始直接从万丹运输中国花茶入英。康熙二十八年(1689 年)从中国厦门出口 150 担茶叶运抵伦敦，康熙二十九年(1690 年)，中国茶叶获得《美国波士顿出售特许执照》，到乾隆十五年(1750 年)，茶叶已经变成英国人的全民饮料。光绪十二年(1886年)，茶叶出口创历史最高纪录，达到13.41万吨，茶叶成为中国最主要的出口商品。光绪二十二年(1896年)，福州成立机械制茶公司。光绪三十一年(1905年)，中国首次组织茶叶考察团赴印度、斯里兰卡考察茶叶产制，并购得部分制茶机械，大力宣传茶叶机械制作技术和方法，传统的制茶工艺走上机械化道路。民国五年(1916年)，中国茶叶运销丹麦。

根据相关资料显示，整个18世纪，中国输出欧洲的茶叶达721万担左右，其中，荷兰178万担，英国400万担，法国、丹麦、瑞典143万担，输出红茶占80%，达576.8万担，平均年输出5.768万担。不含出口俄国的茶叶，共计输出欧洲的茶叶达733881担，其中红茶、黑茶各占一半，平均年出口红茶约3700担。

清代衷榦《崇市杂咏》记载："清初茶叶，均系(山)西商经营，由江西转河南，运销关外。"张正明著《清代的茶叶商路》记载，大约从乾隆三十年(1765年)起，在晋帮商人的大力推动下，逐步形成了一条以山西、河北为枢纽，北越长城，贯穿蒙古，经西伯利亚，通往欧洲大陆的陆上国际茶叶运销路线。比如，福建武夷茶的运销线路是：由福建崇安县过分水关，入江西铅山县，在此装船下鄱阳湖，穿湖而出九江口入长江，溯江抵武昌，转汉水至襄樊，贯河南入泽州，经潞安抵平遥、忻县、大同、天镇到张家口，贯穿内蒙古到库仑(今蒙古乌兰巴托)，北行达恰克图(城市名，曾是中国境内的中俄通商要埠)。《山西外贸志》记载：在这条商路上车帮、马帮、驼帮络绎不绝，蔚为大观，成为一条主要的国际商道，号称"茶叶之路"。《山西公路交通史》记载："山西东南部的晋城、高平，是当年北运茶叶入省的一个重要中转站。"高平汤王头村古为高平关旧址，民国时期老人常说，骑驴圪挟官道险，悠然自得控南北，货易天下水流逝，坐品茶闲看八音。

明末清初，茶叶相当发达。全国有16省区，600多个县产茶，茶园面积为1500多万亩，居世界产茶国首位，占世界茶园面积的44%，产量已超过800万担，居世界第二位，占世界茶叶总产量的17%。

1984 年，全国出口茶叶 280 多万担，约占世界茶出口总量的 16%。江南栽茶更加普遍，据数据记载，1880 年，中国出口茶叶达 254 万担，1886 年最高达到 268 万担，这是当时中国茶叶出口最好的记载。

（作者为山西省炎帝文化研究会副会长）

神农氏与《茶经》

密小华　张雅琴

神农氏，是按上古汉语语序对农神的称呼。它的出现，从顾颉刚"时代愈后，传说的古史期愈长"的"层累地造成的古史"的观点看来，始于战国时期的尸佼(约公元前390—前330)、农家学派许行的言行中。① 而且"时代愈后，传说中的中心人物愈放愈大"。神农氏的形象在汉代进一步神圣化、人文符合化，其中不无汉代学术中"大一统"思想及谶纬神学对远古神话传说历史化、系统化的影响。属于荆楚流域的神农氏与关中地区的炎帝开始合流，成为长江文化的"人文始祖"。后来，随着神农氏的进一步南方化，神农氏又与烈山氏、厉山氏等称号渐渐合为一体。西晋时期皇甫谧在《历代帝王世纪》中增加了"神农崩，葬长沙"的说法(南宋罗泌在《路史》进一步坐实"神农氏葬于茶陵")，至此，神农氏的神话传说基本完成。"制耒耜，种五谷；立市廛，辟市场；治麻布，织衣裳；作五弦琴，削木为弓；制作陶器，供炊煮；制草药，利民生"的农神、医神合一的神农氏由此诞生。当然，神农氏作为"作本草、创医药"的医神形象的确立要较农神晚得多，约略在东汉时期。

《茶经》的产生，正是神农氏神话传说得以传播并儒家化、与饮茶文化交合的产物。在陆羽关于神农氏的知识背景里，一是神农氏是农家学派的远祖；二是神农氏是本草文化的代言人；三是神农氏成为儒家道统的地位基本定型。这三个传统都对《茶经》产生了影响。

---

① 游修龄：《神农氏和茶叶起源的再思考》，载《茶叶》2004年第2期。

一、《茶经》接通了以神农氏为代表的隐士农学家传统

关于农家的明确记载，始于战国《孟子》一书，被称为“为神农之言者”“农家者流”“神农遗教”或“神农学派”。农家以农宣教，注重农业技术研究。其中，隐士农学家是一个独特的存在。作为士，他们掌握着一定的文化知识；作为隐士，他们又不得不自食其力，且多以农耕为生，知识与农业生产实践的结合，使隐士农学家所著的农书，在中国农学史上占有举足轻重的地位。①

陆羽就是这样一位隐士农学家。他的传记收录在《新唐书·隐逸传》一书。

陆羽与一般的隐士农学家的不同在于，他不是以农耕为主，而是以种茶、采制茶为主。每到一处，如居上饶城北二里处广教寺时“环居多植茶，因号茶山。山舍旁开凿一泉，色白味甘，是为乳泉，后人称陆羽泉”。友人描写他采制茶的诗歌极多，如皇甫冉有《送陆鸿渐栖霞寺采茶》《送陆鸿渐赴越并序》《送陆鸿渐山人采茶回》等。

陆羽在写作《茶经》时，也借鉴了前代农书的著述传统。

《茶经》是陆羽专门为茶写的一部可以经世致用的书。魏晋以来，农书的写作(像《齐民要术》《四时纂要》)都有一个自足的综合性体系，而且受汉儒研修经学的影响，它们的写作也采用了仿经的写法。如研修经学的人，行文时往往先引经据典，然后切合自身体验、实践去一一注解。这种既崇尚经典又重视实际考证的传统影响到农书的写作，一方面，要以前人的研究为基础，广泛参阅既有历史文献中的农业科技知识，这叫“采捃经传”；另一方面，还要高度重视农业中的亲身实践与新发现，这叫“验之行事”。《茶经》的写作就面临着这么个传统。

《茶经》作为最早的茶学专著，系统地介绍了茶的来源、品性、生

① 曾雄生：《隐士与中国传统农学》，载《自然科学史研究》1996年第1期。

长条件、种植及采制茶的方法，这些都来自陆羽作为隐士农学家的实践知识。《茶经》还第一次创建了以蒸青饼茶为基础的煎茶道，对茶道的用器、择水、用火、品饮环境、精神体验都有很独到的阐发。陆羽还对茶的功效、社会功用、历代茶文献做了详尽的梳理，提供了当时作为贡品茶地的全面信息。农家还有关注以农宣教、致思从政的传统，在《茶经》里同样得到体现(下文会提到)。可以说，陆羽的《茶经》是遵从了农家的传统，同时又在农学中开辟了新的支流——茶学，对后代的茶书影响深远。由于农家这一派也称为"神农之教"，陆羽就把这个茶书的源头献给农家的始祖神农氏了，显示茶的源流也很久远，与耕种五谷的时间是一样的。这其实是他遵循传统的一个做法。

二、《茶经》对茶性的发觉来自以神农氏为代表的本草文化的传统

虽然早在先秦时期，我国的本草药物知识就已有了相当的积累，但"本草"二字到西汉时才出现，本草学的建立也是在这个时候，它归于神农氏名下则经历了一段过程。

西汉设有本草待诏的官职，他们在长期的工作中获得药性知识，从经方中获得药物治疗知识，从神仙著作中获得药物养生知识，然后把这三类知识加以融合，以药物为纲，撰写成本草类书。为了取信世人，他们常托名神农、黄帝、岐伯、雷公、扁鹊、子仪等先秦人物。《神农本草经》可能是在西汉末，特别是在汉成帝(公元前32—前7年)到汉平帝(公元1—5年)时期"本草待诏"者的托名之作。①

早期神农系《本草经》除了有深厚的药物知识，还有浓厚的神仙、博物色彩，学术上独立一格，一度成为公认的经典。魏晋后，其经典地

① 尚志钧：《〈神农本草经〉与古代方士存在历史渊源关系》，载《北京中医药大学学报》2002年第1期。

位开始式微，直到南朝的陶弘景作《本草经集注》，整合时代新说，神农家才再次被推到医学界的中心。

唐显庆四年(659 年)，由苏敬奉敕撰修的《新修本草》(即《唐本草》)就是在陶著基础上修订来的，而且整合了新进药物知识，扬弃原先的求仙说，在绘图、勘误、补充条文等方面都有改观。又由于《新修本草》的官修背景，神农家的权威地位最终确立。

茶，进入神农氏的“本草”传统，经历了近 800 年的历史。应该说，茶作为药物，早在西汉司马相如《凡将篇》中就有记载。此后的近 800 年里，茶的保健治疗功效不断见诸文献。魏晋六朝时期，有几种专门的药书或食疗记载了茶，如华佗《食论》、壶居士《食忌》、陶弘景《本草经集注》与《杂录》等书。这些书中肯定了茶能“益意思”“令人不眠”“饮之宜人”等作用。但是茶一直没有在中国的主流本草中单独作为一味药物立条。《新修本草》是第一次正式在中国主流本草中将茶单独立为条目的。① 该条内容为：“茗、苦𣘻：茗，味甘、苦，微寒，无毒。主瘘疮，利小便，去痰热渴，令人少睡。春采之。苦𣘻，主下气，消宿食。作饮，加茱萸、葱、姜等良。”

这是茶第一次得到以神农氏为表征的主流的本草文化传统的承认，其意义非凡。

《茶经》的“一之源”：“茶之为用，味至寒，为饮最宜。精行俭德之人，若热渴、凝闷、脑疼、目涩、四肢烦、百节不舒，聊四五啜，与醍醐、甘露抗衡也。”“七之事”大量引用唐以前文献来说明茶的功效，对茶的定性正是来自这个神农氏的本草文化传统。

三、《茶经》援引神农氏，是在自建中华茶脉的系统，使它具备符合儒家道统的主流价值

神农氏在诸子中以庄子谈论为多，被赋予了较多的道家气息。在汉

① 苏诺：《古代保健“茶汤”的医学史研究》，中国中医科学院，2009 年。

代神话历史化、儒家化的过程中，神农氏的形象越来越受到以农为本的儒家系统的重视。

神农氏见于儒家道统谱系，可溯至《系辞传下》记载："包羲氏没，神农氏作，斫木为耜，揉木为耒，耒耨之利，以教天下，盖取诸益……神农氏没，黄帝、尧、舜氏作，通其变，使民不倦，神而化之，使民宜之。"

耐人寻味的是，神农氏的地位似乎处于一种亚级或次级的状态。农家认其为始祖，但有些儒家则不以为然。这可能与农家的学说（如许行所说的"贤人并耕"）跟儒家的主张（如孔子批评樊迟"请学稼"为"小人"举动；孟子认为"劳心者治人，劳力者治于人"）些许不合有关。但不管怎么说，战国末年，伏羲、黄帝、神农等比尧舜更古的说法已经在学界或世人中普遍流行并得到认同，《易大传》在其中无疑起了重要作用。

到了汉代，董仲舒为了适应"大一统"政治的需要，把"道"作为儒家共同遵守的对象，"道之大原出于天，天不变，道亦不变，是以禹继舜，舜继尧，三圣相受而守一道"（《汉书・董仲舒传》）。正式将神农纳入儒家道统。

晋唐之际，随着佛教对中国社会与儒家士子文化心理的"侵袭"，这一儒家道统得到了复兴。与陆羽同时而稍晚的韩愈倡导的古文运动就是此风潮的反映。

可以说，神农氏作为儒家道统的存在，在陆羽的时代已经有了悠久的传统，但处于亚级或次级的状态。陆羽将神农氏引入《茶经》，"茶之为饮，发乎神农氏，闻于鲁周公"。该说的背后，不仅是因为他引用了《神农食经》关于茶的记载，更重要的是自建了一个《茶经》的精神系统或茶脉系统。

据《陆文学自传》一文透露的信息，陆羽在少年时代，曾因其未来的志业与收养他的师父智积禅师发生了一次激烈的冲突。智积希望他能继承佛教衣钵，"示以佛书出世之业"，教以"旁行书"，而陆羽则以"终鲜兄弟，无复后嗣，染衣削发，号为释氏，使儒者闻之，得称为孝乎？羽将校孔氏之文可乎？”为由，“执儒典不屈”，为此受到智积的严厉惩罚。《茶经》的写作正是其青年时代，虽然饮茶的兴起受到佛教的催化，但在《茶经》中，所阐发的儒家经时济世、精行俭德、和合为用的思想还是主流的。

《茶经·四之器》是陆羽煎茶道的集中展示，而最重要的器具是风炉与釜。风炉被制成古朴的鼎形，书以“伊公羹陆氏茶”，三足则有铭文，“坎上巽下离于中”“体均五行去百疾”“圣唐灭胡明年铸”，不仅接通了《周易》、本草与养生的医疗传统，还宣扬了“上医医国”的经时济世、安和天下的抱负与情怀。釜的设计，同样寄意于此，“方其耳，以正令也。广其缘，以务远也。长其脐，以守中也”，儒家思想显豁地流露无遗。

将神农氏纳入《茶经》体系，是从陆羽开始的。但将神农氏强化，置于“七之事”之首，有可能是北宋以后的事情。

据最初看到《茶经》并有所整理的晚唐诗人皮日休说：“自周以降，及于国朝茶事，竟陵子陆季疵言之详矣……余始得季疵书，以为备矣。后又获其《顾渚山记》二篇，其中多茶事，后又太原温从云、武威段碣之各补茶事十数节，并存于方册。茶之事，由周至于今，竟无纤遗矣。”从今天的《茶经》版本看，书中章节另列目录的做法令人称奇。其中就有“七之事”。按皮日休所见，目录是从周朝开始记茶事的。今天的版本则赫然从“三皇：炎帝神农氏”开始。神农氏固然为陆羽所看重，早出现于“六之饮”中，其移入“七之事”并不意外，但却不一定是陆羽自为。

《茶经》在北宋年间经陈师道之手，有过另外一次修订。其中一个有影响的就是“七之事”。他说：“陆羽《茶经》，家传一卷，毕氏、王氏书三卷，张氏书四卷，内外书十有一卷。其文繁简不同，王、毕氏书繁杂，意其旧文；张氏书简明，与家书合而多脱误。家书近古，可考证。

自'七之事'，其下文亡，乃合三书以成之。录为二篇，藏于家。"神农氏是否在此次修订中进入"七之事"，不得而知。不过，宋代正是儒家道统定型为今日格局的时候。最迟到南宋，随着程朱成为官学，以伏羲、神农、黄帝、尧、舜、禹、汤、周公、孔子、曾子、子思、孟子和周、张、二程、朱熹为主的道统谱系，成为中国传统社会后期的正统观点和稳定模式被确立下来。①

《茶经·六之饮》的"茶之为饮，发乎神农氏，闻于鲁周公"说法正是顺应这个主流的一环，首次将茶归于主流社会的价值认同之下(并有可能在"斗茶天子"宋徽宗极尽能事地推广点茶斗茶风气中，将其正统化)。

这恐怕是陆羽一定要引神农氏入茶的主要原因之一，另外，也与他"以茶为经"的写作初衷有关。茶，为器或艺的层面，这在传统的主流价值观里是受到轻视的。由"器"入"道"、入"经"，是陆羽最大的精神动力与价值诉求。在唐代，进入主流社会，是士人实现自我价值的唯一的通道。从某种程度上讲，唐代饮茶之风的兴起，正是因为得到了与佛教风尚紧密联系的主流社会的认可与推广。

陆羽在大历年间，曾向常州刺史李栖筠建议，将义兴茶(阳羡茶)列为贡茶，据《唐义兴县修茶舍记》载："义兴(宜)贡茶非旧也。前此，故御史大夫李栖筠典是邦，山僧有献佳茗者，会客尝之。野人陆羽为氛香甘辣冠于他境，可荐于上。栖筠从之，始进万两，此其滥觞也。"又曾寄顾渚茶两片至京师国子祭酒杨绾处，望荐于上，然"恨帝未尝，实所叹息"(《陆鸿渐与杨祭酒书》)。从这些信息可以看出来，陆羽著《茶经》，一个隐藏的巨大动机就是为皇室宫廷推荐贡茶，以茶技为帝王师，像伊尹那样，登台拜相。

耿湋曾经评他"一生为墨客，几世作茶仙"。陆羽回道："喜是攀阑

① 张培高：《伏羲、神农、黄帝纳入儒家道统谱系的由来、变迁及其原因》，载《中国哲学史》2017年第2期。

者，惭非负鼎贤”。直到这时，陆羽才知道他的梦想破灭了。不过，这已经是《茶经》完成很多年之后的事了。

（作者分别为湖北省炎黄文化研究会理事、武汉市社会科学院副研究员；天门市茶经楼博物馆原馆长、《陆羽》杂志主编）

从黄河流域的文物考古解读神农炎帝文化的起源与传承

王永忠

我们常说中华文明传承历史有5000年，过去主要停留在书本上，甚至被认为是神话传说，而今已然被考古证实了。2018年5月，国务院新闻办举行新闻发布会，介绍了“中华文明探源工程”的研究成果。该工程于2001年被正式提出，目前取得的重要进展包括：以考古资料实证了中华大地5000年文明；丰富了对人类文明起源的认知；对中华文明多元一体格局的形成有了总体认识。该项目发布最新成果：在距今5000年前，我国已进入文明阶段，出现了国家，进入“古国时代”。根据这些发现，历史教科书相关内容也将被修改。作为中华文明主要发源地之一的黄河流域，神农炎帝文化始终是该地文明探源工程上一颗闪耀的明珠。

一、神农炎帝文化概述

在历史古籍和传说中，神农炎帝是农业的发明者，是对农业文明的发展有过巨大贡献的先祖，作为新石器时代仰韶文化时期的氏族部落联盟首领，神农炎帝带领其部落前期主要活动在黄河流域，后期扩展至长江流域及其他流域。有关神农炎帝的大量信息，不仅为历代史书广泛记载，而且也为大量考古发现和考古资料所证实。

(一)神农炎帝的伟大功绩

关于神农炎帝的事迹在古代有很多记载，神农炎帝是中华早期历史上关于农业、制陶、医药、粒食、饮茶、明堂和琴瑟等众多事物的发明家和集大成者，其对中华民族的贡献是历朝历代公认的，我们把神农炎帝对中华民族的生存繁衍和发展作出的重要贡献归纳为 9 个方面：①最早解决了中华民族的吃饭问题，首获嘉禾，善制耒耜，远播五谷，烧陶为器，熟食养民，开创了农业文明的先河；②最早解决了中华民族的抗寒保暖问题，种麻制绳，蚕桑为衣，钻燧取火，烈山烧石，首启避寒用火新途径；③最早解决了中华民族的治病救人问题，遍尝百草，赭鞭试药，针灸疗伤，茶叶解毒，首发医药养生之先声；④最早解决了中华民族的住房安居问题，伐石筑城，高台建都，设立明堂，新盖住房；⑤最早解决了市场交易问题，日中为市，致民聚货，各得其所，公平交易；⑥最早解决了娱乐问题，发明雅琴，鼓瑟吹笙，春祈秋报，丰收以庆；⑦最早解决了治理国家的制度问题，明堂之治，编订历法，礼法有度，首倡教育；⑧最早解决了交流沟通问题，规范语言，发明文字，八穗丹书，结绳记事；⑨最早解决了中华民族繁衍生息问题。解决了温饱、安居、医疗治病、教化娱乐、礼法制度等生活所需，衣食住行问题得到了解决，从而最早为中华民族的繁衍提供了充足的物质保证和精神支撑。

(二) 神农炎帝文化的核心价值观

神农炎帝文化的核心价值是神农炎帝精神，具体体现了大公无私的奉献精神、敢为人先的创业精神、善于进取的创新精神，使炎黄子孙在与自然和社会的斗争中，能够摆脱愚昧和野蛮，追求先进与文明，也使华夏民族获得了高度的团结和统一。神农炎帝文化既是黄河文化和长江文化高度融合的核心部分，也是农业文化的源头，它贯穿了中华上下五千年，文化内容涵盖了社会各个领域和阶层，开启了中华民族融合的大门，对炎黄子孙的繁荣昌盛起着至关重要的支撑作用。

（三）神农炎帝文化如何探源

神农炎帝距离我们现在虽然已经超过了 5000 年以上，但在中华人民共和国成立以后的 70 年内，国内每年开展的考古挖掘工作为我们提供了大量相关的远古人类生活信息资料，为我们逐步揭开了老祖宗时代的神秘面纱，神农炎帝文化的起源问题和传承情况也渐渐清晰起来。

关于神农炎帝文化的文物考古主要分地下文物考古挖掘工作和地面文物的收集整理。地下考古挖掘工作是近几十年来国家对神农炎帝同时期或年代相接近、相关联古人类遗址的考古挖掘，重点是新石器时代的仰韶文化遗址；地面文物考古主要是对与神农炎帝文化密切相关的古建筑、古遗迹以及流散在民间的各类可移动文物，包括历朝历代的各类石刻、木刻、雕塑、古家具、祭祀用品等的收集整理以及各类文字性的史料记载。

二、简论黄河流域关于新石器时代文化遗址的地下文物考古情况

（一）仰韶文化遗址是神农炎帝文化产生最直接的证据

中国的上古时代，史书记载有神农、炎帝、黄帝、蚩尤等部族，但由于历代疑古现象严重，中华文明源头一直模糊不清。随着仰韶文化遗址的发现，验证了史书记载的正确性。因此，仰韶文化研究对于重建上古史、探寻中华文明的源头意义重大。

仰韶文化是中国黄河中游地区新石器时代文化之一，曾称“彩陶文化”，1921 年首次发现于河南渑池县仰韶村，以渭、汾、洛等黄河支流汇集的中原地区为分布中心，已见同类遗址 1000 多处，经大规模发掘的 10 余处。碳-14 年代测定法测定其时代为公元前 5000—前 3000 年，

可划分为半坡、庙底沟、后岗、大司空等不同类型。它们的共同特征为：①生产工具以磨制石器为主，常见刀、斧、锛、凿等，也存在少量打制石器，骨器精致；②主要日用器为陶器，以细泥陶和夹砂红褐陶为主，细泥陶上常见彩绘图案多为几何纹、鱼蛙纹、人面纹等，特征明显；③房屋以半地穴式为主，有一定排列方式；④有共同的氏族墓葬区，成人墓为长方竖穴土坑，儿童实行瓮棺葬；⑤以农业经济为主，辅以渔猎，饲养猪、狗等家畜，早、中期处于母系氏族社会的繁荣阶段，晚期进入父系氏族公社时期。仰韶文化作为新石器时代彩陶文化，其时间大约在公元前 5000—前 3000 年，仰韶文化是一个以农业为主的文化，目前全国有统计的仰韶文化遗址共 5000 余处，其分布在陕西、河南、山西、甘肃、河北、内蒙古、湖北、青海、宁夏 9 个省区，基本集中在黄河流域，它向人们展示了中国母系氏族制度衰落期到父系氏族社会早期的社会结构和文化成就。神农炎帝正是这一时期最具影响力的代表人物。

仰韶文化是黄河流域影响最大的一种原始文化，仰韶文化遗址中诸多考古发现，如陶器制造、纺织做衣、绘画雕塑、文字、历法、宫室营建等，同文献记载中神农炎帝时代的创造发明相吻合。

关于这一时期，黄河流域有很多考古发现，陕西宝鸡北首岭遗址发现了类似耒耜的骨铲、骨锄等生产工具，以及粟灰的遗迹；在宝鸡的斗鸡台、西安半坡村等地考古遗址中，发现了大量粟粒、粟壳；山西晋东南、晋南、晋中、晋西北等许多地区的新石器遗址也出土有石铲、石斧、石镰等农具；河南、河北、甘肃、内蒙古等地遗址出土了一批较为精致的石制工具，如石犁、石斧、石锄、石铲、石镰，以及陶制品，在挖掘出土的陶瓮、陶罐中储存了大量的粟、黍类粮食……以上这些文化遗址出土的农业工具、生活用具和粮食种类，都与神农炎帝时代发明耒耜、播种五谷以及“耕而作陶”的记载相符合，充分证实了神农炎帝文化是有据可考的。

(二)磁山遗址对北方粟作农业起源的考古价值

粟，北方俗称“谷子”“小米”，由野生狗尾草驯化而来，是旱作农业的典型作物。我国是世界上粟种植面积最大也是最早栽培粟的国家，主要栽种区域为黄河流域。目前所知世界上最早的粟，出土于我国河北省武安县磁山遗址，距今超过7000年，稍早于仰韶文化。磁山遗址粟的出土量相当可观，粟的存储量可达100多立方米，折合重量可以10万斤计。其配套的农用工具种类也很齐全，如用于耕作的石斧、石铲，用于收割的石刀、石镰，用于加工的石磨盘、石磨棒，用于装盛的陶钵、陶盂、支脚等。磁山遗址不同于一般的聚落遗址，主体为灰坑，房址、墓葬、灶坑等则不多。部分灰坑粮食堆积的底部发现有猪骨架或狗骨架，灰坑内粮食堆积上部的黄硬土。《尔雅·释天》中记载：“祭天曰燔柴，祭地曰瘗埋……”明确指出了挖坑埋入贡献是一种祭祀土地的礼仪。磁山遗址的大量储粮灰坑和组合出土物，这种“瘗埋”行为说明磁山遗址应为一处祭地祀年的场所。以粟作为粮食贡献祭祀土地，则反映出磁山文化所处时代，原始先民的自然崇拜意识已发展到了一定的程度。粟，古代亦称“稷”，《说文》称其为“五谷之长”，以“稷”象征谷神，仍是原始先民自然崇拜的延续，代表土地神的“社”常与“稷”合称指代国家，不仅反映出土地崇拜与五谷崇拜关系紧密，更显示出两者在古礼制度中的重要地位。“社”即为“社稷”，是祭祀土地神和谷神的礼制建筑，其与祖庙并列，享受着古礼中最高级别的供奉。这也是神农炎帝被后人尊为“五谷神”“稷神”的合理解释。

磁山遗址的发现证明了黄河流域仰韶文化不是偶然产生的，神农炎帝文化的起源也是有根之水，有其深厚的传承依据。

三、黄河流域重点地区关于神农炎帝文化地面文物的发现以及相关史料记载(以山西省晋东南地区为例)

仰韶文化地下文物考古在黄河流域相近或类似地普遍存在，但相关神农炎帝文化范畴的地面文物考古却在特定区域有其特殊情况，黄河中游地区的山西、陕西、河南是地面文物考古发现相对集中突出的3个省份，特别是山西省非常密集，具有其他省份不可比拟的优势。

(一)晋东南地区神农炎帝文化概述

经普查调研，在山西省晋东南地区，包括晋城和长治两个市区范围之内，拥有着最为密集的神农炎帝文化密码，仅仅晋东南地区现存的有关神农炎帝的庙宇经普查登记过的共有60余座，其中高平市就有庙宇院落40余座，另外，其他县市尚未普查记录的庙宇还有几十座，全省这类庙宇足足超过上百座。在高平市羊头山、长治县百谷山、长子县发鸠山等地，还有保存完好、价值较大的神农城、神农井、神农泉、五谷畦、耒耜洞、滴谷寺、女娃祠等重要历史遗存。

山西省境内有关记载神农炎帝活动的石碑石刻数量众多、分布极广、时间跨度久远。据统计，山西省现保存有关记载炎帝活动的石碑100余通，上起魏晋，下至清末民初，纵跨1500余年，最具考古研究价值的有以下几块：北齐天保二年《五佛碑》、隋开皇五年《宝泰寺碑》、周武则天天授二年《泽州高平县羊头山清化寺碑》、五代后唐天祐七年有“神农乡神农里团池店”字样的墓志铭、明万历三十九年《炎帝陵碑》等石刻，在全国独一无二，其文物价值无可比拟。

另外，近10年，经山西省炎帝文化研究会和山西省华夏炎帝文化基金会挖掘整理出大量流失在民间的神农炎帝庙宇的石碑石刻、木雕画像等文物，其中有重要学术研究价值的就有几百件，包括早期的石器、陶器，最早的是神农炎帝雕像、各类牌匾、祭祀用品等，这些文物的年代从新石器时代到汉代、魏晋南北朝，一直横跨唐宋元明清，是研究神农炎帝的重要实物资料。

《管子·轻重戊》、晋《上党记》、后魏《风土记》、北宋《太平寰宇记》《山西通志》、明代万历《泽州府志》、清代顺治《高平县志》等古籍，对神农炎帝在山西的记载十分完整，历史文脉清晰可见。据《元史·成宗本纪》《元史·祭祀志》记载，“元成宗大德九年亦尝遣祭，禁樵采”，说明在元代皇帝曾经派官员到炎帝陵祭祀，现在已经发现了保存在民间的祭祀神农的元代皇家御赐石碑，证实了元代官祭这段历史，每年四月初八，官方、民间都要举行祭祀神农炎帝活动。

在山西广泛流传着很多神农炎帝的神话传说和民间习俗，羊文化、祭祀神农炎帝的活动流传了几千年。

(二)山西神农炎帝文化遗址遗迹的特点

1. 分布范围广、密度大，自成体系

通过调查发现，山西祭祀神农炎帝存在着非常完整、系统、成规模的体系，这是在国内其他省市都没有的现象。

祭祀是神农炎帝文化中的重要组成部分，也是历朝历代的统治者不可或缺的精神支柱，祭祀神明、祖宗是古代社会人们必需的日常活动。

山西范围之内祭祀神农和祭祀炎帝是相对独立的两套祭祀体系，特别是晋东南地区神农炎帝庙宇的名称上就区分得很清楚。

单独祭祀神农的庙宇有神农庙、神农上庙、神农中庙、神农下庙、烈山宫、神农祠、神农太子祠、神农药王庙、神农祖师阁、神农药王阁。

单独祭祀炎帝的庙宇有炎帝庙、炎帝高庙、炎帝上庙、炎帝中庙、炎帝下庙、炎帝陵庙、炎帝老庙(轨公庙、魁庙)、炎帝小庙、炎帝神农氏庙、炎帝行宫、炎帝寝宫、炎帝祠、炎帝大社、炎帝古刹。

综合祭祀神农炎帝的其他名称的庙宇有五谷庙、神农炎帝庙、先农庙、三皇庙、药王庙、先农坛、社稷坛。

高平羊头山上的炎帝高庙也叫“神农上庙”，是神农祭祀先祖的“祖庙”，也是八代炎帝祭祀高祖神农的“高庙”，是神农部落时期和炎帝部落时期最重要的祭祖圣地。

2. 史料记载与文物实物相印证，证实了神农炎帝是真实存在的

另外，古籍《路史》记载的炎帝后代参卢“守其先茔，以奉神农之祀”，是目前知道最早的神农炎帝祭祀活动，已证实发生在山西高平的炎帝陵；山西长子县乾隆十五年《重修熨斗庙碑记》记载有“相传尧胤子就封兹土，筑熨斗台，即祀神农氏于上”，这是讲的上古“尧舜禹”时期关于炎帝神农氏的祭祀活动，现在证实了尧的长子丹朱为祭祀炎帝神农氏而修建的熨斗台。这是目前为止发现的关于上古时期有关神农炎帝祭祀活动的两条最早的记录，其学术研究意义重大。

这里还大量分布着以“神农炎帝”命名的老地名，像“神农城”“神农洞”“神农陵”“神农泉”“神农井”“神农池”“神农乡”“神农里”“炎帝陵”“炎帝岭”“炎帝城”等。在当地流传的有关神农最常见事迹有“神农获嘉禾”“神农尝百草”“神农播五谷”“神农洗药”“神农求雨”“神农制陶”“神农筑城”“神农蜡祭”“神农中毒”“神农造琴”“神农耕种”“神农赭鞭”……这些例子举不胜举。

3. 生存环境与物质条件是最重要的基本保证

山西有关神农炎帝诞生地的传说很多，主要与粟这种粮食作物有密切关系。我们国家在有文字历史记载以后，一直谈社稷为重，第一重要是土地，第二就是粮食，古代已经把粟归结为国家的象征，神农发现羊头山嘉禾这种最优良的粟种并加以推广，因此，这里成了优质粟最主要的发源地。

晋东南地区文物古迹和传说那么多，是因为地理位置重要，而中华文明兴起的黄河流域最具备这种封闭、稳定长期条件的就是山西和陕西，而山西无疑是首选，对晋东南地区来说，这可以说是华夏文明最理想的“孵化场”。外围大山将这里保护得严严实实，一方面，使生活在这里的先民免除了游牧民族及其他狩猎集团的侵扰；另一方面，丰富的

自然资源，又为先民准备了必要的生活资料。这里是文明最先结巢之所，农耕文明在这里最早生根、开花、结果，并逐步延伸到中华民族的各个角落。

地下文物考古证明了神农炎帝文化作为中华文明起源真实可信，绝非前人臆造的演绎故事。地上文物遗存真实记载了古人对始祖的历代祭奠追思和对神农炎帝文化的传承与弘扬。除了地下、地上文物的考古挖掘工作取得的成果，大批民间的专家学者们还运用气象考古、海洋考古等方式对神农炎帝时期的生活环境、气象变化、地质状况、天文历法等高难度要求的考古进行论证，也取得了一定的成绩。

四、传承与弘扬神农炎帝文化的重要意义

中国农耕文化是中华文化形成和发展的基础，神农炎帝文化是中华优秀传统文化的核心和重要组成部分，中华民族传统文化之所以能够得到不断的繁荣和发展，是因为中国有神农炎帝创造的农耕文明作基础，才使得中华民族在“德、智、善、美、义、勇、诚、勤”的过程中，培育和形成了一系列中华民族优秀传统文化的核心思想理念，为我们认识和改造世界提供有益启迪，为我们治国理政提供有益借鉴。

法国启蒙思想家伏尔泰说“世界的历史始于中国”。德国古典哲学大师黑格尔认为“历史必须从中华帝国说起”，“中国至高无上的伦理品质中的一些东西，现代世界极为需要”。英国历史学家汤恩比认为，世界上存有 26 个文明形态，唯独中华文化体系从未间断。人类社会历史发展上出现过四大古文明，唯有中华文明虽历经磨难，没有中断或灭亡，反而不断赋予其生机与活力，使得当今中国能够走上一条实现中华民族伟大复兴之路。

习近平总书记曾经指出：“博大精深的中华优秀传统文化是我们在世界文化激荡中站稳脚跟的根基。中华文化源远流长，积淀着中华民族最深层的精神追求，代表着中华民族独特的精神标识，为中华民族生生

不息、发展壮大提供了丰厚滋养。中华传统美德是中国文化精髓，蕴含着丰富的思想道德资源。不忘本来才能开辟未来，善于继承才能更好创新。”“抛弃传统、丢掉根本，就等于割断了自己的精神命脉。”这个讲话精神，为我们如何传承与弘扬中国传统文化提供了世界观和方法论的理论指导。

中国是一个人口多、地域广、民族众、环境条件极其复杂的农业大国，正是源远流长的中国农耕文化孕育了中华民族优秀文化，并促使其繁荣和发展，如果忽视或否定神农炎帝文化在中华文明中的地位作用和价值，那就等于抛弃中华民族文明的母体和基础，割断中华民族的精神血脉，那么，传承和弘扬中华优秀传统文化就成了一句空话。

总之，正是有着神农炎帝开创的优秀农耕文化作基础，才使得中华文明以中国为主体，向周边扩散，才形成了涵盖整个东亚，辐射东南亚的中华文化圈。除了中国的中华核心文化圈外，朝鲜半岛、日本、东南亚国家都深受中华优秀文化的影响。随着当今中国“一带一路”倡议的提出，中华优秀传统文化的影响力必将进一步影响世界，吸引全球。如何传承与弘扬神农炎帝文化，从 20 世纪 80 年代开始到现在 30 多年以来兴起的神农炎帝文化旅游开发热潮就是最好的诠释。

（作者为山西省炎帝文化研究会副会长）

神农氏炎帝对人类20项重大发明创造

李俊杰　黄贵庭

神农氏炎帝是中华民族历史上承前启后重要的文明始祖，史称之为“三皇”之一，为“农皇”，黄帝列为“五帝”之首。神农是古代历史上重要的“综合性大发现家”，在人类启蒙智慧的时代，发挥了重要的作用，他的历史贡献不只一项，而是更多领域的发明与创造，对人们的衣食住行、战争防御、文字发明、医疗保健、天文地理等贡献之大，史无前例，因此，被后人称为“神农”，供奉为“太阳神”，寓意他像太阳一样光芒万丈，照耀中华大地，子孙万代永享神农之福。

神农氏历72世，按考古学推理，30年为一代，约2160年；炎帝八世530年，累计时间长达2693年。黄帝乃七世炎帝少典之子，在位100年，与榆罔为同父同母，史上也云同父异母兄弟，祖籍山西高平人。以戏、器、小帝、祝融为代表的炎帝后裔，迁徙南下至湖北、湖南一带生活和拓展疆土，繁衍后代，祝融主宰南方，奉为南方火神。炎帝后裔蚩尤、九黎也随之南下，发展到云南、贵州、四川等地，族裔誉满中华大地。

今天，我与大家交流的话题，就是有关神农氏炎帝的发明与创造。总结历史，展望未来，在中华民族上下五千年文明进程中，神农氏炎帝这个不朽的历史人物，深深地刻在了历史岁月的巅峰之上。他的人文历史价值观一直根植于民，影响了民族几千年的发展，使人们至今仍然离不开祖先的发明与创造，为人类文明进步与发展做出了不可磨灭的历史性贡献。带领先民跨入新石器时代，由母系社会过渡到父系公社，首先建立上党伊耆国上、下都城。“上都”即上党羊头山之都，“下都”可能在阳城沁水之间的下川、析城山一带。两地共称人类的家园，即历史上的神山老母——“昆仑山”。昆仑山的来历，是神农氏炎帝之父少典(祁昆)名字的延续与概括性定论。《山海经》记载：“北方有鬼国。为少典、女娲、少昊、共工、炎帝、神农、羌戎人。”从养蚕丝绸、陶土工艺、草药种植、石器工具的科学测定，可知神农氏炎帝刀耕火种的年代至少在距今约 10000~8000 年，8000 年文明的历史不是一句空话。

一、历史伟人对神农炎黄的评价

笔者认为，从神农氏到榆罔炎帝时期，累计执政时间长达 2693 年，不是一代之功，而是若干代神农氏与炎帝的不懈努力，获得了来之不易的 20 项重大科学技术发明与创造。《旧唐书 · 音乐旨》记载：“粮食伊始，农之所先。”《隋书 · 辛彦传》中评价：“时国家草创，百度伊始。”《白虎通》记载：“炎帝者，太阳也。”

孙中山先生在祭典炎帝时说：“炎帝务农桑，筑称室，初定家邦；创文字，造舟车，走出洪荒；巍巍先祖功德，绵绵万世流芳。”1937 年 4 月 5 日，中华苏维埃政府主席毛泽东、人民抗日红军总司令朱德敬遣代表林祖涵，以鲜花时果之仪致祭中华民族之始祖轩辕黄帝陵。中国共产党的《祭黄帝陵文》系毛泽东亲笔撰写。发布当日，朱德、彭德怀、任弼时从洛川县出发前往黄陵县拜谒黄帝陵。1986 年 3 月，耿飚同志题词“炎黄子孙，协力振兴中华”，1987 年 6 月，陈云同志题词“炎黄子孙，不忘始祖”，1988 年，邓小平同志为黄帝陵题写“炎黄子孙”，1991 年 6 月 1 日，薄一波同志为神农题词“勇尝百草教民稼耕，大智先祖伟哉神农”，1991 年 8 月 20 日，江泽民主席题词“炎帝子孙，情满华夏”，值得我们每一个中华儿女为之骄傲，值得敬仰我们的祖先。2015 年 3 月，习近平总书记在西安考察黄帝祭典时指出：“轩辕黄帝陵文化积淀十分深厚，对历史文化要注重发掘和利用，溯到源，找到根，寻到魂。找到历史和现实的结合点，深入挖掘历史文化中的价值观念、道德规范、治国智慧，做到以文化人，以史资政。”

二、20项重大技术发明与创造

①制作耒耜，刀耕火种，发明农业工具。《周易·系辞下》记载：“包牺氏没，神农氏作，斫木为耜，揉木为耒，耒耨之利，以教天下，盖取诸《益》。”《三皇本纪》记载：“斫木为耜，揉木为耒，耒耜之用，以教农耕。”《白虎通》记载：“古之人民皆食禽兽肉，至于神农，人民众多，禽兽不足，因天之时，分地之利，制耒耜，教民农种。神而化之，使民宜之，故谓之神农。”

②丹雀衔穗，始种五谷，发明五谷嘉禾。《拾遗记》记载：“神农时，有丹鸟衔九穗禾，有坠地者，帝乃拾之，以植于田，食者老而不死。”《白虎通义》记载：“古之人民皆食禽兽肉，至于神农，人民众多，禽兽不足。于是神农因天之时，分地之利，制耒耜，教民农作。”《管子》记载：“神农作，树五谷淇山之阳，九州之民乃知谷食，而天下化之。”《古史考》云：“神农时，人方食谷，加米于烧石之上而食之。”《国语·鲁语上》记载：“昔烈山氏之有天下也，其子曰柱，能殖百谷百蔬。”

③治麻为布，民着衣裳，发明丝绸纻麻。《淮南子·齐俗训·引·神农之法》曰：“丈夫丁壮而不耕，天下有受其饥者，妇人当年而不织，天下有受其寒者，故身自耕，妻亲织，以为天下先。”《庄子·盗跖》记载：“神农之世，卧则居居；起则于于；民知其母，不知其父，与麋鹿共处，耕而食，织而衣，无有相害之心。”《商君书·画策》说：“神农之世，男耕而食，女织而衣，刑政不用而治，甲兵不起而王。”《汉书·食货志》记载：“嘉谷、布帛，二者，生民之本，兴自神农之世。”《山海经》记载：“名曰帝女桑”，炎帝女儿死后变成桑树，麻纺丝绸发轫

于此。

④日中为市，各得其所，发明农贸市场。《周易·系辞下》记载："炎帝神农氏作……日中为市，致天下之民，聚天下之货，交易而退，各得其所，盖取诸《噬嗑》。"《通典》记载："自神农列鄽于国，以聚货帛，日中为市，互交有无。"《易》记载："神农为市，交易而退。则商贾自炎帝始也。"

⑤作五弦琴，天地之和，发明音乐歌舞。《世本·下篇》记载："削桐为琴，结丝为弦，曰'神农琴'。长三尺六寸六分，上有五弦，曰：宫、商、角、徵、羽。"《太平御览》记载："神农命刑天，作《扶犁》之乐，制《丰年》之咏，是曰《下谋》也。"《新论》记载："上观法于天，下取法于地。于是始削桐为琴，练丝为弦。"《山海经》记载："炎帝之孙伯陵，伯陵同吴权之妻阿女缘妇，缘妇孕三年，是生鼓、延、殳，殳始为侯。鼓、延始为钟，为乐风。"《礼记》曰："土鼓、蒉桴、苇籥，伊耆氏之乐也。"《拾遗记》记载："奏九天之和乐，百兽率舞，八音克谐，木石润泽。时有流云洒液，是谓霞浆，服之得道，后天而死。"《新论》记载："始削桐为琴，绳丝为弦，以通神明之德，合天地之和焉。"

⑥削木为弓，以威天下，发明弓箭兵矢。《物原》记载："神农因造干戈殳戟矛斧。"《周易》记载："弦木为弧，剡木为矢。弧、矢之利，以威天下。"《逸周书》云："神农之时……作陶冶斤斧，斫木为耜、锄、耨，以垦草莽。"

⑦陶埏为器，人寿年丰。发明陶土制埏。《逸周书·佚文》记载："神农之时……作陶冶斤斧，斫木为耜、锄、耨，以垦草莽。"《周礼》记载："神农耕而作陶。"《路史》记载："受火之瑞，上承荧惑，故以火纪时焉。于是修火之利，范金排货，以济国用；因时变果，以抑时疾，以炮、以焏、以为澧洛。谓木器液、金器腥。圣人饮于土而食于土，于是大埏埴以为器，而人寿。"

⑧天文历法，催生万物，发明四时节气。《尸子·重治》云："神农理天下，欲雨则雨。五日为行雨，旬为谷雨，旬五日为时雨，正四时之

制，万物咸利，故谓之神农。”《神农记》记载：“天地未分，悬经纬以发萌；形变有质，奠山川以播气。名与无名，幻著五色；生生不停，念念成环。三皇者，天地人，四时行焉，百物生焉。”《三皇本纪》记载：“神农氏作蜡祭。”

⑨鞭尝百草，知苦辛寒，发明医药草治。《淮南子·修务训》记载：“古者民茹草饮水，采树木之实，食蠃蚌之肉，时多疾病毒伤之害，于是神农乃始教民播种五谷，相土地之宜、燥湿肥硗高下，尝百草之滋味，水泉之甘苦，令民知所辟就，当此之时，一日而遇七十毒。”《三皇本纪》记载：“神农氏作蜡祭，以赭鞭鞭草木，尝百草，始有医药。味草木之滋，作方书以疗疾。”《神农本草·佚文》记载：“太一子曰：凡药上者养命，中药养性，下药养病。神农乃作赭鞭钩从六阴阳，与太乙外巡五岳四渎，土地所生草石，骨肉心灰，皮毛羽，万千类，皆鞭问之，得其所能治主，当其五味，一日七十毒。”《搜神记》记载：“神农以赭鞭鞭百草，尽知其平毒寒温之性，臭味所主，以播百谷。”《神农本草经》记载：“百病之理，得以有类；尝味百药，以极夭枉。轻身补虚，上中下药君臣佐使；寒热破积，百药合365种。神农者，医祖也……常山有草名神农，置之门上，每夜叱人。”《帝王世纪》记载：“尝味草木，宣药疗疾，救夭伤人命。”著名高级中兽医师李玉振对《神农本草经》研究认为，365种草药，其中，产地在上党地区的草药有107种之多，占29.3%，上品有40种，中品有33种，下品有34种。足可鉴，尝百草神话并非空穴来风。

⑩茶之为饮，解毒利身，发明茶草疗毒。《神农本草经》记载：“神农尝百草，一日遇七十二毒，得茶而解之。”《茶经》记载：“茶之为饮，发乎神农氏，闻于鲁周公。”西晋太医令高平王叔和《药性赋》所载：“本草之作，肇始炎皇，肇始也。炎皇神农氏也，本草之为书，由神农尝百草，一日而七十毒，始兴医药，相救为之本草。”《路史·外纪》记载：“磨蜃鞭茇，察色，尝草木而正名之。审其平毒，旌其燥害，察其畏恶，辨其臣使，厘而三之，以养其性命而治病。一日间而七十毒，极含

气也。”陆羽在《茶经》中记载：“泽潞党参为茶，天下上品。”

⑪筑井为饮，疗病养人，发明田井阡陌。《太平寰宇记》记载：“神农尝五谷之所，上有神农城，下有神农泉。”《上党记》记载：“神农庙西五十步，有石泉二所，一清二白，味甘美，呼为神农井。”《礼记 · 月令》记载：“天子命有司，祈祀四海大川，名源渊泽，井泉。”《本草纲目》记载：“井水新汲，疗病利人。平旦第一汲，为井花水，其功极广，又与诸水不同。”

⑫煮海为盐，美味烹调，发明调味疗伤。《世本》记载：“宿沙氏煮海水为盐。”《绎史 · 炎帝纪》“古者，宿沙初作，煮海盐。”《淮南子 · 道应训》记载：“昔宿沙氏之官，皆自攻其君而归神农。”《路史》记载：“帝魁之立，祗修自勤，宿沙氏始叛……其臣箕文谏之，不听，杀之。宿沙氏之民自攻其主以归。”

⑬刳木为舟，以济不通，发明水陆车舟。《周易 · 系辞下》云：“刳木为舟，剡木为楫，舟楫之利，以济不通。致远以利天下，盖取《诸涣》。”《吕氏春秋 · 君守篇》记载：“奚仲作车，仓颉作书，后稷作稼，皋陶作刑，昆吾作陶，夏鲧作城，此六人者，所作当矣。”

⑭以教天下，盖取诸益，发明农耕为本。《周易 · 系辞下》记载：“包牺氏没，神农氏作，斫木为耜，揉木为耒，耒耨之利，以教天下，盖取诸《益》。”《左传 · 昭公十六年》记载：“炎帝氏以火纪，故为火师而火名。”《左传 · 哀公九年》记载：“炎帝为火师。”《史记 · 货殖列传》记载：“楚越之地，地广人稀，饭稻羹鱼，或火耕而水耨。”《史记 · 平准书》记载：“江南火耕水耨。”《礼记 · 月令 · 夏季》记载：“毋发令而待，以方神农之事也。”

⑮勤耕厉写，著章三书，发明汉字文明。著写《穗书》《神农本草经》《蜡祭》三部开天力作。《路史》记载：“乃命屏封作穗书，以同文颁令。命白阜度地，纪脉水道，斋木方竹，杭潢洋而有亡大。”《三皇本纪》记载：“神农氏作蜡祭，以赭鞭鞭草木，尝百草，始有医药。味草木之滋，作方书以疗疾。”《路史》记载：“仓帝史皇氏，名颉，姓侯冈。

于是而天坠之蕴尽矣，天为雨粟，鬼为夜哭，龙乃潜藏。文字备，于以存乎记注，乃着绩。史皇神农后，盖神农已作《穗书》，书与穗相因，起今上党羊头山，神农始种五谷，西连仓颉古庙，乃知仓颉君天下者，非臣也。”《帝王世纪》记载：“其史仓颉，又取象鸟迹，始作文字。史官之作，盖自此始。”《鹖冠子 · 近迭》记载：“仓颉作法，成史李官”。《路史》记载：“黄帝乃命沮诵作《云收》，孔甲为史执，青纂记言，动惟实。”《世本》注云：“仓颉、沮诵黄帝史官。”屏封、仓颉、李官、沮诵、孔甲、青纂等人为华夏民族文明的始祖。

⑯风水堪舆，相宜土地，发明麻衣相术。《淮南子》记载：“神农乃始教民播种五谷，相土地之宜，燥湿肥硗高下，尝百草之滋味，水泉之甘苦，令民知所辟就。当此之时，一日遇七十毒。”《藏外道书》记载：“地居三才之中，言地理而天人理，即相应焉。人欲相地，天亦相人；人欲择地，地亦择人。”《白虎通》记载：“因天之时，分地之利。”

⑰台榭而居，祀于明堂，发明土木建筑。《淮南子》记载：“昔者神农之治天下也，神不驰于胸中，智不出于四域，怀其仁诚之心，甘雨时降，五谷蕃植，春生夏长，秋收冬藏，月省时考，岁终献功，以时尝谷，祀于明堂。明堂之制，有盖而无四方，风雨不能袭，寒暑不能伤，迁延而人之，养民以公。”《新语》记载：“民人食肉饮血，衣皮毛。至于神农，以为行虫走兽，难以养民，乃求可食之物，尝百草之实，察酸苦之味，教人食五谷。在人者可相天下人民，野居穴处，未有室屋，则与禽兽同域。”《皇王大纪》记载：“兴农桑之业，春耕夏耘，秋获冬藏。为台榭而居，治其丝麻为之布帛。”

⑱修补洛书，完善河图，发明神农八卦。《神农本草经》记载：“神农遗书，故称神农八卦，亦称《连山易》《归藏易》，有《神农八卦十二象图》。”《三皇本纪》记载：“炎帝神农氏，姜姓。母曰女登，有蟜氏之女，为少典妃。感神龙而生炎帝，人身牛首，长于姜水，因以为姓。火德王，故曰炎帝，以火名官。斫木为耜，揉木为耒。耒耨之用，以教万民。始教耕，故号神农氏。于是作蜡祭，以赭鞭鞭草木，始尝百草，始

有医药。又作五弦之瑟。教人日中为市，交易而退，各得其所。遂重八卦为六十四(爻)[卦]。"《周易》记载："天地这位，山泽通气，雷风相薄，水火不相射，八卦相错。"神农在伏羲氏《河图洛书》的基础上充填二卦，完成六十四卦，将一年分为"四季八风"，细分24节气。《淮南子·天文训》记载："何谓八风？距日。冬至45日条风至；条风至45日明庶至；明庶风至45日清明风至；清明风至45日景风至，景风至45日凉风至；凉风至45日阊阖风至；阊阖风至45日不周风至；不周风至45日广莫风至。"《初学记·卷二十一》记载："庖牺氏作八卦。神农重之，为六十四卦。黄帝、尧、舜引而伸之，分为二易。至夏人因炎帝，曰连山。殷人因黄帝曰归藏。文王广六十四卦，著九六之爻，谓之周易。"

⑲采峻冶铜，鼎振华夏，发明青铜冶炼。《拾遗记》记载："炎帝神农，采峻鍰之铜以为器。峻鍰，山名。下有金井，白气冠其上，人升于其间，雷霆之声，在于地下。井中之金柔弱可以缄也縢。"《拾遗记》又记载："昆吾山，其下多赤金，色如火。昔黄帝伐蚩尤，陈兵于此，掘深百尺，犹未及泉，惟见火光如星，地中多丹，炼石为铜，青色而利。"《史记·封禅书》记载："黄帝采首山铜，铸鼎于荆山下，鼎成崩焉。"

⑳仁和之治，建伊耆国，发明联盟政权。《汉书》记载："神农之教，有石城十仞，汤池百步。又城池之设，自炎帝始矣。"《路史》记载："帝魁之立，祗修自勤，宿沙氏始叛，其大臣固执而哗诛，临之以罪而始弗服，其臣箕文谏之；不听，杀之。三卿朝而亡礼，怒而拘焉。哗而弗加，哗卿二，宿沙氏之民自攻其主以归。"《世本》记载："夙沙氏叛，以归帝魁。则非临也。"《路史》记载："乃课工定地，为之城池，以守之。后岁省方，观民设教，月省时考，终岁献功，以时尝谷，祀于明堂。补遂不，乃伐不遂，而万国定。"《竹书纪年》记载："炎帝神农氏，其初国伊，继国耆，又曰伊耆氏。"《淮南子·汜论训》记载："夫神农、伏羲，不施赏而民不为非，然而立政者不能废法而治民。"《越绝书》记

载："神农不食天下而天下共富之，不以自智而贵于人而天下共尊之。"

三、神农氏炎帝疆界四至明晰

《淮南子·主术训》记载："昔者神农之治天下也，神不驰于胸中，智不出于四域，怀其仁诚之心，甘雨时降，五谷蕃植，春生夏长，秋收冬藏，月省时考，岁终献功，以时尝谷，祀于明堂。明堂之制，有盖而无四方，风雨不能袭，寒暑不能伤，迁延而人之，养民以公。其民朴重端悫，不忿争而财足，不劳形而功成，因天地之资而与之和同。是故威厉而不杀，刑错而不用，法省而不烦，故其化如神。其地南至交址，北至幽都，东至阳谷，西至三危，莫不听从。当此之时，法宽刑缓，囹圄空虚，而天下一俗，莫怀奸心。"《帝王世纪·星野垦田·第九》记载："自天地设辟，未有以界之制，三皇尚矣。诸子称：神农之王天下也，地东西九十万里，南北八十五万里。及黄帝受命，始作舟车以济不通。乃推分星次以定律度，自斗十一度，至婺女七度。"《路史·后纪·引世纪》记载："自天地设辟，未有经界之制，三皇尚矣。诸子言：神农王天下，地东西九十万里，南北八十五万里，盖所制里于今有所不同者。"

四、其后的历史更进再铸辉煌

总结历史，追溯历史，正本清源，古本史书对此确有记载。其实，这些发明创造，都来源于民众的智慧，是神农氏炎帝汇聚民间智慧，用人之长，进行大力推动，为人类文明进步做出了具有里程碑意义的历史性贡献。

正本清源，追溯历史，史书也多有抵牾之处。笔者认为，因为所处的历史时代不同，认识也会不同，记载的内容不一定确切，但不会相差太远。关于人类供奉的文明始祖，还是从统治和决策层面考虑，呈现给大家的有广义与狭义的区分，小技与大德、小恩与大慧的关系。大者是伟人巨匠，小者则是大海之中的一粒沉沙。

从神农氏七十二世至炎帝八代为政权统治农耕，历时 2693 年，其在这漫长的历史岁月实践中，为人类文明进步做出里程碑意义的历史性贡献，历史不容诋毁。此后的发明创造，则是一种对古人技能的细化和精进、完善而已。

如《山海经 · 卷十八 · 海内经》记载："炎帝之孙伯陵，伯陵同吴权之妻阿女缘妇，缘妇孕三年，是生鼓、延、殳。殳始为侯，延是始为钟，为乐风。帝俊生禺号，禺号生淫梁，淫梁生番禺，是始为舟。番禺生奚仲，奚仲生吉光，吉光是始以木为车。少皞生般，般是始为弓矢。帝俊生晏龙，晏龙是为琴瑟。帝俊有子八人，是始为歌舞。帝俊生三身，三身生义均，义均是始为巧倕，是始作下民百巧。后稷是播百谷，稷之孙曰叔均，始作牛耕。赤阴是始为国。禹、鲧是始布土，均定九州。"

《吕氏春秋》记载："大桡作甲子，黔如作虏首，容成作历，羲和作占日，尚仪作占月，后益作占岁，胡曹作衣，夷羿作弓，祝融作市，仪狄作酒，高元作室，虞姁作舟，伯益作井，赤冀作臼，乘雅作驾，寒衰作御，王冰作服牛，史皇作图，巫彭作医，巫成作筮，此二十官者，圣人之所，以治天下也。"

从两部古老的史书上记载的始作技能之人分析，除史皇作图发明文字、容成作历，是神农氏炎帝时期人物之外，其余，多数是在黄帝之孙颛顼、帝俊和大禹时代人物，说明要比神农氏代晚很多。榆罔(参卢)炎帝已经是八代炎帝之末，在历史上已经连续执政近 3000 年之久。所以说，古人对神农氏炎帝之功绩，追溯为"三皇之圣"中的"至圣农皇"，与伏羲、女娲齐名并称。而黄帝才列入"五帝"之中，是有其历史原因和规则的。这些百技百艺人物，按《吕氏春秋》介语，可称谓"二十位圣人也"。神农氏的历史地位，乃处于极高的启蒙和初创年代，有百世巨匠之师的美誉。《旧唐书·音乐旨》记载："粮食伊始，农之所先。"《隋书·辛彦传》中评价："时国家草创，百度伊始。"充分表明神农的历史地位之高。

（作者分别为山西省炎帝文化研究会常务理事；山西省炎帝文化研究会副会长）

从江西到湖北的陆九渊

叶 航

陆九渊，字子静，号存斋，晚年号象山。南宋绍兴九年农历二月廿四日(1139 年 3 月 26 日)出生于江西金溪县的青田陆坊，是南宋著名哲学家、教育家，南宋绍熙三年农历十二月十四日(1193 年 1 月 18 日)积劳成疾，死于任上，终年 54 岁。究其一生，陆九渊的人生可分为 5 个阶段：①志学时期 13 年，1～13 岁；②应举时期 22 年：14～35 岁；③宦游时期 8 年，36～43 岁；④在朝时期 5 年，44～48 岁；⑤弘道时期 6 年：49～54 岁。其中，第 5 阶段的弘道时期又可以细分为两个时期，即贵溪应天山象山精舍讲学的近五年，可视为“为往圣继绝学”；荆门任知军一年又三个月，“为天下开太平”做到了他力所能及的事情。这两个时期是陆九渊人生的巅峰。

一、仕途失意心学有成

据《陆九渊集·年谱》记载，淳熙十三年(1186)十一月廿九日，陆九渊受朝廷的政治排挤，奉旨主管台州(今浙江临海)崇道观，成为闲散祠禄官。这是一个闲职，一般由朝廷退居二线的老臣担任，或安置给被朝廷排除的政治异己，可以拿工资赋闲在家。因此，陆九渊又回到家乡江西金溪讲学，一时“后生学子来从余游者日以益众”，甚至“前辈长者往往辱临教之”①。由于求教的人很多，没地方容纳得了。陆九渊正

① 《陆九渊集·卷二十》。

想找一处理想的教学场所，扩大讲学之所的规模。

南宋淳熙十四年(1187年)，陆九渊的学生彭兴宗(字世昌，金溪人)来贵溪县应天山脚下的上清镇上磜源村寻访老朋友张伯强、张行己兄弟(北宋侍郎张运的侄子)。一天，彭世昌与张伯强、张行己兄弟登应天山，见"陵高而谷邃，林茂而泉清"，认为这里是办学的好地方，于是便回金溪与老师陆九渊商议在此创办应天山书堂①，延请陆九渊上山讲学。由此，师生一拍即合。第二年农历二月十二日是祭祀土神的社日，社日一过，49岁的陆九渊便与儿子陆持之、陆循之和几个老朋友带着槐堂几十名学生转移到应天山讲学、读书。半年后的一天，陆九渊在从金溪回应天山的路上"顾盼山形，宛然巨象"，便将应天山改名为象山，自号象山居士，并将应天山书堂改为"象山精舍"。

陆九渊非常喜欢应天山的环境，他对应天山的描述展示的是一幅远离人间俗务，修养心性于蟠松怪石，奇峰万叠之间的琼瑶冰雪的画面："层峦叠嶂，奔腾飞动，近者数十里，远者数百里，争奇竞秀……苍林荫翳，巨石错落，盛夏不知有暑。"②

陆九渊还情不自禁地写信给朱熹："乡人彭世昌得一山，在信之西境，距敞庐两舍而近，实龙虎山之宗。巨陵特起，豗然如象，名曰'象山'。山间自为原坞，良田清池，无异平野。山涧合为瀑流，垂注数里。两崖有蟠松怪石，却略偃蹇，中为茂林。琼瑶冰雪，顷倒激射，飞洒映带于其间，春夏流壮，势如奔雷。木石自为阶梯，可沿以观。佳处与玉渊、卧龙未易优劣。往岁彭子结一庐以相延，某亦自为精舍于其侧。春间携一侄二息读书其上。又得胜处为方丈以居，前挹闽山，奇峰万叠，后带二溪，下赴彭蠡。学子亦稍稍结茅其旁，相从讲习，此理为之日明。舞雩咏归，千载同乐。"③

---

① 见《陆九渊集·与包敏道四》。

② 陆九渊：《与王谦仲书》。

③ 《陆九渊集·与朱元晦》。

不过山上条件非常简陋，所谓精舍也就是在寺庙废墟上兴建的草庐而已，更不像其他正规书院那样有刻书、藏书馆、斋舍、祠堂、学田等。陆九渊干脆因陋就简，学生一律自己解决食宿问题，住校生近百人，他们环精舍结庐而居，竟形成了一定规模的山寨学府。短短五年间，先后数千人慕名前来问学。

陆九渊在全国名望很高，他每开讲席，学者群集，甚至“前辈长者往往辱临教之，举无异辞”，“户外履满，耆老扶杖观听”。一时象山精舍名声大振，学生遍布我国东南各省。

据《陆九渊集·年谱》记载：“初，先生本欲创书院于山间，拜命守荆而不果。”陆九渊打算不断创造和完善办学条件——讲学、研究、刻书、藏书、祭祀、学田，逐步将象山精舍升格为象山书院，大力弘扬心学，拯救人类灵魂。他写信给早年的学生，邀请他们来象山精舍，大家一起大干一番千秋功业。如《与傅圣谟》记载：“试罢，能一来乎？”《与倪济甫》记载：“山翁在此，济甫之来不当迟迟也。”《与周元忠》记载：“倘有意于此，何以期为？”《与吴子嗣》记载：“旦晚亦须登山，倘能一来，诸当面尽。”《与傅季鲁》记载：“何时来此共之？”《与傅子渊》记载：“何时一来，快此倾倒。”《与胥必先》记载：“肯来是幸。”《与陶赞仲》记载：“何时得一来，以究此义。”

二、忍痛割爱大义凛然

根据南宋朝廷规定，祠禄官三年为期，期满前，本人必须继续申请，不然则停止俸禄。然而，陆九渊自登上应天山，便自得其乐，醉心于山间教育事业。

《与侄孙浚》信中，陆九渊说：“倘得久于是山，何乐如之？”《与陈宰》的信中，陆九渊对贵溪知县陈显公说“倘得久于是山，以既厥事，是所愿幸！”《与朱子渊》的信中说：“终焉之计，于是决矣！”“先生从容讲道，歌咏愉愉，有终焉之意。”①

淳熙十六年(1189年)七月四日，陆九渊写信给朱熹说：“某五月晦日拜荆门之命，命下之日实三月二十八日，替黄元章阙尚三年半。”八月六日接到朱熹的回信：“荆门之命，少慰人意！今日之计，惟僻且远，犹或可以行志，想不以是为厌。三年有半之间，消长之势，又未可以预料，流行坎止，亦非人力所能为也。”

《与应仲寔》记载：“某往岁亦蒙误恩，卑垒荆门，尚迟余教，以逃大戾。”《与陈宰》记载：“荆门在重湖之北，有道院之号，事力优衍，异时造物所以处贵游者，尤非枯槁之所宜得。然蒙泉之与飞雪，金莲之与玉芝，未知孰愈?”当时陆九渊已被任命为荆门知军尚在“迟次”，就拿荆门的蒙泉、金莲与金溪家乡的飞雪、玉芝相比较，可见对荆门的一草一木都在关注。

《与王顺伯》记载：“不谓竟蒙荆门之除，官闲境胜，事力自赡，无匮乏之忧，又假以迟次，使得既泉石之事，究学问之乐，为幸多矣。”

《与黄循中》记载：“某山居讲习，粗适素怀，荆门之命，固出庙朝不忘之意，然雅未有为吏之兴。幸尚迟次，可徐决去就耳。”

其实，这时的陆九渊早已没有当官的兴趣，如果朝廷安排他去内地当官，估计陆九渊是不会赴任的。但这次朝廷是安排他去南宋半壁江山的边防湖北荆门任知军。其去荆门赴任的想法并不是想当官，而是为了报国。他说：“荆门之命，固出庙朝不忘之意，然雅未有为吏之兴(荆门的事本来出于忧虑朝廷的意思，但是我从没有过做官的念头)。”陆九渊少年时便在父亲的教导下得知靖康之耻，立志报国，并剪去指甲，学习骑马射箭。后来在朝廷当官时还寻访天下勇士，并扭转勇士李云的造反念头，将他引荐给朝廷大将毕再遇手下，成为栋梁之材。可见“处江湖之远则忧其君”的陆九渊时时未忘国耻。

① 《陆九渊集·年谱》。

两年后的绍熙二年(1191 年)六月，光宗皇帝将荆门原任知军黄黼提前一年零三个月调走，并下圣旨令年过半百的陆九渊急速赴任。

贵溪县丞(大县所设唯一副职)问陆九渊何时赴任，陆九渊说："此来为得急速之任之命，方欲单骑即行。"

县丞因言及虏人有南牧之意。于是，陆九渊说："如此则荆门乃次边之地，某当挈家以行，未免少迟。若以单骑，却似某有所畏避也。"这种大义凛然和分忧的气概实在是儒学思想家的典范。明知山有虎，偏向虎山行。

秋七月四日启行，陆九渊忍痛割爱，依依不舍地离开了象山精舍，临行前，陆九渊将象山精舍托付给早期的学生傅子云："是山系子是赖，其为我率诸友，日切磋之。吾远守小障，不得为诸友扫净氛秽，幸有季鲁在，愿相依亲近。"

绍熙二年九月三日，陆九渊到达荆门。陆九渊远离江西故土，任职于边防小城。在躬行荆门之政的重要人生阶段，他如一颗流星，以耀眼的光亮划过天空，却将自已烧成灰烬。

三、鞠躬尽瘁，死而后已

少年时，陆九渊便悟出"宇宙内事乃己分内事，己分内事乃宇宙内事"，他更深深地知道"国家兴亡，匹夫有责"。陆九渊实际上是一位真正把儒家的政治理想落到实处的社会实践者。从上任荆门到临终咳血仙逝，陆九渊在荆门总共只度过了一年零三个月的时间，但是，就是在这短暂的岁月，陆九渊"造次于是，颠沛于是"，忧国忘家，鞠躬尽瘁，做了大量利国利民的好事，以亲身的"躬行之效"，说明了陆九渊的心性之学具有重大的社会震撼力。

陆九渊出任荆门知军，他走马上任的第一件大事就是整饬边防、严肃军纪，加强抵御金兵犯境的能力。上任伊始，他就认识到，荆门虽是偏远小镇，弹丸之地，但是它"拥江带汉，控蜀抚淮，岂惟古争战之场，实在今攻守之要”。经过实地勘察，以前的官员也多次议论修筑城墙抵御金兵，但最终都因为经费困难不敢轻易动工。陆九渊经过多方核算、审计，多方筹措款项，经上级批准，于绍熙二年十二月初四动工，调动义勇兵丁劳作，自己亲自临场监督指挥，军民上下，齐心协力，仅仅花了20天的时间，就把荆门用于防御的土城墙建筑起来，后来又在土城墙外包砖块，城墙上面设置角台、敌楼、总共只花费了3万缗钱。花钱少而工程坚固、实用，成了当时的一项罕见的工程，致使当地群众“携持来观，自腊至今，踵系不绝”，陆九渊大发感慨：“民心有赖，实为无穷之利。”

陆九渊上任后的另一件带有根本性的大事就是树立政府形象，使荆门地方官员的精神面貌有了重大的改变。为了改变官吏好逸恶劳的坏习惯，陆九渊以身作则，把哲学思想贯彻到具体的政务之中，采取思想启迪的办法，自上而下，打造朴实厚道的民风。学生问他：“荆门之政何先?”对曰：“必也正人心乎!”“政者，正也”，陆九渊根据当时的社会历史环境和行政管理体系，认为只有把官员的精神面貌振作起来，全社会的“人心”才有“正”的可能。

陆九渊还革除税务的弊端，疏通商贸的渠道，免除了商户和民众的许多沉重负担。荆门军的当阳、长林，处商家来往频繁之地，过往使节官绅很多，迎来送往，耗费巨大，支出在很大程度上依赖商税。可是有关的税收政策却相当过分：“日差使臣及小吏伺商人于门，给引，然后至务。务唯据引入税。出门又复视。管收无几，而出入其费已多。初唯以严禁榷，而门吏取贿，多所藏覆，禁物亦或通行。商苦重费，多由僻途，务入日缩。”在官府垄断的项目和势力范围，官员们把持了特别的职权，就势必变取私利的工具。陆九渊经过调查之后，坚决废除这种所谓搜刮商人的政策，张贴告示，取消所有流程，使商人直接到商业衙门(务)去纳税，完全杜绝了一切滥收费的途径。这样一来就废除了三道引钱，又减去援例费，商人们欢天喜地，诚实纳税，张贴告示的当天，大大活跃了荆门地方的商业活动，有效地遏制了官吏的腐败。

另外，荆门因为是边防小镇，为了防止铜钱流入金朝，南宋政府禁止使用铜钱，改用铁钱。但是老百姓在上缴税钱、役钱的时候，政府却又要求交铜钱。老百姓手里没有铜钱，被迫远走鄂州兑换，承受出差、差价的损失以及各种官吏的敲诈之苦(加收三分利息)。陆九渊得知此事以后，反复向荆湖北路转运使薛向先申辩。谓荆门“铁钱地分，其铜钱之森严，民不敢有此，义不当责之输”。陆九渊在对待经济的问题上采取了与时偕行的开明态度，把正常经济秩序的建立以及扫除贪污腐败视为“必也正人心”的一个重要的先决条件，这是与孟子“夫仁政，必自经界始”具有同样社会政治目的的“博施于民而能济众”(《论语雍也》)的信条，最大限度地为他实现“必也正人心”的政治理想扫除了障碍。当然，陆九渊在荆门执政期间，始终以民众的教育者自居。每逢初一、十五以及节假日，他都要亲自去郡学讲学。荆门人属于古代楚国地区，好祭神信巫，有正月十五元宵节设醮求神赐福的习惯。陆九渊抓住这个机会面对五六百官吏民众讲《尚书洪范》“敛福赐民”一章，用以代替念诵求神祭文。他讲解时突出了“发明本心之善，所以自求多福”的主题，既不离老百姓关心的话题，也不脱离自己长期以来关注的理论理想。他说，什么是幸福？幸福就在于人的“心”：“实论五福，但当论人一心。无不是祸。世俗不晓，天地鬼神所不宥，圣贤君师所不与，回思，亦有不可自欺自瞒者，若于此时，更复自欺自瞒，是直欲自绝灭其本心也。纵是目前富贵，正人观之，无异在囹圄不负其身，仰无所愧，俯无所如影随形如响随声，必然之理也。愚人不能迁善远罪，但贪求富贵。”这是一段文采飞扬、结构紧凑、主题集中的讲义。既是儒家哲学对“幸福”的一种创造性的诠释，也是陆九渊本人对儒学宗教性的一种准确理解，其中包含了他对荆门地方民众的鞭策，也寄予了他作为一代哲人对整个世界的一种期望。

(作者为江西省鹰潭市炎黄文化研究会副会长、贵溪市宣传部社科联研究员)

长江中下游的古干越文化

桂祥苏

长江是中华民族的母亲河，从高耸入云的青藏高原，到逶迤辗转的川滇古道，又达广阔富饶的南国屏障，流域经青海、西藏、四川、云南、重庆、湖北、湖南、江西、安徽、江苏、上海等11个省、直辖市、自治区，全长6300公里。在这条漫长的江流线路上，孕育着中华民族悠久璀璨的多元文化，组成了中华民族由古及今、由近而远的绚丽图卷。而曾经活跃在长江中下游的古干越文化，就是众多古文化中的一支。

所谓古干越文化，指的是大约在我国的西周时期（前1046—前771）或许还要更早的年代，由古“干国”人创造的文化。古干越文化所辐射的范围，东至浙江，南至福建的武夷山脉，西北与湘鄂交界，而且有许多古代文化的痕迹，甚至影响到更遥远的地区，如古干越的悬棺墓葬习俗，便深入云、贵、川等古蜀国核心地区。下面，不妨先来梳理一下古干越文化的源头和脉络。

一、古干国的最早源头——余汗

汗，从“水”，而“干”的读音，也称“汗”。远古之时，与“寒”相通，据传黄帝时代的部落联盟就有“寒”部落。寒人后分为干、戈两族，寒被夏所灭，族人南迁。商代时，干为商之属国。周代中叶后，干国由徐州迁临淮，《说文》中许慎有注：“干国，在临淮，出宝剑”，这大概是古“干国”的最早出处。

春秋时，吴王夫差征服干国，临淮一带属吴。国亡后，干人遂迁徙至江西余干，干人因感念越王勾践灭吴为干人报了仇，故诚心归附越国，称“干越”。公元前 334 年，楚国取江南十五邑，余干从次属楚。到秦始皇二十六年(公元前 221 年)，楚灭，秦始皇一统天下，分三十六郡而治之，郡下设县，余干始置县，当时属庐江郡。郡治在安徽省庐江县，辖今之铜陵、池州，江西九江、景德镇、上饶等地。汉高祖四年(公元前 203 年)封英布为淮南王，余干属淮南国。八年后，英布叛汉失败，死于干越地。汉末三国时期，余干属孙权(吴)管辖。据《广信志胜》一文介绍，余干自汉初设县直至汉末，疆域极其广大，“若春秋之大国，东抵歙(今安徽歙县)，西抵豫章(今南昌)，南抵瓯徽、建宁(福建省北部)，北抵番甸(今鄱阳县)”，疆域包括了整个赣东北地区。尔后，至隋开皇九年(589 年)改鄱阳郡为饶州，余干属饶州。东汉建安十五年(210 年)析干越地置戈阳县(葛阳)，唐乾元元年(758 年)置信州，永泰元年(765 年)析晋兴乡地置贵溪县，因累朝之变迁，辖区逐渐变小。如今的余干县是江西省上饶市所辖县，东与万年县接壤，西连南昌、进贤，南邻余江、东乡，北邻鄱阳、都昌，总面积约 2331 平方公里，人口约 100 万人。

探寻余干古干越文化的源头，还要先从“干”这个字说起。《辞海 · 干字条》释：“干，涯岸，水边”，并引《诗 · 魏风 · 伐檀》为例：“置之河之干兮”。上海宝钢的王水先生曾有过考证，认为古干越的“干”，实际上是那时的人群“离水而岸居”的意思。笔者还认为，其实是那时的人群已经从单纯的“渔猎文明”向“农耕文明”的转化过程。余干地处长江中游，鄱湖之滨，古干越人在走向农耕文明之后，并未彻底放弃渔猎，而是采取渔猎与农耕相结合的方式，一直延续到今天。另外，与现代余干相邻的万年县，古代乃干国方国的属地。直到明代正德年间(1512 年)才从余干划出建县。1993 年和 1995 年，中美考古队在此发现“仙人洞”遗址，被认为是人类最早“以穴为居”的遗址，也是世界最早的稻作文明和陶器制作的发源地，后来，这个发现被评为2012年全球十大考古发现之一，由此，也更证实了余干是古干越文化的源头。

二、古干越文化的重镇——吴城

吴城位处长江中游鄱阳湖、赣江、修水的交汇处，具有悠久且丰富的人文历史。秦汉之际，为兵家必争重镇。秦政百越，兵驻“余汗水”，即今鄱阳湖、信江、修水一带。三国时期，东吴大将太史慈在此驻兵。元末，朱元璋、陈友谅大战鄱阳湖的故事，更是家喻户晓。屹立在古镇的望湖亭记叙了一则这样的故事。相传，陈友谅的水兵每次与朱元璋在鄱阳湖交战，陈的爱妃娄妃都要登上望湖亭观看陈友谅凯旋。有一次，陈友谅明明打了胜仗，归来时却故意令部下倒挂帅旗，装成大败而归的样子，本想和娄妃开个玩笑，不想，娄妃见陈友谅军丢盔弃甲的样子，竟跃身投江而死，陈友谅懊悔不已。据说娄妃投水后，尸身倒流十八里，七七四十九天面容栩栩如生。后人为纪念娄妃，将望湖亭改名为“望夫亭”。

古代交通不发达，客货往来主要靠水路，所以中国的城市大多是择水而居。吴城因扼两江一湖之津口，通湘、鄂、苏、杭之便利，占尽了地利之优势，从而衍生出繁华的商业文明和历史人文。吴城作为商业贸易的中心，素有“装不完的吴城，卸不完的汉口”之美誉，会馆林立，形成了独特的会馆文化，与景德镇、樟树镇、铅山河口镇同为江西省的四大名镇。古代，这里人文历史盛极一时，太史慈、王勃、苏轼、文天祥、朱元璋及近代之孙中山等名人都曾涉足于此，留下了许多脍炙人口的美丽诗篇。

以上所说的，仅仅是吴城的人文历史，与“古干越文化”似乎没有太多的联系。严格地说，吴城作为古干越文化重镇的发现和发掘地，乃是最近的四五十年前的事。公元1973年，居民在兴建吴城水库时，发现了一处商代文化遗址，经发掘，共清理出房基、窑址、灰坑、墓葬共计2000余平方米和比较完整的石器、陶器、青铜器、牙雕等900余件，特别是古文物中的陶文、原始瓷、铸铜工具等，证明了在3500多年前，吴城及周边地区已经进入了当时较为先进的文明时代，从而动摇或否定了“江西文明外来说”和“商文化不过长江”的断代史结论。

各种古典文献及近当代的许多学者都认为，三代之前，长江以南地区乃“蛮荒之地”，故有“东夷”“南蛮”之说。吴城古商代文化遗址的发现和发掘，至少说明，在北方(或中原)文明发展兴盛之时，南方的“蛮荒”之地也有人类的存在，其文明程度，也许不输于中原文化。与吴城毗邻的万年县、仙人洞遗迹证明了南荒人穴居文化与最早的农耕文化距今约7000年；位于赣东北的贵溪市皮子岭遗址和余江县龙岗岭遗址，均为新石器时代的遗址，距今也有5000~7000年，而吴城遗址考证出商王朝时，就有贵族或“干国”的存在，商代武丁时，甲骨文卜辞有“取干女”，即干国向商王朝进贡妻妾，也证明了古干越文化圈已经形成。

对于古干越文化的认定，笔者认为应该是一个相对的概念。江西素有“吴头楚尾”之说，吴文化发源于江苏，越文化发源于浙江，楚文化发源于湖南、湖北。对于以余干为中心的干越文化，则普遍认定其为秦征百越时的一个统称。直到明洪武六年(1373年)之前，赣东北地区均属浙江行省管辖，与古越国地缘接近，民俗相通，故称“古干越文化”。实际上，吴、楚文化的融合与渗透，也是“你中有我，我中有你”的状态。今人对古干越文化的研究，也大可不必机械地、僵化式地割裂或区分。

三、古干越文化的活化石——龙虎山

龙虎山地处江西省鹰潭市境内，古代及近代均属贵溪县管辖，离古干国源头的余干县相距约70公里。大约在距今2600~3000年的商朝时，这里是古干越人聚居的地方。1978年，江西省历史博物馆与贵溪县文化馆的研究人员，共同对龙虎山境内的崖墓群进行了第一次科学考察。经国家有关部门采取碳-14 年代测定法测定，出土文物距今为 2550±85 年，树龄校正为 2605 年±135 年，由此认定，在春秋战国时期，这里已是古干越人聚居的地方。

考古过程中，共出土文物 220 件，其中有陶器 75 件，原始青瓷 49 件，竹木器 56 件，纺织器材 36 件，其他文物 4 件。根据出土文物及查阅相关历史资料，可知在龙虎山地区的古干越人具有较为特殊的文化特色，大体说来，有如下几点。一是“断发纹身”，以蛇为膜拜图腾。《淮南子·主术训》中说：“越人犹以斧劗毛、以刃抵木也。”由此看来，继青铜器之后，已经有了铁器。据说春秋时铸剑师干将、莫邪就是干国人，这一时期的“剑”应该不再是纯粹的青铜了。其二是“凿齿”，即男子成年后要把门牙摘去，这是一种很奇怪的习俗。《管子·内业篇》说：“昔吴，干越，未龀，不得入军民，国子擅其齿遂入，为干国多”，由此可知，干人凿齿与从军打仗有关。其三是悬棺墓葬。龙虎山仙水岩是悬棺墓葬最集中的地方，这一葬俗也延伸到云、贵、川等地，至于是否属于干越文化，笔者不得而知，但可以肯定的是，它属于古代“百越”文化的一支。

龙虎山科考出土的文物，其中有“刮麻器”“打纬刀”等纺织器具，据专家考证，这些实物把我国古代原始织布机的发明向前推移了 700 多年。另有一把十三弦琴，也被认为是我国目前发现的最古老的琴。《溪蛮丛笑》云：“蛮地多楠，有极大者刳以为舟”，即人们所称的“梭子船”，非干越之人，皆难掌握驾梭子船的技巧。

以上这些最能体现古干越文化特色的文物和古迹，在龙虎山都能得到最直观的展现。

四、对研究古干越文化的几点思考

首先是对民族之“根”的探讨。中华民族作为一个大家庭，它的形成和发展，经历了漫长的岁月。生活在这一大片土地上的各个族群，在一定的历史条件下，不断冲突和融合，当然也包括了战争，但最终在“同文同种”的价值观驱使下，形成了大中华的一统。中华民族共认炎、黄二帝为人文始祖，共同开启了尊祖、敬宗、爱国的文化认同，这是一种不可战胜的精神力量。

其次，从自然唯物主义的角度分析人类从原始文明，到农耕文明、工商业文明，直到今天的信息化文明，可以更加清醒地意识到“适者生存”“道法自然”的奥秘，从而达到“数往知来”之目的。

最后，关于古为今用的话题，我们研究古干越文化，绝非“为泥古而泥古”，正确的方法是，深入发掘古代先民优秀的文化基因，为现代文明向更高级文明发展提供服务。

（作者为江西省鹰潭市炎黄文化研究会副会长、鹰潭市华服研习会会长）